글로벌 무역학원론

The Principle of International Trade

이제홍

GLOBAL

The Principle of International Trade

도서출판 청람

머리말

무역은 대한민국의 경제를 지탱하는 근간이 되는 분야이며, 대한민국의 생존의 문제이고 삶의 문제로 인식되기에 충분한 학문적 영역이다. 또한 무역은 한국경제 성장의 기틀을 마련하고 있으며, 대한민국 기업 발전에 원동력의 대부분을 차지하고 있다.

그러나 이러한 무역의 중요성에도 불구하고 상경분야에서 경제나 경영분야보다 학문적으로 등한시되어온 것이 사실이다. 그러나 대한민국에서만큼은 경제나 경영보다 무역분야가 더 중요하다고 할 수 있다. 한국경제에서 무역이 차지하는 비중과 또는 기업경영분야에서 무역이 차지하는 비중은 수치로 측정할 수 없을 만큼 중요한 분야이다.

대한민국의 성장은 수출에서부터 얻는 결과물이라고 해도 과언이 아니다. 즉, 1965년 1억 달러 수출을 달성하는 시기에서부터 2013년 현재 수출입(수출액, 수입액) 동향을 보면, 수출이 5,596억 달러, 수입이 5,156억 달러로 총 교역액이 1조 752억 달러를 달성하였는데 무역수지는 441억 달러 흑자를 기록하고 있다. 산업측면에서 보면, 가발 등 경공업과 중화학 산업에서 시작하여 2013년 주요 수출품목은 반도체, 석유제품, 자동자, 선박, 자동차부품, 액정디바이스, 무선통신기기, 가전 등이 주요 수출품목으로 자리잡고 있다.

이러한 제품을 생산하는 기업은 수출을 통하여 성장의 기틀을 마련하였기 때문에 경영전략 중 수출에 초점을 맞추어 전략을 수립하고 있으며, 정부 또한 수출이 외화자산의 보유로 인한 성장의 원동력이기 때문에 무역의 중요성을 강조하고 있는 실정이다.

따라서 무역학은 경제 및 상업부분에서 종합학문으로 역할을 인정받고, 새로운 자리매김을 해야 할 시점에 와 있다. 최근 들어 글로벌 환경이 가속화함으로써 인적자원, 물적자원 등의 교류가 활발하게 진행되고 있는 점에 주목해야 할 시점에 와 있다. 이제는 인적자원의 교류를 통해서 한국의 위상을 높여야 할 때에 도달하였으며, 물적자원 또한 세계 1위 500대 제품을 생산하는 국가로 자리매김을 해야 한다.

이와 더불어 서비스 산업의 육성 또한 중요한 무역활성화를 위한 부분이다. 관광, 의료, 문화한류, 스포츠 등 서비스 산업문화의 수출은 대한민국의 성장동력을 될 것이며, 이들 통한 국제수지개선은 10대 선진국 진입의 바로미터가 될 부분이다.

본 교재는 한국의 경제성장을 도모하고 또한 기업의 글로벌 환경에 적응하기 위해 무역의 역할과 중요성을 강조할 뿐만 아니라, 무역업의 토대가 되는 무역실무분야인 ICC 국제규칙인 UCP, Incoterms 등과 계약, 물류운송, 보험 등을 집중적으로 논의하고자 한다. 아울러 부수적으로 무역이 발생하게 된 배경과 무역이익의 이론적 접근 그리고 국제금융과 환율을 통한 무역 원활화의 요인을 현실적으로 접근할 수 있도록 하는 국제무역이론 분야를 다루며, 해외시장조사와 글로벌마케팅전략 등 국제경영분야를 집중적으로 논의하고자 한다.

아울러 국제제도와 규칙 등 통상분야인 WTO, FTA 등의 현안에서 다루고 있는 국제통상분야의 현실적 접근을 다루고자 한다.

이와 같은 내용을 통해 무역학을 처음 대하는 대학 신입생들이 쉽게 접근할 수 있고 또한 무역의 포괄적 접근을 할 수 있도록 본 교재를 저술하였다. 무역학이 가지는 매력을 무역학을 전공하는 학생들께서 깊은 지식을 쌓을 수 있도록 본 교재가 그 역할을 제공했으면 하는 소망을 가지고 있다.

본 교재를 저술할 수 있도록 학문적 기틀을 마련해 주신 동국대학교 전창원 명예교수님, 이승영 명예교수님께 언제나 감사드리며, 항상 옆에서 힘이 되어준 아내 안현숙, 사랑하는 딸 이지윤, 이소윤에게 사랑한다는 말을 하고 싶다. 아울러 졸저인 본 교재를 기꺼이 출판해 주신 도서출판 청람의 이수영 사장님께 진심으로 감사드린다.

아직은 초판단계라 부족한 점에 대해서는 추후 수정 · 보완과정을 거치면서 무역학 개념서로의 역할을 성실히 수행할 수 있는 교재가 되도록 노력하겠다.

2014년 2월

저자 이제홍 씀

차례

Part 02 국제무역환경 및 무역정책

■ Chapter 05 ■ 무역질서 및 경제통합

Part 03 글로벌 경영과 전략

■ Chapter 07 ■ 글로벌 경영

■ Chapter 08 ■ 글로벌 시장진입전략

■ Chapter 09 ■ 글로벌 투자이론

■ Chapter 10 ■ 글로벌마케팅전략

■ Chapter 12 ■ 무역계약체결

■ Chapter 13 ■ 수출입대금결제

PART 01

무역과 국제무역이론

■ Chapter **01** ■

무역의 개요

제1절 무역의 의의

1. 무역의 개념

인간은 재화(goods)와 용역(service)의 생산과 소비, 그리고 매매와 교환활동을 통하여 경제생활을 영위하고 있다. 재화(goods)는 상품 등과 같은 유형물(visible goods)과 자본과 같은 무형물(invisible goods)을 말하며, 용역(service)은 기술 · 노동 · 운임 · 보험 등과 같은 무형물(invisible services)을 포함하고 있다.

무역이라는 용어는 외국과의 사이에 이루어지는 대외거래를 의미한다고 하여 외국무역(foreign trade) 또는 대외무역(overseas trade)이라고도 부르며, 세계의 국가가 국제상거래에 참여한다는 의미에서 국제무역(international trade) 또는 세계무역(world trade)이라 혼용하여 표현되고 있다.

2. 무역의 정의

대외무역법상 무역의 정의는 국가 간 재화와 서비스를 교환하는 행위를 말한다. 수출은 매매, 교환, 증여, 사용대차, 임대차의 목적으로 물품을 국내에서 외국으로 판매하는 행위를 말하며, 수입의 경우는 수출과 반대로 외국에서 국내로 물품의 이동이 일어날 경우를 말한다.

관세법상의 정의는 무역은 수입과 수출로 이루어져 있는데 간단하게 외국물품이 내국물품화되는 것이 수입이고, 내국물품이 외국물품화되는 것이 수출이다. 수입은 보세구역에서 수입통관절차를 밟고 정상적인 유통경로를 거쳐 국내로 들어오는 경우를 말하고, 수출은 수출통관절차를 밟은 이후에 외국으로 나가는 경우에 한정하고 있다.

제2절 무역의 대상 및 특성

1. 무역의 대상

1) 상품거래

오늘날 무역거래의 대부분을 차지하고 것으로서, 물품 및 재화의 교류, 즉 상품거래(transaction of goods)를 중심으로 이루어지고 있다. 원료(raw materials), 공업제품(manufactured goods) 및 식료품(food stuffs) 등의 거래가 이에 속하며, 이러한 거래를 "눈에 보이는 무역" 또는 유형무역(visible trade)이라고도 한다.

2) 기술거래

무역거래의 대상은 유형물인 상품 이외에도 외국과 기술원조 및 기술제휴계약을 체결하고, 그 제공한 기술의 대가를 받게 되는 특허권(patent licence), 실용신안권(utility model licence), 상표권(brand licence), 의장권(design license) 등과 같은 공업소유권(industrial property rights)의 양도 및 노하우(know-how)의 제공 등의 형태로 이루어지고 있다.

3) 용역거래

용역(service)거래는 유체물인 상품거래와는 달리 상대방에 대한 노무 등의 유상제공이나 유상거래를 말하는데, 즉 상품을 외국에 운송하는 수송서비스, 운송 중의 화물에 보험을 부보하는 보험서비스의 제공에 대한 대가로 지급 · 수취되는 운임(freight) · 보험료(insurance premium) 및 수수료(commission) 등을 의미한다. 이러한 기술 및 서비스와 같은 용역거래는 눈에 보이지 않는 무역으로서 무형무역(invisible trade) 또는 무역외 거래라고도 한다.

4) 자본거래

자본거래는 단기자본 또는 장기자본이 국제적으로 이동하는 것을 말한다. 즉, 서비스의 제공이나 상품의 판매와는 직접적인 관계없이 외국에 자본을 대여해 주거나 투자를 한 후에 이자 · 배당금 등을 받는 행위 또는 상품대금을 대여해 주는 신용공여 등의 자본거래도 주요 무역거래대상으로 등장하고 있다.

5) 전자적 무체물 거래

인터넷에 의해 주도되고 있는 디지털 혁명은 법적 · 제도적 문제를 파생시켰으며, 국제무역규칙 내에서 수용되고 있다. 이에 국제무역거래에 물리적 재화의 디지털화를 이루어 냈으며, 또한 디지털 재화를 창조하기에 이르렀다. 따라서 무체물로서 ① 소프트웨어 ② 부호 · 문자 · 음향 · 이미지 · 영상 등을 디지털 방식으로 제작하거나 처리한 자료 또는 정보 등이 무역거래의 디지털화한 재화로서 등장하게 되었다.

2. 무역의 특성

1) 거래교섭의 복잡성과 위험발생

무역거래는 언어, 법률, 제도 및 제반환경이 상이한 당사자 간에 이루어지기 때문에 장기간 동안 원거리를 운송하는 데 따른 물품손상의 위험, 상대방에 대한 신용상태의 불확실로 인한 수출대금의 회수불능위험, 수입업자가 수출업자에 대해 가지는 정확한 계약물품의 수취위험, 국제시장에서의 가격변동이나 통화의 환율변동 등으로 인하여 발생하는 위험이 있다. 아울러 수입국 내에 전쟁, 내란, 혁명 또는 폭동과 같은 비상사태가 발생하여 정부가 외환유출을 제한 또는 지급금지의 조치를 내릴 때 수출상이 대금회수를 하지 못하는 위험 등이 발생할 가능성이 매우 높다.

이를 무역거래에서는 각각 운송위험(transportation risks), 신용위험(credit risks), 상업위험(mercantile risks), 환위험(exchange risks), 비상위험(contingency risks)으로 표현하고 있다.

2) 정형화된 상관습의 적용

무역거래는 국가마다 언어가 서로 상이하고, 공간적으로 원격성이 존재할 뿐 아니라 상이한 주권국가에 속하는 당사자 간에 일어나는 현상이다. 당사자들은 자신의 상관습을 중시하는 경향이 있으므로 분쟁이 발생되었을 때 준거법의 적용문제가 발생한다. 따라서 당사자들은 명시계약을 보완하기 위하여 상관습을 정형화한 정형거래조건을 사용하고 있다.

이러한 상관습은 국제상업회의소(ICC)나 국제법협회(international law association)와 같은 권위 있는 국제단체에 의하여 다년간 조사 · 연구되고 국제규칙(international rules)으로 발전함으로써 국제관습법으로 되었다.

3) 화물의 해상운송이 주종

무역거래는 공간적으로 격지성이 존재하는 당사자 간의 거래이므로 국내거래와는 달리 계약내용의 이행에 있어 물품운송이 특히 중요하다. 그런데 무역거래는 옛날부터 주로 바다에서 재래선중심의 해상운송을 매개로 하여 발전되어 왔기 때문에 섬나라이든 대륙국가이든 간에 무역의 해상의존도가 매우 높게 나타나고 있다.

4) 다수복합계약의 체결

무역거래의 성립에는 우선 목적물에 대한 품질, 수량, 가격이 중심적인 조건이 되며, 그 다음에 물품인도를 위한 선적, 보험, 대금결제 등이 부수적인 조건이 된다. 또한 무역거래의 이행에는 수출입업자, 제조업자, 금융업자, 보험업자 등 여러 관련 당사자가 필연적으로 개재하므로, 무역거래는 매매계약을 주 계약으로 하고 운송계약, 보험계약, 신용장계약, 환계약 등을 종속계약으로 하여 다수 복합적으로 이행되게 된다.

5) 산업관련효과의 발생

무역거래는 단순히 국가 간의 물품이동만을 수반하는 것이 아니다. 즉, 국제분업을 통하여 국가 간에 무역거래가 이루어지면 국제적 공급 및 수요를 충족시킬 뿐만 아니라 당사국의 국내산업을 육성 · 발전시켜 국민경제의 수준을 향상시켜 준다.

즉, 무역거래의 증대는 국제분업의 발달을 촉진시켜 값싸고 좋은 물품의 국제적 공급과 유통을 원활히 해주며, 국내 주요산업이 필요로 하는 원료를 자원이 풍부한 세계각국으로부터 수입공급하고, 국내에서 생산된 상품을 수출하여 외화를 획득하여 수익을 증대시켜 주며, 대량생산과 고용수준의 향상을 통하여 무역거래에 참여하는 각국의 국민경제를 발전시켜 준다.

3. 무역의 학문적 성격

한국은 1962년 경제개발 제1차 5개년 계획이 시작되면서 개방경제체제로 돌입하여 이때부터 외자도입과 수출지향적 공업화전략을 수행하였다. 이와 같은 수출지향적인 정책의 선택은 국제무역을 촉진할 수 있는 계기가 되어 우리나라 경제의 고도성장과 국제수지 개선에 크게 기여하였다. 아울러 우리나라 경제의 무역중심적 특성은 필연적으로 무역학의 생성을 가져오게 하였다.

그러나 무역학이 도입된 지 40여 년이 지난 시점에서 아직도 무역학이 독자적인 영역을 차지하지 못하고 단지 실무적인 영역으로서 역할만으로 간주하여 점차로 퇴조하고 있는 실정이다. 그리고 최근 들어 세계화 · 개방화에 발맞추어 국가 간의 통상관계의 중요성 때문인지 통상부문의 한 축으로 간주하고 각 대학들이 통상관계학과로 명칭을 개명하여 학과를 운영하고 있는 실정이다.

1) 무역학의 학문적 체계

무역학은 한 나라가 다른 나라와 재화 · 용역 및 가변적 생산요소의 국제적 거래를 통하여 경제적 가치를 창조하고 이익을 얻기 위하여 이루어지는 국제무역의 거래행위를 연구하는 실천적 학문이다.

1960년대에 있어서 무역학은 경영학의 특수연구분야의 하나로서, 또는 경제학의 국제경제학분야로서 취급되어 왔으나, 이제는 독립된 학문영역으로서 존재가치를 인정받으며 경상학부의 국제통상 전문분야로 발전하게 되었다. 모든 학문은 시대의 변천에 따라 독자적인 이론체계와 함께 새로운 학문으로 분화되고 있는데, 무역학도 마찬가지로 무역학자는 물론 무역상사나 무역관계기관 그리고 국제통상분야에 종사하는 이들에 의하여 새로운 학문으로서 정립되어 왔다.

무역학은 개별사회과학의 한 분야로 행동과학과 정책학의 성격을 지니고 있다. 즉, 무역학은 사회과학 · 정책학 그리고 국제통상관계로서의 학문적 성격을 지니고 있는데, 특히 경제학, 경영학, 국제관계론 그리고 국제통상과 밀접한 관련을 맺고 있다. 특히 무역학은 실천적 학문인 까닭에 대외무역거래에 따르는 전략이나 정략적인 목표도 달성해야 하므로 이들의 사례를 통한 연구도 이루어져야 할 것이다.

이와 같이 무역학의 학문체계는 이론적인 측면에서만 다룰 수도 없을 뿐만 아니라, 그렇다고 하여 실무적인 측면만이 일방적으로 취급될 수도 없으므로 이론적인 측면과 실무적인 측면 그리고 국제통상적인 측면의 연구가 병행되어야 하는 복합적인 성격을 띠고 있다.

2) 무역학의 연구범위

무역학에 관한 연구는 이론적인 분야와 실무적인 분야로 대분류되는데, 이를 세분하여 보면 일반적으로 다음과 같이 다섯 가지 또는 여섯 가지 분야로 분류된다.

첫째로, 무역실무론적 연구인 무역실무론이다. 기업이 해외에서 물품을 수출입 시에 숙지해야 하는 실무분야로서 제도 및 규칙론 그리고 법률적 측면의 연구에 해당한다. 또한 국제매매론 및 국제실무론이다. 이는 무역고유의 특수 사정에 의한 무역기업의 상무를 주된 대상으로 하는 일반 상학적 연구와 국제매매 자체의 법리와 관습을 대상으로 하는 법학적 및 상학적 연구로 구분된다. 국제매매론은 무역에 대한 법학적 · 상학적인 연구로서 국제 간의 물품교류를 상업매매의 입장에서 분석 · 검토하는 것으로서 세계시장에서 시행되고 있는 무역관습과 매매이론을 연구하는 것이다. 국제무역은 물품매매라는 법적 수단에 의하여 이루어지고 있다. 그럼에도 불구하고 매매론적인 무역연구는 가격조건으로서의 무역용어의 문제만 주로 다루어 왔기 때문에 학문으로서의 발전은 미숙한 상태이다. 무역실무론은 무역경영론과 국제매매론에 대한 연구가 미숙한 상태에 있으므로 이 분야가 독립을 기하기 위하여는 무역경영의 상품매매활동에 대한 실무적인 연구가 매우 중요하다. 따라서 무역실무론은 주로 무역계약 및 거래습관과 무역상품의 매매기술, 수출입절차 및 이에 수반되는 신용장, 해상운송과 보험, 무역금융, 외국환, 수출입통관과 관세, 클레임 및 상사중재, 국내의 무역법규 등으로 구성되고 있다.

표 1-1 ▮ 무역학의 연구분야

대분류	학문분야	세부전공
무역실무론적 연구	1) 무역실무론 2) 무역제도 및 규칙론 3) 글로벌 지역론	무역실무론 국제매매계약론 무역결제 및 보험 무역운송 및 통관
경제학적 연구	1) 이론경제적 연구 2) 경제정책적 연구	국제무역이론 무역정책론
경영학적 연구	1) 경영학의 연구 2) 국제경영학적 연구	무역경영론 국제경영론
통상 및 정보학적 연구	1) 정보학 2) 통상 및 협상	전자무역론 국제통상론

둘째로, 무역에 관한 경제이론적 연구인 국제무역론이다. 이는 국가와 국가 사이에 물품의 교류가 이루어지는 상거래의 근본적인 원리를 연구하는 것을 말하는데, 이를 환언하면 국가 간에 이루어지는 경제적 유통관계의 발생원인 및 그것이 국민경제에 미치는 영향 등을 연구하는 것이다.

셋째로, 무역에 대한 경제정책적 연구인 무역정책론이다. 이는 어떤 국가가 대외무역에 대하여 어떠한 주의 · 정책을 취하는 것인가, 보호무역을 취할 것인가 또는 수출진흥정책을 취할 것인가, 수입억제정책을 취할 것인가를 연구하는 것이다. 따라서 무역정책도 학문적 연구를 바탕으로 수립하여야 하므로 무역정책론에 관한 연구도 국제무역이론과 함께 중요하다.

넷째로, 무역에 대한 경영학적 연구인 무역경영론이다. 이는 일반 경영학에서 거의 다루지 않은 무역경영의 형태, 조직, 상무, 금융, 회계, 위험대책, 경영정책 등 무역경영 자체의 본질적인 제문제를 연구대상으로 하는 것이다. 그러나 무역경영에 관한 연구는 최근에 이르러 크게 발전되어 그 기반이 확립되는 단계에 있으나 국제무역의 특수성 및 경영기술의 다양성에 따라 무역경제론에 관한 연구도 좀 더 다각적으로 이루어져야 한다.

다섯째로, 국제통상 및 협상관련 분야로서 국제통합의 형태로 자유무역협정이 국가 간 중요한 이슈로 부각되고 있어 이를 학문적으로 또는 실천적으로 접근하지 않으면 안 될 중요한 분야로 자리잡게 되었다.

이와 같은 무역의 학문적 체제는 관점과 그 대상에 따라 여러 가지 분야로 구분되기 때문에 무역학을 연구하는 것이 타 학문에 비하여 연구가 결코 용이하지 않으나 그 중요성에 비추어 볼 때 무역학에 관한 연구는 좀 더 체계적이면서 적극적으로 종합적인 연구가 되어야 하겠다.

3) 무역학 연구의 종합성

이와 같은 무역의 각 분야에 대한 연구는 상호 밀접한 관련성을 가지고 있다. 즉, ① 국제무역의 원리나 학설에 관한 이론경제학적 연구는 실제의 이론적 기초를 부여하고 있으며, ② 그 정책(무역정책)의 이론과 실태 및 효과에 관한 경제정책학적 연구는 무역경영에 대하여 대외활동상의 기초와 지침을 제공해 주고 있다. ③ 또한 개개의 무역경영이 무역객체(물품)의 매매행위에 의하여 충분한 상적 효과를 얻기 위하여는 국제매매의 계약법리 및 상사관습에 관한 법학적 및 상사적 연구가 필요할 뿐만 아니라 수출입절차에 대한 실무적인 연구도 필요하다. ④ 마지막으로 개방화 · 세계화 시대에 맞는 국제통상 및 협상의 중요성이 가중되고, 현재 국가 간 자유무역협정의 중요성이 높아짐에 따라 학문적 접근도 필요하게 되었다.

왜냐하면 무역논리 및 정책에 관한 연구는 되어 있다 하여도 무역실무에 관한 지식이 없다면 그 연구는 학문의 실효성이 없는 공리공론에 그치기 쉽기 때문이다. 그래서 무역학과 같은 학문은 이러한 학문의 범주에 속하는 것이다.

그러므로 무역에 관한 전반적인 지식을 얻기 위해서는 경제학, 경영학, 상학, 법률학, 인터넷 전자상거래 등의 기초 위에서 국제경제, 국민경제, 개별경제, 실무경제 및 전자정보에 관한 이론과 실제가 종합적으로 연구되어야 한다. 즉 각 분야별 연구가 병행하여 발전되어야 한다. 그동안 무역경영에 관한 연구는 무역이론이나 정책 또는 무역실무에 비하여 부진하였으나 최근에 이르러서 활발히 연구되고 있다. 그리고 정보통신수단의 발전으로 전자무역의 활용도가 높아짐으로써 전자무역의 강좌가 각 학과마다 개설되었을 뿐만 아니라, 국제 간 통상관계와 협상의 중요성이 더해감으로써 통상관련과목이 새롭게 추가되었다.

제3절 무역과 국민경제

무역은 한 나라의 경제발전을 촉진시키는 기본적인 전략이 되는 동시에 국민경제의 발전에 지대한 영향을 미치게 된다. 무역의존도가 높은 우리나라는 무역의 건전한 발전여부가 국민경제에 중요한 요인이 되고 있다. 즉, 무역을 통한 경제개발전략은 국가에 따라 정도의 차이가 있지만, 수출이 신장되고 필요한 원자재 등의 수입이 증가되면 이에 따라 국민경제가 성장하기 마련이다.

또한 수출상품의 생산이 증가하면 고용이 증대되며 비교우위상품을 생산하기 위하여 산업구조도 재정비된다. 뿐만 아니라 대량생산에 의한 비용의 절감과 국제경쟁력의 강화로 산업합리화가 촉진되며, 수출의 증대로 국제수지의 개선도 도모할 수 있다.

1. 무역의존도

1) 무역의존도의 개념

오늘날 세계 대부분의 국가들은 규모 또는 비중의 크고 작은 차이는 있지만 무역에 의존하는 국민경제생활을 영위해 나가고 있다. 이때 국민경제생활에서 무역이 차지하는 비중을 무역의존도(dependence on foreign trade)라고 한다. 즉, 한 나라의 국민경제가 어느 정도 무역에 의존하고 있는가를 표시하는 지표를 무역의존도라 하는데, 이는 일반적으로 국민총생산에 대한 수출입 총액의 비율로써 계산된다. 수출입 총액을 수출액과 수입액으로 구분하여 각각을 국민총생산과 대비하여 수출의존도와 수입의존도를 각각 계산할 수도 있다.

$$\text{무역의존도} = \frac{\text{1년간 수출총액+수입총액}}{\text{1년간의 국민총생산액}} \times 100$$

$$\text{수출의존도} = \frac{\text{1년간 수출총액}}{\text{1년간의 국민총생산액}} \times 100$$

$$\text{수입의존도} = \frac{\text{1년간 수입총액}}{\text{1년간의 국민총생산액}} \times 100$$

2) 무역의존도의 중요성

무역의존도는 해당 국가에서 무역의 중요성의 정도를 나타내는 지표이다. 따라서 이 지표는 무역이 그 나라의 국민경제에 대해 어떠한 역할을 하며, 또 어느 정도의 영향을 주고 있는가를 보여준다. 또한 역사적 무역의존도의 비교를 통해 무역의 중요성이 어떻게 변화되어 왔는가를 알 수 있으며, 국가별 비교를 통해 국별 무역의 중요성을 살펴볼 수 있다.

일반적으로 국토가 광대하고 천연자원이 풍부한 국가는 국내분업에 의한 자급자족도가 높아서 무역의존도가 낮으며, 국내시장이 협소하면서도 소득수준이 높은 국가는 무역의존도가 높다. 무역의존도가 높다는 것은 그 나라 경제가 외국경제와 밀접한 관계를 맺고 외국경제에 의존하는 정도가 크다는 것을 의미한다. 무역은 외국의 경기변동 및 기타의 경제사정에 따라서 좌우될 수 있으므로 무역의존도가 높은 것은 그 나라 경제가 그만큼 대외 경제환경변화에 영향을 많이 받는다는 것을 의미할 수도 있다.

2. 수출과 국민경제

수출은 한 국가의 국민경제 유지 · 발전에 필요한 외화획득 수단이며, 국제수지의 안정적 균형을 달성하기 위한 효과적인 방안이다. 또한 수출은 어떤 재화의 생산에서 선적에 이르기까지 관련산업 전반에 걸쳐 광범위한 파급효과를 유발하고 이를 통하여 경제성장에 이바지함은 물론 생산증대 그리고 고용기회의 창출과 신기술의 도입으로 인한 국제경쟁력 향상에 크게 도움을 준다.

1) 외화공급의 원천

국민경제에서 수출은 경제력의 확대에 필요한 원자재 및 기계시설 등의 수입을 위한 외화를 획득함으로써 경제성장을 측면에서 지원하는 역할을 하고 있다. 일반적으로 경제성장은 생산증가로 인한 노동투입량의 증가나 유휴설비의 가동화 등에 의해 진행되기도 하지만, 장기적으로는 시설투자를 통한 공급능력의 확대를 통해서 이루어진다. 시설투자는 생산증가로 이어지며 한편으로 자본투입의 증가로 소득이 증가된다. 또한 공급측면에서는 경제성장을 가능케 하는 동시에 다른 한편으로는 유효수요의 일부를 구성하여 수요 면에서 성장을 지탱하는 것이다. 이 때문에 활발한 투자는 그 수요효과를 통해 투자를 유발하고 수요 · 공급효과 결합하여 경제를 누적적으로 확대시켜 나가는 것이다.

이와 같이 수출은 경제발전의 원동력이 되는 시설투자에 필요한 외화를 공급해 주는 외화공급의 원천으로서의 역할을 하고 있다.

2) 산업구조의 고도화 추진

수출은 외화공급원으로서의 역할뿐만 아니라 생산활동 및 소득을 증대시키고 나아가 대량생산에 의한 규모의 경제를 실현 가능하게 하는 방대한 해외시장을 공급함으로써 산업구조의 고도화에 기여한다. '수출증대 → 생산증대 → 규모의 경제 실현 → 경쟁력강화 → 수출증대'로 이어지는 선순환이 계속되며, 대량생산에 의한 경쟁력의 강화효과를 유발한다.

3) 경기조절의 기능

수출규모의 확대에 따라 국민경제에서 차지하는 수출비중이 점차 증대됨으로써 유효수요의 중요한 구성요소가 된다. 따라서 수출은 내수감퇴기에는 위축된 국내시장을 보완하여 대폭적인 생산수준의 저하와 실업의 증가를 방지하는 안정장치로서의 기능을 한다. 특히 이와 같은 수출의 경기조절기능은 내수와 수출이 극단적인 경우에는 경합관계에 놓이기 때문에 가능하다. 즉, 내수가 급격히 증가할 경우에는 수출이 어느 정도 둔화되고, 내수가 매우 부진할 경우에는 수출이 상대적으로 활발해져 이를 상계(상쇄)하는 것이다.

4) 생산유발의 효과

수출은 당해 수출산업의 수출품 생산을 유발하고, 이는 다시 동 수출품 생산과 관련되는 모든 산업의 생산을 연쇄적으로 유발함으로써 전 산업에 걸쳐 생산을 증대시키게 된다.

예를 들어 수출의 생산유발과정은 일정액의 선박을 수출하는 경우, 이는 직접적으로 동액의 선박생산을 가져오는 동시에 간접적으로는 선박생산에 필요한 각종 기기 · 강판 · 페인트 등 중간재의 생산을 유발시키며(1차 후방파급효과), 이는 다시 강괴 · 철강석 등 관련산업의 생산을 불러일으켜(2 · 3차 후방파급효과), 총체적으로는 처음 수출액의 몇 배에 달하는 생산을 유발하게 된다.

5) 고용유발의 효과

일반적으로 수출의 증가는 관련산업의 생산활동을 직접 · 간접으로 증대시켜 고용을 창출하게 된다. 그러나 이러한 고용창출의 효과는 노동이나 자본의존도 등에 따른 그 나라 산업의 성격에 따라 크게 달라진다. 즉, 일국의 산업구조가 고도화되어 노동생산성이 향상되면 1단위 수출상품을 생산하는 데 필요한 노동의 비율, 즉 노동계수가 낮아져 고용유발의 효과는 감소되고 그 반대의 경우는 증가하게 된다.

6) 수입유발의 효과

수출의 수입유발효과란 수출상품의 생산과 직접 · 간접으로 관련된 원자재나 기자재 등의 수입유발액이 어느 정도인가를 나타내는 것을 말한다. 따라서 수입유발액은 총수출에서 수출에 의한 소득유발액을 공제함으로써 얻을 수 있다. 다시 말해서 수출의 소득유발효과는 수출에 의한 각 산업에서 창출된 부가가치의 합계, 즉 외화가득률로 계산이 되므로 수출의 수입유발효과와 소득유발효과의 합은 곧 수출총액이 된다.

한편, 시설재나 기자재의 수입은 그 자체가 미래의 생산을 위해 계속 사용될 것이기 때문에 수입유발도의 증가에 따른 소득유발효과의 감소보다는 신규투자에 의한 소득증대효과가 더 클 수 있으므로 장기적인 면에서는 국민경제발전에 긍정적인 영향을 미칠 수 있다.

7) 소득유발의 효과

수출은 그 상품의 생산활동과 관련된 여러 산업의 생산을 유발시켜 여기에 투입된 노동 · 자본 · 토지 등의 생산요소에 대해 소득을 실현시켜 준다. 따라서 수출의 소득유발액은 수출산업은 물론이고 수출과 관련된 관련산업들의 생산과정에서 발생한 부가가치의 합계로 산출된다. 다시 말해서 일국의 수출이 유발하는 소득액은 각 수출산업별 생산유발액에 각 산업별 부가가치율을 곱해서 구할 수 있다. 이는 또한 수출품 생산에 따른 직접 · 간접의 수입유발액을 공제해서 산출한 외화가득액으로 대신할 수 있다.

3. 수입과 국민경제

1) 비경쟁원자재의 공급원

한 나라가 경제발전을 도모하기 위해서는 공업화과정을 거치게 되는데, 공업화를 추진하는 대부분의 국가는 수입을 선별적으로 억제하는 경향이 있다. 특히 완제품수입을 제한함으로써 수출과 내수를 중심으로 하는 국내산업의 공업화를 진행하고 있다. 이러한 과정에서 수입은 공업화에 필수불가결하고 국내에서 생산이 불가능한 원자재의 공급원으로서 중요한 역할을 하고 있다.

특히 부존자원이 거의 없는 우리나라로서는 공업화에 필수적인 원면 · 원모 · 원목 · 철광석 · 기타 금속광물 등의 원재료수입이 불가피하며, 더욱이 공업의 동맥이라 할 수 있는 에너지자원, 즉 원유 등은 전적으로 수입에 의존하고 있는 형편이기 때문에 수입은 공업화에 필요한 원자재의 공급원이 되고 있다.

2) 시설의 확대 및 합리화 추진

경제의 공급력 확충을 위해서는 시설확대 · 기술혁신 · 생산근대화를 위한 합리화 투자가 활발하게 진행되어야 하는데, 이러한 과정에서 시설재에 대한 수요가 왕성해진다. 이러한 수요는 선진자본재의 수입으로 충당될 수밖에 없는데, 선진자본재의 수입은 시설의 확대와 합리화를 추진하여 국제환경변화에 대응해 나갈 수 있도록 산업의 체질을 강화시켜 경쟁력을 제고시키는 한편 내재적 성장잠재력을 증대시켜 지속적이고 안정적인 경제성장을 유도해 나가게 된다.

3) 경제능률과 소비자 후생의 증대

수입을 억제하는 보호정책은 소비자의 희생으로 생산자를 보호하는 결과를 가져온다. 특히 독과점품목들의 경우는 더욱 그러하다. 그러나 수입이 이루어짐으로써 단기적으로는 국내시장의 가격구조가 국제화되어 물품의 가격인하 효과를 얻을 수가 있고, 장기적으로는 국내산업의 체질이 강화되고 기술수준이 제고됨으로써 우수한 제품을 생산할 수 있는 이익을 얻게 된다. 즉, 수입은 국내생산자로 하여금 외국기업과의 경쟁을 유도시켜 기술개발을 통한 품질의 고급화, 생산성 향상을 통한 원가절감 등 기업경영의 합리화를 도모하게 하여 경제능률이 증대된다.

한편, 소비자 입장에서는 수입이 개방됨으로써 보다 싼 외국제품의 사용에 의한 후생증가는 물론 국내상품의 품질 및 가격조선이 개선됨으로써 소비자의 후생이 증대되는 효과를 기대할 수 있다.

제4절 무역과 국제분업

1. 국제분업의 정의

국제분업의 이론은 국민경제 내부에서 일어나고 있는 분업의 원리가 국가 간 사이에서도 발생하는 것을 말한다. 국내분업에 의하여 이루지 못한 생산의 능률을 국제분업에 의해 달성할 뿐 아니라 소비욕망의 충족도 증대시킬 수 있다.

분업은 원래 교환을 전제로 하고 있기 때문에 국제분업은 자연히 국제무역을 전제로 하게 된다. 국제분업의 이론은 무역이 성립하는 근거를 밝혀주고 있다.

국제분업의 이론을 처음 전개한 사람은 아담 스미스(A. Smith)였다. 아담 스미스는 생산비의 절대적 차이에 의해 국제분업이 발생한다고 주장하였는데, 이를 절대생산비설이라고 한다. 그러나 이 절대생산비설은 일국의 생산비가 다른 나라보다 모두 비싼 경우에는 무역이 성립할 수 있는 근거를 제시하지 못하였다.

그 후 그의 제자인 리카르도(D. Ricardo)에 의해 무역상대국 사이에 생산비가 상대적으로 차이가 있는 경우에도 국제분업이 발생한다는 새로운 주장이 등장하게 되었는데, 이를 비교생산비설이라고 하고 또한 이를 비교우위의 원리라고도 한다. 아담 스미스의 절대생산비설과 리카르도의 비교생산비설은 고전무역이론의 전개에서 상세히 다루게 된다.

2. 국제분업의 전제조건

각국은 자연적 · 사회적 · 경제적 배경에 따라 각각 자국에 유리한 재화를 생산하고 특화하는 국제분업을 행하게 된다. 따라서 국제분업이 이루어지기 위한 여건을 알기 위해서는 각국의 제반환경을 분석해야만 한다. 여기서는 국제분업의 성립요건을 크게 경제적 조건과 비경제적 조건으로 나누어 설명하기로 한다.

1) 경제적 조건

무역이라는 것이 국가 간의 경제활동이기 때문에 국제분업의 성립조건도 먼저 경제적 측면에서 찾는 것이 당연하다. 경제적 측면에서 볼 때 각국은 산업구조와 경제발전단계가 다르며, 또한 요소부존량의 차이에 의한 상품의 생산비가 다를 수 있기 때문에 분업이 성립할 수 있다.

(1) 생산비차

국제분업의 가장 기본적이 전제조건은 국가 간의 생산비차라고 할 수 있다. 만약 무역가능성이 있는 국가 간에 거래가능상품의 생산비(혹은 가격)가 같다면 각국은 자국과 상이한 환경을 지닌 외국과 거래함으로써 생길 수 있는 위험을 감수하려고 들지 않을 것이다. 따라서 수요측면의 변화가 일어나지 않는다고 할 때 생산측면에서의 국제분업조건은 무역당사국 간의 가격차가 존재한다는 것이다. 국가 간의 생산비차는 각국의 기후, 생산요소의 부존, 기술수준의 차이에 의해서 나타나게 된다.

(2) 기후

농산물 생산에 있어서 기후는 절대적인 영향력을 갖는다. 각국은 상이한 기후조건을 갖고 있으며, 기후조건에 알맞은 농산물을 생산할 수 있다. 따라서 농산물이 무역의 대종을 이루던 수 세기 전에는 기후의 차이가 국제분업을 발생시키는 중요한 요인이었다.

(3) 생산요소

천연자원 · 토지 · 노동력 및 자본 등 생산요소의 부존상태의 차이에 따라 각국의 산업발달 정도는 달라지게 되어 국제분업이 이루어지게 된다.

천연자원에는 수자원을 비롯하여 에너지 · 광물 · 해양자원 등이 있는데, 이러한 자원을 개발하고 이용한다면 그 나라에 매우 적합한 국제분업을 일으킬 수 있을 것이다. 따라서 천연자원의 종류와 부존량, 개발능력 등은 국제분업을 결정하는 주요 요인이 된다.

토지는 식량생산의 원천으로서 경지면적의 크기에 따라서 식량무역의 방향이 결정된다. 즉, 인구에 비해서 농경지가 좁은 국가에서는 식량을 수입하여야 하며, 그 반대의 경우에는 식량을 수출할 수 있게 된다.

노동이란 인간이 가지는 에너지를 자연에 작용시켜 그 자연을 변형 · 가공하여 일상생활에 사용하도록 하기 위한 활동을 말한다. 노동의 양과 질은 나라마다 다르며, 그 양과 질에 따라서 한 나라의 산업형태가 결정된다.

자본은 토지 및 노동과 함께 생산의 3대 요소라도 한다. 그러나 토지와 노동은 본원적인 생산요소인 데 반하여, 자본은 본원적으로 존재하지 않고 먼저 자본이 될 생산수단이 생산된 후에 다음 생산의 수단으로 사용되고 있다. 자본은 생산을 증가시키고 생산수준을 향상시키는 데 꼭 필요한 생산요소이다.

(4) 기술

국가들은 기술수준에 따라 그에 알맞은 산업에 특화하게 된다. 따라서 기술수준의 차이는 기후 및 생산요소의 부존상태와 더불어 국제분업을 형성하는 중요한 요인이 되고 잇다. 기술수준의 차이에 따른 국제분업의 형태는 고정적인 것이 아니고, 기술진보에 의하여 변화된다. 세계경제는 발전의 단계와 속도를 달리하는 다수의 국가들로 구성되어 있으므로 국제분업도 고정적인 것이 아니라 기술수준의 진전에 따라 변화하게 된다.

① 국가 간 경제구조의 차이

무역당사국 간에 경제구조가 같더라도 수평적 무역이 이루어질 수 있지만 그 규모는 작게 되고 오히려 제3국 시장에서 경쟁이 심화될 수도 있다. 그러므로 각국 간에 경제구조의 차이가 있을 때, 또한 그 차이가 클 때 무역량이 증가되어 국제분업이 쉽게 이루어질 수 있다. 이렇게 경제구조의 차가 국가 간에 발생할 수 있는 이유는 국가 간에 자연적 조건과 사회적 조건이 다른 데서 찾을 수 있다.

먼저 국가 간에 자연적 조건(인구 · 부존자원 · 기후 등)이 다를 경우에 이는 경제구조의 구성에 영향을 미치게 된다. 예를 들면 평야가 넓고 비옥하며 기후가 농사에 적합할 경우 그 국가는 농업에 특화하는 산업구조를 갖게 될 것이고, 자본이 부족한 대신 양질의 값싼 노동력이 풍부한 국가는 노동집약적 공업국가의 특성을 갖게 될 것이다.

다음으로 국가 간의 사회적 조건(문화 · 교육 · 언어 · 종교 · 사회간접자본 등)이 다른 경우 또한 경제구조를 변화시킨다. 예를 들면, 사회간접자본과 생산자본설비 등이 잘 갖추어진 국가는 자본집약적 산업에 특화를 하는 반면, 그렇지 못한 국가는 상대적으로 노동집약적 산업에 특화를 하는 경향이 있게 된다.

② 국가 간의 경제발전단계와 속도의 차이

로스토우(W. Rostow)는 경제발전단계를 ① 전통사회 ② 도약을 위한 선행조건의 정비기(과도기) ③ 도약기 ④ 성숙으로의 전진기 ⑤ 고도대중소비시대(복지국가시대)로 구분한다.

경제발전의 속도차이(또는 경제성장률의 차이)에 의해서도 국제분업이 촉진된다. 무역당사국 중 한 국가의 경제발전속도가 다른 국가보다 빠르다면, 이는 국가 간의 경제발전단계에 차이가 벌어지는 것을 의미하므로 교역이 쉽게 이루어질 수 있게 된다.

경제발전의 속도에 영향을 미치는 요인으로는 자본 · 노동 등의 요소공급증대와 기술진보를 들 수 있는데, 근래에 와서는 특히 기술진보의 역할이 중요해지고 있다.

③ 시장의 대량수요 존재

국제분업의 조건을 생산 아닌 수요 측면에서 본 것이다. 즉, 각국의 생산요건이 같더라도 인구수 · 생활수준 · 기호 · 취미 등 수요조건이 다르다면 이 다른 수요조건을 충족하기 위한 상황이 다르기 때문에 국가 간에 분업이 발생하게 된다. 어떤 국가가 특정산업을 특화하기 위해서는 그 산업제품의 생산비가 외국에 비해 유리할 뿐만 아니라 그 산업제품의 유효수요가 국내외시장에 대량 존재하고 있어야만 하는 것이다.

2) 비경제적 조건

비경제적 조건은 경제외적인 요인에 의해 국가 간에 분업이 성립할 수 있음을 말한다. 즉, 각국이 경제발전단계와 경제구조가 비슷하고 비교우위상품도 비슷할 때, 경제적 측면에서 볼 때는 국가 간 분업이 이루어지기 힘들다고 할지라도 정치적인 목적에 따라 분업이 성립될 수 있다.

따라서 정치적 목적에 의해 성립되는 분업은 정치적 지지, 정치적 담합 또는 경쟁국을 제거하기 위하여 시행되는 일종의 반무역 · 반원조라고 할 수 있다.

3. 국제분업의 형태

1) 수직적 분업과 수평적 분업

19세기 이후부터 20세기 중반까지의 세계무역은 종주국과 식민지국 또는 공업국과 농업국 간의 무역을 축으로 하여 발전되어 왔는데, 이러한 무역형태를 수직적 분업이라 한다.

수직적 분업은 최종생산물과 원자재의 무역, 또는 공업제품과 일차산품의 무역형태로서 경제발전단계가 상이한 국가 간에 이루어지는 무역을 말한다.

수평적 분업이란 소득수준 · 기술 · 자본축적 · 소비관습 등이 비슷하며 경제적으로 동질적인 국가들 사이에서 이루어지는 분업을 말한다. 세계무역은 제2차 세계대전 이후의 수평적 분업, 특히 선진공업국 간의 무역인 공산품의 무역비중이 크게 확대되어 왔다.

20세기 중반 이후 선진국과 개발도상국 간의 수직적 분업형태가 축소된 이유는 다음과 같다.

첫째, 선진공업국의 산업구조가 제품생산에 투입되는 원자재의 비율이 높은 경공업에서 그것이 낮은 중공업으로, 특히 화학제품과 기계류를 중심으로 상품구조가 변화되었다.

둘째, 선진국 경제의 고도화와 더불어 수요구조가 변화됨에 따라 기술 진보의 결과가 제품 단위당 포함되는 원자재의 비율을 크게 하락시켰다.

셋째, 농업부문에서도 선진국의 기술혁신으로 농업생산성이 향상되어 농산물의 자급도를 높여 개발도상국으로부터의 농산물수입이 감소되었다.

넷째, 선진공업국이 천연원료를 인조대용품으로 대체시켰다는 점 등을 들 수 있다.

공산품의 무역 중에도 경공업품 대 중공업품과 같이 자본 기술집약도가 다른 상품의 교환과 경공업품 대 경공업품 또는 중공업품 대 중공업품과 같이 동일한 집약도를 지닌 공산품 사이의 교환이 이루어지고 있다. 이 경우 비록 공산품 간의 교환이라 하더라도 전자는 수직적 분업의 형태이며, 후자는 수평적 분업이 되는 것이다.

2) 경제적 분업과 비경제적 분업

각국은 기후 · 천연자원 · 토지 · 노동 · 자본 및 기술수준 등을 고려하여 자국에 가장 적합하고 유리한 산업에 특화하여 생산물을 생산하고, 이를 자국에 필요한 생산물과 교환할 때 국제무역에 의한 최대한의 이익을 얻을 수 있다. 즉, 비교우위의 원리에 입각한 국제분업에 의한 생산은 가장 능률적이며, 경제자원의 효율적인 이용을 가능하게 하여 경제적 후생을 가져오게 하는데, 이러한 분업을 경제적 분업이라고 한다.

그러나 국제분업이 비교우위의 원리에 의해서라기보다는 경제외적인 요인에 의해 이루어지는 경우가 있다. 1880년대 이후 열강제국이 아프리카 · 동남아 등의 광대한 지역을 식민지화함으로써 세계적 규모로 수직적 분업이 추진되었는데, 이것은 국제분업에 의한 경제적 후생을 증대시키기 위한 것이라기보다는 공업국이었던 종주국 중심의 분업체제로서 국제경제의 가격 메커니즘과 직접 관계됨이 없이 본국의 경제정책추진과 구현에 기여하기 위한 분업이며, 본국의 관점에서 강요한 것과 다를 바 없는 강제적 분업이었다. 이와 같이 수직적 분업 가운데서 경제적 요인을 무시하고 오히려 경제외적인 요인을 중시한 분업형태를 비경제적 분업이라고 한다.

■ Chapter **02** ■

국제무역이론의 발전

제1절 국제무역이론

1. 국제무역이론의 과제

일상적으로 경제활동을 하는 가운데 일어나는 경제현상을 간단히 말로 표현하기에 쉽지 않은 경우가 종종 있게 된다. 왜 무역을 하는가라는 기초적인 문제에서부터 실제로 무역을 행하고 난 이후의 결과에 이르기까지 연구대상 문제가 많이 있다.

따라서 이에 대한 연구도 아담 스미스(A. Smith) 이래 현재에 이르기까지 시대적 상황에 따라 계속해서 이루어져 왔다. 그러나 무역이론들이 나오게 된 배경과 그 규명된 결과가 서로 다를지라도 국제무역의 기초이론으로서의 과제는 일정한 제반가정 하에서 ① 무역당사국의 특화상품의 선정방법과 기준 ② 무역당사국의 무역량 ③ 두 상품 간의 교환비율 ④ 산업구조와 자원배분에 대한 무역의 영향 ⑤ 유효소득에 미치는 무역의 영향 등을 규명하는 것으로 좁혀진다.

그러나 이러한 점들은 무역이론의 거시적 과제에 해당되는 것일 뿐이고 각 무역이론은 나름대로의 과제가 있을 수 있다고 할 수 있다.

2. 국제무역이론의 제가정

경제이론을 전개하기 위해서는 제한적이고 비현실적일 수 있는 가정이 필요하다. 국제무역이론도 역시 그의 과제를 해결하기 위해서 필연적으로 이론전개를 설정해야 하는데, 이는 표준적인 가정이 전제가 되어야 한다. 일반적으로 국제무역이론의 표준적인 가정은 다음과 같다. 이는 단지 이론전개를 쉽게 하기 위한 것이므로 어느 정도 제한적이고 비현실적이며, 또한 무역이론들이 이러한 가정들을 필요로 하는 것은 아니므로 경우에 따라서는 제반가정들을 완화 내지 강화시킬 수도 있다.

1) 정태적 분석

국제무역이론에서는 일반적으로 시간의 흐름을 무시한다. 즉, 시간이 경과한다 하더라도 인구 · 자본 · 기술 등의 여건은 일정불변하다고 가정한다.

2) 2국 · 2재 · 2요소

현실과 동떨어진 가정이지만 이론의 분석을 용이하게 하기 위하여 무역세계에는 단 두 국가만이 존재하여 두 가지 생산요소(대개 자본과 노동)만을 가지고 두 가지 상품(예를 들면, 농산품과 공산품)만을 생산한다는 것을 전제로 한다.

3) 요소의 동질성과 생산함수의 불변

하나의 생산요소라 할지라도 특징에 따라 다시 여러 가지로 구분할 수 있는데(예를 들면, 노동은 숙련노동과 비숙련노동으로 나눌 수 있다), 무역이론에서는 이들을 동일한 요소로 간주하고 이들 요소의 질은 국가 간에 같고 또한 동일상품에 대한 생산함수도 같다고 가정한다.

4) 상품의 상이한 요소집약도

두 가지 요소를 사용하여 생산하는 두 상품은 각각 다른 요소집약도를 갖게 된다는 것인데, 이에 관한 예를 들면 농산품은 노동집약재, 공산품은 자본집약재임을 가정한다.

5) 요소의 지역 간 이동불능

생산요소가 더 높은 보수를 받을 수 있는 곳으로 이동하려고 하는 것은 필연적인 사실이나, 이미 각국의 요소공급량이 한정되어 있음을 가정하였으므로(정태적 분석) 요소는 국가 간에 이동이 불가능하다.

6) 완전경쟁과 완전고용

국내거래뿐만 아니라 국제거래에 있어서도 시장형태는 완전경쟁만 존재하는 것이 아니다. 국제무역에 있어서의 대표적인 불완전경쟁형태로는 독점 · 과점 · 독점적 경쟁 · 카르텔 · 국제상품협정 및 국영무역 등이 있다.

그러나 불완전경쟁은 국제무역을 축소시키는 경향이 있다. 예를 들면 독점과 과점은 독점이익, 규모의 경제, 기술혁신 등을 통하여, 그리고 독점적 경쟁은 비가격경쟁을 통하여 무역에 영향을 미친다.

그런데 무역이론에서는 무역을 왜곡시키는 요인을 배제하므로 완전경쟁을 가정하게 되고, 또한 각국의 부족한 상태에 있는 자원을 모두 이용함으로써 실업이나 자원과 설비의 유휴가 없음을 전제로 하고 있다.

7) 완전자유시장

상품이 한 국가에서 다른 국가로 이동하게 되면 필연적으로 이전비용(transfer cost)이 나타나게 된다. 이러한 이전비용은 크게 상품 자체의 수송비와 무역에 대한 정부의 규제 때문에 나타나는 파생비용으로 구분할 수 있다. 전자는 상품의 포장 · 수송 · 취급에 따른 비용을 말하며, 후자는 수입관세 · 수량제한 · 외부규제와 같은 정부규제로부터 야기되는 비용을 말한다.

그런데 무역이론에서는 이러한 비용들을 무시하는데 그 이유는, 첫째로 이전비용 때문에 수입가격이 상승함으로써 무역의 기회가 감소될 수 있다는 것과 둘째로 이전비용으로 인하여 상품의 생산이 한 지역(또는 한 국가)에 편중되거나 산업구조가 왜곡될 수도 있기 때문이다. 따라서 국제무역이론에서는 무역을 위축시키는 장벽이 없는 완전자유무역을 가정하는 것이다.

제2절 고전무역이론

1. 절대생산비설

아담 스미스는 국부론에서 외국무역에 분업론을 적용시켜 무역이 발생하는 이유를 설명하였다. 그는 "만일 외국이 어떤 상품을 우리들이 스스로 만드는 것보다 싸게 만들어서 공급할 수 있으면, 우리들도 그 외국에 비하여 좀 더 싸게 제품을 생산하여 수출하면 그 생산물의 일부를 판매한 대가로 값싼 상품을 외국에서 수입하는 것이 이득이 될 것이다"라고 말하였다.

이와 같은 입장은 공업국과 농업국 간 또는 열대지방과 온대지방 사이에서 이루어지는 무역에서 볼 수 있는 것과 같이 한 나라가 다른 나라보다 생산에 있어서 절대우위(absolute advantage)에 있는 경우에 국제분업이 발생한다는 견해이므로 아담 스미스의 국제분업론을 절대우위론(theory of absolute advantage) 또는 절대생산비설(theory of absolute cost)이라고 한다. 절대생산비설의 특징은 노동가치설을 바탕으로 했다는 데 있다. 즉, 절대생산비설은 상품의 생산을 위해 단지 노동만이 유일한 생산요소로 투입되는 것을 가정하기 때문에 상품의 가치는 투입노동량으로 표시할 수 있다. 절대생산비설에 관한 예를 들어 보면 다음과 같다.

예를 들어, 지금 한국과 중국이 각각 휴대폰과 장난감을 생산하고 있고 단위당 생산비를 노동자의 수, 즉 노동가치로 환산하여 [표 2-1]과 같다고 하자.

노동자가 덜 투입된다는 것은 그만큼 생산비가 낮다는 것을 말하므로 상대국에 비해 경쟁력이 강하다는 것을 의미한다. 따라서 [표 2-1]에서는 휴대폰 생산은 한국이, 장난감 생산은 중국이 절대우위가 있기 때문에 한국은 휴대폰 생산에 특화(specialization)하고 중국은 장난감 생산에 특화하여 서로 분업하게 된다.

표 2-1 ▮ 절대적 생산비용

상품 \ 국가	한국	중국
휴대폰	8인	14인
장난감	9인	7인

이 결과 양국 전체의 생산량은 [표 2-2]와 같이 특화하기 전보다 더욱 증가되고, 양국은 절대생산비차에 따른 특화로부터 무역이론을 얻는다. 즉, 무역이 개시됨에 따라 절대적 우위에 있는 생산물에 각각 특화한다면, 특화하기 전에 비하여 휴대폰 0.125대와 장난감 1대를 증산할 수 있다.

이상에서 살펴본 바와 같이 절대생산비설에 입각하여 무역을 하게 되면 무역에 참여하는 당사국 모두가 무역이득을 얻을 뿐만 아니라 전세계적으로도 이익이 발생한다는 것이다.

표 2-2 ▮ 절대생산비용의 무역이익

구분		한국	중국	양국의 합계
무역 전	휴대폰 장난감	8인 = 1대 휴대폰 9인 = 1대 장난감	14인 = 1대 휴대폰 7인 = 1대 장난감	2대
무역 후	휴대폰 장난감	7인 = 2.125대의 휴대폰 생산	21인 = 3대의 장난감 생산	2.125대 휴대폰 생산 3대 장난감 생산

그러나 절대생산비설은 한 국가가 두 상품생산에 모두 절대우위(또는 절대열위)를 가질 때의 무역가능성을 밝히지 못했다. 즉, 앞에서의 예와는 달리 1대의 휴대폰과 장난감을 생산하는 데 한국은 각각 8인 · 7인의 노동량이 투입되고, 중국은 각각 14인 · 9인의 노동량이 투입된다면, 한국은 휴대폰과 장난감의 생산에 있어서 모두 절대우위를 갖게 되고, 반대로 중국은 두 상품생산에 모두 절대열위를 갖게 된다.

이러한 경우 절대생산비설에 따르면 한국이 두 상품 모두를 수출하고 중국은 두 상품 모두를 수입해야 하므로 정상적인 무역이 이루어질 수 없다. 어떤 국가이든 상품을 수출해야만 수입대금을 확보할 수 있으므로 이와 같은 경우에는 절대생산비설로는 국가 간의 무역을 설명할 수 없게 된다는 결함이 있게 된다. 따라서 이러한 결함을 보완한 이론이 바로 비교생산비설이다.

2. 비교생산비설

한 국가가 두 교역상품에 있어서 모두 절대우위(또는 절대열위)에 있다 하더라도 비교생산비차에 의해 무역이 성립할 수 있다는 사실을 밝혀 아담 스미스의 절대생산비설을 보완한 이론이 바로 리카르도(D. Ricardo)의 비교생산비설(theory of comparative cost) 또는 비교우위론(theory of comparative advantage)인데, 이 역시 노동가치설을 근거로 하고 있다.

리카르도의 저서인 『경제학 및 과세의 원리(principles of political economy and taxation)』에서 비교생산비설의 이론이 정립되었다. 이 이론에 따라 한국과 일본을 예를 들어 설명해 보기로 한다. 한국과 일본의 두 나라가 휴대폰과 자동차를 각각 1단위씩 생산하는 경우에 1년 동안에 투입된 노동자수를 비교함으로써 비교생산비설을 밝히고 있는데, 이를 간단히 표로 만들어 보면 [표 2-3]과 같다.

표 2-3 ▮ 비교생산비설

구분		한국		일본		양국의 합계 (생산단위)
		투입노동량	생산단위	투입노동량	생산단위	
무역 전	휴대폰	100명	1개	90명	1개	2개
	자동차	120명	1대	80명	1대	2대
무역 후	휴대폰	220명	2.2개			2.2개
	자동차			170명	2.125대	2.125대

[표 2-3]에 의하면 한국에서는 휴대폰 1단위를 생산하는 데 100명의 노동력이 필요하고, 자동차 1단위를 생산하는 데는 120명의 노동력이 필요하며, 일본에서는 휴대폰 1단위 생산에 90명, 자동차 1단위 생산에 80명의 노동력이 필요하다. 여기에서 우리는 다음과 같은 사실을 알 수 있다.

일본은 한국에 비해 휴대폰 및 자동차 생산에 있어 모두 절대우위(absolute advantage)에 있고, 한국은 절대열위(absolute disadvantage)에 있다. 그런데 일본은 두 상품 중 한국과 비교할 때 자동차 생산에 우위의 정도가 더 높다. 왜냐하면 생산비 면에서 단위당 투입노동량비율이 휴대폰은 90/100(명)으로 한국의 90%에 해당하고 자동차는 80/120(명)으로 66.7%이기 때문이다. 한편, 한국에 있어서는 일본에 비해 생산비가 두 상품 모두에서 절대적으로 열위에 있으나, 휴대폰은 100/90(명)으로 111%이고, 자동차는 120/80(명)으로 150%이므로 휴대폰의 생산이 상대적으로 유리하게 된다. 따라서 한국은 휴대폰의 생산에 비교우위(comparative advantage)를 갖게 된다.

이 같은 상황에서 노동력의 국제적 이동이 현실적으로 곤란하므로 일본에서는 우위의 정도가 더욱 높은 자동차 생산에, 한국은 열위의 정도가 낮은 휴대폰의 생산에 특화(내지는 전업화)함으로써 생산량의 증대를 가져오고, 또 무역을 통하여(한국은 휴대폰을 수출하고 자동차를 수입하며, 일본은 자동차를 수출하고 휴대폰을 수입) 양국이 모두 이익을 얻을 수 있게 된다. 이 무역의 이익은 무역 전과 무역 후의 양국의 생산량을 비교해 봄으로써 간단히 알 수 있다. 무역이 성립하기 이전에는 양국의 생산물총량이 휴대폰 2개와 자동차 2대였다. 그런데 무역이 이루어지면 생산물총량이 증대하게 된다.

일본에서는 전 노동량 170명을 80명으로 1대를 생산할 수 있는 자동차 생산에 투입하여 2.1259(170/80)대를 생산하고 한국에서는 220명의 전 노동량을 휴대폰 생산에 투입하여 2.2(220/100)개를 생산하게 된다. 이로써 휴대폰 0.2대, 자동차 0.125대만큼의 생산량이 무역 이전에 비해 증가하게 되는데, 이것이 두 나라의 무역이득이 되는 것이다.

한편, 이러한 무역이득은 노동의 절약이라는 면에서도 살펴볼 수 있다. 휴대폰과 자동차가 1：1로 교환된다고 할 경우, 한국은 100명의 노동으로 생산한 휴대폰을 수출하여 지금까지 120명의 노동으로 생산하였던 자동차와 교환함으로써 20명의 노동을 절약할 수 있다. 일본에 있어서도 80명의 노동으로 생산한 자동차로 90명의 노동으로 생산했던 휴대폰을 구입할 수 있으므로 10명의 노동이 절약되는 셈이다.

이와 같이 리카르도의 비교생산비설은 아담 스미스가 주장한 절대생산비설의 결함을 보완하여 자유무역의 이론적 기초와 골격을 더욱 확고히 하였다는 점에서 높이 평가되고 있다. 그러나 비교생산비설 역시 비현실적이고도 제한적인 전제하에서 정립되었기 때문에 많은 비판을 받았고 이론의 전개에 있어서도 교역당사국에 배분되는 무역이득을 정확히 규명하지 못하는 결함을 갖고 있었다.

그 후 밀(J. S. Mill)과 마샬(A. Marshall)은 이에 대한 정밀화를 시도하였으며, 헥셔(E. Heckscher)와 오린(B. Ohlin)은 리카르도의 비교생산비설에서 밝혀지지 않았던 비교생산비차의 발생원인을 규명하기도 하였다.

3. 상호수요설

밀(J. S. Mill)은 리카르도가 규명하지 못한 교역상품의 국제교환비율(교역조건)과 교역당사국에 대한 무역이익의 배분비율을 밝혔다. 그는 두 교역상품의 국제교환비율은 비교생산비의 상한가 하한, 즉 두 교역당사국의 국내교환비율 사이에서 교역상품에 대한 양국의 수요가 일치하는 점에서 결정된다고 주장하였다.

표 2-4 ▮ 생산비용

상품 \ 국가	한국	중국
휴대폰	200개	200개
컴퓨터	300대	400대

또한, 밀은 상호수요에 의해 결정된 교역조건에 의해 교역당사국의 이득배분이 이루어진다고 밝히면서 교역조건에 영향을 줄 수 있는 요인으로 상호수요의 규모 이외의 수요의 탄력성을 들었다. 즉, 그에 의하면 상대국 상품에 대한 자국의 수요의 탄력성이 크면 자국의 교역조건이 불리하지만, 그 반대의 경우에서는 교역조건이 자국에 유리하다는 점을 밝혔다. 이러한 상호수요설에 관하여 살펴보기로 하자.

[표 2-4]에 의하면 동일한 노동력을 투입하여 한국에서는 휴대폰 200개와 컴퓨터 300대를 생산할 수 있고, 중국에서는 휴대폰 200개와 컴퓨터 400대를 생산할 수 있다. 이 생산조건하에서는 한국과 중국 모두 휴대폰보다는 컴퓨터 생산이 유리하다. 그러나 동일한 노동량을 투입하여 생산되는 휴대폰의 양은 양국이 동일하지만, 컴퓨터 생산에 있어서는 한국보다 중국이 더 많이 생산할 수 있다. 따라서 비교생산비원리에 의해 한국은 휴대폰(X) 생산에 특화하고, 중국은 컴퓨터(Y) 생산에 특화하여 양 생산물을 교환하는 경우에 양국 모두가 이익을 얻을 수 있다.

그림 2-1 ▮ 교역조건범위

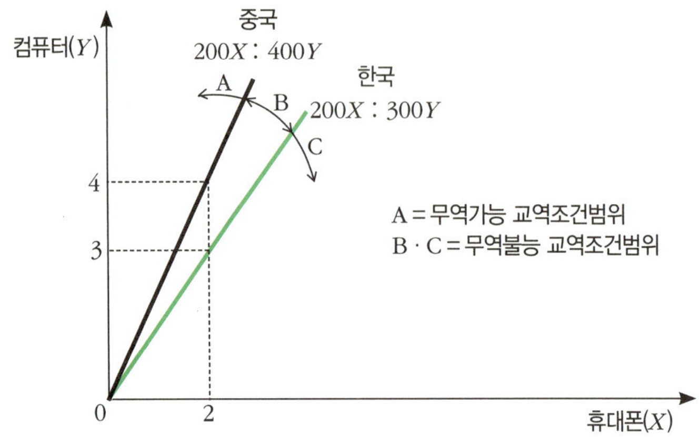

한편, 무역당사국에 대한 무역이득의 배분은 교역조건이 어디에서 결정되는가에 달려 있다. 밀에 의하면 교역조건은 양국의 국내교환비, 즉 한국의 국내교환비인 200X : 300Y와 중국의 국내교환비인 200X : 400Y 사이의 상호수요가 일치하는 점에서 결정된다. 왜냐하면 만약 200X : 300Y의 국제교환비(C)에서 무역이 이루어진다면 한국이 국내에서 교환할 때보다 오히려 100Y를 손해보게 되므로 국제거래에 응하지 않을 것이다. 또한 국제교환비가 200X : 500Y인 점(B)에서 무역이 이루어진다면 중국이 100Y의 손해를 입게 되므로 무역거래에 응하지 않을 것이다.

그러므로 양국의 거래가 이루어지기 위한 교환비의 범위는 [그림 2-1]에서 볼 수 있듯이 양국의 국내교환비의 범위인 200X : 300Y~400Y(A) 사이에서 결정되는 것이다. 물론 양국이 똑같은 이익을 얻기 위해서는 200X : 350Y의 교역조건이 바람직하다. 그러나 이것은 하나의 가상일 뿐 실제 교역조건을 결정하는 요인은 바로 상호수요의 규모와 수요의 탄력성이라는 것이 상호수요설의 요점이다.

그러나 상호수요설 역시 비현실적인 가정하에서 정립되었다는 비판 이외에 교역조건결정요인에 있어서 수요측면을 너무 강조한 나머지 공급측면을 무시했다는 결함을 지니게 되어, 이는 후에 마샬(A. Marshall) 등에 의해 보완되었다.

제3절 근대무역이론

1. 기회비용설

고전무역이론인 아담 스미스의 절대생산비설과 리카르도의 비교생산비설은 단순화된 여러 가정에 근거를 두고 있는데, 이들 가정 중의 하나가 노동가치설이다. 이는 한 상품의 가치나 가격은 그 상품의 생산에 투입된 노동량과 일치하거나 또는 그 노동량으로부터 추론될 수 있다는 것이다.

이러한 노동가치설은 많은 비판을 받아 왔으며, 노동가치설에 근거를 두고 있는 비교생산비설 역시 비판을 받아 왔다. 따라서 비교생산비설은 새로운 시각에서 그 타당성이 모색되어 왔는데, 이것이 바로 하벌러(G. Haberler)의 기회비용설(theory of opportunity cost)이다.

1) 기회비용

기회비용(opportunity cost)이란 한 행위의 가치를 평가할 때 그 가치를 실제로 취한 행위의 가치로 평가하는 것이 아니라 그 행위를 선택하기 때문에 포기해야 하는 다른 행위의 가치로 평가하는 것을 말한다. 즉, 기회비용의 관점에서 본다면 일정량의 생산물비용이란 그러한 생산 때문에 단념하지 않으면 안 되는 다른 생산물의 양인 것이다.

예를 들어 투입된 생산요소로서 연필 1자루를 생산할 수도 있고 분필 2자루를 생산할 수도 있다고 하자. 이때 연필 1자루를 생산하기로 하였다면 분필 2자루의 생산은 포기하여야 하며, 이 경우 연필 1자루 생산의 기회비용은 분필 2자루로 나타낼 수 있다.

따라서 기회비용의 개념을 도입하면 상품의 상대가격이 비교생산비설이나 절대생산비설처럼 투하노동량에 의해 결정되는 것이 아니고 그 상품을 생산함에 따라 포기해야 하는 다른 상품의 생산량으로 표시할 수 있다.

2) 생산가능곡선

생산가능곡선(product possibilities curve)이란 상품생산에 일정한 생산요소를 완전히 투입하여 최대로 생산할 수 있는 2상품(*X*재 · *Y*재)의 생산량을 나타내는 곡선이다. 따라서 생산가능곡선상의 모든 점은 일정한 생산요소를 투입하여 생산할 수 있는 2상품의 여러 가지 조합을 나타낸다.

생산가능곡선은 생산비가 불변 · 체증 또는 체감하느냐에 따라서 그 형태가 각각 다르게 나타난다. 불변생산비(불변기회비용 : constant cost)하의 생산가능곡선은 직선으로 표시되며, 체증생산비(체증기회비용 : increasing cost)하의 생산가능곡선은 원점에 대하여 오목(concave to the origin)한 형태로 표시되고, 체감생산비(체감기회비용 : decreasing cost)하의 생산가능곡선은 원점에 대하여 볼록(convex to the origin)한 형태로 표시된다.

(1) 불변생산비하의 생산가능곡선

[그림 2-2]는 어떤 나라의 생산 가능한 컴퓨터와 휴대폰을 *X*축과 *Y*축에 각각 표시한 것이다. 이때 불변생산비를 가정하고 또 모든 생산요소를 투입하여 컴퓨터만을 생산할 경우 200단위를 생산할 수 있으며, 휴대폰만을 생산하려고 하면 100단위를 생산할 수 있다. 그러나 컴퓨터와 휴대폰을 동시에 생산하려고 하면 P_1점에서는 100단위의 컴퓨터와 50단위의 휴대폰을 생산할 수 있으며, P_2점에서는 120단위의 컴퓨터와 40단위의 휴대폰을 생산할 수 있다.

이때 컴퓨터 20단위를 추가생산하기 위해서 휴대폰 10단위를 희생하여야 하며, 휴대폰 10단위를 추가생산하려면 컴퓨터 20단위를 희생해야 하는 관계에 있는데, 이 희생되는 비용을 기회비용이라 한다.

[그림 2-2]에서 컴퓨터나 휴대폰의 기회비용은 전혀 변동되지 않으므로 이는 불변기회비용이며, 그 생산비는 불변생산비이다. 즉, 불변기회비용 또는 불변생산비하에서는 어느 한 가지 상품의 생산량을 점점 증가시킴에 따라 다른 상품의 생산량이 동일한 양으로 감소되기 때문에 모든 생산요소가 하등의 손실 없이 서로 완전히 대체될 수 있다. 그러므로 불변생산비하의 생산가능곡선은 직선으로 표시되며 두 상품의 가격선과 일치한다. 즉, AA'의 기울기는 두 상품의 상대가격을 각각 나타낸다.

그림 2-2 ▮ 생산가능곡선(불변생산비)

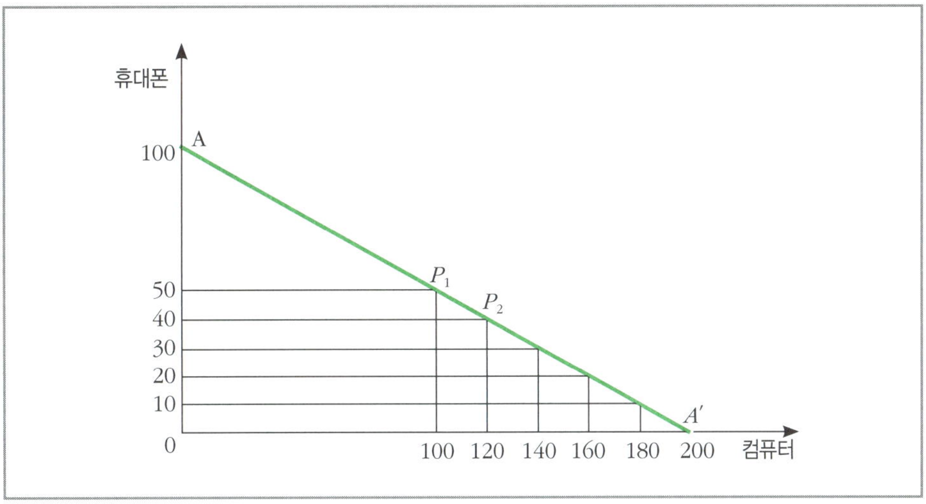

(2) 체증생산비하의 생산가능곡선

체증기회비용하의 생산가능곡선은 [그림 2-3]에서 나타난 바와 같이 원점에 대해서 오목하다. [그림 2-3]에서 일정한 생산요소를 투입하여 컴퓨터만을 생산한다고 하면 OA', 휴대폰만을 생산한다고 하면 OA를 생산할 수 있으며, P_1에서는 Oa'의 컴퓨터와 Oa의 휴대폰을 동시에 생산할 수 있고, P_2에서는 Ob'의 컴퓨터와 Ob의 휴대폰을 동시에 생산할 수 있다. 생산가능곡선 AA'가 원점에 대하여 오목한 것은 컴퓨터와 휴대폰의 생산에 있어서 기회비용이 체증하기 때문이다.

[그림 2-3]에서 컴퓨터의 생산단위를 $a'b'$, $b'c'$, $c'd'$…만큼 일정하게 1단위씩 증가시킴에 따라 감소되는 휴대폰의 양은 ab, bc, cd…만큼 점점 증가하게 된다. 즉, 어느 한 가지 상품의 생산량을 1단위씩 추가로 증가시킴에 따라 이에 의하여 희생되는 다른 상품의 양은 점점 증가되는 것이다. 기회비용의 개념에서 본다면 컴퓨터 1단위를 증가시킴에 따라 컴퓨터의 단위당 생산비는 점점 증가되므로 그 생산비는 체증생산비 또는 체증증감비용이다.

한편, 휴대폰의 생산량을 1단위씩 추가로 증가시킴에 따라 희생되는 컴퓨터의 양은 점점 증가되므로 휴대폰의 단위당 생산비는 역시 증가된다. 체증생산비하의 생산가능곡선은 불변생산비의 경우처럼 직선으로 표시되지 않으며, 또한 가격선과 일치하지도 않는다. 생산가능곡선상의 한 점에서의 접선의 기울기는 한 상품과 다른 상품과의 대체가능한 비율을 나타내며, 또한 그 점에서의 상대적 기회비용을 나타낸다.

그림 2-3 ■ 생산가능곡선(체증생산비)

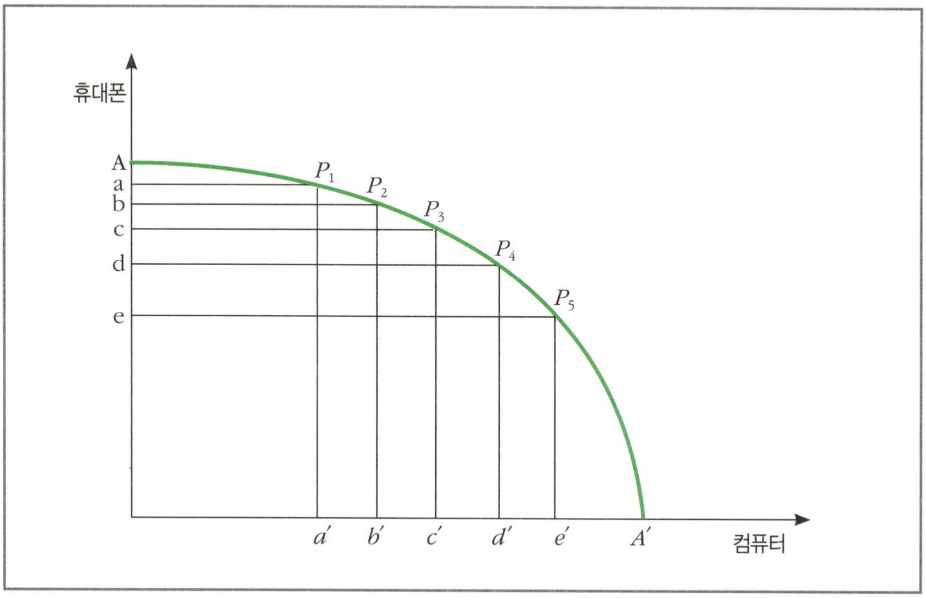

(3) 체감생산비하의 생산가능곡선

체감생산비(체감기회비용)하의 생산가능곡선은 [그림 2-4]에서 표시된 바와 같이 원점에 대해서 볼록하다. 이 [그림 2-4]에서도 일정한 생산요소를 투입하여 컴퓨터만을 생산한다고 하면 OA', 휴대폰만을 생산한다고 하면 OA를 생산할 수 있으며, P_1에서는 Oa'의 컴퓨터와 Oa의 휴대폰을 동시에 생산할 수 있고, P_2에서는 Ob'의 컴퓨터와 Ob의 휴대폰을 동시에 생산할 수 있다.

생산가능곡선 AA'가 원점에 대하여 볼록한 것은 컴퓨터와 휴대폰의 생산에 있어서 기회비용이 체감하기 때문이다. [그림 2-4]에서의 컴퓨터의 생산단위를 $a'b'$, $b'c'$, $c'd'$…만큼 일정하게 1단위씩 증가시킴에 따라 이에 의하여 감소되는 휴대폰의 양은 ab, bc, cd…만큼 점점 감소되므로 휴대폰으로 측정한 컴퓨터의 기회비용은 체감한다. 한편, 휴대폰의 생산량을 한 단위씩 추가로 증가시킴에 따라 이에 의하여 희생되는 컴퓨터의 양은 점점 감소되므로 컴퓨터로 측정한 휴대폰의 기회비용 또는 생산비는 체감한다.

그림 2-4 ▮ 생산가능곡선(체감생산비)

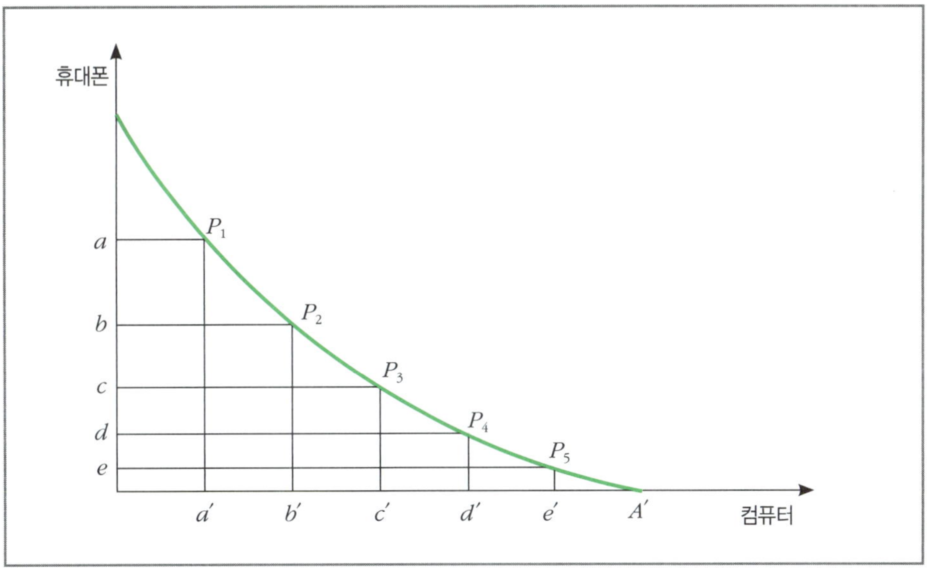

3) 기회비용설과 무역

하벌러는 기회비용과 생산가능곡선의 개념을 국제무역이론에 도입하여 비교생산비설을 체계화시켰는데, 이를 기회비용설이라 한다. 기회비용설에 의하면 한 재화의 비교우위는 생산물의 기회비용에 의해 결정되는데, 교역상대국에 비해 기회비용이 상대적으로 낮은 재화에 그 나라는 비교우위를 갖는다. 그런데 기회비용은 생산가능곡선으로 나타낼 수 있다. 이미 언급된 바와 같이 생산가능곡선의 기울기는 다른 재화 한 단위를 더 생산하기 위해 그 나라가 포기해야 하는 어떤 재화의 양을 가리키는데, 이것을 한계전환율(marginal rate of transformation)이라고도 한다. 실제에 있어서 기회비용은 불변 · 체증 또는 체감할 수 있으나 여기서는 가장 단순한 형태인 불변비용(constant cost)하의 경우를 고려하여 구체적으로 살펴보기로 한다. 이 경우 기회비용 · 한계전환율 그리고 상대가격이 동일한 직선형의 생산가능곡선으로 나타나게 된다.

이제 한국과 미국의 두 국가가 *X*재와 *B*재를 모두 생산하고 있다고 가정하자. 한국은 모든 생산요소를 투입하여 *X*재만 생산한다고 하면 24단위의 *X*재를 생산할 수 있고, *Y*재만 생산한다면 12단위의 *Y*재를 생산할 수 있다. 한편, 미국은 모든 생산요소를 투입하여 X재를 생산한다면 24단위를 생산할 수 있고, Y재만을 생산한다면 36단위를 생산할 수 있다. 따라서 한국에서 X재의 기회비용은 Y재 0.5단위인 반면, 미국에서 X재의 기회비용은 Y재 1.5단위가 된다.

그림 2-5 ▮ 불변비용하의 무역

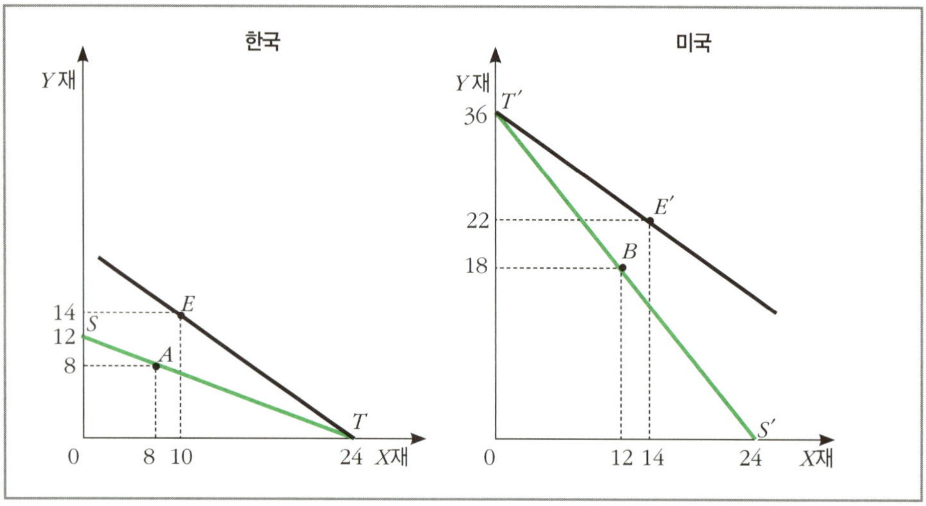

다시 말해서 한국은 X재 한 단위를 추가적으로 더 생산하기 위해 Y재 0.5단위를 포기해야 하고, 미국보다 X재 1단위를 추가적으로 더 생산하기 위해 Y재 1.5단위를 포기해야 한다. 이 같은 경우 한국은 X재의 기회비용이 미국보다 낮기 때문에 미국에 대해 X재에 비교우위를 가지며, 반대로 미국은 Y재에 비교우위를 갖는다. 이러한 상황을 생산가능곡선으로 나타내면 [그림 2-5]와 같다.

무역개시 이전에 한국과 미국은 국내에서 생산되는 상품만을 소비하게 될 것이다. 예를 들어 [그림 2-5]에서 한국과 미국은 각각 A, B점에서 생산 · 소비한다고 가정하여 보자. 무역이 개시되면 한국은 비교우위 상품인 X재의 생산에 완전특화하여 T점에서 생산할 것이고, 미국은 Y재생산에 완전 특화하여 T′점에서 생산할 것이다. 이때 양국 간의 교역조건이 1 : 1로 설정되어 한국이 14단위의 X재를 미국이 14단위의 Y재와 교환한다면 한국과 미국은 각각 E점과 E′점에서 소비하게 될 것이다.

이렇게 되면 한국은 무역 이전 A점에서의 소비에서 E점으로 이동함으로써 X재 2단위와 Y재 6단위를 더 많이 소비할 수 있게 되며, 마찬가지로 미국도 무역 후에는 소비점이 B점에서 E'점으로 이동하게 되어 X재 2단위와 Y재 4단위를 더 소비하게 된다. 결과적으로 한국과 미국은 무역 이전에 비해 무역을 함으로써 모두 이익을 얻을 수 있게 된다. 생산가능곡선을 이용한 이와 같은 설명은 불변비용에 대해서는 물론이고 체증비용과 체감비용하에서도 그대로 적용될 수 있다.

이와 같이 하벌러의 기회비용설은 종래 고전학파이론에서 주장하는 단일의 생산요소, 동질의 생산요소 그리고 불변생산비라고 하는 비현실적인 가정에서 벗어나 현실에 적합한 생산요소를 전제로 무역이론을 전개하였고 가변비용하에서도 비교우위의 결정을 일반화시켰다는 데 그 특징이 있다.

2. 헥셔–오린 정리

1) 의의

1930년대에 스웨덴의 경제학자 헥셔(E. Heckscher)와 그의 제자 오린(B. Ohlin)은 기존의 비교우위론의 미비점을 보완하면서 자유무역이론을 집대성하였다.

기존의 비교우위론은 비교우위의 원인이 생산비 차이에 있다는 것을 설명하고 있지만 그 생산비 차이가 왜 발생하는가에 대해서는 아무런 설명도 하지 못하였다. 이에 헥셔와 오린은 두 나라 간 생산요소부존량에 차이가 나면 상품생산에 투입된 요소집약도에 차이가 나기 때문에 생산비 차이가 발생한다고 보았다. 즉, 비교우위의 원인이 생산요소부존량의 차이와 요소집약도의 차이에 있다고 보는 무역이론이 바로 헥셔–오린 정리이다.

2) 기본가정

① 2국 · 2재화 · 2요소의 무역모형을 사용한다.

② 두 나라의 생산기술, 즉 생산함수가 동일하다.

③ 생산함수는 규모에 대한 보수불변의 생산함수이고 생산요소에는 수확체감의 법칙이 작용한다.

④ 생산의 기회비용이 체증하고 생산가능곡선이 원점에 대해 오목하게 표시되므로 두 나라는 어느 한 상품에 완전특화하지는 않는다.

⑤ 생산물시장과 생산요소시장은 완전경쟁이다.
⑥ 두 나라 사이에 생산요소의 집약도는 서로 다르다.
⑦ 두 나라 사이에 생산요소의 이동은 불가능하다.
⑧ 상품의 무역은 자유롭게 이루어지며 운송비는 없다.

3) 두 가지 명제

(1) 요소부존이론(제1명제)

예를 들어 미국과 한국, 두 나라가 두 생산요소(예컨대, 자본과 노동)를 투입하여 두 가지 상품(이를 X재와 Y재라 하자)을 생산한다고 가정한다. 그런데 미국은 자본이 상대적으로 풍부한 나라이고, 한국은 노동이 풍부한 나라라고 가정한다. 그러면 미국에서는 상대적으로 자본가격이 싸고 노동가격이 비쌀 것이고, 한국에서는 이와 반대일 것이다.

또 한편, X재와 Y재는 기술계수가 달라서 X재에는 자본, Y재에는 노동을 더 많이 사용하여 생산된다고 가정한다. 그렇다면 미국에서는 자본집약적인 X재가, 한국에

표 2-5 ▮ 헥셔-오린 제1명제(요소부존이론)

• 한국은 상대적으로 노동이 풍부하고, 반면에 미국은 상대적으로 자본이 풍부하다고 하자. 그러면 한국은 임금이 낮아서 노동집약적 상품에 비교우위를 가지고, 미국은 이자가 낮아서 자본집약적 상품에 비교우위를 가진다.
• 이때 한국은 노동집약적 상품생산에 특화하고, 미국은 자본집약적 상품생산에 특화하여 서로 무역을 하면 두 나라 모두에게 이익이 된다.

한국	노동풍부	저임금 → 노동집약적 상품생산에 비교우위 → 노동집약적 상품생산에 특화 → 노동집약적 상품의 수출
	자본희소	고이자 → 자본집약적 상품생산에 비교열위 → 자본집약적 상품생산의 축소 → 자본집약적 상품의 수입
미국	자본풍부	저이자 → 자본집약적 상품생산에 비교우위 → 자본집약적 상품생산에 특화 → 자본집약적 상품의 수출
	노동희소	고임금 → 노동집약적 상품생산에 비교열위 → 노동집약적 상품생산의 축소 → 노동집약적 상품의 수입

자료 : 홍승기, 행정고시 경제학, 법문사, 2003, p.759

서는 노동집약적인 Y재가 비교우위의 상품으로 특화될 것이다. 따라서 미국은 X재를 수출할 것이고 Y재를 수입하며, 한국은 Y재를 수출하는 대신 X재를 수입하게 된다.

이상과 같이 헥셔-오린 정리의 제1명제(요소부존이론)는 국가 간에 생산요소의 부존상태가 각각 다르고 또한 각 생산물에 투입되는 생산요소의 비율에 차이가 있음으로 해서 국가 간에 비교생산비차가 발생한다는 것이다.

(2) 요소가격균등화정리(제2명제)

앞의 요소부존이론에 따라서 고찰할 때 다음과 같은 사실을 알 수 있다. 무역이 성립되면 미국에는 무역 이전에 Y재를 생산하던 자본과 노동의 일부 또는 전부가 X재 생산으로 옮겨져 투입될 것이다. 그런데 X재는 자본집약적인 상품이므로 자본의 수요는 상대적으로 증가되고 노동의 수요는 감소된다. 그 결과 상대적으로 낮던 생산요소(자본)의 가격은 오르고 높았던 생산요소(노동)의 가격은 떨어지게 되어 두 생산요소의 가격은 점차 균등화되는 경향을 보이게 된다.

이에 대하여 한국에서는 자본의 가격은 떨어지고 노동의 가격은 오르게 되어 두 가격은 역시 균등화의 경향을 나타낸다. 따라서 미국과 한국, 양국의 자본 및 노동의 가격은 균등화 경향을 보일 것이다. 이처럼 요소가격균등화정리는 생산요소의 국제적 이동을 가정하지 않더라도 무역의 자유화로 말미암아 생산요소의 가격은 균등화

표 2-6 ▮ 헥셔-오린 제2명제(요소가격균등화정리)

• 한국과 미국 간에 무역이 이루어지려면 생산요소시장에서 변화가 발생한다.

한국	노동집약적 상품생산에 특화 → 노동에 대한 수요 증가 → 임금의 상승	생산요소의 상대가격 $(\frac{w}{r})$ 상승
	자본집약적 상품생산에 축소 → 자본에 대한 수요 감소 → 이자의 하락	
미국	자본집약적 상품생산에 특화 → 자본에 대한 수요 증가 → 이자의 상승	생산요소의 상대가격 $(\frac{w}{r})$ 하락
	노동집약적 상품생산의 축소 → 노동에 대한 수요 감소 → 임금의 하락	

• 무역이 이루어지려면 궁극적으로 한국의 임금과 미국의 임금, 한국의 이자와 미국의 이자, 한국의 생산요소의 생산가격과 미국의 생산요소의 상대가격이 같아진다.

되는 경향이 있다는 것이다. 이와 같은 요소가격균등화정리는 헥셔-오린 정리의 테두리 내에서 사뮤엘슨(P. A. Samuelson)이 계승 · 확장시켰기 때문에 헥셔-오린-사뮤엘슨 정리라고도 한다.

3. 레온티에프 역설

레온티에프(W. Leontief)는 1947년도 미국의 200개 산업의 투입산출표와 무역수치를 이용하여 미국의 수출산업과 수입경쟁산업에 있어서의 요소투입비(노동/자본)를 비교함으로써 헥셔-오린 정리의 제1명제를 검증하게 되었다. 그 결과 미국은 헥셔-오린 정리의 내용대로 수출산업에 있어서의 자본/노동비율이 수입경쟁산업보다 낮음으로써 헥셔-오린 정리와는 정반대의 결론에 도달하였다.

레온티에프는 미국이 1백만 달러어치의 수출품과 수입품(대신 수입대체품 이용)을 생산하는 데 필요한 노동과 자본의 양을 계산했다. 헥셔-오린 정리에 근거해 볼 때 원래 자본량이 상대적으로 풍부하다고 생각되는 미국에서 수출상품이 수입품에 비해 더 자본집약적이어야 한다. 그러나 레온티에프의 연구결과는 오히려 수출품에서의 자본투입비율이 수입품보다 상대적으로 낮은 것으로 나타났다. 즉 레온티에프의 연구결과에 따르면 미국의 수출품은 노동집약재이고 수입품이 오히려 자본집약재인 것을 의미한다. 따라서 이러한 결과는 헥셔-오린정리에 배치된다고 해서 레온티에프 역설(Leontief's paradox)이라고 한다.

이론적으로 타당하다고 받아들여졌던 헥셔-오린 정리에 대한 반대결과가 된 레온티에프 역설은 그 후 경제학자들로 하여금 이론과 현실 사이의 모순해결이라는 연구과제를 부여하였다. 따라서 경제학자들은 이와 같은 이론과 현실 사이의 모순을 해결하기 위하여 헥셔-오린 정리와 레온티에프 역설의 양 이론의 문제점을 재검토하였다. 레온티에프 역설이 나온 배경으로는 ① 헥셔-오린 정리의 한계 ② 미국민의 자본집약재에 대한 수요편향의 경향 ③ 요소집약도의 역전가능 ④ 미국의 노동집약재 수입에 대한 규제 ⑤ 다른 나라에 비해 우수한 미국 노동자의 질의 무시 ⑥ 미국의 기술집약산업에의 우위성 등이 지적되었다.

4. 스톨퍼-사뮤엘슨 정리

레온티에프 역설이 헥셔-오린 정리의 요소부존이론을 검증한 결과라고 한다면 스톨퍼-사뮤엘슨정리는 헥셔-오린 정리의 요소가격균등화문제를 검토한 이론이라고 하겠다. 1941년에 스톨퍼(W. F. Stolper)와 사뮤엘슨(P. A. Samuelson)은 고임금수준의 국가와 저임금수준의 국가가 자유무역을 할 경우 두 국가의 임금수준이 균등화된다는 주장을 하여 헥셔-오린 정리의 제2명제인 요소가격균등화이론과 동일한 결론에 도달하였다. 따라서 그들은 고임금수준의 국가에서 노동자의 실질임금을 유지하기 위해서는 보호관세제도가 필요하다고 주장함으로써 보호무역주의의 이론적 근거를 제공해 주었는데, 스톨퍼-사뮤엘슨 정리를 [그림 2-6]을 통해 살펴보면 다음과 같다.

미국을 자본풍부국(노동희소국), 한국을 노동풍부국(자본희소국)이라 하고, X재는 노동집약재, Y재는 자본집약재라고 하자. 이때 미국은 노동이 희소하기 때문에 노동의 가격(임금)은 높고 자본의 가격은 낮다. 따라서 요소부존이론에 의해 자유무역이 이루어지면 미국은 자본집약재에 특화하게 됨으로써 자본에 대한 수요가 늘어나고 노동에 대한 수요는 줄어들므로 노동의 가격이 종전의 $(PL/PK)_A$에서 무역 후에는 그 이하로 하락한다. 반면에 노동의 가격이 낮은 한국에서는 무역 후 노동집약재에 특화하게 됨에 따라 노동에 대한 수요가 늘어나므로 노동의 가격이 종전의 $(PL/PK)_B$보다 상승됨으로써 미국과 한국 간에는 요소의 이동이 없이도 무역 후에는 $(PL/PK)_T$ 수준에서 두 국가의 임금수준이 균등화된다는 것이다. 그런데 스톨퍼-사뮤엘슨 정리와 헥셔-오린 정리의 차이점은 헥셔-오린 정리는 '생산요소의 수요전환 →요소가격변동→요소가격의 균등화' 과정을 밝힌 반면, 스톨퍼-사뮤엘슨 정리는 '요소가격의 변동→요소의 수입비율의 변동→요소의 한계생산력변화→요소가격의 균등화' 과정, 즉 요소가격과 요소의 투입비율과의 상관관계를 통해 요소가격의 균등화과정을 밝히려고 한 것이다.

그림 2-6 ▮ 요소가격의 균등화

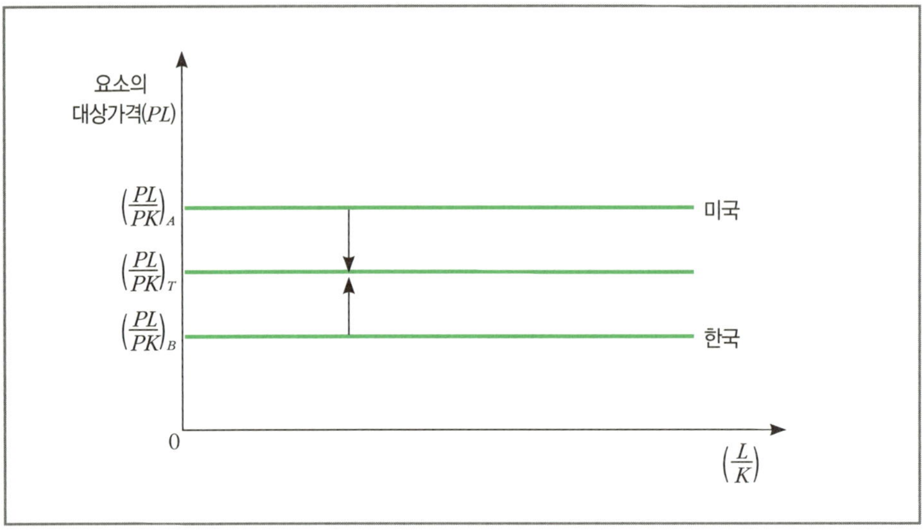

제4절 현대무역이론

1. 대표수요이론

대표수요이론(representative demand theory)은 수요구조에 중점을 두어 무역패턴을 설명하려는 이론인데, 이 이론을 체계화시킨 린더(S. B. Linder)는 다음과 같이 주장하였다.

1차 산품과 공산품 간의 무역패턴에 관하여는 헥셔–오린 정리로 설명할 수 있지만 공산품 상호 간의 무역패턴은 수요측면에서 그 요인을 찾아야 한다. 어떤 상품이 수출상품이 되기 위해서는 그 상품이 국내생산품이어야 하고 이에 대한 국내수요가 전제되어야 한다.

즉, 수출품으로 해외시장에 등장하기 이전에 그 상품에 대한 상당한 정도의 국내수요가 선행되어야 한다는 것이다. 이 상당한 크기의 국내수요를 린더는 대체적 수요라고 하였다. 그러므로 수출상품으로서의 가능성은 대체적 수요에 의해 결정된다는 것이다. 이처럼 수요구조에 의해 무역패턴이 정해진다고 할 때 국내수요는 국민소득에 따라 달라질 수 있으므로 결국 무역패턴은 국민소득에 영향을 받는다고 하겠다.

2. R&D이론

R&D이론은 연구 · 개발요소이론(theory of research and development factor)의 간단한 표현인데, 그 내용은 버논연구팀(W. Gruber, D. Mehta 및 R. Vernon)과 키싱(D. B. Keesing)에 의해 밝혀졌다. 이 이론은 연구 · 개발요소가 국가 간 비교생산비의 차이를 발생시키는 주요한 요인이라는 것이다.

이 이론은 미국 등을 비롯한 대부분의 선진국의 무역패턴이 연구 · 개발요소에 우위를 둔 기술혁신적 상품이라는 데 중점을 두고 제창되었다. 새로운 제품의 발명이나 새로운 생산방법의 고안은 과학의 수준이 높은 선진국가에서만 가능하며, 이러한 연구의 결과를 실용화하기 위하여는 과학자 · 기술자 · 숙련노동자 등 소득의 노동력을 상대적으로 풍부하게 갖추고 있어야 한다.

따라서 이러한 조건이 충족될 때 이 국가는 기술혁신적 상품의 수출에 있어서 비교우위를 갖게 된다는 것이다.

3. 기술갭이론

기술이론들은 기술선진국이 신제품의 창조자로서 특정이익을 가진다고 주장하는데, 이러한 특정이익은 기술후진국이 즉시 신제품을 생산할 수 없다는 이유, 즉 기술후진국이 기술선진국과 동일한 신제품을 생산하기 위해서는 모방기간(imitation lag)이 존재한다는 근거하에서 발생된다. 바로 이러한 모방기간이 기술선진국으로 하여금 그 기간 동안 수출을 독점할 수 있도록 한다. 이 이론은 포스너(M. V. Posner)와 호프바우어(G. C. Haufbauer) 등에 의해 전개되었는데, [그림 2-7]에서는 이를 잘 설명해 주고 있다.

미국을 기술선진국, 한국을 기술후진국이라 하고, 종축은 각국의 생산가 수출의 관계를 나타낸다고 할 때 미국이 기술선진국으로서 신제품을 개발한 시점은 t_0점이다. 그 후 시간이 지남에 따라 미국의 신제품생산이 증가하여 t_1에 이르면 동 제품을 한국에 수출하기 시작한다. 이때 t_0-t_1점은 미국이 신제품의 자급자족을 이룩하던 기간으로 포스너는 이를 수요기간(demand lag)이라 하였다.

이후 시간이 지남에 따라 미국의 생산 · 수출은 계속 늘어나 t_2점에서 미국의 생산과 수출은 최대가 되는 반면, 기술후진국인 한국도 동 제품을 모방 · 생산하기 시작함으로써 t_0-t_2점까지를 기술후진국인 한국의 반응기간(reaction lag)이라 하였다.

이와 같이 기술선진국이 수출이득을 얻을 수 있는 이유는 기술후진국의 반응기간이 기술선진국의 수요기간보다 길기 때문인데 반응기간과 수요기간 사이의 차이가 크면 클수록 기술선진국의 이익은 커진다.

그런데 기술후진국의 반응기간에 영향을 줄 수 있는 요인으로는 규모의 경제 · 관

그림 2-7 ▮ 기술수준에 의한 무역역전

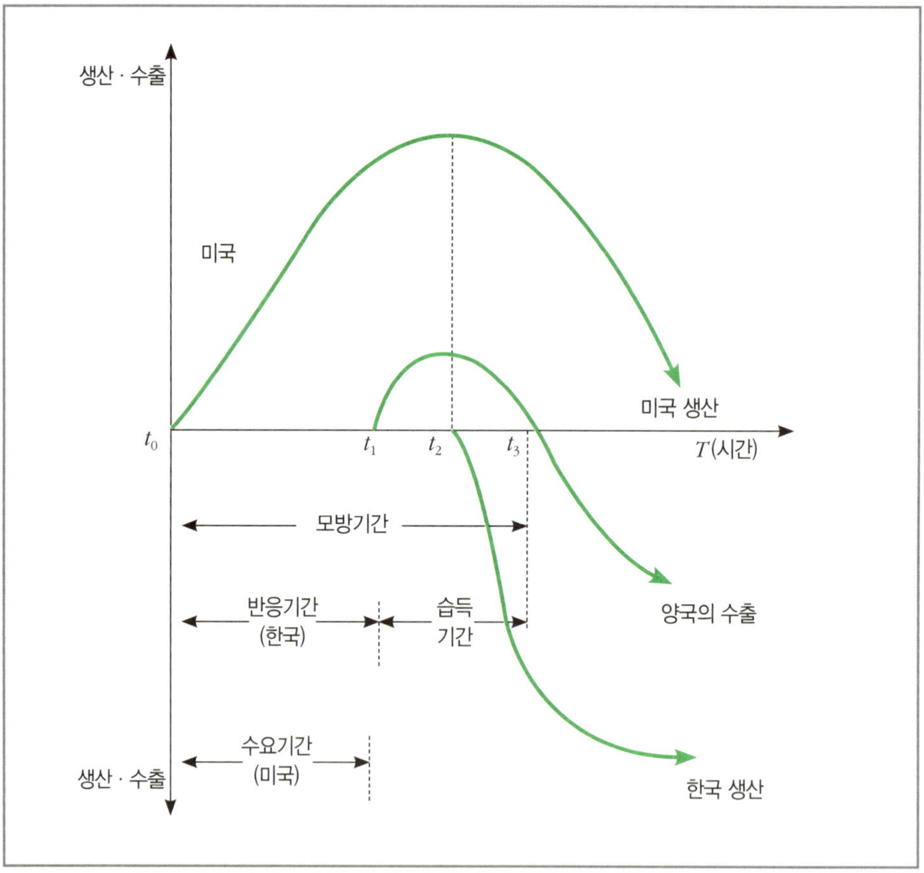

세 · 수송비 · 기술후진국의 요소의 소득탄력성, 시장의 규모와 소득수준 등을 들 수 있다. 이러한 반응기간이 지난 후 t_2-t_3점 사이에서는 한국이 미국의 기술을 습득하여 국내생산을 늘리게 되고 t_3점 이후에서는 오히려 기술후진국인 한국이 기술선진국인 미국에 역수출하게 된다.

4. 제품수명주기이론

제품사이클(product cycle) 또는 제품라이프사이클(product-life cycle)이론이라고도 하는데, 이는 앞서 설명한 R&D이론과 신제품의 3단계론을 결합시킨 것으로서 버논(R. Vernon)에 의해 주창되었다.

이 이론은 새로운 제품이 소개되어 쇠퇴하는 과정을 4단계로 나누어 설명하는 이론인데, 이를 각 단계의 특징에 따라 살펴보면 다음과 같다.

① 신생기(new phase stage) : 새로운 제품(또는 서비스)이 소개되는 도입기로서 제품이 시장에 적응하기 위해 점차 개선되어 간다. 따라서 생산은 아직 기술적으로 불안정하고 수요도 불확실한 상태이다. 이 단계에서는 선도국(예컨대, 미국)에서 선진공업국 및 저개발국으로 수출이 이루어진다.

② 성장기(growing stage) : 생산 및 판매량이 급속히 증가하는 고도성장기에 이르면 대량생산 · 대량판매방식이 도입된다. 다른 산업에서 이 산업으로 전입하려는 기업이 발생하여 경쟁이 심하게 된다. 선도국과 선진공업국 간의 수출경쟁에서 선진공업국이 우세해지기 시작한다.

③ 성숙기(mature stage) : 시간적으로 가장 오래 지속되는 단계로서 제품의 증가율은 성장기보다 완만하다. 제품은 표준화가 되어 미숙련 노동으로 생산이 가능하게 된다. 따라서 경쟁에서도 저임금에 비교우위를 둔 저개발국이 우세하게 되어 제품을 수출하게 된다.

④ 쇠퇴기(decline stage) : 또 다른 신제품이나 보다 좋은 대체품의 출현으로 불가피하게 쇠퇴하게 된다는 등 4단계로 나누어 성장상품의 무역패턴을 설명하고 있는데, 이 이론도 역시 무역의 일차이론은 될 수 없다고 본다.

그림 2-8 ▮ 제품개발국의 제품사이클 무역형태

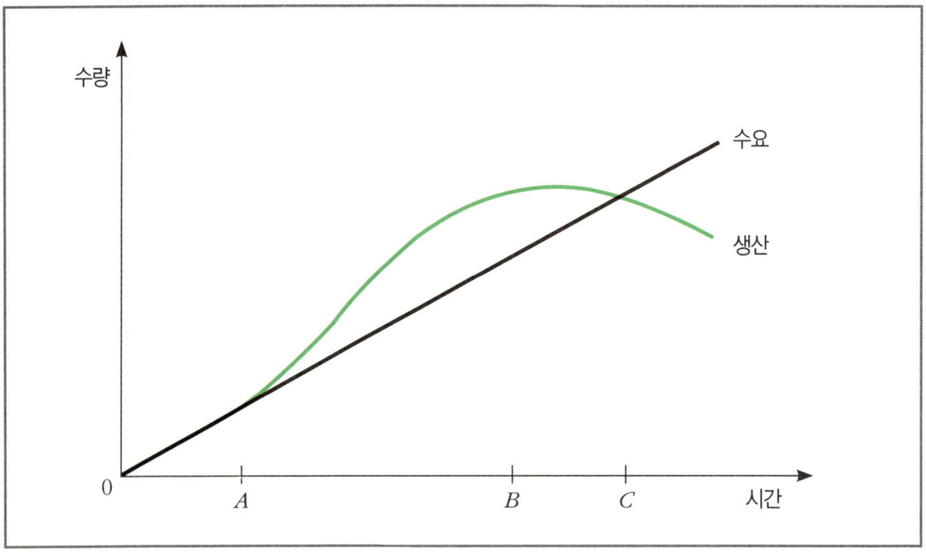

[그림 2-8]과 [그림 2-9]는 제품개발국과 제품모방국 사이에서 제품사이클을 이용해 이루어지는 무역형태를 설명한 것이다.

[그림 2-8]은 제품개발국의 제품사이클 무역이론을 밝힌 것으로 제품개발국은 *O*점에서 신제품생산을 시작하나 국내생산이 수요를 초과하지 못하기 때문에 *A*점에 이를 때까지 수출이 이루어지지 않는다. 바로 *O*–*A*기간은 포스너가 말하는 수요기간에 해당된다. *B*점에서는 제품모방국이 제품개발국의 제품을 모방하여 자체생산을 하므로 제품개발국의 수출은 감소하는데, 이러한 *A*–*B*기간이 반응기간에 해당된다. 그리고 *C*점에 와서는 오히려 제품개발국이 국내수요가 생산을 초과하므로 제품모방국으로부터 수입을 해야 된다.

한편, [그림 2-9]는 제품사이클을 이용한 제품모방국의 무역형태를 밝힌 것인데, 제품모방국은 *A′*점에서 제품개발국으로부터 신제품(제품개발국에서는 이미 성장기 내지 성숙기에 도달한 제품)을 수입하기 시작한다. 이때 만약 제품모방국이 소득이 높은 국가라면 *A′*점이 [그림 2-8]의 A점과 거의 일치할 것이다. 소득이 낮은 국가라면 *A′*점이 *A*점보다 늦게 도래될 것이다.

그림 2-9 ▮ 제품모방국의 제품사이클 무역형태

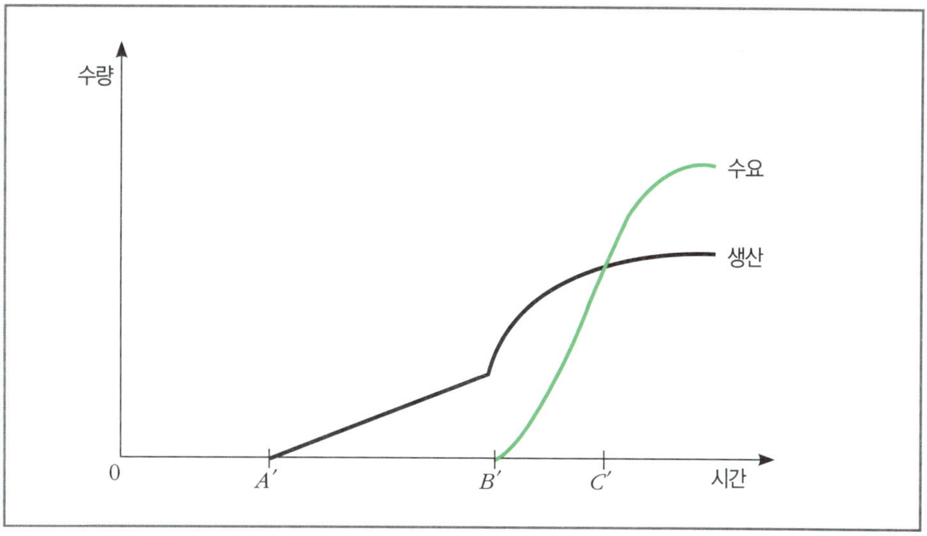

또한 현지생산이 대규모이고 현지생산비가 수입가격보다 낮다면 현지생산이 이루어지기 시작한다. 따라서 제품모방국의 소득수준이 높다면 B'점은 [그림 2-8]의 B점과 거의 일치하게 되지만, 소득수준이 낮다면 제품모방국의 반응기간이 늘어나기 때문에 B'점이 B점보다 늦게 도래될 것이다. 그 후 C'점에서는 제품모방국의 생산이 자국의 수요를 초과하기 때문에 오히려 제품개발국에 역수출하게 된다.

■ Chapter **03** ■

무역과 외국환

제1절 무역의 결제수급과 외국환

1. 무역의 결제수급

협의의 물품인 상품(commodity)만을 대상으로 하는 유형무역(visible trade)이거나 광의의 물품에 포함되는 자본 · 노동 · 용역을 대상으로 하는 무형무역(invisible trade)이거나 간에 무역거래가 있으면 반드시 결제가 이루어지게 되는데, 이 결제에는 금 · 현금통화 및 외국환이 그 수단으로서 사용되고 있다. 금은 소재가치를 갖고 있는 가장 확실한 결제수단이기는 하지만 그 수송이 번잡하고 불편하기 때문에 오늘날 화폐용 금으로 결제되는 부분은 많지 않다.

한편, 현금통화로 결제된다고 할 때에는 달러나 파운드와 같은 국제통화(international money or currency)가 주로 이용되고 그 밖에 주요국 통화(major money or currency)에 의해 결제되는 경우가 있으나, 이러한 현금통화의 사용에는 여러 가지 비용과 위험 등이 뒤따르기 때문에 일부의 한정된 결제에만 사용될 뿐이다.

이와 같이 무역결제에서는 여러 가지 이유로 금과 현금통화의 사용이 많지 않다. 따라서 대부분의 무역결제는 외국환(foreign exchanges)에 의해서 이루어지고 있으며, 무역결제에 있어 외국환의 문제는 중요한 위치를 차지하고 있다.

2. 외국환의 개념

1) 환의 원리

일반적으로 환(exchange)이란 격지자 간의 채권 · 채무관계를 현금의 직접 수송에 의하지 않고 제3자(주로 은행)를 통한 지급준비의 방법에 의하여 결제하는 수단을 말한다. 현실적으로 동일한 지역에서 채권자와 채무자가 모두 만난다는 것이 어려울 뿐만 아니라 비록 만난다 하더라도 금액상의 차이가 있기 때문에 만족할 만한 채권 · 채무관계의 해결은 기대하기 어렵다. 따라서 환은 이러한 원리를 이용하여 은행이라는 중개기관을 개입시켜 이루어지게 된다.

환은 격지 간의 수취와 지급관계를 현지의 결제로써 처리하는 것이며, 은행의 신용과 조직망을 통하여 고객 간의 지급관계가 은행 간의 상계와 결제의 관계로 전환된다는 점에 특징이 있다.

2) 외환제도의 의의와 성격

외국환은 전술한 원리를 국가 간의 거래에 적용한 것이다. 즉, 현금의 수송에 의하지 않고 지급위탁 또는 채권양도의 방식에 의하여 국가 간의 수급관계를 결제하는 제도이다. 이 수급관계를 위탁하는 수단으로는 전신환 · 우편환 · 수표 및 외환어음(foreign exchange bill) 등이 있는데, 그 중에서 외환어음이 가장 많이 이용되고 있다.

이와 같은 외환제도를 채택함으로써 무역당사자 간의 수급금액 및 기일의 불일치를 최대한도로 극복할 수 있으므로, 무역당사자 간의 신용 등 거래상의 불안을 은행(주로 외국환은행)의 공신력으로 보증하게 되는 것이다.

이와 같은 외국환의 특징은 외국환과 내국환의 차이에서 찾을 수 있는데, 이를 구체적으로 살펴보면 다음과 같다.

첫째, 외국환제도는 외환거래의 요인이 된다. 즉, 내국환은 그 환거래를 일으키는 외환관계가 일국 내에 한정되어 있으나 외국환은 당사자 중 일방이 외국에 있으므로 당사자 간의 외국수급이 국가들 간에 대차관계를 야기시키고 그 결과가 국제수지로 나타난다.

둘째, 외국환제도하에서는 강력한 결제기구가 존립하기 어렵다. 내국환은 그 결제가 국내에서 종료되므로 최후의 결제는 중앙은행과 같은 중앙통제기관이 담당할 수 있으나 외국환제도는 세계중앙은행과 같은 중앙통제기관이 없고 통화도 다종다양하기 때문에 최후의 결제는 대개 국제금융시장을 통하고 있다. 그러나 현재로서는 국제금융시장의 기능이 제약되어 있고 각국의 사정에 따라 외환관리가 실시되고 있기 때문에 결국 각국은 국제결제의 최종책임을 스스로 부담해야 하므로 기술적으로 결제기구는 더욱 복잡해진다.

셋째, 외국환거래는 상이한 화폐가 통용되는 국가 간의 거래이기 때문에 내국환에서는 볼 수 없는 화폐의 교환비율, 즉 환율의 문제가 발생한다.

3. 외환의 종류와 지급방법

일반적으로 무역의 결제에는 현금거래 없이 외환어음을 이용하여 결제한다는 것은 앞에서 이미 설명하였다. 외환어음의 거래는 어음발생지와 지급지가 다른 국가이며 서로 다른 통화를 교환한다는 것 이외에는 국내의 어음거래와 별다른 차이가 없다.

이러한 외환어음의 종류는 관점에 따라 여러 가지로 구분된다. 첫째로, 자금을 수수하는 방법에 따른 분류로서 채무자가 채권자 앞으로 먼저 자금을 송금하는 송금환(또는 순환)과 채권자가 채무자 앞으로 대금을 청구하는 추심환(역환)으로 구분되며, 송금환은 외환어음이 우송되느냐 또는 전송되느냐에 따라 우편환(MT : mail transfer)과 전신환(TT : telegraphic transfer)으로 구분된다. 둘째로, 지급기간에 따라 분류하면, 어음을 지급인에게 제시하면 즉시 지급인이 지급해야 하는 조건의 일람출급(일람불)어음(sight bill)과 어음을 지급인에게 제시한 후 일정한 지급유예기간 후에 지급하는 조건의 기한부어음(usance bill)이 있다. 셋째로, 어음발행 시 운송(선적)서류가 첨부되는 조건의 외환어음인 화(물)환어음(documentary bill)과 운송(선적)서류의 첨부가 요구되지 않는 조건의 외환어음인 무화환어음(clean bill)이 있는데, 무역의 결제에는 일반적으로 화(물)환어음이 사용되고 있다.

그리고 어음의 신용도에 따라서 은행어음(bank bill)과 은행인수어음(banker's acceptance bill)으로 구분할 수 있으며, 회환어음상의 표시화폐에 따라서는 외화표시환어음과 자국(방)화표시환어음으로 구분된다. 무역거래상의 대금지급에는 화환어음이 주로 사용되는데 이의 지급방법을 예를 들어 설명하면 다음과 같다.

서울에 있는 수출업자(S)와 뉴욕에 있는 수입업자(N) 사이에 무역계약이 이루어지고 S는 외환업무를 취급하는 서울에 소재하는 C은행과 거래를 하는 경우의 결제과정을 살펴보자. S는 수출화물의 선적을 끝내고 나서 곧 N을 지급인으로 하고 C은행을 수취인으로 하여 운송서류(선화증권 · 보험증권 · 송장 등)를 첨부하여 외국환어음을 발행한다.

C는 이 화환어음을 수취하고 수출대금을 S에게 원화로 지급, 즉 화환어음을 매입(negotiation)해 준다. C는 뉴욕의 자기 은행지점이나 환거래은행(correspondent bank)인 D에게 화환어음을 우송한다. 그러면 D는 수입업자인 N에게 이 어음을 제시하고 수입대금의 지급을 요구하며, N은 달러로 대금을 D에게 지급하고 운송서류를 받아 선박회사에 가서 수입화물을 인수한다.

그림 3-1 ▮ 무역거래 및 결제절차

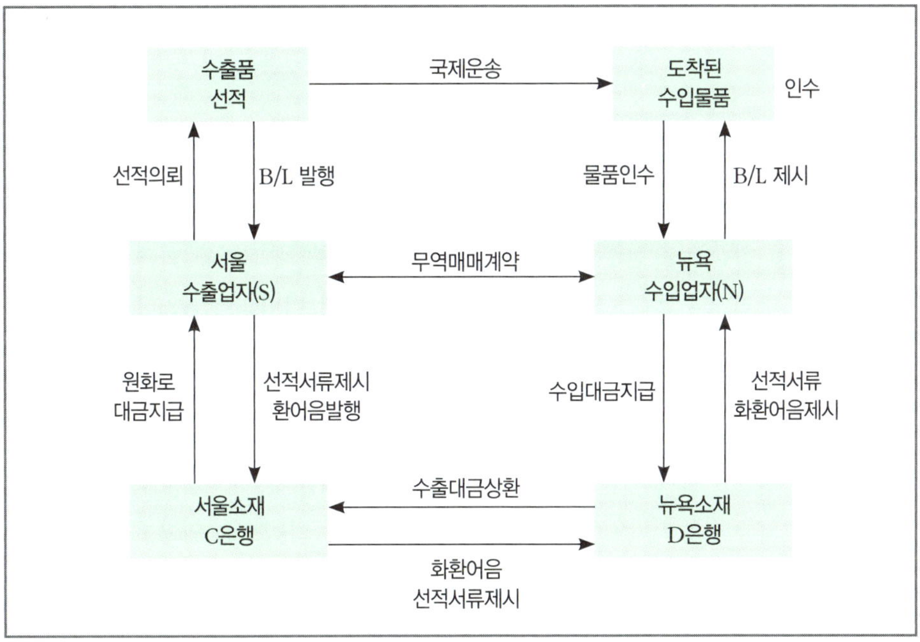

제2절 외환거래

1. 외환시장의 의의와 표시방법

어느 국가가 생산하는 재화의 가격은 동 재화와 다른 국가에서 생산되는 재화와의 교환율로써 표시할 수 있는데, 이와 같이 두 재화의 국가 간 교환비를 교역조건이라고 한다. 마찬가지로 어느 국가의 통화의 가치는 동 통화와 다른 국가의 통화의 교환율로써 표시할 수 있는데, 이를 외국환시세(외환시장) 또는 환율(exchange rate)이라고 한다. 즉, 환율이란 외환의 매매가격인 동시에 일국화폐와 타국화폐의 교환비율이다.

이와 같은 환율을 표시하는 방법으로는 다음과 같이 수취계산법(또는 외화표시방법)과 지급계산법(또는 자국화표시방법)이 있다.

1) 수취계산법(receiving quotation)

이 방법은 자국의 통화단위가 외국의 통화로는 얼마가 되느냐 하는 표시방법으로서 자국통화를 상품으로 간주하고 외화를 이 상품 1단위와 교환될 화폐로써 계산하여 표시하는 방법이다. 예를 들면 우리나라 원화 1원당 미화의 1/800달러라고 표시하는 경우를 말한다.

2) 지급계산법(paying quotation)

이 방법은 외국의 통화단위를 자국통화로써 표시하는 방법으로 외국통화를 상품으로 간주하고 자국통화를 이 상품 1단위와 교환될 화폐로써 계산하여 표시하는 것이다. 예를 들면 미화 1달러당 우리나라 원화 1,200원이라고 표시하는 경우를 말한다.

2. 외환시세의 종류와 체계

외환시세는 국가 간의 소득수준 · 금리 · 물가 등을 고려하여 결정되는 이론적 시세와 외환시장에서 현실적으로 결정되는 현실적 시세로 크게 구분할 수 있다.

현실적 외환시세는 다시 크게 외환평가와 시장율로 나뉘어지는데, 외환평가란 현실의 외환거래에 적용되지는 않으나 외환거래시세의 기준으로서 의의를 갖는 환율을 말하는 것으로 이의 표시방법은 환율체제 또는 통화제도의 여하에 따라 다르게 된다. 한편, 시장율이란 현실의 외환거래에 적용되는 외환시세를 말하는데, 이는 외환시장의 거래당사자, 외환매매의 시기 등에 따라 다시 다음과 같이 구분할 수 있다.

1) 대고객률과 대은행률

외국환은행이 고객과의 외환매매에 적용하는 시세를 대고객률이라고 하는데, 외화의 매매에는 은행의 수수료 · 금리차 · 환위험에 따른 보험료 등이 수반되기 때문에 대고객시세는 외환의 종류에 따라 여러 가지가 있다. 또한 외국환거래의 중심이 되는 외국환은행과 고객과의 거래에 있어서 은행이 고객으로부터 외환을 사들이는 시세를 대고객매입률이라 하고, 은행이 고객에게 파는 시세를 대고객매도율이라 하는데, 일반적으로 외국환은행은 외환의 매매에 의해서 이득을 얻기 때문에 매도율이 매입률보다 높다.

한편, 외환의 수급사정에 따라 외국환은행 상호 간의 외환거래에 적용되는 환율을 대은행률이라고 하는데, 이는 ① 본 · 지점률(inter-office rate) ② 은행간율(inter-bank rate) ③ 집중률(government rate)로 분류할 수 있다. 그런데 은행 간 시세는 외환시장의 거래가 전신으로 이루어지고 있으므로 전신환율로 표시되고 있으며, 이것이 모든 환율체계의 기준이 된다. 즉, 외국환율은 대은행률이 먼저 결정된 다음에 이에 따라 대고객률이 결정된다.

2) 현물환과 선물환

이는 외환거래에 있어서 매매계약시기와 매매이행시기가 같으냐 다르냐에 따라 구분하는 것으로, 현물환거래(spot exchange transaction)는 환매매계약의 성립과 동시에 환어음의 인도와 그 대금의 지급이 이행되는 거래를 말하고, 선물환거래(forward exchange transaction)는 매매계약을 체결하되 실제 거래는 미래의 일정한 시기에 이행하는 것을 말한다. 다시 말해서 선물환이란 환계약(forward exchange contract)이 성립된 후 장래 일정시기에 일정한 외환시세로 외환을 인도하는 동시에 이의 대금지급이 이루어지는 것이다.

3) 기준율 · 크로스율 · 재정률

현실적으로 환율을 사용하는 경우에는 환율산정상에 나타나는 개념으로서 기준율(basic rate), 크로스율(cross rate), 재정률(arbitrage rate)의 세 가지를 알아야 한다. 한 나라의 외환시세의 수는 거래되는 외화의 수만큼 존재하지만 국제금융의 중심을 이루는 통화와 자국통화와의 교환비율만 결정되면 그 밖의 다른 외화와의 시세는 쉽게 재정산출된다. 이때 기준이 되는 시세를 기준율(시세)이라고 하는데, 기준시세의 대상으로 선정되는 외화는 달러 · 파운드 · 프랑스 프랑 등 국제금융거래의 핵심이 되는 통화들이다.

그림 3-2 ▮ 환율의 산정방법

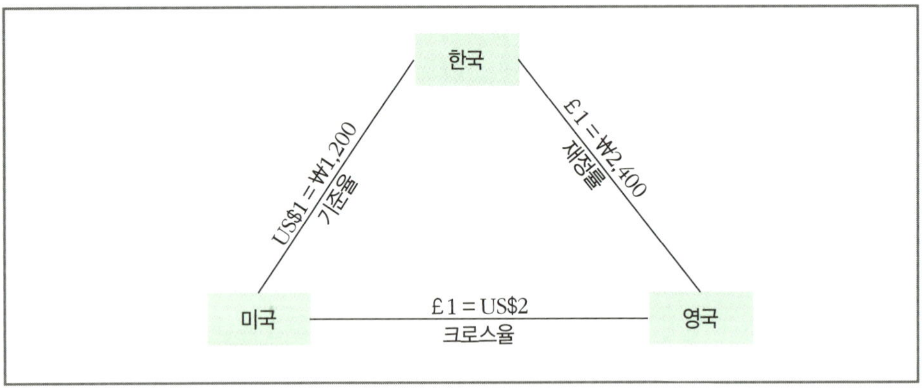

또한 재정률(시세)이란 간접적으로 산출되는 외환시세로서 자국통화와 기준시세 대상통화 이외의 통화의 교환비율을 말하는데, 이러한 재정시세는 기준시세 대상통화와 제3국 통화와의 교환비율인 크로스율(cross rate)과 기준율에 의해서 결정된다. 이러한 환율의 산정방법을 예시하면 [그림 3-2]와 같다.

3. 환율의 종류

환율은 그 필요와 분석목적에 따라 명목환율과 실질환율로 나누어진다.

명목환율은 현물환율과 선물환율로 나누어지며, 현물환율은 다시 지급환율과 수취환율로 나누어진다. 보통 환율이라고 말할 때는 명목환율 · 현물환율 · 지급환율을 의미한다.

한 나라 상품과 다른 나라 상품이 교환되는 비율인 실질환율은 국제경제이론에서 명목환율보다 더 중요한 가격변수로 취급된다.[01]

그림 3-3 ▮ 환율의 종류

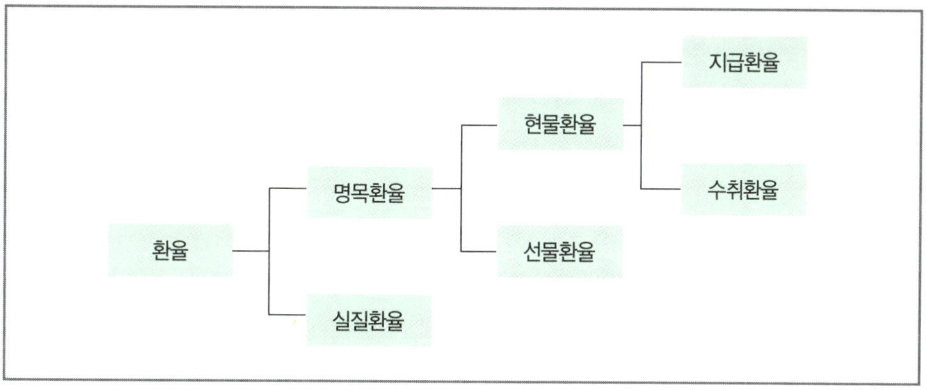

1) 명목환율

명목환율이란 한 나라 통화와 다른 나라 통화의 교환비율 또는 한 나라 통화의 대외가치를 의미한다. 명목환율에는 현물환율(예 : 지급환율과 수취환율)과 선물환율이 있다. 명목환율 중에서 지급환율을 중심으로 환율변동의 의미를 살펴보자.

명목환율이 상승(하락)하면 이것은 미 달러화에 대한 우리나라 원화의 가치가 하락(상승)했다는 것을 뜻한다. 이와 같은 현상을 고정환율제도하에서는 우리나라 통화의 평가절하(평가절상)라고 부르고, 변동환율제도하에서는 우리나라 통화가 절하(절상)되었다고 표현한다.

01 홍승기, 현대경제학연습(거시 · 국제경제), 박영사, 2002(이하 환율, 국제통화, 국제수지 부분을 인용하였음)

2) 실질환율

실질환율이란 한 나라의 상품이 다른 나라의 상품과 교환되는 비율을 말한다.

$$p = \frac{e \times Pf}{P}$$

여기서, q : 실질환율

e : 명목환율

P_f : 외국물가수준

P : 국내물가수준

예를 들어, 미국쌀 1가마가 200달러이고 한국쌀 1가마는 12만원이라고 하자. 지금 미화 1달러는 1,200원에 거래된다. 그러면 미국쌀 1가마의 원화가치는 24만원(=200달러×1,200원)이 된다. 따라서 미국쌀 1가마는 한국쌀 2가마의 가치가 있다. 즉, 실질환율은 우리나라 상품의 수량으로 표시한 외국상품의 가치를 나타낸다.

$$\text{실질환율} = \frac{\text{명목환율} \times \text{외국가격}}{\text{국내가격}}$$

$$= \frac{1{,}200\text{원} \times 200\text{달러}}{12\text{만원}}$$

$$= \frac{24\text{만원}}{12\text{만원}}$$

$$= \text{미국쌀 1가마당 한국쌀 2가마}$$

실질환율을 중심으로 환율변동의 의미를 살펴보자.

실질환율이 상승(하락)하면 이것은 우리나라 상품의 가격이 외국상품에 비해 상대적으로 싸진다(비싸진다)는 것을 뜻한다. 따라서 우리나라의 수출은 증가(감소)하고 수입은 감소(증가)하여 경상수지가 개선(악화)된다.

제3절 외환시장의 형성과 발전

1. 외환시장의 구성과 형태

외환을 거래할 목적으로 다수의 매도자와 구매자가 접촉하는 장소를 외환시장이라 한다. 그런데 장소의 개념은 런던의 외국거래소처럼 일정한 장소를 개설하는 경우와 거래소를 설치하지 않고 다만 외환취급은행들이 중심이 되어서 실질적으로 외환의 수급과 환시세의 결정이 지배되는 단순히 추상적인 범위를 의미하는 경우가 있다. 전자를 부스(exchange bourse)형태라 하고, 후자를 오픈마켓(open market)형태라 한다. 그런데 외환시장의 거래내용과 규모 및 방법이 다양화되어 감에 따라 장소적 개념은 점차 희박해지고 있는 실정이다.

외환시장을 구성하는 요소로는 은행을 중심으로 하는 외환취급업자(dealer)와 고객(customer) 및 중개인(broker)의 삼자가 있다. 외환취급업자로는 은행 이외에 외환판매업자, 할인업자(discount house) 및 어음인수업자(acceptance house) 등이 있고, 외환시장에 참여하는 고객으로는 결제를 목적으로 하는 실수요자(end user)와 외환투기를 목적으로 하는 투기업자(speculator)가 있다. 특히 외환시장에서는 중개인의 활약이 요청되는데 외환중개인 중에는 자기계산으로 중개하는 환브로커로서 외국환중개인(exchange broker)과 자기자본으로 장사를 하는 것이 아니라 시장에서 상인들을 중개해주고 수수료를 받는 사람으로서 수수료만을 얻기 위해 외환매매를 중개하는 러닝브로커(running broker) 등이 있다.

그리고 외환시장은 협의로는 은행상호 간의 매매만이 이루어지는 장소를 가리키지만, 광의로는 은행 대 고객 간의 거래, 은행 대 은행 간의 거래 및 고객상호 간의 외환거래가 전반적으로 이루어지는 장소를 말한다.

또한 거래의 범위에 따라 외환시장을 국내시장과 국제시장으로 나눌 수도 있다. 국내시장은 자국 내의 외환거래가 이루어지는 시장이며, 국제시장은 각국 외국환은행 간의 외환거래에 따른 대차관계를 결제하고 기업이나 국가가 필요로 하는 자금수요를 국내외금융기관을 통해 조달할 수 있는 장소를 말한다. 국제시장으로서 유명한 곳으로는 런던과 뉴욕 등이 있다.

2. 외국시장의 기능과 국제금융시장

여러 형태의 외환시장, 특히 국제금융시장은 거래를 통해 국제 간의 환율의 균형과 자국통화와 외국통화의 교환을 성립시킬 뿐 아니라 외국무역에 신용을 제공하고 외환위험(exchange risk)을 서로 연계(hedging)시키는 기능을 가지고 있다. 또한 국제금융시장은 각국의 경제발전계획의 수행 또는 국민경제 운용상 필요한 자금조달을 원활히 해주고 있는데, 특히 자본이 부족한 개발도상국의 입장에서는 국제금융시장을 통한 자금조달이 경제발전의 주축이 되고 있다.

이러한 국제금융시장의 기능이 효율적으로 이루어지기 위해서는 다음과 같은 몇 가지 선행요건이 갖추어져야 한다.

첫째, 국제금융의 중심이 되고자 하는 국가의 통화는 국제적인 결제통화인 동시에 준비통화이어야 하며, 둘째 당해국의 금융시장은 국제적인 업무를 수행할 수 있는 제반시설 및 헷징제도 등의 여건이 갖추어져 있어야 한다. 그리고 셋째, 거주자는 물론 비거주자의 대외거래가 자유롭게 보장되는 등 외환관리가 없어야 하며, 넷째는 금융과 관련된 상업적 기능을 수행하는 상품 · 운송 · 보험시장이 발달되어 있어야 한다.

이러한 점에서 국제금융시장으로서의 기구와 기능을 구비한 시장으로는 1950년대까지만 해도 뉴욕과 런던시장만을 들 수 있을 뿐인데, 1960년대에 들어서서 각국의 급속한 경제발전과 정보체제의 구비에 따라 독일의 프랑크푸르트, 일본의 동경 등이 제3국의 국제금융시장으로 등장하기에 이르렀다.

1) 뉴욕외환시장

미국의 대외거래는 자국통화인 달러로 이루어지기 때문에 외화의 수급이 문제되지 않아 뉴욕외환시장은 뒤늦게 발달하였다. 1958년 이래 서유럽 여러 나라의 통화가 교환성을 회복하여 국제거래에서 많이 사용되면서부터 뉴욕외환시장은 급속히 발전하였다. 뉴욕외환시장은 미국의 정치 및 경제적 역량, 특히 대회경제거래에서의 큰 비중 등을 배경으로 하여 런던시장과 함께 세계의 중추적인 외환시장이 된 것이다.

뉴욕외환시장의 거래는 은행과 고객과의 거래, 은행 간 거래 및 뉴욕 주요은행들과 해외의 외국환은행과의 거래로 크게 구분할 수 있다. 은행 대 고객거래는 국제무역에서 주요 상품의 거래결제관습에 따라 결제가 외국통화로 이루어지는 경우 등이며, 은행 대 은행거래는 중개은행을 통해 행정적 감독이나 재정적 책임을 지지 않고 자유로이 행해진다. 해외은행과의 거래는 뉴욕외환시장에서의 외환수급불균형을 해소하는 주요한 방법이며, 때때로 미연방준비은행과 해외중앙은행과의 직접거래를 통해서 보완되기도 한다. 여기에서 거래되는 통화는 달러화, 파운드화, 캐나다 달러화, 마르크화, 스위스 프랑화 및 중남미 통화 등이며 최근에는 일본 엔화의 거래도 활발히 이루어지고 있다.

그리고 외환직물거래는 대부분 해외은행에 예치된 예금의 대체로 이루어지는데 대체방법은 당일에 결제되는 전신환을 이용하고 있다.

2) 런던금융시장

런던이 국제금융의 중심지로 등장하고 있는 것은 전문업자와 조직망이 발달한 데 기인한다. 영국의 국제경제력은 오늘날 대단한 것이 못되나 외환거래에 있어서는 풍부한 지식과 경험 및 오랜 역사와 전통을 지닌 전문가가 군집해 있으면서 세계 각국의 고객 및 은행에게 국제금융과 외환수급을 유통 · 조정시키고 있어 뉴욕시장과 함께 국제금융시장으로서의 지위를 확보하기에 이르렀다.

런던의 시티(city)구역을 중심으로 런던 단기금융시장 및 장기금융시장이 형성되고 있다. 다만, 여기에서는 주로 단기시장을 중심적으로 고찰하고자 한다.

런던 단기금융시장은 크게 나누어 전통적 금융시장(classical money market)과 평행적 금융시장(parallel money market)으로 구분된다. 1950년대 초까지는 전통적 금융시장뿐이었으나 1950년대 중반 이후 전통적 시장과 함께 2차적 금융시장으로서의 평행적 금융시장이 발전을 보아 오늘날의 런던금융시장의 면모를 갖추게 되었다. 전통적 금융시장에서는 할인어음 및 정부단기증권(short-dated gilts) 등이 주로 거래되고 평행적 금융시장에서는 은행간자금 및 지방정부예금 등이 주로 취급되고 있다.

또한 운영방식에 있어서도 전통시장과 평행시장은 차이가 있다. 전통시장은 오랜 역사를 지니고 있어 특수한 전통에 따라서 운영되고 있는 데 반하여, 평행시장은 업무를 신속하고 간편하게 처리하는 것이 특징이다.

전통시장과 평행시장의 차이점을 구체적으로 살펴보면 다음과 같다.

① 전통적 금융시장에서는 거래가 발생하는 횟수는 많으나 거래규모는 상대적으로

적은 데 반하여, 평행적 금융시장에서는 거래단위가 매우 크다.

② 전통적 금융시장의 대출방식은 담보부대출이고, 평행적 금융시장의 경우는 무담보대출방식을 원칙으로 한다.

③ 전통적 금융시장에서는 공급된 자금이 자동적으로 해결되지만, 평행적 금융시장에서는 반드시 자동결제과정을 거쳐야만 회수되는 것은 아니다.

④ 전통적 금융시장에서는 영국은행(Bank of England)이 궁극적인 자금지원자의 역할을 하지만, 평행적 금융시장에는 궁극적 자원지원기구가 없다.

⑤ 전통적 금융시장에서는 자금순환을 조절하거나 규제하기 위하여 통화당국이 정책의사를 반영시키는 경우가 있으나, 평행적 금융시장에서는 공적 규제가 심하지 않다.

⑥ 전통적 금융시장의 주요 자금공급원은 어음교환가맹은행인 클리어링은행인데, 평행적 금융시장의 자금공급원은 어음교환비가맹은행이다.

⑦ 전통적 금융시장의 거래는 주로 면담에 의하여 이루어지고, 평행적 금융시장에서는 전화에 의한 거래가 이루어지고 있다.

이러한 차이점을 갖고 있는 런던 단기금융시장, 특히 평행적 금융시장의 발전은 현저하였다. 이처럼 2차시장으로서의 평행금융시장이 발전함으로써 시티를 중심으로 하는 런던금융시장은 종래에 할인상사가 많이 모여 있던 롬바드(Lombard)사에서 외국은행이 밀집해 있는 무어게이트(Moorgate)대로 이전하는 변화를 보이고 있다.

3) 기타의 국제금융시장

국제금융시장으로서의 규모와 기능에 있어서는 뉴욕시장과 런던시장에는 못 미치지만 1960년대에 들어서서 국제금융시장이 다원화됨에 따라 유럽에서는 런던과 더불어 프랑크푸르트 · 룩셈부르크 · 취리히 · 파리 등이 새로운 중심지로 등장하였고, 아시아에서는 싱가포르의 아시안 달러시장과 함께 경제대국으로 위치를 굳힌 일본의 도쿄가 금융시장의 중심을 이루고 있다. 그 밖에도 중동에서는 그들의 무진장한 석유자원을 통한 오일달러의 유입으로 바레인 금융시장이 형성되었으며, 중남미지역에서는 바하마 · 파나마 등이 새로운 금융시장으로 등장하였다.

한편, 싱가포르 · 홍콩 · 바레인 · 바하마 · 파나마 · 룩셈부르크 등의 국제금융시장을 역외금융센터(offshore financial center)라고 하는데, 이는 주로 유럽 · 미주 또는 아주대륙의 연안(offshore)에 소재하는 지역(주로 도서지역)에 의도적으로 창설한 비거주자 상대의 역외금융(offshore) 전문시장을 말한다.

3. 외환위기와 외채

1) 외환위기의 개념

외환위기란 국내에 들어와 있는 외국자본의 갑작스런 국외유출로 인해 해당국 화폐가치가 절하되고, 이를 막기 위해 외환보유고를 소진하는 상황이다. 대개 특정국 통화에 대한 투기적 매도로 인해 외환위기가 시작되고, 이와 같은 외환위기는 은행의 부도와 파산을 가져오는 금융위기 단계를 거쳐 실물경제위기로까지 연결된다.

결국 해당국은 외채의 모라토리엄(지불유예)선언이나 디폴트(지불불능)선언을 할 수밖에 없는 상황으로 몰리게 된다.

2) 한국 외환위기의 원인

1997년 한국은 외환위기에 따라 IMF(International Monetary Fund : 국제통화기금)의 지원을 받아, 경제적으로 IMF의 관리를 받게 되었다. 이의 주요한 원인은 첫째, 동남아 외환위기의 여파로 외국은행들이 우리나라에 대출을 중단하거나 또는 대출만기연장을 거부할 움직임을 보임에 따라 자본의 급격한 국외유출이 발생하였다. 둘째, 국내경제의 누적된 부실요인들이 일시에 전면에 드러나면서 외환위기 상황이 초래되었다. 셋째, 지속적인 경상수지 적자로 인해 외채가 누적된데다가, 단기성 외채의 비중이 높아 유동성 위기가 심화되었다. 넷째, 적정수준의 가용외환보유고를 확보하지 못한 탓에 외채에 대한 원리금상환이 어려워졌다. 다섯째, 고비용 · 저효율구조로 인해 대기업의 연쇄부도와 도산이 속출하였고, 부실채권이 누적된 금융부문이 경제 전체를 국가부도의 위기로 만들었다.

아울러 1996년에 OECD(경제협력개발기구)에 가입하면서 자본시장의 개방을 서둘러 추진한 것도 한 원인이 되었다. OECD는 1961년에 출범하여 현재 29개 회원국을 거느리고 있는 일종의 선진국 모임이다. OECD는 세계경제의 운용방향을 논의하고 만장일치로 의사결정을 가진다.

물론 OECD 가입으로 한국의 국가위상은 높아졌지만 자본 및 서비스시장의 개방이 급속도로 이루어지면서 국외에서 운용되는 외채의 비중이 높아졌다.

3) IMF구제금융과 IMF와의 정책합의

우리나라는 1997년 12월 IMF로부터 구제금융을 받으면서 가혹한 구조조정을 실시하였다.

첫째, 실물부문 · 금융부문에 걸친 대규모의 구조조정을 실시하였다. 실물부문에서는 대기업의 부채비율 200% 유지정책과 빅딜 등을 실시했고, 금융부문에서는 부실금융기관의 퇴출과 BIS 자기자본비율의 확보 등을 추진하였다.

둘째, 긴축재정정책과 긴축금융정책을 실시하여 총수요를 줄이고 수입유발요인들을 제거하였다.

셋째, 국내경제의 대외개방을 급속히 추진하였고, 적정한 가용외환보유고의 확보 및 자유변동환율제도를 채택하였다.

그 결과 1998년에는 국내경제의 침체로 실질GDP 성장률이 마이너스를 기록하면서 기업 및 금융부문의 퇴출이 계속되었고, 노동자의 정리해고 등으로 인해 실업률이 크게 높아졌다.

그러나 1999년 들어 국제경제환경이 호전되고 국내경기가 회복의 기미를 보이면서 실질GDP 성장률이 +9%를 넘어서고 실업률도 낮아졌다. 아울러 가용외환보유고를 크게 확보함으로써 유동성위기에서 일단 벗어났다.

2000년 하반기 이후 우리나라 경제는 다시 침체의 기미를 보이고 있지만, 그래도 2001년 8월 23일 IMF구제금융 195억 달러를 조기상환함으로써 IMF관리체제를 졸업하였다.

■ Chapter **04** ■

무역과 국제수지

제1절 국제수지와 국민경제

1. 국제수지의 개념

국제수지(balance of payment)란 일정한 기간(보통 1년)에 한 나라의 거주자와 외국의 거주가 사이에서 이루어졌던 모든 경제적 거래를 체계적으로 분류하여 집계한 것이다. 즉, 한 나라의 국제거래에서 생기는 화폐지급과 화폐수입을 대조시킨 것이다.

이에 대하여 국제대차(balance of international indebtedness)란 한 나라가 일정시점에 있어서 외국에 대해 얼마만큼의 채권 또는 채무를 갖고 있는가를 나타내는 것이다. 이와 같이 국제수지는 일정한 기간에 실제로 결제된 과거의 화폐수지의 총액인데 반하여, 국제대차는 일정시점에서 볼 때 장래에 결제될 채권 · 채무의 총액으로서 이 두 개념은 명확히 구별되어야 한다. 말하자면 국제수지가 사경제하에서의 손익계산서에 해당된다고 하면 국제대차의 개념은 대차대조표(재무상태표)에 해당된다고 할 수 있다.

2. 국제수지와 국민경제

일정기간 동안 한 국가가 행한 국제거래의 양적 집계라고 할 수 있는 국제수지는 그 국가의 경제상태를 알려주는 중요한 지표가 된다. 어느 국가의 국제수지는 그 국가의 정부로 하여금 자국의 대외결제상태를 인식시킴으로써 효과적인 경제정책방향을 제시해 주고 국민소득수준에 미치는 대외거래의 영향을 인지시켜 주며, 이를 통해 그 국가의 단기적인 대외거래 전망을 평가할 수 있다.

또한 국제수지는 한 국가의 대외지급능력의 척도인 동시에 적정환율결정요인이 되며, 특히 저개발국의 경우 국제수지라는 지표를 통해 동 국가의 경제개발에 대한 선진국원조의 기여도를 평가할 수 있다. 그러나 국제수지 흑자를 기록한 국가가 경제적 번영을 누린다거나 국제수지 적자를 기록한 국가가 반드시 경제적으로 어렵다고는 할 수 없다. 왜냐하면 저개발국은 외국으로부터의 원조나 차관도입으로 국제수지 흑자를 기록할 수 있는 반면에 선진국은 해외투자확대와 저개발국에의 원조로 인해 적자를 보일 수 있기 때문이다.

결과적으로 일국의 국제수지는 동 국가의 경제상태 가운데서 일부분만을 암시해 줄 뿐이기 때문에 국제수지를 통해 그 국가의 모든 경제상황을 파악하기는 어렵다. 그러나 이러한 결점에도 불구하고 국제수지통계는 국가의 대외거래에 따른 결과를 이해하는 데 중요한 자료가 되고 있다.

제2절 국제수지와 외국보유

1. 국제수지의 기능

1) 국제수지

국제수지(balance of payments)란 ① 일정기간 동안에 ② 한 나라 거주자와 비거주자 사이에 이루어진 ③ 모든 경제적 거래를 말한다.

한 나라의 대외거래를 나타내는 지표에는 유량개념인 국제수지 이외에도 저량개념인 국제대차가 있다. 국제수지와 국제대차를 살펴보면 [표 4-1]과 같다.

표 4-1 ▮ 국제수지와 국제대차

구분	국제수지	국제대차
정의	일정기간 동안에 한 나라의 거주자와 비거주자 사이에 이루어진 모든 경제적 거래	일정시점에서 한 나라가 다른 모든 나라에 대하여 가지고 있는 대외채권과 대외채무의 잔고
성격	대외거래 결과 발생하는 흑자와 적자를 측정하는 지표	한 나라가 순채권국인지 순채무국인지를 측정하는 지표
의미	• 외화의 수입>외화의 지급 : 국제수지 흑자 • 외화의 수입<외화의 지급 : 국제수지 적자	• 대외채권>대외채무 : 순채권국 • 대외채권<대외채무 : 순채무국 • 대외채무(총외채) − 대외채권 = 순외채

국제수지

- ① 유량개념
- ② 경영주체들을 현재 거주지나 국적이 아닌 경제활동상 이익의 중심이 어디에 있는냐를 기준으로 구분
- ③ 재화 · 서비스 · 자본 · 외환의 거래 및 국제 간의 증여 등 일체의 대외거래를 포괄

2) 국제수지표의 의미

한 나라의 국제수지를 집계하여 표로 작성한 것을 국제수지표(statement of the balance of payments)라고 하고 국제대차관계를 집계하여 표로 작성한 것을 국제대차표라 한다.

이 국제수지표에 관하여 IMF는 다음과 같이 정의하고 있다. 즉, 국제수지표란 어떤 일정기간에 다음과 같은 여러 가지 거래를 계통적으로 기록하려고 의도한 제계정의 체계이다. 첫째, 한 나라의 국내경제와 해외경제 사이에 본원적 생산요소인 실물자산의 흐름과 용역의 흐름, 둘째 경제거래에서 발생하는 일국의 대외자산 및 부채의 변동, 셋째 무상으로 해외에 공여하거나 혹은 해외로부터 수취한 실물자산과 금융적

채권에 관한 이전수지 등의 체계적인 기록을 의미한다. 즉, 국제수지표란 ① 국제수지를 복식부기원리에 따라 작성한 통계표로서 ② 대외거래 결과 발생하는 흑자와 적자를 측정하는 표준화된 자료이다. 한국은 IMF의 국제수지표 작성요람에서 정의한 표준양식에 따라 분기별로 국제수지표를 작성하여 IMF에 보고하고 있다.

3) 국제수지표의 기록방법

국제수지는 대외거래의 내용에 따라 경상거래, 자본거래, 준비자산증감으로 나누어진다. 국제수지표에는 수입란과 지급란이 있는데 외화가 우리나라로 들어오는 거래항목은 수입란에 기록하고 외화가 외국으로 빠져나가는 거래항목은 지급란에 기록한다.

표 4-2 ▮ 국제수지의 분류

구분	대외거래의 내용
경상거래	나라와 나라 간에 각종 재화와 서비스 등을 사고파는 거래이다.
자본거래	외국으로부터 빚을 얻어 오거나 외국에 돈을 빌려주는 등 나라와 나라 간에 자금이 들고 나가는 것을 말한다.
준비자산증감	중앙은행이 국제수지 불균형을 바로 잡기 위해 사용할 수 있는 대외자산의 증감을 계상한다.

국제수지표

- ① 모든 거래는 수입란과 지급란 양쪽에 똑같은 금액이동 시에 기록되어 국제수지표 전체로는 양변의 합계가 항상 일치
- ② 국제통화기금(IMF)의 국제수지편제기준에 따라 국제수지표를 작성

표 4-3 ▮ 국제수지표의 기록방법

구분	세부거래	수입	지급
경상거래	재화거래	① 재화의 수출	① 재화의 수입
	서비스거래	② 운수 · 여행 · 통신 · 보험 · 특허권 등 각종 서비스의 수출	② 운수 · 여행 · 통신 · 보험 · 특허권 등 각종 서비스의 수입
	소득거래	③ 우리나라의 거주자가 국외에서 얻은 임금 · 이자 · 배당금의 수입	③ 외국의 거주자가 우리나라에서 얻은 임금 · 이자 · 배당금의 지급
	경상이전거래	④ 외국으로부터 받은 무상증여	④ 외국에 대한 무상증여
자본거래	투자거래	⑤ 외국의 거주자가 우리나라에 직접투자 · 증권투자 · 기타투자한 금액	⑤ 우리나라의 거주자가 국외에 직접투자 · 증권투자 · 기타투자한 금액
	기타자본거래	⑥ 외국의 거주자가 우리나라에 자본이전과 특허권 · 상표권 등에 투자한 금액	⑥ 우리나라의 거주자가 외국에 자본이전과 특허권 · 상표권 등에 투자한 금액
준비자산증감		⑦ 한국은행의 준비자산 감소	⑦ 한국은행의 준비자산 증가

4) 국제수지표의 내용

국제수지란 각종 대외거래의 결과로 나타나는 외화의 수입(收入)에서 외화의 지급(支給)을 공제한 것이다. [표 4-3]에서 살펴본 ①~⑦의 대외거래를 재정리(예 : 수입 · 지급)하면 다음과 같은 각종 국제수지 개념을 얻을 수 있다.

표 4-4 ▮ 국제수지의 개념

대분류	중분류	소분류
국제수지	경상수지	① 상품수지 ② 서비스수지 ③ 소득수지 ④ 경상이전수지
	자본수지	⑤ 투자수지 ⑥ 기타자본수지
	⑦ 준비자산증감	
	오차 및 누락	

2. 국제수지표와 국제투자대조표

1) 과거의 국제수지표와 현재의 국제수지표

우리나라는 외환위기 직후인 1998년부터 IMF의 권고에 따라 새로운 편제기준에 의해 국제수지표를 작성 · 발표하고 있다. 현재의 국제수지표는 과거의 국제수지표와 달리 대외거래의 분류방식을 개선하고 거래내역을 세분화하였다.

표 4-5 ▮ 과거와 현재의 국제수지표

과거의 국제수지표(~1997)	현재의 국제수지표(1998~)
경상수지	경상수지
└ 무역수지	└ 상품수지
└ 무역외수지	└ 서비스수지
└ 이전수지	└ 소득수지
	└ 경상이전수지
자본수지	자본수지
└ 장기자본수지	└ 투자수지
└ 단기자본수지	└ 기타자본수지
금융계정	준지자산증감
└ 한국은행	└ 한국은행
└ 금융기관	
오차 및 누락	오차 및 누락

주 : 과거의 국제수지표에서는 경상수지와 장기자본수지를 합해 기초수지라 불렀고, 경상수지, 자본수지, 오차 및 누락을 합해 종합수지라 불렀다. 기초수지는 한 나라의 장기 대외결제능력의 추이를 나타내는 개념이었고, 종합수지는 전체적인 외화의 수급상황을 표시하는 개념이었다.

2) 국제투자대조표

국제투자대조표(IIP : International Investment Position)란 각국이 자기 나라의 대외금융자산 및 부채의 변동을 정확히 파악할 수 있도록 고안된 통계표이다. IMF가 1993년에 소개한 이 표는 1990년대 말 국제적인 외환위기를 겪으면서 그 유용성이 높아지고 있다.

국제투자대조표는 분기말이나 연말 같은 특정시점에서 한 나라가 보유하고 있는 대외금융자산 및 부채의 잔액과 그 변동내역을 체계적으로 나타내 주기 때문에 외채 및 대외금융자산의 효율적인 관리를 가능하게 해준다.

3. 국제수지와 외화보유액

국제수지변동에 대응하기 위하여 적당량의 외화보유액(foreign exchange reserve)이 필요하게 된다. 외화(또는 외환)보유액이란 일국이 수입대금의 결제 및 대외채무상환 등 대외지급을 위해 보유하고 있는 금 및 SDR(special Drawing Right : 특별인출권)과 IMF포지션 그리고 외화의 양을 말한다. 그런데 나라에 따라 외화보유액을 산출하는 방법은 다르다.

대부분의 선진국은 중앙은행의 보유외환만을 계상하고 있으나, 많은 개발도상국은 중앙은행의 보유외환뿐만 아니라 각 외국한은행의 보유외환까지도 자국의 보유외환으로 계상하기 때문에 나라에 따라서 외환보유액의 내용은 달라진다. 한국의 경우에는 1990년 7월 이전까지 전자의 방법을 채택하였으나 국제수지 흑자의 누적과 외환집중제도를 완화하면서 후자의 방법을 채택하고 있다.

IMF는 적정 외화보유액의 산정을 위해 고려하여야 할 사항으로서 다음과 같은 기준을 제시한 바 있다.

① 수출입의 정상적인 계절변동
② 자연적 · 인위적인 요인에 의한 수출입량의 변동
③ 수입품의 가격 및 수요변동
④ 원료, 시설 및 식량의 수입의존도
⑤ 수출입품목재고의 크기와 변동한계

⑥ 외화보유사정의 변화를 상계할 수 있는 단기신용의 정도
⑦ 원조와 장 · 단기차관의 획득정도
⑧ 법률 등의 제약에 의하여 대외지급에 충당할 수 없는 정도 등

그리고 적정외환보유액은 한국의 경우 연간 수입총액의 25%상당액 혹은 차관원리금상환과 긴급 식량수입에 필요한 약간의 외화를 여기에 가산한 금액을 적정외화보유액으로 간주하고 있다. 따라서 외화보유액의 적정수준은 그 나라의 국제수지의 구성, 무역규모 및 국제경제의 여건 등에 따라 변동할 수 있다.

제3절 국제수지의 균형양식

1. 국제수지의 균형과 불균형

국제수지는 일정기간(보통 1년)에 발생한 대외적인 화폐의 수취와 지급을 집계한 것이므로 사후적으로 볼 때 반드시 균형을 이루게 마련이다. 그렇지만 사전적으로 볼 때에는 반드시 균형상태를 이루고 있다고는 할 수 없다. 즉, 국제수지는 원리적으로 대변과 차변이 일치되도록 작성하지만 그것 자체가 국제수지의 균형을 의미하는 것은 아니다.

한 나라의 국제수지의 상태가 균형이냐 불균형이냐 하는 문제는 국제수지표의 구성항목을 살펴봄으로써 파악할 수 있다. 재화 및 용역의 국가 간의 거래와 민간자본이동 및 민간증여 등의 항목은 다른 국제거래와 관계없이 독립적으로 발생하므로 자발적 항목(autonomous item)이라 한다.

이에 대하여 화폐용 금 및 민간단기신용의 이동과 외화보유액의 증감 등은 타 항목의 변동에 의해 생기는 것으로 조정항목(compensatory item)이라고 한다. 결국 국제수지의 균형이란 자발적 항목 내지 자율적 거래의 대변과 차변이 일치되어 조정항목으로 수급의 양을 조절할 필요가 없는 상태를 말한다. 반면에 국제수지의 불균형이란 수취 또는 지급초과가 발생하여 조정항목에 의해 조정할 필요가 있는 상태를 말한

다. 다만, 이 불균형의 상태는 조정항목의 크기에 의하여 할 수 있음은 물론이다.

2. 국제수지의 균형형태

한 나라의 국제수지는 그 나라의 경제발전단계에 따라 균형상태를 달리하고 있다. 이에 관해 보그스(T. H. Boggs)는 미성숙채무국 → 성숙채무국 → 미성숙채권국 → 성숙채권국 등 네 단계로 구분하고 있다.

1) 미성숙채무국

저개발국 내지 개발도상국에서 볼 수 있는 단계로서 경상수지(무역수지 및 무역외수지)의 적자를 자본수지의 조정으로 균형을 이루는 형태이다. 다시 말하면 이 단계에 있는 나라는 국내산업개발을 위해 필요한 자본을 외국으로부터 수입하게 되고, 외채에 대한 이자지급 등으로 무역외수지는 지급초과가 된다.

무역수지에 있어서도 아직 수출능력이 낮아 수입초과를 나타내게 된다. 이러한 국제수지의 적자를 장 · 단기 자본도입 및 보유외화의 지급 등으로 충당하여 비로소 균형을 이루게 된다.

2) 성숙채무국

미성숙채무국이 점차 성장하여 국제수지의 균형상태가 전자보다 좋아진 단계에 이르게 된다. 수출은 증대하여 국제수지는 균형을 이루거나 다소의 수출초과를 나타내는 나라도 있게 된다. 그러나 무역외수지는 누적된 자본차입에 의한 이자지급 등으로 적자를 면치 못한다.

3) 미성숙채권국

성숙채무국이 경제발전을 이룩하여 드디어 자본수출을 하여 채무국에서 채권국으로 전환된다. 경상수지는 흑자를 발생하나 자본수지에 있어서는 대외직접투자 등으로 인하여 지급초과가 되어 국제수지는 균형을 이루게 된다. 또는 국제수지는 경상수지와 자본수지의 차액만큼의 화폐성 금 및 보유외화의 유출로 조정됨으로써 균형을 이룬다.

4) 성숙채권국

미성숙채권국이 계속하여 해외투자를 증가시켜 이자수입 등의 증가로 무역외수지에 있어서 수취초과가 되는 단계이다. 그러나 이러한 이자 등의 수취초과는 실제로 수입의 증대를 초래하여 무역수지는 수입초과상태가 된다. 이렇듯 무역외수지의 흑자와 무역수지의 적자로 국제수지가 균형을 이루게 되는 형태이다.

한편, 킨들버거(C. P. Kindleberger)는 각국의 경제발전의 정도에 따라 국제수지의 균형형태를 '미성숙채무국 → 성년채무국 → 성숙채무국 → 미성숙채권국 → 성년채권국 → 성숙채권국' 등 여섯 단계로 구분하기도 하였다.

제4절 국제수지의 조정

1. 국제수지불균형의 요인

국제수지불균형은 각 국가마다 각기 다른 경제환경 때문에 발생할 수 있는데 그 중에서도 국제수지의 일반적인 불균형요인은 다음과 같은 것을 들 수 있다.

첫째, 교역상대국의 구매력의 변화이다. 수입국의 구매력이 감소하면 그 국가에 수출하던 국가의 국제수지는 악화되고 수입국 역시 상대국의 소득감소에 의한 구매력의 감소로 인해 수출이 감소함으로써 결국 교역당사국 모두의 국제수지가 불균형상태에 빠지게 된다.

둘째, 국가 간의 자본이동이다. 국내기업의 해외진출확대와 더불어 국가 간의 금리차를 얻기 위한 자금이동은 자본수지에서의 변동을 초래하여 국제수지의 불균형을 야기시킬 수 있다.

셋째, 국가 간의 물가수준의 차이이다. 일국의 물가수준이 타국보다 낮을 경우 그 국가의 대외경쟁력은 강화되어 수출증가 · 수입감소가 발생하여 국제수지의 흑자를 기록하지만, 그 반대일 경우에는 적자를 기록하게 됨으로써 국제수지의 불균형이 나타난다.

또한 국제수지의 불균형을 단기적 불균형과 장기적 불균형으로 구분하기도 하는데, 전자는 일시적으로 발생하는 경기순환적인 이유 때문에 생기는 불균형으로 그 예는 자연조건변화에 의한 1차산품의 생산감소, 노동분쟁이나 파업, 정치위기, 국민소득의 순환적 변동을 들 수 있고, 후자는 국민경제발전과정에서 생길 수 있는 국내외 경제구조의 모순에서 야기되거나 국제통화위기에 의해 발생하기도 하는 불균형이다.

2. 국제수지의 조정정책

국제수지불균형의 조정이란 한 국가의 대외지급과 대외수취를 균형상태로 조정하는 것을 말한다. 불균형의 차액이 수취초과인 경우에는 화폐용 금이나 외화보유액 등의 대외자산이 증가할 것이고, 지급초과인 경우에는 대외부채가 증가하게 된다. 그런데 그 불균형이 지급초과(또는 적자)가 된다는 것은 화폐용 금 및 외화보유액이 한도가 있고 국내물가가 상승할 우려가 있기 때문에 바람직하지 않으며, 수취초과(또는 흑자) 역시 다른 교역상대국의 수지적자를 발생시킴으로써 결국 그 영향이 자국의 수출부진으로 파급될 수 있기 때문에 바람직하지 않다.

따라서 국제수지가 적자이든 흑자이든 간에 불균형은 바람직한 상태가 아니므로 각국은 국제수지의 균형을 위해 여러 가지 조정조치를 취하게 된다. 국제수지조정을 위한 지급과 수취의 변화는 이에 관련된 여러 가지 경제변수에 영향을 미치지만 그 중에서도 일국의 국제수지와 밀접한 관련을 가진 경제변수들로는 환율, 교역재의 가격, 소득수준, 정부의 규제 등을 들 수 있다. 즉, 이러한 경제변수들의 조작을 통해 국제수지의 불균형을 조정할 수 있는데, 이를 국제수지조정정책이라 한다.

1) 가격조정정책

국제수지조정정책은 국제수지조정기구를 어떻게 설명하느냐에 따라 달라지는데, 고전학파적 견해를 배경으로 하는 국제수지조정정책이 가격조정정책이다. 이는 가격의 작용으로 국제수지를 조정하며, 가격조정정책은 주로 환율을 조정함으로써 국내외의 상대가격을 변경시켜 국제수지를 조정하게 된다는 것이다. 이 정책은 기본적으로 완전고용을 전제로 한다.

2) 소득조정정책

케인즈학파적 견해를 따르는 소득조정정책은 소득의 작용으로 국제수지의 균형을 조정할 수 있다고 보고 있다. 한편, 소득조정정책은 고전학파의 자동조정기구가 작용하지 않은 경우에는 가격효과보다는 소득효과가 더 중요시된다는 것을 강조하는 것으로 국제수지조정수단으로서 국민소득의 조정이나 구매력의 변동을 가져올 수 있는 재정 및 금융정책을 강조하는 것이다.

3) 외환통제

이 밖에도 가격조정정책과 소득조정정책을 보완하는 수단으로서 정부가 직접적인 통제수단을 사용하여 국제수지를 조정하는 외환통제정책과 소득정책 등이 있는데, 이러한 직접적인 수단은 시장기구를 통한 조정보다도 자원의 낭비가 심하고 국민경제구조를 왜곡시킬 수 있으며, 무역자유화의 이익에 상반되는 등 여러 가지 폐해가 있지만 비교적 실시국에 빠르고 직접적인 효과를 주기 때문에 정책의 빠른 효과를 원하는 개발도상국에서는 중요한 국제수지조정정책으로 활용되고 있다.

3. 환율조정

1) 국제수지 흑자

먼저 국제수지 흑자의 경우 환율을 인하(또는 방화의 평가절상)하면 외화표시 수출품의 가격이 상승하게 되며, 방화표시 수입품의 가격은 하락함으로써 결과적으로 수출감소 · 수입증가가 이루어져서 균형에 도달할 수 있게 된다.

2) 국제수지 적자

국제수지 적자의 경우에는 환율을 인상(또는 방화의 평가절상)하여 수출증가 · 수입감소의 결과를 통해 균형상태를 달성할 수 있다.

이러한 고전파적 견해에 따른 환율조정에 의한 국제수지조정정책은 국제수지균형화의 주된 요인을 환율의 변화와 그에 따른 교역조건의 변동으로 보고 있기 때문에 결국 가격효과를 강조하는 것이라 할 수 있다. 그러나 완전고용이란 전제조건이 성립하지 않을 경우에는 위에서 살핀 조정과정이 반드시 존재한다고 볼 수는 없다. 더욱이 환율조정은 국내산업, 통화 및 금융 등 국민경제 전반에 걸쳐 커다란 영향을 미치므로 그 실시에 신중을 기해야 한다.

예를 들면 국제수지 적자에 대한 조정을 위하여 환율인상(방화의 평가절하)을 할 경우 전술한 바와 같이 수출확대 · 수입억제가 이루어져 적자는 해소되고, 이의 영향으로 수출산업과 수입대체산업 등 국내산업활동은 활발해진다. 그러나 반면에 환율이 인상되면 외환어음의 매입은행에서는 환시세가 오른 만큼 더 많은 방화를 지급해야 하고, 또 외환수요자로부터 더 많은 방화를 받아야 하므로 자금수요의 확대에 의해 자연히 통화량이 팽창됨으로써 인플레이션 현상을 가속화시킬 수 있다.

또한 국제수지 흑자에 대한 조정을 위하여 환율인하(또는 방화의 평가절상)를 할 경우에는 위와는 반대로 국내산업활동이 위축되어 경기가 침체될 수 있다. 따라서 환율조정은 모든 국제수지조정수단이 효과를 거두지 못할 경우에 최후수단으로서 사용될 수 있는 것이라 간주되고 있다.

4. 재정 · 금융정책

환율조정은 고정환율제하에서 환율변경을 통해 국제수지의 균형을 시도하려는 데 대하여 재정 · 금융정책은 환율은 그대로 유지하면서 유효수요의 관리를 통해서 국제수지의 불균형을 시정하려는 조치이다.

1) 재정정책

재정정책이란 일국의 총수요수준에 그 기초를 두는 것으로 재정지출을 통하여 총수요수준의 변화를 꾀함으로써 궁극적으로 국제수지의 불균형을 조정하고자 하는 것이다. 이는 케인즈학파의 이론으로 고전학파가 가격효과를 강조한 것과는 달리 금융정책과 더불어 소득효과를 강조한다. 재정정책에 의한 국제수지조정과정은 완전고용상태와 불완전고용상태로 나누어 살펴볼 수 있다.

먼저 단기의 완전고용상태에서의 국제수지가 적자일 경우 재정정책수단(재정지출과 조세정책)을 사용하여 재정지출을 감소시키면 총수출양은 불변이므로 수입에 지출되던 민간부문의 총수요가 감소하게 되며, 국제수지는 이러한 경상수지의 변화만큼 개선된다. 반대로 국제수지가 흑자일 경우에는 재정지출을 증가시켜 이를 조정할 수 있다.

다음으로 단기의 불완전고용하에서 만일 국제수지가 흑자일 경우 재정정책으로 수요확대를 유도하면 그에 따라 총수요가 증가하여 수입이 늘어남으로써 국제수지를 균형화시킬 수 있다. 이때 사용되는 구체적인 정책수단으로는 정부투자 · 정부소비 · 이전지출의 확대 등이 있는데, 이러한 모든 정부지출의 확대 승수효과를 통해 소비를 자극함으로써 국제수지의 흑자는 조정될 수 있다. 그리고 국제수지가 적자일 경우에는 그 반대의 과정을 통하여 국제수지는 균형화된다.

2) 금융정책

일반적으로 금융정책이라 함은 정부가 중앙은행의 화폐공급을 통제시킴으로써 국가정책목표를 달성하는 것을 말하는데, 이는 크게 양적 통제와 질적 통제로 구분된다. 이때 만약 정부경제정책의 목표가 국제수지균형에만 있다면 금융정책을 통한 목표달성은 다음과 같은 과정을 통해 이루어질 수 있다. 즉, 국제수지가 흑자일 경우에는 확장적 금융정책을 채택하여 국제수지를 조정하고, 반면에 적자일 경우에는 축소적 금융정책을 사용하여 국제수지를 조정한다. 금융정책에 의한 국제수지조정도 역시 재정정책과 마찬가지로 완전고용하의 조정과 불완전고용하의 조정으로 구분된다.

5. 직접통제

간접통제정책은 그 효과를 정확하게 측정할 수 없고 또한 시급한 조치가 요구되는 경우 직접적인 효과를 기대하기가 어렵다는 문제점이 있다. 따라서 한 국가의 대외거래에 정부가 직접통제를 가함으로써 국제수지를 조정하는 방법이 바로 직접규제조치이다. 외환관리와 소득정책이 그 대표적인 예라고 할 수 있다.

1) 외국환관리

외국환관리(foreign exchange control)란 민간의 자유로운 환거래를 인정하지 않고 정부가 외국환거래를 직접 · 간접으로 규제하거나 조정하는 것을 말한다. 외국환관리를 실천하는 방법에는 여러 가지가 있으나 여기서는 외환집중제도를 중심으로 살펴보기로 한다.

외환집중제도(exchange concentration system)란 정부가 지정한 외국환은행이나 외국환업무 취급 금융기간에 한정시켜 외국환거래를 허용하고, 수취한 외환은 강제적으로 일정한 환율에 의해 지정금융기관이 집중구매하며 필요한 외화는 정부가 할당해 주는 제도이다. 즉, 외화자산 및 외환거래를 집중시킨 제도라 할 수 있다. 그렇게 함으로써 외국환의 수요와 공급은 정부에 의해 관리를 받게 되는 것이다.

이와 같은 외환집중제도의 직접적인 수단에는 ① 환시세의 조정 ② 자본의 해외이동 제한 ③ 환투기 제한 ④ 외화소지 제한 ⑤ 수입환취득 제한 ⑥ 대외채권의 대차관리 및 금지 등이 있다. 또 간접적으로는 ① 수입의 제한 ② 수출금융의 지원 ③ 바터무역의 통제력 발휘 등 무역거래를 관리 · 통제하거나 조정하게 된다. 이 밖의 외국환관리제도로는 환율변경과 외화할당제도 등이 있다.

2) 소득정책

소득정책(income policy)이란 정부가 국내물가안정을 위해 노동 · 자본 · 토지 등의 요소에 대한 가격과 기업이윤 등의 소득을 일정한 가이드라인(guide line)을 통해 직접통제 내지 조정하는 것을 말한다. 이러한 소득정책은 본래 국내물가안정을 위해서 실시되었다고 할 수 있으나 이는 대외균형에도 영향을 미치게 된다. 즉, 임금통제 등에 의해 국민들의 실질소득수준이 떨어지면 이에 따라 소비자들의 구매력이 감소하기 때문에 이것은 결국 수입의 감소라는 결과가 나타나게 되는 것이다.

소득정책은 한때 국제수지조정을 위한 재정 · 금융정책이나 환율조정의 대체방안으로서 각광을 받기도 했으나 근래에는 주로 국내경제에 있어서의 완전고용 내지 경제성장과 물가안정을 위한 정책수단으로 활용되고 있다.

PART 02

국제무역환경 및 무역정책

■ Chapter **05** ■

무역질서 및 경제통합

제1절 국제무역질서의 변화

1. GATT

자유로운 국제무역은 무역에 참여하는 국가의 부를 증가시킴에도 불구하고 근대부터 무역에 대한 각국의 정책은 보호무역적인 성향을 띠어 왔다. 예를 들면 제1차 세계대전 직후에 서유럽 등 모든 국가들은 자국의 산업을 보호하기 위해 경쟁적으로 수입품에 대한 보호무역장벽을 높였고 그 결과 각 국가 간의 교역량이 감소하여 1930년대에는 전 세계적인 대공황을 맞게 되었다.

이러한 배경하에서 제2차 세계대전 이후에는 보다 자유로운 무역환경을 만들기 위해 국제적인 협정에 대한 논의가 시작되었다. 특히 제2차 세계대전의 피해를 입지 않은 미국은 자국의 상품에 대한 자유로운 해외수출을 위하여 국제무역질서 확립의 필요성을 절실하게 느끼게 되었다. 이후 미국을 중심으로 한 관세와 무역에 관한 일반협정(GATT)이 1947년에 체결되었다.

표 5-1 ▮ GATT의 다자간 협상과정

연도/차수	장소/명칭	협상주제	양허 품목수	평균관세 인하율	참여국수
1차(1947)	제네바	관세	45,000	불명	23
2차(1949)	양시	관세	5,000	불명	13
3차(1951)	토르퀘이	관세	8,000	불명	38
4차(1956)	제네바	관세	3,000	불명	26
5차 (1960~1961)	제네바(딜론라운드)	관세	4,4000	7%	26
6차 (1964~1967)	제네바 (케네디라운드)	관세 및 반덤핑조치	30,000	35%	62
7차 (1973~1979)	제네바(도쿄라운드)	관세, 비관세조치, '골격'협정들	27,000	33%	102
8차 (1986~1994)	제네바 (우루과이라운드)	관세, 비관세조치, 규범, 서비스, 지적재산권, 분쟁해결, 섬유, 농업, WTO 창설 등	농산물, 섬유류, 서비스 등	단계적 조정	123

자료 : 산업통상자원부(http://www.motie.go.kr/motie/py/ce/wto/wto.jsp) 일부 보완; 김희철 · 이신규 · 이응권, 무역학개론, 두남, 2013, p.116 참조

1) GATT의 기본원칙

GATT는 관세, 보조금, 수입할당이나 기타의 보호무역장벽을 완화 내지 철폐하고 무차별적인 국제무역체제를 확립하여 국제경제의 발전과 자유무역을 실시하기 위하여 설립된 다자간무역협정이다. GATT는 1947년 19개국으로 출발하여 1994년 12월 31일 128개 회원국을 가졌고, 기본원칙은 무역자유화와 최혜국대우, 내국민대우의 원칙이다.

무역자유화의 원칙이란 자유무역의 장애가 되는 요소인 관세의 인하와 수량제한의 철폐로 자유무역을 시현하는 것이다. 관세인하는 가입국 상호 간의 교섭에 의하여 관세율을 가능한 한 인하하고 모든 가맹국에게 무차별적으로 적용하여야 하며 가입국 간에는 관세상의 차별대우를 하지 않아야 한다. GATT는 국내산업의 보호를 목적으로 한 관세는 어느 정도 인정하고 있지만 수출 및 수입에 대한 수량제한에 대해서는 철폐하기로 하였다.

최혜국대우의 원칙이란 관세를 비롯하여 무역정책의 수단을 실시하는 데 있어서 회원국 간에 차별대우를 해서는 안 된다는 것이다.

내국민대우의 원칙이란 수입품에 대하여 적용되는 내국세나 국내규제가 동종의 국산품에 대한 대우보다 불리하여서는 안 된다는 원칙으로 수입품과 국산품을 차별하지 말고 무차별하게 취급해야 한다는 원칙이다.

2) GATT의 관세교섭

1947년부터 활동한 GATT는 점진적으로 회원국의 수출을 증가시켜 세계 각국에 만연해 있는 관세 및 비관세무역장벽을 낮추는 데 성공하였다. GATT는 이와 같은 무역장벽의 철폐를 위하여 여러 단계의 다자간협상을 실시하였다. 그 결과 1940년대에 GATT 회원국의 평균관세율이 40%에 달하였던 것이 1990년대에는 약 5%로 떨어진 것만 보아도 그 효과를 알 수 있다.

GATT의 관세인하 교섭은 제1차 협상부터 제6차 GATT 다자간협상인 케네디라운드까지는 선진국들 간의 관세인하가 주요 내용이었고 제7차 협상인 도쿄라운드는 관세인하 이외에 비관세장벽의 완화에 대한 논의를 하였다. 그 결과 평균관세율이 하락하였고 비관세장벽이 현저하게 줄어들었다. 그러나 GATT협정과 도쿄라운드 협정이 1980년대의 무역을 주도하였음에도 불구하고 GATT의 예외규정인 긴급수입제한조치를 이용한 개별적인 무역규제가 국가들마다 계속되었다.

1980년대 들어 GATT가 가진 한계가 드러나고 미국을 비롯한 강대국이 GATT의 규율을 벗어나 반덤핑규제나 시장개방압력을 독자적으로 추진해 나감에 따라 GATT의 영향력을 한층 강화시키기 위한 새로운 국제무역시스템을 찾기 위한 움직임이 일기 시작하였다.

2. UR

우루과이라운드(UR)는 GATT의 영향력을 회복하고 보다 체계적인 국제무역질서를 확립하기 위하여 1986년부터 1993년까지 진행된 GATT의 다자간무역협상으로 1994년 4월 모로코의 마라케쉬 각료회담을 끝으로 최종타결되어 1995년부터 효력이 발생하였다.

과거 GATT의 관세인하 교섭이 공산품과 원자재에만 적용되었던 협정이었다면 UR은 서비스와 지적재산권의 문제에까지 적용범위를 넓혔고, UR의 가장 큰 성과는 GATT가 자유무역을 위반한 국가에 대하여 별다른 제재를 가하지 못했던 것에 비하여 제재조치를 구체적으로 실행할 수 있는 세계무역기구(WTO)를 창설한 것이다.

1) UR협상의 배경

UR이 출범하게 된 배경은 GATT체제가 가지고 있는 내 · 외부적인 요인에서 찾아볼 수 있다. 먼저 GATT체제 외부요인으로 1980년대 들어서 제2차 오일쇼크로 인하여 세계경기가 침체하였고 유럽에서는 높은 실업률을 보였으며 개발도상국들은 과다한 외채와 인플레이션으로 경제가 침체되었고 선진국 간의 무역불균형이 심화된 것을 들 수 있다. 특히 미국의 재정 및 경상수지 적자 등으로 세계의 경제가 불균형국면으로 빠져들면서 세계무역질서는 보호무역주의에 휩싸이게 되어 GATT체제를 크게 위협하였다.

GATT체제 내부요인으로는 GATT는 단순한 협정으로서 국제기구가 아니라는 데에서 오는 한계와 만장일치제에 따른 의사결정상의 제약과 사법권의 부재로 인한 분쟁해결능력의 부족을 들 수 있으며, 이로 인해 GATT체제의 기능이 약화되고 위상이 크게 흔들리게 되었다.

이에 따라 GATT의 재정비 필요성이 대두되었고 다자간무역규범을 재정립하기 위한 협상이 논의되기 시작하였는데 UR은 1983년 5월 윌리엄스버그 경제정상회담에서 미국, 일본에 의해서 처음 문제가 제기되었다. 이후 미국, 일본, EC, 온건개발도상국(NIEs, ASEAN), 강경개발도상국(인도, 브라질, 아르헨티나 등) 순으로 세계 대부분의 국가가 동의하여 1986년 9월 20일 우루과이 푼타델에스테에서 개최된 GATT 각료회의를 통하여 협상의 개시가 선언됨으로써 정식으로 출범하게 되었다.

2) UR협상의 경과

1986년 우루과이에서 시작된 UR은 협상분야가 15개 분야로 광범위하고 협상에 참여하는 국가의 수가 117개국으로 사상최대이며 이로 인해 국가들 간 이해가 상충되어 있고 협상분야 간에 상호연관성이 높아서 분야별로 구분해 타결할 수 없는 등 시작부터 어려움을 가지고 있었다.

UR이 1986년 9월에 공식 출범한 이후 1988년 12월에 몬트리올 각료회의에서 중간평가가 이루어졌고 관세에 대한 인하(가중평균관세의 1/3 이상 인하)에 합의하였으며 서비스분야에서는 국별 무역정책검토제도를 실시하도록 하는 등 상당한 진전이 이루어졌다.

이후 1989년 6월부터 1990년 6월까지 국가별 입장에 대한 제안을 하고 실질협상을 거쳐 1990년 7월 제네바 무역협상위원회(TNC)에서 일괄타결을 시도하였다. 그러나 많은 기술적인 문제를 포함한 국가별 입장의 대립(특히 미국 · EC 간 농산물보조금 감축문제 서비스시장개방에 대한 문제)으로 합의해 실패해 당초의 타결목표시한이었던 1990년 12월을 넘기게 되었다.

1991년 2월에 협상재개가 공식으로 선언된 이후 1991년 4월에는 15개의 협상분야가 7개로 통합조정되었고 12월에는 던켈 최종협정초안이 제시되어 협상이 큰 진전을 보게 되었다. 그러나 미국과 EC와의 농산물분야 보조금 감축 등에 대한 협상에서 프랑스의 강력한 반발과 여러 분야에서 각국 간의 의견의 차이를 좁히는 데 실패하여 제2차 목표시한으로 삼았던 미국 대통령의 신속처리권한의 시한인 1993년 2월을 넘겼다.

1993년 4월 미국 클린턴 대통령의 신속처리권한이 연장된 후 7월에 개최된 G7정상회담 및 4국(미국 · 일본 · EC · 캐나다) 통상장관회담을 계기로 협상이 재개되어 공산품분야의 관세인하가 합의되었고 9월부터는 농산물 · 관세인하 등 시장접근분야, 서비스 등 쟁점분야를 중심으로 본격적인 협상이 진행되었다. 11월부터는 최대의 난제였던 농산물분야에서 보조금 감축을 둘러싼 미국 · EC(특히 프랑스) 간의 협상, 쌀시장개방을 둘러싼 미국 · 일본 간의 협상, 서비스시장개방에 대한 선진국 · 개발도상국 간 양허협상, 세계무역기구(WTO) 창설에 대한 미국과 여타국과의 대립 등이 합의에 이르면서 12월 15일 최종타결선언이 이루어졌다. UR은 1986년 8월에 시작하여 1993년 12월 15일에 타결되어 공식출범 후 7년 3개월 만에 막을 내리게 되었다.

3) UR협상의 결과

역사상 가장 중요하고 포괄적인 다자간무역협상이었던 UR협상의 타결은 자유무역을 향한 획기적인 진전을 의미한다. UR협상은 무역장벽을 대폭 완화하였을 뿐 아니라 자유무역환경을 보장하는 다자간규범을 크게 강화함으로써 무역확대를 통한 세계경제 도약의 계기를 마련한 것으로 평가된다.

UR협상의 결과를 요약하여 보면 상품의 관세인하 및 무세화를 통해 기존의 관세장벽을 대폭 낮추었을 뿐만 아니라 회색조치 등 비관세장벽도 대폭 완화하였다. 그리고 각종 수량제한조치로 보호되어 왔던 농산물에 대해서도 일단 관세화를 통해 WTO체제 내로 통합함으로써 섬유류 무역자유화의 기반을 마련하였다. 각국의 보호무역수단으로 활용된 사례가 많았던 기존의 반덤핑 · 상계관세 · 긴급수입제한조치의 남용을 억제하도록 규정화하였고 과거 GATT에서의 분쟁해결절차에 많은 시일이 소

표 5-2 ▮ UR협정의 주요 내용

분야	주요 내용
공산품	• 공산품에 대한 관세율을 33% 인하한다. • 철강, 건설장비 등 일부공산품에 대해서는 무관세화를 실시한다.
농산물	• 예외 없는 관세화 : 모든 농산물의 교역에 관세 이외의 수입장벽은 인정하지 않는다. • 관세화유예와 최소시장접근 : 관세화를 유예받는 기간(예 : 한국 10년)에도 국내소비량 중 일정량(예 : 한국 1995년 1%, 2004년 4%)을 의무적으로 수입해야 한다.
서비스	• 서비스교역의 다자간규범인 일반협정을 제정한다.
반덤핑	• 선진수입국에 의한 자의적인 덤핑마진 산정의 여지를 축소한다. • 반덤핑관세는 원칙적으로 5년 내에 폐지한다.
보조금	• 수출에 직접적인 왜곡을 가져오는 금지보조금은 3년 내에 철폐한다. • 수입국에 심각한 피해가 생길 것으로 추정되는 상계가능보조금에 대해서는 수입국이 보복조치를 취할 수 있도록 허용한다. • 연구개발 및 지역개발을 위한 허용보조금은 3년마다 그 목록을 제시해야 한다.
긴급수입제한조치	• 긴급수입제한조치의 발동요건과 발동기간을 구체적으로 명시한다.
섬유	• 다자간섬유협정에 의해 규제되어 온 섬유류를 10년에 걸쳐 단계적으로 GATT에 통합시킨다.
지적재산권	• 기존의 지적재산권 관련 국제협약을 바탕으로 내국민대우와 최혜국대우의 기본원칙을 밝히고 보호수준을 강화시킨다.
분쟁해결절차	• 국가 간의 모든 분쟁은 WTO산하의 분쟁해결기구(DSB : Dispute Settlement Body)가 관장한다.

자료 : 홍승기, 행정고시 경제학, 법문사, 2003. p.784

요되고 그 절차가 비효율적이고 복잡하였던 것을 보다 효율적이고 신속하게 분쟁을 해결할 수 있는 절차를 도입함으로써 쌍무주의 또는 일방주의와 같은 자의적인 무역규제의 여지를 축소하였다.

서비스무역분야에 대해 별도의 무역규범을 새로이 제정하고 이 분야의 시장개방계획을 작성토록 함으로써 서비스무역이 확대되는 발판을 마련하였으며 무역관련 지적재산권에 관한 협정을 수립함으로써 무역관련 지적재산권에 대한 보호를 강화하였다.

마지막으로 UR협상의 주요 성과는 위에서 설명한 UR협상 결과가 원만히 이행되도록 GATT를 대체하는 항구적이고 강력한 세계무역기구(WTO)를 설립하였다는 것이다.

3. WTO

세계무역기구(WTO : World Trade Organization)는 UR의 합의에 따라 GATT의 규정을 보다 효과적으로 적용하는 역할을 맡게 된 국제기구로서 스위스의 제네바에 본부를 두고 있으며 GATT에 참여하는 국가의 무역정책을 감시하는 역할을 한다. 2001년 7월 현재 142개의 회원국을 가지고 있다.

2013년 2월 라오스의 WTO 가입이 발효됨에 따라 158번째 회원국이 되었다.[01]

1) WTO의 개요

WTO는 기존 GATT가 가지고 있는 한계를 극복하기 위해서 설립된 것으로 UR협상의 가장 중요한 성과 중의 하나이다. GATT는 당초 잠정적으로 채택되었으며(제29조 제2항) 많은 예외규정을 두고 있어 국제협정으로서의 법적 구속력이 제한되었다. 즉, 사법권의 부재로 인해 회원국에 대한 실질적은 구속력이 없고 만장일치제라는 의사결정방식으로 인해 통상문제의 해결능력이 부족하였다. 그리고 GATT체제는 경제강대국의 불공정행위 및 자의적 행위를 효율적으로 규제하는 데 부적절하였다.

1986년 개시된 UR협상은 GATT체제의 제반 문제점을 해결하고자 GATT체제를 다자간무역기구로 발전시키는 작업을 UR협상의 교섭과제 중의 하나로 채택하여 수

01 www.motie.go.kr

년간에 걸쳐 토의하였다. 수차례에 걸친 토의의 결과 1991년 12월 '던켈초안'에 다자간무역기구(MTO) 설립협정안이 포함되어 제시되었다.

미국은 자국의 통상분야에서의 주권 침해가능성을 우려하여 MTO의 설립을 계속 반대하였으나 1993년 12월초 EC와의 최종 협상과정에서 MTO 설립에 합의를 하였고 1993년 12월 15일 최종 무역협상위원회에서 미국의 제안으로 MTO의 명칭을 세계무역기구(WTO)로 변경하여 WTO는 탄생하게 되었다.

WTO 설립협정은 UR협상에서 각 분야별로 타결된 UR최종협정문이 근간을 이루고 있으며 국제무역질서를 기존 GATT체제에서 WTO체제로 전환시키는 데 핵심적 역할을 하게 되었다.

그림 5-1 ▮ WTO협정의 구성

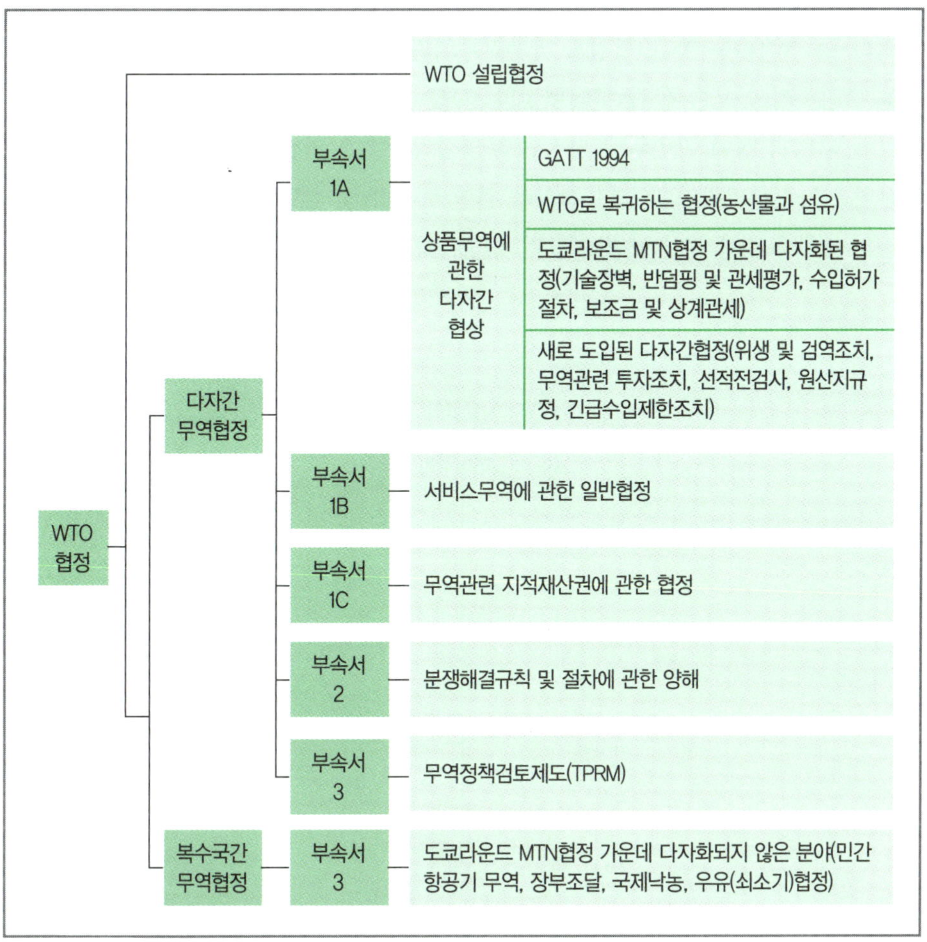

2) WTO의 목적과 기능

WTO체제의 가장 중요한 목표는 바람직하지 못한 부작용이 없는 범위 내에서 가능한 한 무역을 자유롭게 하자는 것이다. WTO는 무역장벽을 제거하고 개인기업 및 정부가 세계 무역규범이 무엇인지를 이해하고 무역과 관련하여 갑작스러운 정책변화가 없을 것이라는 확신을 그들에게 부여하는 것이다. 즉 WTO의 규범은 '투명'하고 예측가능하다는 것을 말한다.

또 하나의 목표는 분쟁해결과 관련된 것이다. 교역관계는 상충적 이해관계를 가지기 때문에 WTO체제 내에서 협상된 약속 및 협정은 해석을 필요로 하는 경우가 많은데 국가 간의 의견차이를 해결하는 가장 조화로운 방법은 합의된 법적 기초에 근거한 중립적 절차에 의존하는 것이다. 분쟁해결절차가 WTO협정에 설정된 목적도 여기에 있다.

그러므로 WTO는 WTO협정과 다자간무역협정의 수행 · 관리 · 운영을 맡고 그 목적을 촉진시키며 복수국 간 무역협정의 수행 · 관리 및 운영을 위한 틀을 제공한다. 그리고 WTO협정에 관련된 추가적인 무역협정체결을 위한 협상을 비롯하여 회원국들간의 다자간무역관계에 관한 협상을 위한 토론장 및 각료회의의 결정에 따른 협상결과의 이행을 취한 틀을 제공하는 기능을 가지고 있다.

그림 5-2 ▮ WTO 조직

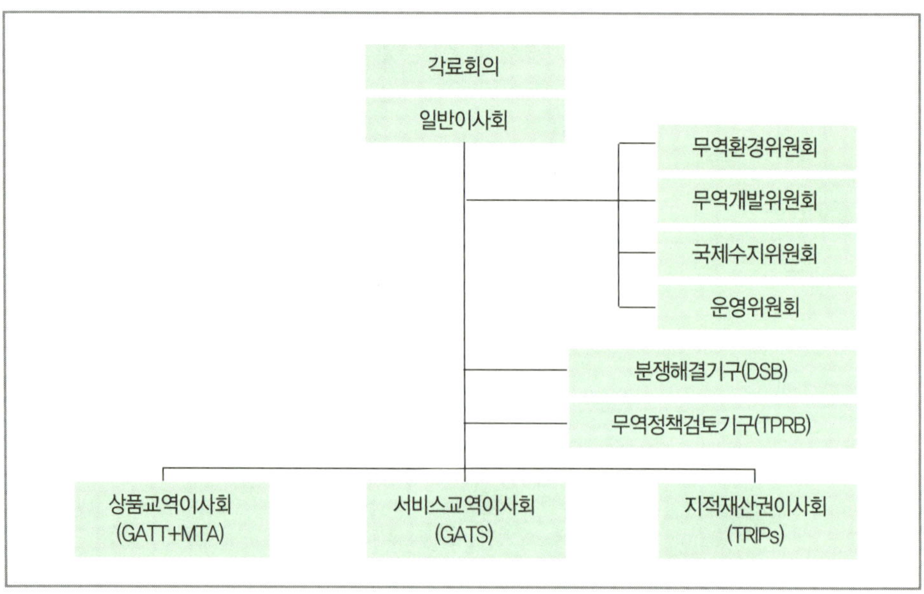

또한 WTO는 "분쟁해결규칙 및 절차에 대한 양해각서"와 "무역정책검토제도(TPRM)"를 실행하고 국제적인 정책결정을 하는 데 있어 조화와 통일을 위해 IMF, IBRD 및 국제기구와 협력을 강화하는 기능을 가지고 있다.

3) WTO의 평가

WTO는 그동안 GATT체제하에서 행하여졌던 자유무역질서를 보다 강화하고 기존의 GATT 및 UR에서 합의된 사항을 관장하는 매우 강력한 다자간국제무역기구이다. WTO는 정식적인 국제기구로서 산하에 각료회의, 총회, 3개의 무역이사회, 3개의 위원회, 사무국 등 많은 하위기구를 두고 있으며 특히 법적 구속력과 감시기능을 갖는 분쟁해결기구와 무역정책검토기구를 두고 있다. 분쟁해결기구는 모든 무역관련분쟁을 통합 관장하고 준사법적인 기능을 가지고 있으며, 무역정책검토기구는 각국의 무역정책을 주기적으로 검토하여 정책의 투명성을 높이고 분쟁을 사전에 예방하여 다자간무역체제의 효율성을 높이게 된다. WTO가 기존의 GATT와 다른점은 분쟁해결기구를 설치하여 준사법적인 기능을 가졌다는 것과 단순한 협정이 아니라 정식의 국

표 5-3 ▮ GATT와 WTO의 비교

분야	GATT체제	WTO체제
시장개방 노력	• 관세인하에 주력 • 도쿄라운드에서 비관세장벽을 철폐하려고 노력하였으나 선언적 규정에 불과하게 됨	• 관세인하는 물론 특정분야에 대한 무관세 도입으로 관세율의 하향 평준화 달성 • 비관세장벽의 철폐를 강화
관할범위	• 상품(주로 공산품)	• 공산품 외에 농산품에 대한 규율도입(기존의 다자간섬유협정(MFA)도 WTO로 흡수)
신분야협정	• 없음	• 서비스 교역에 대한 협정 제정 • 지적재산권 보호를 위한 규범 제정 • 무역관련 투자조치에 대한 협정 도입
규범강화	• 보조금 정의 등 불명료 • 반덤핑조치의 남용 등 자의적 운용	• 보조금 정의의 명료화 및 규율강화(금지, 상계가능, 허용보조금 등의 구분) • 반덤핑조치의 발동기준 및 부과절차 명료화로 남용방지 • 세이프가드협정, 원산지규정, 선적전검사협정 등을 새롭게 도입

제기구로서 다수의 실무적인 하위기구를 두어 지속적으로 일관성을 가지고 국제무역에 대한 모든 규범을 관장할 수 있다는 것이다. 그리고 의사결정방식이 GATT의 만장일치제가 아니라 다수결원칙(사안에 따라 2/3 또는 3/4, 다수결 등)이 도입되어 신속한 의사결정이 가능하다는 것이다.

제2절 WTO의 도하개발아젠다

1. 도하개발아젠다[02]

1) 개요

WTO는 2001년 11월 각국 정부대표들의 합의하에 '도하개발아젠다(DDA : Doha Development Agenda)'를 출범시켰다. WTO체제가 출범한 이후 첫 번째 라운드가 되는 도하개발아젠다는 [표 5-4]와 같은 주요 내용을 담고 있다. WTO는 2005년 1월 1일까지 도하개발아젠다 협상을 마무리할 예정이었으나 2010년 들어서도 아직까지 협상 중이다.

표 5-4 ▮ DDA 협상의 주요 내용

분야	주요 내용
서비스시장개방	• 회원국들은 2002년 6월 30일까지 시장개방 양허안을 제출한다.
무역과 경쟁정책	• 2003년 제5차 WTO 각료회의에서 무역과 경쟁부문에 대한 협상개시 여부를 결정한다.
반덤핑조치 남발규제	• 반덤핑조치 남발에 따른 무역왜곡관행을 시정하는 데 노력한다. • 국내보조금을 대폭 감축한다.
농산물시장개방	• 농산물시장을 대폭 개방한다. • 국내보조금을 대폭 감축한다.
공신품에 대한 관세인하	• 관세를 인하하고 비관세장벽을 철폐한다.

02 아젠다넷 www.agendanet.co.kr

지적재산권 보호	• 지적재산권 보호대상품목을 확대한다.
정부조달시장의 투명성	• 투명성 확보를 위한 다자간협상을 개시한다.
수산보조금의 감축	• 수산보조금의 감축 또는 폐지를 위한 다자간협상을 개시한다.

2) 의의

도하개발아젠다는 2001년 11월 카타르의 수도 도하에서 열린 제4차 WTO 각료회의에서 명명된 새로운 다자간 무역협상이다. 이 회의에서 각국 각료들은 세계 무역환경변화에 따라 새로운 차원의 광범위한 무역자유화 협상을 개시키로 합의하고 그 합의문을 도하 각료선언이라는 이름으로 채택했다.

도하개발아젠다는 이전에 사용되던 '라운드' 대신 '개발아젠다'라는 명칭을 사용해 개발도상국의 개발 문제까지 비중 있게 다루겠다는 의미를 내포하고 있다. DDA(도하개발아젠다)는 우루과이라운드와 유사한 새로운 다자협상의 틀이라고 이해하면 된다. DDA에서 다루고 있는 협상 의제는 농업, 비농산물, 서비스, 규범, 무역원활화, 개발, 지적재산권, 환경 등 무역 관련 거의 전 분야를 망라하고 있다.

표 5-5 ▮ 도하개발아젠다 협상

구분	내용
2001. 11	4차 WTO 도하 회의서 DDA 출범
2001. 3	분야별 협상기구 설치 및 논의
2003. 9	5차 WTO 칸쿤 회의, 기본골격 합의 실패
2005. 12	6차 WTO 홍콩회의, 이견차로 큰 성과 없이 끝남
2006. 7	G6 농업관세회담서 DDA 논의했으나, 이견차로 결렬
2007. 1	DDA 협상 재개 합의

자료 : 아젠다넷 www.agendanet.co.kr

3) 협상내용

농업, 공산품, 서비스 등 전 분야를 대상으로 하는 DDA 협상은 그동안 미국의 농업 보조금 삭감폭 확대, EU의 농산물 수입관세 감축폭 확대, 브라질, 인도 등 개발도상국의 공산품 관세인하 확대 등에 대한 합의점을 찾지 못해 중단되었다.

지난 2006년 7월 G6 농업관세회담 시 주요 내용은 다음과 같다.

- 참가국 : 미국, 유럽연합(EU), 일본, 호주, 인도, 브라질 등 6개국(G6)
- 3대 쟁점 : 미국의 농업보조금 삭감, EU의 농산품 관세 인하, 개발도상국(브라질, 인도 등)의 공산품 관세인하

4) 협상과정[03]

도하개발아젠다는 2001년 11월 WTO 다자무역체계를 강화하고 시장개방을 가속화하기 위하여 도하개발아젠다(DDA) 협상 출범, 협상종료 방식으로 일괄타결(최종적으로 모든 분야에서 동시합의) 방식을 채택하였다.

2003년 9월에 칸쿤 각료회의 및 2004. 8월 WTO 일반이사회 논의를 거쳐 자유화 세부원칙의 기본골격 타결, 2007년 제출된 세부원칙 초안을 바탕으로 개정작업 진행하였다.

2009년 12월에 제네바 각료회의 시 2010년 DDA 협상타결을 목표로 협상 추진현황 점검에 대해 합의한 이후, 타결을 위한 노력을 계속해 왔으나 주요국 간 입장차이로 합의도출에 실패하였다.

2011년 12월에 WTO 각료회의에서는 WTO 및 다자통상체제에 대한 신뢰를 재확인하고, 일괄타결에 앞서 진전이 가능한 분야를 우선 진전시킬 필요성을 제기하였다.

2013년 1월 다보스 통상장관회의에서 다자무역체제의 신뢰회복을 위해서는 2013년 12월 제9차 WTO 각료회의에서 일부라도 성과물이 도출되어야 한다는 데 공감하였다.

2013년 9월 1일 신임 WTO 사무총장(Mr. Azevêdo) 취임 이후 협상이 급진전되었으며 2013년 12월 제9차 WTO 각료회의에서 일부 이슈에 대한 조기 부분타결에 성공하였다. 여기에서 무역원활화(통관절차 간소화), 농업분야 일부[04] 및 개발 이슈에 대하여 논의하였다.

03 http://www.korea.kr/totalSearch.do?where=ALL&topSearchKeyword=DDA

04 농업이슈 : ① TRQ 관리, ② 개도국의 식량안보 목적의 공공비축, ③ 일반서비스, ④ 수출경쟁, ⑤ 면화

2. 기타 다자간협상

1) 다자간환경협상(Green Round)

21세기는 다자간환경협상(GR : Green Round)시대가 개막될 것 같다. 그동안의 세계 각국의 무역 · 통상 문제를 규율하는 라운드에 이어 이른바 "21세기의 환경라운드"가 주요 쟁점으로 떠오르면서 환경라운드는 지구온난화, 환경오염, 해양오염, 사막화, 동 · 식물보호 문제 등에 이르기까지 광범위하게 펼쳐질 예정이어서 환경보전의 중요성이 전 세계의 현안으로 부각될 전망이다.

환경라운드는 이러한 배경하에 국제적 환경보호기준하에 적합한 상품만을 교역대상품목에 포함시키려는 국제적인 논의를 말한다. 이 논의는 오존층 파괴물질규제를 논의했던 몬트리올의정서를 비롯하여 폐기물관련 바젤협약 그리고 지구기후 변화협약 등 국제협약에서 비롯된 것으로 1992년 브라질 리우데자네이루에서 개최된 유엔환경개발에서 채택된 '리우선언'을 계기로 본격적인 국제협상논제로 부각되어졌다.

한국은 무역의존도가 높고 수출품의 대부분이 제조업에 의존하고 있어 수출에 대한 많은 제약요인으로 작용할 것이 예상된다. 이에 대한 대응방안으로 정부와 기업의 역할이 중요한데 정부는 뉴라운드협상을 통해 무역과 환경조치 간의 관계를 명확하게 하는 것이 중요하고 환경조치가 보호무역주의 수단으로 남용될 가능성을 차단할 필요가 있다.

그리고 국제환경회의에 적극적인 대응방안을 제시하기 위해 환경과 관련된 제도적 장치를 마련해야 하며 국제적인 환경논의 정보를 수집 · 활용할 수 있는 노력이 충족되어야 하고 기업의 경우는 환경문제와 관련된 연구개발투자(R&D)를 증대시키고 에너지 절약과 환경친화적인 상품개발에 노력해야 할 것이다.

2) 다자간노동협상(Blue Round)

다자간노동협상(BR : Blue Round)은 신통상의제로 일명 '블루라운드'로 불려지는 노동문제가 이슈가 되고 있는데 국제무역거래 시 무역환경과 노동이나 근로조건을 연계시키는 것을 말한다. 통상협상에서의 공식용어는 사회조항 또는 노동력 덤핑으로 불려지고 있다.

이는 저임금 개발도상국에서 생산된 제품의 가격경쟁력이 고임금 선진국에 비해 유리한 것은 불공정무역행위에 해당하므로 이를 시정하는 방안으로 국제노동기준을 세계무역기구 규정에 포함하여 이를 위반하거나 기준에 미치지 못하는 국가에 대해서는 무역거래상의 불이익을 부과해야한다는 제안이다. 미국과 프랑스가 주도하고 있지만 일부 선진국들조차 "각국 간의 생활수준이나 경제력 격차를 감안하지 않고 무조건 임금수준을 맞추자는 것은 다소 무리"라는 반응이 나오고 있어서 이 문제는 신통상의제로 협상에서는 다소 변형된 모습으로 다루어질 것으로 예상된다.

블루라운드가 선진국에 의해서 주창되는 내면적 이유로는 인건비 측면에서 우위를 확보한 저임국국가들에 대한 선진국들의 경쟁력 약화현상 해소와 실업문제를 해소하려는 의도를 들 수 있다. 우리나라의 경우 ILO협약 수준의 근로조건 준수를 기준으로 하면 적지 않은 영향을 미칠 것으로 예상된다.

3) 다자간반부패협상(Corruption Round)

국가 간의 무역에 있어서 관행시되고 있는 뇌물수수와 부패를 없애 국가 간에 공정한 무역질서를 확립하려는 다자간 노력을 일컫는다. 부패척결을 위한 각국의 노력에도 불구하고 부패관행은 갈수록 국제적 문제가 되어 국가 간에 변칙게임을 확산시키고 눈에 보이지 않는 또 하나의 무역장벽으로 주목받고 있다.

다자간반부패협상을 주도하고 있는 미국은 1970년대 초 록히드 사건 등 미국기업이 국제적 부패사건에 연루되면서 "해외부패방지법"을 제정하였다. 그리고 미국은 OECD에서 1994년 "국제상거래에 있어서의 뇌물에 관한 OECD 이사회 권고"를 채택하였으며 1996년 4월에는 "해외영업에서의 뇌물수수를 근절하기 위한 조세의 역할에 관한 이사회 권고"를 마련했다.

공개경쟁라운드와 비슷한 경쟁을 가지고 있는 것 중의 하나는 국제부패방지협약(부패라운드라고도 함)이다. 이러한 협약의 제기배경에서는 국제상거래에 개발도상국들이 뇌물공여를 함으로써 선진국들이 불공정한 경쟁을 하고 있다는 판단이 있다. 결국 1997년 6월에는 OECD가 해외에서 뇌물을 주고 공사를 따내는 잘못된 관행에 대해서 경종을 울리기로 합의하였는데 이는 결국 국제상거래에서 외국공무원에게 뇌물을 주는 관행을 없애자는 국제적 합의라 할 수 있다.

4) 다자간투자협정(Multinational Agreement on Investment)

다자간투자협정(MAI)은 기업은 물론 주식, 채권에서 부동산, 지적재산권 등에 이르기까지 모든 유 · 무형의 자산에 대한 자유로운 국경 간 이동을 보장하는 것이다. 지금까지는 대부분의 국가들이 무역 및 투자에 있어서 자국기업들에 혜택을 주거나 외국인 투자가에게 불이익을 주는 경우가 많았다. 이러한 차별조치는 결국 기업의 국제투자를 적지 않게 왜곡시키고 있으며 기업활동의 세계화와 세계경제에 부정적인 영향을 미친다고 할 수 있다. 이러한 상황에서 국제투자가들이 전 세계 모든 지역에서 현지기업들과 동등한 조건에서 경쟁할 수 있는 국제투자환경을 조성하자는 주장이 제기되기에 이르렀다.

다자간투자협정의 논의내용들을 보면 다음과 같다. 첫째, 광범위한 투자의 정의와 안전한 보호를 보장하여야 한다. 둘째, 투자자의 대우와 관련하여 구속력 있는 내국민대우와 최혜국대우가 보장되어야 한다. 셋째, 분쟁해결에 있어서는 투자자가 국가를 상대로 직접 소송을 제기할 수 있으며, 체약국은 일정한 요건을 갖춘 소송에 대해서는 반드시 응해야 할 의무가 있다. 넷째, EU, NAFTA 등 지역경제통합기구하에서 역내국가 간에 부여하는 특혜대우의 범위를 축소 · 제거하여야 한다.

5) 다자간경쟁협상

다자간경쟁협상(CR : Competition Round)이란 국가 간 시장구조 및 경쟁조건의 차이를 제거하여 외국상품의 시장접근을 원칙적으로 보장하여 주고 국내외 기업이 공정하고 자유로운 조건하에서 경쟁할 수 있도록 하자는 취지에서 시작되었다. 이러한 주장은 결국 공정한 경쟁을 제한하고 있는 각국의 독특한 시장구조나 기업관행까지도 통일화하자는 것이다. 이 라운드가 실행된다면 일부 개발도상국들이 현지국의 특정기업이나 산업에 독점적이고 집중적인 지원을 통한 인위적인 경쟁우위를 갖게 하는 행위에 많은 영향을 미칠 것으로 예상된다. 한국의 경우에는 공정거래법이 제정되어 있으나 그 실시가 미약한 시점에서 이의 강력한 실행이 필요하다는 것을 시사한다.

6) 다자간인터넷협상(Internet Round)

전자상거래가 세계경제에 미치는 영향이 점점 커지면서 각국 정부는 물론 국제기구들에서도 전자상거래에 지대한 관심을 기울이고 있다. 최근에는, 전자적 환경에서의 상업적 활동의 유용성 및 경제질서에 미치는 영향에 대한 인식과 함께 무역, 경쟁, 정부조달, 조세 등 국제경제활동 측면에 대한 연구분석과 논의가 증대되고 있다.

UN 국제무역거래법위원회(UNCITRAL)에서는 1996년 6월 전자메시지의 효력 및 법적 구속력, 전자서명의 인정 및 법적 효력, 전자서명 인증기관 및 배상책임, 해상운송서류의 법적 문제 등에 관한 규정을 담은 "전자상거래에 관한 모델법"을 제정한 바 있다. 이는 법적 구속력은 없으나 향후 각국이 전자상거래 관련법을 제정할 경우 하나의 지침으로서의 역할을 할 것이다.

이러한 인터넷라운드에 대한 대응방안으로 미국 정부는 정부개입의 최소화와 민간자율에 의한 전자상거래 활성화를 천명했다. 국경의 장벽이 없고 기술적 발전이 빠른 인터넷 공간의 특성상 민간의 자율적 경쟁만이 순발력 있게 대응할 수 있다는 논리다. 정부는 단지 관련된 최소한의 법률을 제정하여 공정한 게임을 벌일 수 있는 장만 만들면 된다는 주장이다. 그리고 인터넷상에서 거래되는 상품이나 서비스에 대해 관세를 부과하지 않는 인터넷 전자상거래의 무관세협정체결, 새로운 내국세 신설 금지, 전자상거래 통일규범 마련, 지적재산권 보호 등을 주장하고 나섰다. 미국은 무관세 대상품목을 소프트웨어(게임, 영상물 포함), 컨설팅 및 교육서비스 등에 국한할 것을 제의했지만, 앞으로 다른 상품에도 확대 적용할 수 있다는 가능성을 배제하기 어렵다.

제3 절 국제경제기구

1. 국제통화기금

국제통화기금(IMF : International Monetary Fund)은 제2차 세계대전이 끝나던 1944년 7월 미국 뉴햄프셔주의 브렌튼우즈(Bretton Woods)에서 극심하게 혼란에 빠진 국제통화질서를 바로잡기 위한 노력의 결과로 탄생하게 되었다.

IMF는 1945년 5월 35개국의 가맹국으로 출발하여 2014년 현재 가맹국은 188개국이며, 본부는 워싱턴에 있다.

IMF는 세계무역의 안정된 확대를 통하여 가맹국의 고용증대와 소득을 증가시키고 생산자원 개발에 기여하는 것을 궁극적인 목적으로 하며 주요 활동내용은 외환시세의 안정과 외환제한의 철폐 및 가맹국에 대한 자금공여 등이다.

제2차 세계대전 전 경쟁적인 평가절하 경쟁이 세계경제를 혼란으로 빠뜨린 경험이 있어 IMF를 설립할 때는 외환시세의 안정을 중요하게 여겼다. 그리고 가맹국은 IMF의 목적을 달성하기 위하여 외환제한을 철폐할 의무가 있는데, 첫째는 경상적 지불에 대한 외환제한의 철폐이고, 둘째는 차별적인 통과조치의 철폐이며, 셋째는 외국인 자국통화 보유잔액의 교환성의 보장이다. 또한 가맹국의 국제수지가 일시적으로 불균형(적자)이 되었을 경우 가맹국 통화의 평가절하로 인한 수입제한을 피할 수 있도록 하기 위해 IMF가 외화자금을 공여할 수 있다.

2. 국제부흥개발은행

국제부흥개발은행(IBRD : International Bank for Reconstruction and Development)은 일명 세계은행(World Bank)이라고도 하며 1994년 브레튼우즈협정에 따라 유엔의 전문기관으로서 전후 각국의 전쟁피해 복구와 개발을 위해 설립되었다. 주로 개발도상국의 공업화를 위해 필요한 자금을 장기 저리로 융자하여 주고 있으며 회원국은 2014년 현재 188개국(IMF 회원국은 자동가입)이고 우리나라는 1955년에 가입하였다.

IBRD는 초기에는 주로 전후 복구자금 융자를 주된 기능으로 하였으나 미국의 유럽국가의 부흥을 위한 마샬플랜 발표 이후에는 개발도상국에 대한 장기개발자금융자로 그 기능을 전환하게 되었다. IBRD는 개발자금융자뿐 아니라 개발도상국의 개발정책수립과 기술지원 개발교육 등의 업무도 지원하여 국제무역의 확대와 국제수지의 균형을 도모하고 저개발국이나 개발도상국 대하여 기술원조를 제공한다.

3. 경제협력개발기구

WTO와 함께 국제경제질서의 형성과 유지에 큰 역할을 하고 있는 경제기구로 1961년 9월에 설립된 선진국 중심의 경제협력개발기구(OECD)가 있다. OECD는 회원국 간의 상호 정책조정 및 정책협력을 통하여 회원각국의 경제사회발전을 공동으로 모색하고 나아가 세계경제문제에 공동으로 대처하기 위한 정책연구 · 협력기구이다.

OECD는 경제에 관한 선진공업국 간의 국제협력기관으로서 파리에 본부를 두고 있으며 제2차 세계대전으로 붕괴된 유럽경제의 부흥을 목적으로 한 미국의 마샬플랜의 효과적인 집행을 위해 1948년에 조직된 유럽경제협력기구(OEEC)를 전신으로 하고 있다.

OEEC는 설립 후 유럽 각국의 경제를 발전시키고 역내의 무역자유화를 추진하면서 회원국 간의 경제관계를 밀접히 하는 데 큰 역할을 하였다. EEC의 출범으로 OEEC의 회원국에 대한 통제권이 약화되자 미국은 OEEC를 대체할 보다 강력한 경제협력기구 출범의 필요성을 인식하게 되었다. 그 결과 1961년 미국을 포함하는 선진공업국의 경제협렵기구로 OECD가 설립되었다.

OECD는 그 회원국이 제한되어 있기는 하지만 막강한 경제력을 보유하고 있는 대부분의 선진국을 포함하고 있기 때문에 세계경제에 주는 사실상의 영향력은 WTO보다 크다고 할 수 있다. OECD는 주로 통상문제에 국한되어 있는 WTO와 달리 경제성장과 고용 등 거시경제 문제에 관심을 가지고 경제의 흐름을 분석평가하고 국가 간의 경제정책 조화를 모색하고 있다.

OECD는 1948년 4월에 16개 서유럽 국가를 회원으로 하는 유럽경제협력기구(OEEC)로 발족하였다가 1961년 9월에 20개국을 회원국으로 한 경제협력개발기구로 확대 · 개편되었다. 2001년 현재 OECD 회원국은 30개국으로 우리나라는 1996년 국회의 비준을 통과하면서 28번째 OECD 회원국이 되었다. OECD 회원국은 선진국으로서 전 세계 GDP의 85% 이상을 차지하고 있다는 점에서 보면 OECD가 세계경제에 미치는 영향력은 막강하다고 할 수 있다.

OECD의 정책방향은 고도의 경제성장과 완전고용을 추진하여 생활수준의 향상을 도모하고, 다각적이고 무차별한 무역 · 경제체제를 마련하여 세계무역의 확대에 기여하고 저개발지역에의 개발원조를 촉진하여 개발도상국의 건전한 경제성장에 기여하자는 것이다.

4. UNCTAD

GATT에 의한 무역장벽의 철폐는 선진국에는 유리하지만 후진국에는 분리하였다. 이에 후진국들은 GATT가 선진국의 이익만을 대변한다고 비판을 해왔다. 결국 GATT에 대한 반동으로 나타난 UNCTAD(United Nations Conference on Trade and Development)는 1964년에 창립된 'UN무역개발회의'로서 남북문제(예 : 지구의 남반구에 있는 후진국들과 북반구에 있는 선진국들의 대립되는 경제문제)의 해결이 그 주요 목적이었다.

UNCTAD는 주로 지구의 남반구에 있는 후진국들이 주동이 되어 설립한 국제기구인데 그들의 주장은 크게 두 가지로 요약될 수 있다.

첫째, 선진국들은 후진국들에게 무상원조나 장기저리의 원조를 해야 한다.

둘째, 선진국들은 후진국 상품에 대한 수입관세를 철폐하거나 경감시키는 특혜관세제도를 실시해야 한다.

참고 일반특혜관세제도

UNCTAD의 주장을 부분적으로 수용하여 일부 선진국들은 후진국 상품수입에 대해 1970년대 중반부터 일반특혜관세제도(GSP : Generalized System of Preference)를 실시해 오고 있다. 우리나라도 미국의 GSP의 혜택을 받아오다가 1980년대 후반에 수혜대상국에서 제외되었다.

5. NIEO

1964년 이래 UNCTAD를 중심으로 남북문제를 해결하려 했지만 정작 그 성과는 거의 없었다. 이에 1972년 UN자원특별총회에서 후진국들이 다시 주동이 되어 현행 국제경제질서를 개편하고 신국제경제질서(NIEO : New International Economic Order)를 수립할 것을 선언하였다. NIEO의 주요 내용을 요약하면 다음과 같다.

첫째, 천연자원에 대해 항구적 주권을 보장한다.

둘째, 다국적기업에 대한 규제를 강화한다.

셋째, 개발도상국의 외채상환조건을 재협상하며, 국제통화기금(IMF)의 의사결정 기구도 재편한다.

넷째, 1차상품의 가격을 공산품가격에 연동시킨다.

다섯째, 선진국은 국민총소득(GNI)의 1%를 후진국에 원조로 제공하며, 일반특혜 관세제도(GSP)도 확대실시한다.

그러나 NIEO는 1980년대 들어 선진국들의 신보호무역주의가 확대되면서 그 의의가 퇴색하였다.

제4절 경제통합

1. 경제통합의 정의

경제통합(economic integration)이란 한 지역 내의 여러 국가들이 상호 간에 존재하는 관세 및 비관세장벽을 철폐하여 재화 · 서비스 · 생산요소 등이 국가 간에 자유롭게 이동하도록 보장하는 협정을 말한다.

지역주의가 새로운 국제경제환경하에서의 정책적 대응방안의 하나로서 인식되어진 1990년대 이후에는 지역주의의 움직임이 급속히 확산되고 있는 추세이다. 경제통합이 이루어지고 있는 이유는 WTO 체제하에서 회원국 전체가 동시에 각종 무역장벽을 철폐하는 데에는 상당한 시간과 노력이 소요되기 때문에 일단 합의하기 쉬운 국가들끼리 우선 지역경제통합을 이루자는 데 있다. 그리하여 경제통합을 이룬 경제단위가 다시 통합을 이루게 되면 WTO체제만에 의존할 때보다 훨씬 빠른 속도로 무역장벽을 철폐하여 자유무역을 할 수 있기 때문이다.

양자간 또는 소수지역만의 자유무역협정은 다자간 자유무역체제인 WTO의 이념과 일치하는 것은 아니지만 자유무역협정 등 지역주의가 다자간 자유무역체제를 발전시키는 보완적인 역할을 한다는 점을 인정하여 WTO도 일정한 조건하에서 양자간 또는 소수지역 내의 자유무역협정을 WTO와 합치되는 것으로 인정하고 있다.

즉, 경제통합이 일어나는 목적은 경제적으로 동맹을 맺은 국가들이 GATT나 WTO 체제보다 빠른 속도로 무역장벽을 철폐함으로써 상품과 서비스 생산요소의 자유로운 이동을 통해서 자유무역의 경제적인 효과를 극대화하는 데 있다.

2. 경제통합의 유형

1) 자유무역지역(Free Trade Area)

자유무역지역은 경제통합의 가장 기본적인 형태로 정치나 경제적으로 밀접한 관계가 있는 2개 이상의 국가가 통합하여 자유무역을 추진하기 위해 무역장벽을 철폐하는 것을 말한다. 즉, 각 역내국 간에는 재화의 자유무역을 보장하지만, 역외국에 대해서는 역내국들이 독자적으로 관세 및 무역제한조치를 택하는 형태의 경제통합을 말한다. 즉, 가맹국 상호 간에 존재하는 무역장벽이 존재하지 않아 가맹국 상호 간에 자유무역이 실시되고, 비가맹국에 대해서는 개별 국가별로 독자적인 무역정책을 실시하는 단계이다. 자유무역지역에서는 외국 수입품에 낮은 관세를 부과하여 수입한 역내국이 이 수입품을 역외국 제품에 높은 관세를 부과하는 다른 역내국에 자유무역을 통해 재수출할 가능성이 있는데, 이 경우 역내국들의 관세정책 시행에 차질을 초래하므로 역내국들 간의 정책적 협조가 필요하다. 자유무역지역의 대표적인 예로 북미자유무역협정(NAFTA)이 있다.

2) 관세동맹(Customs Union)

관세동맹은 자유무역지역의 단계에서 발전된 형태의 경제통합 유형으로서 가맹국 상호 간에 존재하는 무역장벽을 철폐하여 자유무역을 실시하고 비가맹국에 대해서도 가맹국들이 공통의 무역정책(예를 들어 공통의 관세정책)을 실시하는 단계이다. 이 단계에 이르면 가맹국 상호 간에 존재하는 무역장벽은 없어지고 비가맹국에 대하여는 공통의 관세정책을 취하게 되어 가맹국들은 관세적인 측면에서 한 나라처럼 행동하게 된다.

제2차 세계대전 후의 베네룩스관세동맹, 아프리카지역의 경제통합이 여기에 해당된다. 또한 관세동맹의 예로는 ANDEAN조약이 있는데 ANDEAN조약은 남미의 볼

리비아, 콜롬비아, 에콰도르, 페루가 속한 경제통합으로 가맹국 상호 간에 자유무역을 보장함과 동시에 비가맹국에서의 수입에 대하여는 5~20%의 공통적인 관세를 부과하고 있는 관세동맹이다.

3) 공동시장(Common Market)

역내국 간에 재화의 자유교역뿐만 아니라 모든 생산요소의 자유이동이 보장되는 경제통합의 형태를 말한다. 아울러 관세동맹과 마찬가지로 역외국들에 대해서는 역내국들이 공동관세정책을 취하고 있다. 공동시장은 관세동맹의 단계에서 한 단계 더 발전된 경제통합의 유형으로 가맹국 상호 간에 상품뿐만 아니라 생산요소의 자유로운 이동까지 보장되는 단계이다. 그러므로 노동과 자본이 자유롭게 이동할 수 있어 가맹국 상호 간에는 완전히 자유롭게 이민 · 취업 · 자본의 이동이 보장된다.

공동시장의 예로는 유럽연합(EU)의 전신인 유럽공동시장(EC), 중앙아메리카공동시장(CACM) · 카리브공동시장(CCM) 등이 있으며, 유럽연합은 공동시장의 단계를 벗어나 경제연합으로 발전하였다.

4) 경제동맹(Economic Union)

경제동맹은 공동시장의 단계보다 더 발전된 경제통합의 유형으로 가맹국들은 상호 간에 공통의 통화를 사용하고 세율도 동일하게 적용하며 상호협조와 유대관계를 통해서 재정 · 금융 · 통상 · 노동 등의 정책을 실시하는 데 있어서 상호조정을 하며 공통의 정책을 실시하는 단계이다. 이와 같은 경제연합을 이루기 위해서는 경제연합을 총괄하는 행정부가 필요하며 각국이 자국의 주권을 어느 정도 포기해야 한다.

경제동맹의 예로는 유럽연합(EU)이 있으며 현재 유럽연합은 마스트리히트(Maastricht)조약을 실현하여 공동통화의 발행, 동일한 조세제도의 시행, 공동의 재정 · 금융정책 실시로 완벽한 경제연합이 되기 위해 노력하고 있는 중이다.

5) 완전경제통합(Complete Economic Integration)

완전한 경제통합은 경제통합의 형태 중 가장 마지막의 단계로서 단순히 경제만의 통합이 아니라 정치적인 면에서의 통합을 이루는 단계이다. 이 단계에서는 공통의 경제정책 실시에 그치지 않고 금융 · 재정 · 사회정책에서까지 동일한 정책을 추구하는 초국가적 기관 또는 연방국가의 설립을 목표로 한다. 즉 경제 면뿐만 아니라 사회 · 정치적 통합까지 추구하는 경제통합의 형태이다.

이러한 경제통합의 과정을 거쳐 완전한 경제통합을 이룬 예는 없으며 완전한 경제통합을 이루게 되면 미합중국과 같은 형태를 가질 것이고 유럽연합이 이 단계를 목표로 경제통합을 진행 중이다. 유럽연합은 현재 유럽단위의 행정부와 유럽 전체의 의회와 사법부를 가지고 있으며 이들이 단일의 행정부, 의회, 군사적인 조직체를 가지게 되면 유럽은 하나의 국가로 탄생하게 된다.

표 5-6 ▮ 지역경제통합 형태

유형	특징				
자유무역지대	관세 · 비관세 장벽철폐				
관세동맹	관세 · 비관세 장벽철폐	역외공동관세 부과			
공동시장	관세 · 비관세 장벽철폐	역외공동관세 부과	생산요소의 자유 이동 허용		
경제동맹	관세 · 비관세 장벽철폐	역외공동관세 부과	생산요소의 자유 이동 허용	경제정책의 조정	
완전경제통합	관세 · 비관세 장벽철폐	역외공동관세 부과	생산요소의 자유 이동 허용	경제정책의 조정	경제정책의 통일

3. 경제통합의 효과

경제통합의 효과는 관세동맹이 형성될 경우 나타날 수 있는 경제적 효과로 설명할 수 있다. 바이너(J. Viner)는 관세동맹 결성에 의한 경제적 효과를 무역창출효과와 무역전환효과로 나누어 설명하고 또한 경제통합으로 인한 시장규모의 확대로 규모의 경제에 따른 경제적 이익을 누릴 수 있음을 설명하고 있다.

1) 무역창출효과

무역창출효과(trade creation effect)란 관세동맹이 결성되어 역내국 간에 자유무역이 이루어지면 재화의 공급원이 고생산비국으로부터 저생산비국으로 대체됨으로써 무역이 증대되는 효과를 말한다. 따라서 무역창출효과가 발생하면 역내국들 간에 자원의 효율적 배분이 이루어짐으로써 역내국들뿐만 아니라 역외국들의 후생수준도 높아진다.

즉, 무역창출효과는 관세동맹의 결성으로 인하여 역내국가 간의 관세장벽이 철폐됨으로 인해 관세동맹국 중 가장 생산비가 싼 국가로 생산이 대체되어 무역량이 증가하고 후생상의 이익을 초래하는 효과를 말한다.

2) 무역전환효과

무역전환효과(trade diversion effect)는 관세동맹의 결성으로 인하여 역외국가에 대한 공동의 관세장벽이 설정됨으로써 역내국가 상품의 생산비가 역외국가의 가격보다 높을지라도 관세효과가 이를 상회하는 경우 역내로부터 상품을 수입하게 되는 효과를 말한다. 이는 역외국가에 대한 인위적인 관세장벽으로 인해 자원배분이 비효율적으로 배분되는 결과를 초래한다.

무역전환효과란 관세동맹이 결성되면 역외국들에게는 차별적인 공통관세가 부과되므로, 종래 저생산비의 역외국으로부터 수입하던 재화를 역내의 고생산비 가맹국으로부터 수입하는 경우를 말한다. 무역전화효과는 자원의 효율적 배분을 저해할 뿐만 아니라 역외의 저생산비국가의 희생을 초래하므로 세계 전체의 후생수준을 감소시킨다.

3) 규모의 경제효과

경제통합에 따른 경제적 효과 중 규모의 경제효과는 시장규모의 확대나 경쟁의 변화를 통한 동태적 효과를 설명한다. 즉 경제통합에 따른 시장의 확대나 국내시장이 협소하여 활용하기 어려웠던 생산기술의 채택 또는 기업규모의 확대를 가능하게 해준다. 국내시장이 협소한 경우에는 대규모의 공장을 설립하는 데 한계가 있고 새로운 생산기술을 채택하는 데에도 많은 무리가 따를 수 있으나 관세동맹으로 시장이 확대되면 대규모의 공장설립이 가능하고 새로운 생산기술을 도입하여 제품단위당 생산비를 낮추어 규모의 경제효과를 달성할 수 있다.

제5절 경제통합의 실례

1. 유럽연합

1) EU의 창설배경

2001년 유럽연합(EU : European Union)은 15개 국가의 연합으로 총 3억 9천 명의 인구와 8조 4천만 달러의 국내총생산을 달성한 경제통합체로 가장 성공한 모델로 평가받고 있다. 2004년 현재 동유럽 국가가 가입하여 25개국으로 증가했다.

제2차 세계대전 이후 당시 주요 전략물자인 석탄과 철강의 생산과 판매를 공동으로 관리함으로써 알사스 로렌을 둘러싼 독일과 프랑스 간의 분쟁재발을 방지하고 나아가 구주에서의 항구적인 평화기반을 조성하기 위하여 1952년 유럽석탄 · 철강공동체(ECSC)가 창설되었고 이것이 EC의 모태가 되었다(슈망선언).

그 후 1958년 로마조약에 따라 유럽원자력공동체(EURATOM), 유럽경제공동체(EEC)가 각각 창설되었으며 1967년에는 ECSC, EURATOM, EEC 등 3개 공동체 기관을 단일화하여 유럽공동체(ECs)가 발족하게 되었다.

ECs와 EC와 EU에 대한 명칭의 차이는 다음과 같다. ECs는 1967년 EEC, ECSC, EURATOM의 집행기관이 단일화된 이후 이들 3개의 공동체를 통칭하는 말이며, EEC는 마스트리히트조약에서 EC로 개정되었다. EU는 마스트리히트조약에 따라 ECs, 공동외교안보정책, 내무사법협력을 망라하는 새 통합체로서 1993년 11월부로 발족한 것을 말한다. EU는 원칙적으로 자신의 명칭으로 EU를 사용하되 EC관할분야에서 법적 주체를 명확히 해야 할 경우에는 EC를 사용하기도 하였다.

2) EU의 발전과정

EU가 형성되기 이전에 유럽에는 여러 개의 지역공동체가 존재하고 있었는데, 1951년 4월 18일 유럽석탄철강공동체(ECSC)가 6개국(프랑스, 독일, 이탈리아, 벨기에, 네덜란드, 룩셈부르크)이 참여하여 창설되었다. 1957년 3월 25일 유럽경제공동체(EEC)와 유럽원자력공동체(EURATOM)를 창설하는 조약이 조인되었다. 가장 성공적인 모델로 꼽히는 EU의 시작은 EEC에서부터라고 볼 수 있다. EEC는 이탈리아 로마에서 프랑스 · 이탈리아와 베네룩스 3국이 체결한 로마조약으로 탄생하여 1958년 1월 1일부터 효력이 발생하였다. EEC에 가입을 하지 않고 있던 서유럽국가들이 EEC로 인한 경제적 불이익을 막고자 영국과 더불어 1960년에 유럽자유무역연합(EFTA : European Free Trade Association)을 설립하였고 영국, 덴마크, 노르웨이, 스웨덴, 스위스, 오스트리아, 포르투갈 등이 참여하였다.

EU의 전신인 유럽경제공동체(EC)는 독자적인 세 개의 공동체(ECSC, EEC, EURATOM)로 구성되는데 1965년 4월 8일에 체결되어 1967년 7월 1일에 효력이 발생한 통합조약에 의하여 독자적으로 운영되어 세 개의 공동체가 통합되었고 이 세 개의 공동체를 총칭하여 EC라는 용어가 사용되었다.

1973년 6월에 그동안 EFTA 회원국이었던 영국, 아일랜드, 덴마크가 EC에 가입을 하면서 EC의 위상이 높아지게 되었다. 이후에도 유럽지역의 국가들은 단일의 유럽을 만들기 위하여 노력하였고 그 결과 1985년 6월에는 유럽단일의정서가 채택되어 1986년 2월부터 EC법을 설정하였다. 그리고 유럽단일법을 제정하고 1987년 7월 1일부터 효력이 발생되었다.

유럽단일법의 시행 이후 유럽통합은 본격적으로 진행되었고 경제통합에 성공을 한 EC는 경제공동체의 차원을 넘어 정치 · 통화분야의 통합을 위해 마스트리히트조약을 체결하여 1993년 11월에 EU가 출범하게 되었다. EU는 기존의 EC를 한층 발전시킴과 동시에 공동 외교안보정책을 시행함으로써 정치통합까지 이루어내는 공동체라고 할 수 있다.

EU의 확대를 위하여 마스트리히트조약의 일부를 개정한 암스테르담조약이 1997년 6월에 채택되어 1999년 5월 1일부터 발효되고 있다. 암스테르담조약은 기존의 마스트리히트조약보다 외교 · 안보 및 내무 · 사법분야 협력이 보다 적극적으로 모색될 것으로 보인다.

현재 EU의 회원국은 원회원국인 독일, 프랑스, 벨기에, 네덜란드, 룩셈부르크, 이탈리아에 1973년에 영국, 덴마크, 아일랜드가, 1981년에 그리스가, 1986년에 스페인, 포르투갈이, 1995년에 스웨덴, 핀란드, 오스트리아가 가입을 하여 15개 회원국으로 구성되어 있다.

2004년 5월 1일 폴란드, 헝가리, 체코, 슬로바키아, 에스토니아, 라트비아, 리투아니아, 슬로베니아, 몰타, 사이프러스 등 동유럽 10개국이 새롭게 EU 회원국이 되었다. 이들 10개 국가들이 EU 가입으로 인해 기존 서유럽 시장과 동유럽 시장에 많은 영향을 가져왔으며, 우리 수출산업 전략에 많은 변화를 주었다.

그리고 2007년에 불가리아, 루마니아가 가입하여 2014년 현재 28개국이 가입하고 있다. 2014년 현재 신청국으로는 아이슬란드, 몬테네그로, 세르비아, 마케도니아, 터키가 있으며 잠재적 신청국은 알바니아, 보스니아, 코소보 등이 있다.

EU의 GDP(2010년, IMF)는 16조 3천억 달러로 미국(14조 7천억 달러)을 능가하고 있으며, 2010년 기준, 한국의 대 EU 총교역은 922억 달러, 수출은 535억 달러로 각각 미국(총교역 902억 달러, 수출 498억 달러)보다 크다. 한국의 대 EU 무역수지 흑자는 148억 달러 규모로 대미흑자(94억 달러)의 1.6배 수준에 달하고 있다.

한국과 EU의 FTA 체결 후 교역에 있어서, 수출은 경기침체로 인한 EU의 수입 수요 감소로 FTA 발효 2년차(2012. 7. 1~2013. 5. 31) 대 EU 수출은 전년 동기 대비 감소한 437억 달러이며, 대 EU 수출 비중이 높은 선박(2011년 9.75%, 2012년 6.91%)이 세계 경기침체 및 EU 재정위기 여파로 수출 가격 및 물량이 하락하며 대 EU 전체 수출 감소를 주도하고 있다.

그러나 농축산물은 발효 2년차에 수출 증가(3.8%, 2.8억 달러), 수입은 감소(△9.9%, 25.4억 달러)하였으며 수산물은 수출 증가(3.9%, 9,500만 달러), 수입도 증가(3.2%, 9,200만 달러)하는 경향을 보이고 있다.

수입은 비교적 양호한 국내 경기 여건에서 수입 수요 꾸준히 증가, 발효 2년차(2012. 7. 1~2013. 5. 31) 대 EU 수입은 전년 동기 대비 증가한 486억 달러(7.7%)를 보이고 있으며, 반도체 제조용 장비 등 FTA 비혜택 품목은 수입이 감소(△7.1%)하였으나, 원유, 자동차 등 FTA 혜택 품목을 중심으로 수입이 크게 증가(14.1%)하였다. 그리고 이란 제재와 관세율(3%) 인하로 원유 도입선이 변화하면서, 원유가 대 EU 수입 2위 품목에 등극하여 대 EU 수입 급증을 주도하고 있다.[05]

05 http://www.fta.go.kr, 한 · EU FTA 2주년 성과, 2013. 6. 21.

2. 북미자유무역협정

1) NAFTA의 개념

북미자유무역협정(NAFTA : North America Free Trade Agreement)은 미국 · 캐나다 · 멕시코의 3개국이 교역 및 상호 투자의 확대를 위해 관세 및 비관세장벽을 철폐하려는 지역경제협정을 말한다.

1992년 8월 12일에 발표된 기본내용에 의하면 NAFTA는 상품의 규제완화뿐만 아니라 투자, 금융, 지적재산권 등 서비스 부문까지 포함하고 있어 포괄하는 범위가 매우 넓다. NAFTA는 1991년 2월 5일 NAFTA 추진의사를 공식발표한 후 1992년 8월 12일 이 협상의 타결을 보았으며 1994년 1월 1일부터 발효되었다.

NAFTA는 미국 · 캐나다 · 멕시코 간에 거래되는 99%에 해당하는 재화의 관세를 향후 15년 이내에 철폐하기로 합의하였으며 2000년까지 금융사업을 포함한 서비스의 자유로운 이동을 보장하고 지적재산권을 보호하고 각국 간의 해외직접투자에 대한 제한을 철폐하여 환경기준에 대한 규정을 설립하고 또한 최소임금, 미성년자의 노동에 대한 규정을 위반할 경우에 이를 제재하도록 합의하였다.

2) NAFTA의 배경과 목적

1991년 2월 5일 미국 · 캐나다 · 멕시코의 정상들이 NAFTA의 추진의사를 공식 발효한 이후 1991년 6월부터 1992년 8월까지 7차례에 걸친 통상장관 회담과 실무협상을 계속하여 1992년 8월 12일 3국이 이 협상에 타결을 보았다. EC통합이 5년간 소요된 것과 비교하여 볼 때 NAFTA가 1년 6개월 만에 적극 추진된 것은 북미 3국의 이해관계가 일치하였기 때문이라고 판단한다.

NAFTA가 추진된 대외적인 배경으로는 냉전의 종식과 함께 자국(또는 지역)이익위주로 국제정세가 변화하였고 유럽통합의 급진전에 따라 미국의 경제적 위상이 약화되었으며 우루과이라운드 타결이 불투명하여 추후 대비책이 필요하였기 때문이다. 그리고 NAFTA 출범의 국가별 입장을 정리하면 다음과 같다.

미국은 1980년대 이후의 만성적인 무역수지 적자를 탈피하기 위하여 멕시코의 저렴한 임금, 캐나다의 자원, 자국의 첨단기술 및 자본을 결합하여 일본과 EC제품에 밀리고 있는 자국산업의 경쟁력을 확보할 필요성이 증대되었다. 그래서 미국은 EC통합 및 일본경제에 대응하기 위하여 단일 북미시장의 구성을 희망하였고 이를 위해 멕시코의 노동력을 활용하여 미국의 제조업 경쟁력 강화 및 향후 범미주 및 태평양 경제통합 추진가능성에 대비하기 위하여 NAFTA 결성을 적극 추진하였다.

멕시코는 1,000억 달러 규모의 외채와 만성적인 인플레이션 극복을 위하여 적극적인 대외지향적 경제성장을 추진하는 과정에서 멕시코 총수출의 76%를 차지하고 있는 미국과 캐나다 시장에 관세 · 비관세장벽 없이 진출할 수 있는 여건 조성이 필요하였다. 그리고 미국과 캐나다의 기술 및 자본유치를 통해 고도의 경제성장을 추진하려고 하였다. 따라서 멕시코는 미국시장의 자유로운 접근(market access)을 도모하기 위해 가장 적극적으로 NAFTA협상에 참여하였다.

캐나다는 1989년 1월부터 발효된 미국 · 캐나다 자유무역협정의 효과로 인한 기득권이 미국 · 멕시코의 쌍무적인 무역협정으로 침해되는 것을 방지하기 위하여 참여하였다. 그리고 캐나다의 상품 · 서비스 · 자본의 대멕시코 시장접근의 기회를 확대하기 위하여 NAFTA에 참여하였다.

3) NAFTA의 효과

NAFTA는 발효 이후에 그 효과가 NAFTA 회원국 각각에게 다양하게 나타나고 있으며 일단은 성공적이라고 평가되고 있다. 특히 멕시코는 NAFTA에 의지하여 1995년 페소 외환위기를 극복하였고 그 후 지속적인 경제성장을 기록하여 NAFTA의 가장 큰 수혜자로 부각되었다.

NAFTA의 발표 이후 1994년부터 1999년 사이 NAFTA 회원국의 총교역은 150% 증가하였는 데 비하여 역내교역은 164% 증가하여 NAFTA협정이 교역증진에 기여하였음을 알 수 있다. 같은 기간 중 미국과 멕시코의 교역은 195% 증가하였고 멕시코와 캐나다의 교역은 190% 증가하였으며 미국과 캐나다의 교역은 151% 증가하였다.

고용 면에서는 미국 의회의 조사보고서에 따르면 NAFTA 발표 이후 68만 명의 고용이 창출되었고 멕시코는 정부통계에 의하면 1995년 중반 이후 고용이 150만 명 증가했으며 실업률은 종전의 8%에서 3%로 하락한 것으로 보고되어 고용 면에서도 긍정적인 효과를 보여주고 있다.

3. 아시아 · 태평양경제협력

APEC(Asia Pacific Economic Cooperation)은 아시아 · 태평양경제협력이고 미국, 일본, 중국, 캐나다, 호주, 뉴질랜드, 홍콩, 대만, 칠레, 멕시코, 파푸아뉴기니, 한국 및 ASEAN(필리핀, 인도네시아, 말레이시아, 싱가포르, 타일랜드, 브루나이)의 18개국으로 구성된 경제협의체이다.

APEC은 1989년 1월 우리나라와 호주 사이의 정상회담에서 정부차원의 지역경제 협력체 창설필요성에 합의한 후 1989년 호주의 캔버라에서 제1차 각료회의를 열고 창설되었다. APEC 각료회의는 연 1회 개최되는 최고의사결정기관으로서 각 회원국의 외무장관 및 경제장관이 참석하게 되며 중요한 사안에 대한 건의와 지침 등을 제공한다.

APEC의 설립목적은 태평양 연안 국가들의 경제적인 협력을 증진시키고 역내에서의 상호의존성을 높이고 궁극적으로는 자유무역지역을 형성하고자 하는 것이다. 따라서 APEC정상들은 회원국 국민 간 경제적 격차를 해소함으로써 번영된 아시아 · 태평양 공동체를 창설하기 위하여 노력하고 있다.

APEC은 지역 내 무역 및 투자의 자율화, 통신 · 교통 · 인력 등 특정분야에서의 경제협력 및 기술이전, 공동경제정책의 수립과 협력, 무역 · 투자 등의 사업기회에 대한 정보교환과 데이터 시스템의 구축 등을 경제협력의 주요 사안으로 추진하고 있다. APEC은 경제통합기구라기보다는 경제협력기구로서의 성격이 강하여 결속력도 비교적 약한 편이지만 보다 실질적인 경제협력기구로 발전시키기 위해 역내의 무역 및 투자자유화를 위한 보고르선언(1994년)과 APEC경제지도자의 행동선언과 관련된 오사카선언(1995년)이 채택되었다.

그러나 APEC의 회원국이 세계경제에서 차지하는 잠재적 영향력은 아주 크나 경제통합에 있어서 중요한 요소인 국가 간의 동질성과 경제 · 사회 · 문화적인 차이가 매우 크고 지리적으로 분산되어 있어 결속력 있는 경제통합체로 발전하는 데에는 많은 장애가 있다.

4. 기타

1) ASEAN

동남아국가연합(ASEAN)은 브루나이, 인도네시아, 말레이시아, 필리핀, 싱가포르, 태국 등을 회원국으로 하여 1967년 설립된 경제협정으로 1995년에 베트남이 가입하였으며, 이후 라오스, 캄보디아, 미얀마 등이 가입하여 현재 가입국은 10개국이다. 이들 ASEAN국가는 천연자원이 풍부하고 무역의존도가 큰 나라들로서 회원국 상호 간에 자유무역을 촉진시킬 목적으로 출발하였으나 아직까지 큰 진전을 이루고 있지는 못하다.

2) ANDEAN

ANDEAN조약은 1969년 볼리비아, 에콰도르, 칠레, 콜롬비아, 페루가 체결한 경제협정으로 유럽연합을 모델로 하여 만든 경제공동체이다. 이들 국가들은 1969년에 상호 간의 관세를 낮추고 대외적으로는 공동의 관세를 부과하며 공동의 산업 · 운수 정책을 취하기로 합의하였다.

그러나 ANDEAN에 참여하는 국가들 대부분이 높은 실업률과 인플레이션, 낮은 경제성장률 그리고 정치적인 불안정성과 외채문제에 시달려 경제적인 상황이 좋지 못하고 사회주의에 가까운 정치구조를 가지고 있어 경제통합에 따른 자유무역의 효과에 대한 이해가 부족하여 설립 당시의 원대한 꿈은 실현되지 못하고 있다.

3) MERCOSUR

MERCOSUR는 1985년 브라질 대통령 사르네이(Sarney)와 아르헨티나 대통령 알 알폰신(Alfonsin)이 경제통합의 원칙에 합의한 이구아수선언을 발표한 후 1900년 7월에 아르헨티나와 브라질 간의 부에노스아이레스조약이 체결되면서 시작되었다. 1991년 3월에 파라과이와 우루과이가 가입하여 현재 회원국은 4개국이며 인구 약 2억 천만 명(2000년 현재)으로 NAFTA, EU, ASEAN 다음으로 인구가 많은 경제협정이다. MERCOSUR는 경제통합단계로 볼 때 완전한 공동시장에는 도달하지 못한 상태이며 1991년 역내관세를 철폐하여 자유무역지대의 단계를 지났고 1995년에는 대외공동관세를 설정하여 관세동맹이 체결되었다. MERCOSUR는 2006년까지는 관세동맹을 완료하고 2006년 이후에는 완전공동시장을 추진하려고 한다. 그리고 안데스공동시장(ANCOM)과 남미자유무역지대(SAFTA)를 설립하기 위해 추진 중이다.

4) CACM

CACM은 중미공동시장을 말하며 중남미에 있는 코스타리카, 엘살바도르, 과테말라, 온두라스, 니카라과, 파나마가 회원국이었으나 1969년에 온두라스와 엘살바도르간의 전쟁으로 인해 곧 해체되었다.

5) ANCOM

ANCOM은 안데스공동시장이며, 베네수엘라, 볼리비아, 에콰도르, 콜롬비아, 페루의 5개국이 가입하고 있다. 1969년 5월 카르타헤나협정을 기초로 하여 설립되었으며 역내에서 관세 및 기타무역장벽을 철폐하고 역외공통관세, 역내국가 간 정치 · 경제 및 사회정책의 조화와 통합된 산업화계획을 공동으로 추진하고 있다.

제6절 자유무역협정(FTA)

1. FTA 개요

1) FTA 의의

자유무역협정(FTA : Free Trade Agreement)은 특정국가 간에 배타적인 무역특혜를 서로 부여하는 협정으로서 가장 느슨한 형태의 지역경제통합 형태이며, 지역무역협정(RTA : Regional Trade Agreement)이 대부분의 형태로 이루어지고 있다.

그림 5-3 ▮ 지역무역협정의 종류와 포괄범위

역내관세 철폐	역외공통 관세부과	역내생산요소 자유이동 보장	역내공동 경제정책 수행	초국가적 기구 설치·운영
1. 자유무역협정 (NAFTA, EFTA 등)				
2. 관세동맹 (베네룩스 관세동맹)				
3. 공동시장 (EEC, CACM, CCM, ANCOM 등)				
4. 완전경제통합 (마스트리히트조약 발효 이후의 EU)				

자료 : http://www.fta.go.kr/new2/ftakorea/fta.asp

위에서 언급한 내용은 GATT 및 GATS 조항에서 언급하고 있는데, 이외에도 허용조항(Enabling Clause)이라는 것이 있다. 이는 GATT의 1979년 결정으로서 GATT 회원국들이 개발도상국에 대하여 차별적으로 보다 특혜적인 대우를 할 수 있도록 허용한 것이다. 이와 같은 동 조항은 일반특혜관세(GSP) 및 방콕협정 등의 근거가 되고 있다.

2) FTA 체결 확산 이유

FTA로 대표되는 지역주의(regionalism)는 세계화와 함께 국제무역을 특징짓는 역할을 하고 있으며, 지역무역협정이 체결되고 확산되고 있는 이유는 여러 가지가 있다.

① FTA가 개방을 통해 경쟁을 심화시킴으로써 생산성 향상에 기여한다는 측면에서 무역부문의 중요한 개혁조치로 부상

② 무역 및 외국인 직접투자의 유입이 경제성장의 원동력이라는 데 대한 인식 확산과 FTA 체결이 외국인 직접투자 유치에 큰 도움

③ WTO 다자협상의 경우 장기간이 소요되고, 회원국수의 급증으로 컨센서스 도출이 어렵다는 데 대한 반작용

④ 특정국가 간의 배타적 호혜조치가 실익 제고, 부담 완화 및 관심사항 반영에 보다 유리할 수 있다는 측면 고려

⑤ 국가 간의 보다 높은 자유화 추진이 다자체제의 자유화를 선도
⑥ 지역주의 확산에 따라 역외 국가로서 받는 반사적 피해에 대한 대응 필요

3) FTA 효과

FTA는 양국 간 교역에 대해 관세 및 비관세장벽을 철폐하기 때문에 가장 큰 변화는 수출입과 타국과의 수출입변화이다. FTA는 무역창출 및 무역전환효과를 갖는다.[06] Frankel, Stenln, Wei(1998)[07]는 협정체결 이전에 FTA 참여국 간의 무역규모가 클수록, 또한 국가 간 거래비용이 낮을수록 FTA 체결에 따른 후생증대효과가 커진다고 주장한다.

FTA 체결로 관세가 인하됨으로써 경쟁력 있는 산업의 수출증대는 특정기업의 생산자 이익으로 발생하지만, 중소기업 및 농수산업 등 경쟁력 열위에 있는 기업들은 별다른 영향을 받지 못한다. 반면 관세인하의 영향으로 수입이 증대함으로써 국내 영세 중속기업은 손해를 보는 업종이 발생하는 경우가 있다. 아울러, FTA 체결국 제품의 관세인하로 수입증가 효과가 발생하며, 또한 관세가 인하됨으로써 국내소비자 가격이 하락함으로써 소비자의 후생이 증대하고 있다.[08]

2. 한국의 FTA 체결

1) 한국과 FTA

한국은 현재, 칠레, 싱가포르, EFTA, ASEAN, 인도, EU, 페루, 미국, 터키 등 9개국과의 FTA가 발효되었으며, 2013년 2월 콜롬비아와 체결되었다. 인도네시아 CEPA, 중국, 한 · 중 · 일과 FTA 협상이 진행되고 있으며, 협상재개 여건 조성 중인 국가로 캐나다, 호주, 뉴질랜드, 일본, 멕시코, GCC 등이 있고, 협상연구 중인 공동

---

06 Viner, J., *The Customs Union Issue*, New York: Carnegie Endowment for Peace, 1950.
07 Frankel, J. and S. J. Wei(1998), "Regionalization of World Trade and Currencies: Economics and Politics." In j. Frankel ed, *The Regionalization of the World Economy*, Chicago: University of Chicago Press, 1998.
08 이제홍, "한국소비자의 FTA 발효국 제품에 관한 구매효과 분석," 무역학연구, 한국무역학회, 2013.

연구 국가로 MERCOSUR, 이스라엘, 중미 그리고 말레이시아 등이 있다.[09]

정부는 세계적인 FTA 확산추세에 대응하여 안정적인 해외시장을 확보하고 개방을 통해 우리 경제의 경쟁력을 강화하기 위해 FTA를 적극 추진한 결과 칠레, 싱가포르, EFTA, ASEAN, 인도, EU, 페루, 미국, 터키 등 46개국과의 FTA가 발효되었다. 2013년 2월에는 한-콜롬비아 FTA 정식 서명이 완료되었고, 그 외에도 RCEP, 인도네시아, 베트남 등과 FTA 협상이 진행 중이며, 동아시아 내에서는 중국, 일본 등과의 FTA를 통해 동아시아 지역통합을 위한 준비를 하고 있다.[10]

2) 한 · 미 FTA 효과[11]

GDP, 소비자 후생, 고용, 수출입 및 무역수지, 외국인 투자 등 전 부문이 FTA로 인한 증가효과 수혜가 많아질 것이다. 품목별로 자동차/부품은 관세철폐에 따른 가격경쟁력 상승으로, 완성차 및 자동차부품의 대미 수출이 더욱 확대될 전망이며, 섬유는 미국시장에서의 가격경쟁력 제고, 산업구조 고도화 촉진을 통해 한국 섬유산업의 재도약을 위한 토대가 마련될 가능성이 있다.

우리나라 섬유류 주요 수출품목인 화섬, 직물 및 편직제품 등의 관세인하효과로 가격경쟁력 증대할 가능성이 높으며, 전기전자품목 중 냉장고, LCD, LED TV 등 가전제품의 대미 수출 증가가 예상되나 전자의료기기, 방송통신장비 및 관련 핵심부품 소재의 수입이 증가될 것으로 예상한다. 특히, 대형냉장고가 대미 가전수출에서 가장 큰 수출 수혜품목으로 예상된다. 기계품목은 단기적으로 관세철폐에 따른 대미 수출 증가 및 부품수입단가 절감 예상, 중 · 장기적으로 한 · 미 기술협력 강화도 기대한다. 특히, 공작기계, 밸브 등 주요 장비 위주로 연간 약 2.9억 달러의 수출 증대 및 액정디바이스, 레이저기기 등 첨단 메카트로닉스부품 중심으로 기존 수입선(일본, EU 등)에 대한 가격인하 압박 등의 효과가 높을 것으로 기대하고 있다.

09 http://www.fta.go.kr/new2/ftakorea/ftakorea2010.asp

10 http://www.fta.go.kr/new2/ftakorea/policy.asp

11 지식경제부, 한미 FTA에 따른 기대효과 및 활용지원방안. 2012. 3.

3) 한 · EU FTA 성과[12]

한 · EU FTA 체결 후, 2년의 성과를 보면 수출부문은 경기침체로 인한 EU의 수입수요 감소로 FTA 발효 2년차(2012. 7. 1~2013. 5. 31) 대 EU 수출은 전년 동기 대비 감소한 437억 달러(△6.5%)에 이르렀다. 그러나 EU의 큰 폭의 수입수요 감소에도 불구하고 FTA 혜택품목의 수출은 비혜택품목(△12.2%)과 대비 소폭 감소(△1.5%)하여 전체 수출 감소(△6.5%)의 버팀목 역할을 하였다.

그리고 EU 재정위기로 주요국의 대 EU 수출 증가율이 크게 감소하는 상황에서 우리나라의 대 EU 수출 둔화폭은 미국 등을 제외한 주요 경쟁국과 비교해 상대적으로 안정된 모습을 보이고 있으며, 당초 우려와 달리 농축산물은 발효 2년차에 수출 증가(3.8%, 2.8억 달러), 수입은 감소(△9.9%, 25.4억 달러)하였으며 수산물은 수출 증가(3.9%, 9,500만 달러), 수입도 증가(3.2%, 9,200만 달러)하고 있다.

수입부문은 비교적 양호한 국내 경기 여건에서 수입수요가 꾸준히 증가, 발효 2년차(2012. 7. 1~2013. 5. 31) 대 EU 수입은 전년 동기 대비 증가한 486억 달러(7.7%)에 이르고 있다. 그리고 중소기업의 수출은 FTA 발효 전 2년 대비 1.7% 증가(2011. 7. 1~2013. 4. 30)하여 상대적으로 선전, 특히 FTA 혜택품목은 7.9% 증가하였다.

4) 한 · 칠레 FTA[13]

한국이 체결한 최초의 FTA인 한 · 칠레 FTA가 2004년 4월 1일로 발효 7년이 되었다. 한 · 칠레 FTA가 발효한 이후 지난 7년간 대칠레 교역량은 약 287%가 증가한 71.7억 달러, 수출은 462%가 증가한 29.5억 달러, 수입은 218%가 증가한 42.2억 달러에 이를 것으로 분석되고 있다.

품목별로는 FTA 발효에 따른 관세인하 대상품목 위주로 경유(1,094%), 승용차(665%), 자동차부품(129%), 무선전화기(103%) 등의 대칠레 수출이, 동괴(277%), 동광(337%), 돼지고기(272%), 포도(447%) 등의 대칠레 수입이 크게 증가하였다.

FTA 발효 후 우리 상품의 칠레 수입시장 점유율은 발효 전인 2003년 3.0%에 비해 2010년 2배 이상인 6.4%로 증가하였으며, 한편, 대칠레 무역수지는 한국의 필수 원

12 산업통상자원부, 한 · EU FTA 2주년 주요 성과, 2013. 6.
13 외교통상부, 한 · 칠레 FTA 발효 7주년 성과, 2011. 3. 31.

자재로 대칠레 수입의 약 70%를 차지하는 동 제품의 국제가격 급등(2003년 대비 323% 상승) 때문에 수입액이 증가하여 적자가 지속되고 있으나, 3년차에 22.7억 달러 적자를 기록한 이후 다소 감소하여 7년차에는 12.7억 달러 적자를 예상하고 있다. 한 · 칠레 FTA는 아시아국가와 남미국가가 체결한 최초의 FTA로서 한국기업의 대중남미 진출 거점으로 활용되어 왔다.

■ Chapter **06** ■

국제무역정책

제1절 무역정책

1. 무역정책의 개념

무역정책이란 국민경제의 균형적 발전을 달성하고 한 나라의 대외무역거래에서 나타나는 모순을 극복하기 위해 정부가 직접 또는 간접적으로 도입하는 정책으로 대외무역거래를 조정 · 통제 · 규제하는 일련의 모든 정책적 수단을 말한다. 일반적으로 무역정책은 그 대상이 대외경제활동을 반영하고 있기 때문에 다음과 같은 특성을 지니고 있다.

첫째, 무역정책의 효과와 영향은 국내경제뿐만 아니라 대외경제에 영향을 미치게 된다. 한 나라가 자국산업을 보호할 목적으로 외국으로부터의 수입을 규제하는 정책을 실시하게 되면 최초로 무역정책을 실시했던 국가도 피해를 입을 수 있으므로, 무역정책을 실시할 경우 그 정책이 자국은 물론 상대국에 미치는 영향까지도 고려하여 무역정책을 실시해야 한다.

둘째, 무역정책은 국내산업보호를 비롯하여 자원의 효율적 배분, 고용의 증대, 물가안정 등과 깊은 관련이 있음으로 모든 국내경제정책을 반영하는 종합적인 성격을 지니고 있어야 한다. 특히 개방경제하에서는 경제현상에서 각 부문마다 상호연관성이 크게 작용하기 때문에 어떤 특정부문을 위한 정책을 수립할 수 없다.

2. 무역정책의 목표

무역정책의 목표는 국내산업보호를 비롯하여 국제수지의 개선, 자원의 효율적 배분, 완전고용, 물가안정, 경제성장 및 사회적 후생증대로 나타낼 수 있다.

1) 국내산업의 보호

선진국을 포함한 대부분의 국가들은 자국의 유치산업 또는 사양산업을 보호하기 위한 일환으로 강력한 무역정책을 실시하고 있다. 이는 자국의 국내산업을 보호함으로써 자국의 경제적 이익을 추구하기 위한 방안이지만 세계경제 차원에서 보면 후생수준의 저하를 초래할 수 있다.

2) 자원의 효율적 배분

자유무역의 전제조건하에서 자국에 유리한 재화를 특화하여 수출한다면 생산량 증대와 더불어 생산요소 절감효과를 이루게 될 것이다. 이는 국제적으로 자원의 효율적 분배효과를 달성할 수 있다. 하지만 산업구조의 편중성을 유발할 우려도 있다.

3) 고용증대 및 물가안정

무역정책을 통한 수출의 증대와 수입억제효과로 고용이 창출되고 국내의 생산량 증가를 도모할 수 있다. 또한 국제수지 개선과 외환의 안정을 통하여 물가안정을 달성할 수 있다.

4) 국제수지 개선 및 경제성장

무역을 통해서 자국의 비교우위상품을 특화하여 수출액 증가를 달성하면 국제수지는 개선될 것이다. 그리고 국제수지 개선을 통해 일국의 경제성장을 달성할 수 있으며 경제성장 지속을 위한 계속적인 대외무역정책의 역할이 중요시된다.

3. 무역정책의 종류

1) 자유무역정책

정부가 대외무역거래에 대하여 취할 수 있는 정책개입에 의한 규제조치를 가능한 한 축소 또는 폐지하여 국제무역을 자유롭게 보장함으로써 국제분업을 통한 자원의 최적분배와 무역이익의 극대화를 추구하려는 경우에 사용되는 무역정책이다.

2) 보호무역정책

정부가 국내사업보호, 국제수지개선, 고용증대, 물가안정 등 여러 가지 정책목표를 달성하기 위하여 관세 및 비관세장벽 등 모든 정책수단을 동원하여 대외무역거래를 제한하거나 통제하려는 경우에 실시하는 무역정책이다.

경제가 발전된 선진공업국은 기술발전에 의한 비교우위를 앞세워 자유무역주의를 지지하고, 경제발전의 초기단계에 있는 개발도상국은 국제경쟁력이 낮기 때문에 보호무역주의를 실시한다.

국내고용의 안정, 국제수지의 개선, 특정산업의 보호, 특정자원 공급원의 확보 등을 이룩하려는 경우에는 보호적이며 제한적인 무역정책을 실시하고 국제물가안정, 국제수지 흑자의 시정, 자원의 최적배분에 의한 국제분업의 향상을 추구하려는 경우에는 자유주의적인 무역정책을 실시한다.

제2절 관세정책

1. 관세의 의의

관세(tariffs, customs duties)는 한 나라의 관세영역(關稅領域) 또는 관세선(customs frontier)을 통과하는 상품에 대하여 부과하는 조세를 말한다. 관세영역 또는 관세선이란 정치적 국경선과 반드시 일치하는 것이 아니라 정치적으로는 한 나라의 영역이 된다 할지라도 관세제도상 다른 나라와 동일하게 다루는 자유무역지역(free trade zone)이 있고, 정치적으로는 다른 나라의 영역일지라도 관세제도상 자국과 다름이 없는 보세구역이나 관세동맹(customs union)이 있어 경제상의 관세영역은 정치상의 국가영역과 일반적으로는 일치하지만 그렇다고 반드시 일치하는 것은 아니다.

관세는 국가 재정수입의 원천으로 수입억제와 국내산업보호를 위해 부과하는 것으로 관세영역을 통과하는 물품에 부과하기 때문에 수출물품과 수입물품이 대상이 된다. 일반적으로 수출물품은 가격경쟁력 때문에 관세를 부과하지 않는 것이 일반적이고 주로 수입물품에 부과되고 있으며 수출물품에 관세가 부과되는 경우는 수출품이 공급독점력이 있는 제품일 경우이다. 예를 들면 브라질의 커피, 태국의 쌀, 필리핀의 원목, 쿠바의 담배와 같이 수출세를 부과하는 경우에도 그것이 독점산물이기 때문에 판로에 지장이 없는 경우에 부과한다.

2. 관세의 종류

1) 과세의 목적에 따른 구분

재정관세(revenue duties)란 주로 국가의 재정수입을 증대시킬 목적으로 부과하는 관세이다. 이는 무역정책의 수단이라기보다는 재정상의 수단으로 활용되고 있고 재정수입을 목적으로 관세를 부과하는 경우는 개발도상국, 후진국 등의 일부 국가에서 사용되고 있다.

보호관세(protective duties)는 수입국이 국내의 유치산업을 보호 · 육성하고 기존산업을 유지 · 발전시킬 목적으로 부과하는 관세이다. 산업보호 목적으로 관세를 부과하기 때문에 세율이 고율이며 이로 인해 수입량은 감소하게 된다.

2) 과세의 기회에 따른 구분

수입세(import duties)란 수입상품에 대하여 부과하는 관세로서 관세 중 가장 보편화된 것이며 무역정책뿐만 아니라 재정수입에 있어서도 큰 효과를 나타내고 있다. 수입세의 부과는 국내산업보호와 소비억제를 통한 수입감소로 국제수지개선 효과를 가지고 있다.

수출세(export duties)란 수출상품에 부과하는 관세로서 특수한 경우에만 부과하고 대부분의 국가에서는 이를 부과하고 있지 않다. 수출품에 관세를 부과하는 경우는 수출품이 공급독점력이 있어 판로에 지장이 없는 경우와 자국의 산업을 발전시키는 데 꼭 필요한 원료 및 상품의 수출에 대해 부과하는 보호적인 수출세도 있다.

3) 과세의 방법에 따른 분류

종가세(ad vaiorem duties)란 수입상품의 가격을 과세표준으로 하여 관세율을 정하는 방법을 말한다. 종가세로 인한 문제점은 제품의 품질에 관계없이 가격을 기준으로 하여 관세를 부과한다는 것이다. 종가세의 장점은 물품의 가격에 균등 · 공평하게 적용할 수 있으며 시장가격의 등락에도 불구하고 과세부담의 균형을 유지할 수 있다. 그러므로 가격변동이 심하거나 인플레이션하에서는 종가세가 유리하다.

종량세(specific duties)는 상품의 수량을 기준으로 하여 관세율을 정하는 방법을 말한다. 종량세는 간단명료하게 세액을 산정할 수 있다는 장점을 지니고 있어 관세행정상 편리하다. 그러나 물가변동에 따른 세율의 적용이 불가능하고 계량단위와 상품의 중량산정 및 계량단위를 통일하는 데 어려움이 존재하며 관세부담의 공평성이 상실되고 인플레이션하에서 재정수입을 확보하기 어렵다는 단점을 지니고 있다.

4) 실효보호율과 실효보호관세

실효보호율이란 국내산업의 보호를 위해 사용되는 관세정책이 국내부가가치의 상승에 미치는 효과를 말하며 관세에 의한 국내산업보호의 실질적 효과를 의미한다. 실효보호율은 어떤 재화에 대한 과세보호가 다른 모든 산업에 미치는 실질적인 보호효과를 수량적으로 파악하여 국내자원배분에 대한 영향을 나타내는 것으로 실효보호율은 관세부과가 가져온 자원배분상의 직 · 간접적인 왜곡의 정도를 나타낸다.

실효보호관세란 관세부과로 인해 보호받고 있는 특정산업이 실질적으로 어느 정도의 보호를 받고 있는지를 나타내는 것이다. 실질적 보호라는 의미는 상품생산을 위해 중간에 투입되는 중간재에 대한 관세율을 제외하고 최종재화의 생산과정에서의 부가가치에 대한 보호를 의미한다.

실효보호관세율은 관세부과의 보호정책으로 인한 재화별 부가가치가 관세부과 이전의 자유무역하에서 얻을 수 있는 부가가치를 초과하는 정도를 나타내는 비율로 관세부과 전후의 부가가치 변화율이다.

실효보호관세율 = (관세부과 후의 부가가치−과세부과 전의 부가가치) / 관세부과 전의 부가가치

5) 최적관세

최적관세(optimum tariff)란 관세부과국의 국민후생을 극대화시킬 수 있는 관세를 말한다. 수입물품에 관세를 부과하면 자국의 교역조건을 개선시킬 수 있으나 수입의 감소로 인해 경제적 후생을 불리하게 하는 경향이 있다. 이와 같은 두 가지 결과를 고려하여 교역조건개선의 이익이 수입감소로 인한 경제적 후생감소의 불이익을 상쇄한 후 관세부과국의 이익을 최대로 하는 관세를 최적관세라고 한다.

그러나 이러한 주장은 상대국의 관세보복이 존재하지 않는다는 가정하에서 출발한 것으로 현실적으로 상대국의 관세보복이 발생하면 두 나라 모두의 후생을 감소시킬 수 있는 결과를 초래하게 된다.

3. 관세장벽의 종류

표 6-1 ▮ 관세장벽의 유형

관세장벽	내용
상계관세	상대국이 자국의 수출산업에 수출장려금이나 보조금 등을 지급할 때 이를 상계하기 위해 부과하는 관세이다.
보복관세	상대국이 우리나라의 수출상품을 차별대우하는 경우 상대국으로부터 수입되는 상품에 대하여 보복적으로 부과하는 관세이다.
반덤핑관세	상대국이 생산원가 이하로 덤핑수출할 때 이에 대응하여 부과하는 관세이다.
긴급관세	특정상품이 국내에 급속도로 수입되어 국내산업이 심각한 피해를 보게 될 때 긴급하게 부과하는 관세이다.
물가평형관세	특정상품의 수입가격이 국내가격보다 지나치게 낮거나 높은 경우 이를 조정하기 위하여 부과하는 관세이다.
관세할당제도	물자수급의 원활을 기하기 위하여 일정량의 수입물량에 대하여 관세를 조정해 주는 제도이다.

4. 관세의 효과

관세의 부과 여부와 관세율의 고저가 국내물가 및 산업에 지대한 영향을 미치며, 또 국내수요와 가격의 탄력성에도 상당한 관계가 있겠으나 일반적으로 수입물품에 관세를 부과하면 다음과 같은 효과가 발생한다.

① 수입되는 물품의 국내가격이 상승한다.
② 수입업자의 수입 및 수익이 줄어든다.
③ 해당 물품의 국내생산이 늘어난다.
④ 수입되는 물품의 양을 감소시킨다.
⑤ 정부의 재정수입이 늘어난다.
⑥ 국내생산업자의 수익이 늘어난다.
⑦ 가격앙등에 의해 국내소비가 감소한다.
⑧ 국제수지를 개선시킨다.

이상과 같은 관세의 효과로 말미암아 관세는 무역정책수단으로서 큰 의미를 지니며, 따라서 다음과 같은 기능을 가지게 된다.

첫째, 수입되는 외국물품에 관세를 부과함으로써 해당 물품의 국내생산을 증가시켜 상대적으로 국내산업을 보호하는 기능을 가진다. 또한 관세로 인해 특정산업이 보호되면 그 업종에 대한 투자를 유발시켜 자원을 효율적으로 배분하게 되어 생산요소 가격의 균등화를 가져온다.

둘째, 관세는 국가의 재정수입을 확보하는 데 큰 기능을 가지고 있다. 이러한 관세의 국고수입확보는 선진국보다 후진국, 특히 개발도상국에서 더 큰 기능을 발휘하는데 이것은 후진국일수록 국민소득이 낮을 뿐 아니라 전반적인 산업의 미개발과 행정력의 미숙으로 내국세의 비중이 작기 때문이다.

셋째, 수입물품에 대하여 관세를 부과하게 되면 수입물품의 국내가격을 상승시킴으로써 소비를 억제하게 된다. 이러한 관세의 소비억제 정도는 수요 · 공급의 가격탄력성에 따라 달라지게 된다.

넷째, 관세는 수입물품의 소비를 억제하며 수입억제효과를 가져오므로 국제수지를 개선하는 기능을 갖는다. 수입품에 대해 고율의 관세를 부과하면 해당 물품의 국내가격상승으로 국내수요가 줄어들게 되므로 수입이 감소되어, 국내산업을 보호 · 육성시킴으로써 산업의 수출 및 국제경쟁력을 배양시켜 궁극적으로 수출증대에 기여하게 된다.

따라서 모든 국가가 관세를 부과하고 있으며, 자국경제발전을 위한 정책수단으로 관세를 이용하고 있다.

아울러 관세는 오히려 기술진보를 저해할 수도 있다. 즉 관세의 보호로 경쟁이 약화되면 국내생산자는 기술혁신 등을 통해 생산비를 낮추려는 노력을 덜하게 될지도 모른다. 게다가 한 나라가 수입되는 물품에 대해서 관세를 부과하게 되면 상대국도 보복관세로 대응해 나올 때 보호무역주의로 흐를 경향이 있다.

5. 관세의 부분균형 분석

소규모 국가가 국내의 소규모 산업과 경쟁관계에 있는 수입재에 관세를 부과하면, 수입재의 국내시장가격은 부과된 관세액만큼 상승하게 된다. 그 결과 수입재의 국내생산은 증가하나 수입재의 국내소비와 수입은 감소하게 되며, 정부의 관세수입이 증대된다. 또한 관세는 가격의 상승으로 손해보는 국내소비자로부터 가격상승으로 이익을 얻는 국내생산자에게로 소득을 재분배시키고, 수출재를 생산하는 풍부한 생산요소로부터 수입재를 생산하는 희소한 생산요소로 소득을 재분배시키게 된다. 즉, 자원배분의 효율성을 상실하는 사회적 손실을 야기하게 된다.

[그림 6-1]은 부분균형을 이용하여 국내생산과 소비에 대한 관세의 경제적 효과를 분석한 것이다. *A*국에서의 *X*재에 대한 국내수요곡선을 *D*, 국내공급곡선을 *S*라 하면 생산 · 소비 및 가격은 *D*와 *S*의 교차점에서 결정된다. 만일 관세가 부과되지 않은 자유무역조건하의 가격 P_1에서 교역을 하게 되면 OQ_2를 소비하고 OQ_1을 생산하게 된다. 또, 이 가격 P_2에서 *t*만큼의 관세가 부과된다면 가격은 P_2로 등귀하고 이에 따라 소비는 OQ_4로 감소되고, 생산은 OQ_3로 증가한다. 이로써 수입은 관세부과 전의 Q_1Q_2에서 관세부과 후의 Q_3Q_4로 감소된다. 이와 같이 외국에서 수입되는 상품에 대하여 관세가 부과되고 이에 따라 국내가격이 P_1에서 P_2로 상승되는 것을 가격효과라고 하며, 가격상승에 따라 국내생산은 Q_1Q_3만큼 확대되는데, 이를 보호효과라고 한다. 한편, 국내물가가 상승되면 국내소비는 Q_2Q_4만큼 감소되는데, 이를 소비효과라 한다. 그리고 관세를 부과하는 정부는 수입량(Q_3Q_4)×관세($P_1P_2 = t$)에 해당하는 관

그림 6-1 ▮ 부분균형하의 관세효과

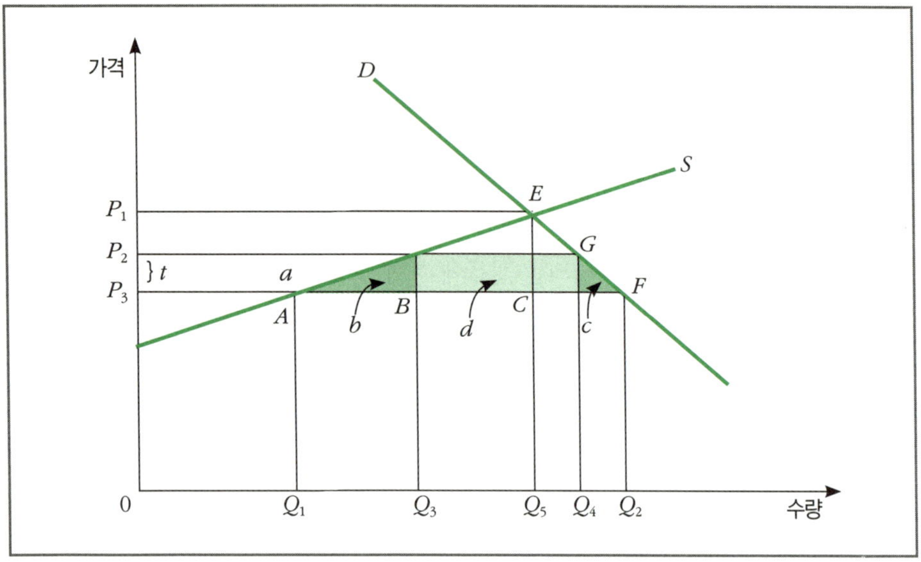

세수입을 얻을 수가 있는데, 이를 수입효과라 한다. 또, [그림 6-1]에 표시한 *a*는 생산자에 대한 소비자의 실질소득의 재분배를 표시한 것인데, 이를 재분배효과라고 한다.

한편, *A*국의 *X*재 수입을 위한 지출은 관세부과 이전에는 AQ_1Q_2F로 표시되었으나, 관세부과 후에는 BQ_3Q_4C로 축소되었다. 만일, 관세부과 전에 양국 간의 무역이 균형을 이루고 있었으며, 관세부과 후의 수출이 변동하지 않았다면 그 나라의 국제수지는 개선된다.

제3절 비관세장벽

1. 비관세장벽의 의의 및 특징

1) 비관세장벽의 의의

비관세장벽(NTB : Non Tariff Barriers)은 무역을 규제하고 국내산업에 영향을 주는 보호무역정책의 수단으로 사용된 관세 이외의 모든 무역장벽수단을 말한다. 또한 자원의 최적배분을 저해하고, 무역을 왜곡시켜 국제무역에 악영향을 미치며, 실질소득을 감소시키는 조치로 세계경제 면에서는 국제무역량을 감소시키고 세계후생수준을 저하시키는 조치로서 정부나 민간이 실시하는 관세 이외의 인위적인 규제를 말한다.

2) 비관세장벽의 특징

국제무역에서 빈번히 사용되는 비관세장벽의 특징은 다음과 같다.

(1) 효과측정의 곤란성

비관세장벽은 유형에 따라서 그 영향이 미치는 범위가 다르고 시간에 따라서 유동적인 성격을 가지고 있다. 그리고 관계당국의 판단에 따라 은밀하게 실시되거나 혹은 외부적으로 드러나지 않게 은밀하게 적용되는 유형도 많다. 그러므로 비관세장벽의 효과를 측정하기가 어려우며 자료의 이용가능성이 제한되어 있기 때문에 효과를 종합적으로 또는 개별품목별로 계량화하여 측정하는 것이 곤란하다.

(2) 복잡성

비관세장벽의 적용 및 운용은 매우 복잡하고 어떤 유형은 처음부터 법률로 제정되기도 하지만 어떤 유형의 것은 체계적인 조정을 통하지 않고 여러 행정기관의 정책에서 파생되는 경우도 있다. 이러한 이유로 선진국의 경우 보호목적을 달성하기 위해서 관세보다는 비관세장벽을 채택하는 경우가 많은데 그 이유는 공공연한 논란과 엄격한 조사를 회피할 수 있기 때문이다.

(3) 불확실성

정보부족과 변칙적인 제도의 운영으로 인한 불확실성으로 관련정보가 충분히 입수되지 못한 상태에서 수출업자는 자신들의 수출이 어떻게 어느 정도 제한을 받는지에 대한 확실한 판단이 어렵다. 그리고 수입국의 무역정책은 수출국에 사전통고 없이 수시로 변동될 가능성이 높은 관계로 수출업자의 부담은 커지게 된다.

(4) 협상곤란성

비관세장벽은 상호 간의 양허정도를 비교하여 이를 균일화시킬 수 있는 지표의 설정이 불가능하고 일정한 기준이 없어 설사 정부 간의 협상이 되더라도 비관세장벽의 철폐를 보장해 줄 수 없다. 그래서 비관세장벽의 제거와 완화에 대한 협상은 많은 문제점과 어려움이 따른다.

(5) 개발도상국에의 차별적인 성격

비관세장벽은 명목상으로 무차별적인 것으로 보이나 실제로는 개발도상국에게 상당히 불리하게 작용하고 있다. 그러므로 비관세장벽의 문제는 선진국의 경우보다 개발도상국에게 더 불리한 영향을 주고 있다.

2. 비관세장벽의 종류

1) 수입할당제

수입할당제(import quota system)는 수입상품의 수량을 규제하여 직접적으로 수입을 제한하는 수량적 보호무역정책의 한 형태로 수입상품에 대한 일정한 기준을 마련하여 일정한 기간 동안 수입수량 또는 금액을 제한하는 제도이다. 수입할당제를 실시하는 목적은 해외로부터 수입되는 상품에 대해 차별적으로 제한을 하여 국내산업을 보호하고 국제수지를 개선함과 동시에 환율 및 국내물가를 안정시키는 데 있다.

수입의 할당기준은 크게 수량과 금액을 기준으로 나눌 수 있다. 수량기준인 경우 정책당국이 어떤 상품의 수입량을 사전에 정해놓고 그 범위 내에서만 수입을 허용하는 방식을 말하며, 금액기준은 그 상품의 수입총액을 정해놓고 금액 범위 내에서만 수입을 허용하는 방식을 말한다.

수입할당의 방법으로는 자주적 할당과 협정할당이 있다. 자주적 할당이란 수입국이 일방적으로 수입을 제한하는 할당제를 말하며, 협정할당이란 수입과 교역상대국이 사전에 협의하여 할당량을 결정하는 방법을 말한다.

2) 덤핑

덤핑(dumping)이란 투매 또는 부당염매라고 하며 동일상품을 동일시기, 동일한 제조건하에서 국내의 가격보다 저렴한 가격으로 외국에 판매하는 것을 말한다. 국내시장에서는 높은 독점가격을 유지하고 국제시장에서는 염가의 수출가격을 형성하여 2중의 가격으로 거래되는 것으로서 덤핑을 하기 위해서는 국내시장에서 독점적인 지위를 확보하고 있어야 하며 그 상품에 대한 수요의 탄력성이 국내시장보다 국제시장에서 더 커야만 한다.

킨들버거(C. P. Kindleberger)의 분류에 의한 덤핑의 종류를 살펴보면 다음과 같다.

(1) 약탈적 덤핑(predatory dumping)

시장의 확보 및 경쟁자를 배제하기 위한 방법으로서 단기적인 손해가 발생하더라도 해외시장에서 투매행위를 하는 것이다. 그러나 일단 시장을 확보하거나 경쟁력을 갖추게 되면 가격을 인상하여 침투시장을 독점화한다.

(2) 산발적 덤핑(sporadic dumping)

국내시장은 교란하지 않으면서 과잉재고를 처분할 목적으로 해외시장에 산발적으로 투매하는 것이다.

(3) 지속적 덤핑(persistent dumping)

국내시장에서는 높은 독점가격을 유지하고 국제시장에서는 염가로 판매하는데 이러한 2중 가격구조는 장기적 그리고 지속적으로 실행되므로 정부로부터 일정한 보상을 받는 것이 일반적이다.

(4) 사회적 덤핑(social dumping)

낮은 임금 등 열악한 노동조건을 지닌 나라가 생산한 상품인 경우는 상대적으로 노동조건이 좋은 나라에서 생산한 제품보다 생산비가 저렴하여 저가격으로 수출할 수 있다. 이러한 경우 노동조건이 좋은 선진국 입장에서는 이를 덤핑으로 취급하여 관세를 부과하려고 한다.

(5) 환 덤핑(exchange dumping)

한 나라에서 통화의 평가절하를 하게 되면 그 나라의 수출상품가격이 수입국측에서보면 상대적으로 인하된 것으로 보여지고 인하된 정도를 덤핑으로 간주하게 된다.

3) 수출자율규제

수출자율규제(VERs : Voluntary Export Restraints)란 수입국의 수입제한조치를 미리 방지할 목적으로 수출국 스스로 수출을 규제하는 것이다. 수입수량제한의 변형된 형태로 수출국이 수입국과 쌍무적 또는 다각적 협정을 체결한 후 자국의 수출을 자율적으로 규제하는 것이다. 하지만 어휘적 느낌과는 달리 수입국의 강요나 두 나라 정부 간 또는 생산자 간의 협상에 의거하여 결정하는 것으로 진정 자율적인 규제조치라고 보기는 어렵다.

수출자율규제를 실시하는 이유는 수입국 입장에서는 수출국의 특정생산물에 대한 수출물량을 직접적으로 규제하는 효과를 가져올 수 있기 때문이다. 그리고 수출국 입장에서는 관세나 쿼터는 무역보복조치를 유발할 수 있지만 수출자율규제는 쌍무적 협정에 의해서 실행되기 때문에 상대국의 보복조치를 수반하지 않고 법적 · 제도적 관점에서 실행하기가 쉽다는 점 때문에 실시되고 있다.

4) 시장질서협정

시장질서협정(OMAs : Orderly Marketing Arrangement)은 수입국의 시장교란을 방지하기 위하여 상호 간의 협정에 따라 일부 생산물의 수출을 자율적으로 규제하는 무역정책수단 중의 하나이다. OMAs는 VERs와 마찬가지로 수출국이 수입국의 수입 증가로 인한 수입국 시장교란을 방지하기 위하여 상호 간 협정에 따라 규정된 일정한 수출량의 범위 내로 수출을 자율적으로 규제하는 조치이다.

5) 다자간섬유협정

선진 섬유수입국과 당시 개발도상국인 섬유수출국 간에 체결된 섬유류 제품의 수출제한을 목적으로 한 협정이다. 이 협정은 1950년대 말에 일본과 홍콩이 면직물 및 관련제품을 구미시장에 저렴한 가격으로 수출하기 시작하면서 국제시장을 급속히 확대해 나가자 선진수입국들이 긴급수입제한조치로는 시장교란을 막을 수 없다고 판단하여 이를 효율적으로 규제할 수 있는 강력한 규제조치를 강구하였다. 이에 따라 1956년 미국이 급증하고 있는 대일섬유류 수입을 억제하기 위하여 일본과 체결한 '면직물자율규제협정'에서 비롯된 것이 다자간섬유협정(MFA : Multilateral Fiber Arrangement)이다.

6) 복잡한 통관절차

복잡한 수입신고절차라든가 물품검사, 과다한 수수료를 징수하거나, 멀리 떨어져 있는 세관에서 통관을 지시한다든지 여러 가지 행정적인 방법으로 통관을 지연시키거나 포기하도록 유도하여 수입을 억제하는 방법이다.

7) 정부관여

(1) 정부조달정책

정부나 지방자치단체가 직접 물자조달정책을 실시하여 외국에서 직접 수입함으로써 외국상품을 차별적으로 취급하게 된다.

(2) 생산보조금

정부가 국내산업을 보호·육성하기 위하여 여러 가지의 제도적인 지원 및 보조금을 지급하여 외국상품의 수입을 막는다. 우리나라에서도 무역금융·중소기업자금·어업자금 등 여러 가지 수출장려제를 실시하여 수입을 막고 수출을 장려하고 있다.

8) 엄격한 기준의 적용

(1) 포장·상표의 규정

포장·상표에 관한 수입국의 엄한 규정은 일차적으로 수출업자에게 추가비용의 부담을 준다. 소비자 보호를 구실로 수입국 정부는 상품의 내용 및 수량 등을 수입국의 언어나 두 개 이상의 언어로 정확하게 명기하도록 요구하고 있으며, 규격의 표시도 수입국의 특수한 길이·무게·부피로 표시할 것을 요구하는 수가 있다.

(2) 원산지규정

모든 수입상품에 명확한 원산지를 표시하도록 요구하여, 즉 단순한 인쇄로 표시가 곤란한 양식기, 금속물 등의 인각을 요하는 것은 추가비용의 상응으로 수출의 제한적 요인이 될 수 있다.

(3) 위생·안전·공업표준규정

각국에서 요구하는 안전 및 공업표준규정이 다양하고 복잡하여 수입제한의 큰 요인이 되고 있다. 특히 건축자재, 전기부품, 연관 및 냉난방장치에 대한 각국의 건축법규, 전기제품 표준화제도, 내연장치에 대한 규정이 매우 다양하기 때문에 국제무역에 많은 장애가 되고 있다.

9) 수입에 대한 징수금

(1) 수입예치금

수입예치금(advance deposit requirement)은 수입대금의 일부를 은행에 사전에 예치하도록 함으로써 수입을 억제하는 방법이다. 수입업자로서는 예치되는 동안 자금이 동결되어 자금사정이 어려워 그것을 완화시키기 위하여 은행융자에 의존한다면 새로운 이자부담이 생겨 이중으로 수입비용이 부담된다. 뿐만 아니라 경제 전체에 대한 금융긴축의 효과도 있으므로 수입을 감소시키는 효과를 가진다.

(2) 덤핑방지관세

덤핑방지관세(anti-dumping duty)는 공정가격 이하로 수입되어 국내산업에 실질적인 피해를 입히고 있거나 입힐 우려가 있는 상품에 대해 부과되는 관세이다. 덤핑방지관세는 사실 불공정한 거래를 막고 경쟁을 촉진하기 위한 제도인데 그보다는 오히려 외국의 경쟁으로부터 자국산업을 보호하려는 목적으로 자주 사용되는 경향이 있다.

(3) 상계관세

상계관세(countervailing duty)는 수출국에서 보조금이나 수출장려금 등 특별한 지원을 받는 물품이 수입되는 경우 그러한 물품에 대해서는 기본관세만 부과해서는 국내산업을 보호할 수 없으므로 지원된 금액만큼을 추가로 관세를 부과하여 지원효과를 상계 · 상쇄시키는 제도이다.

PART 03

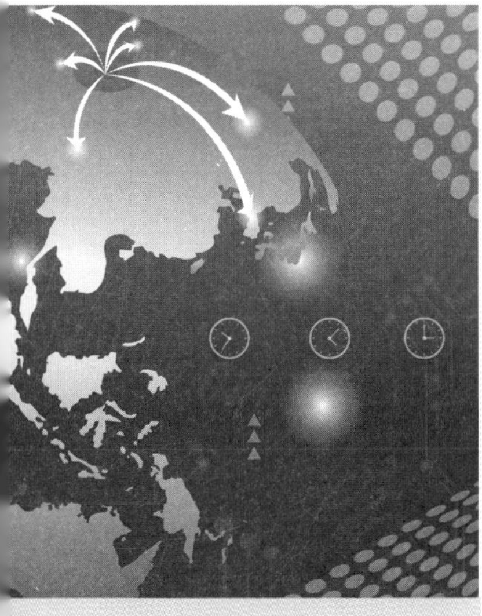

글로벌 경영과 전략

■ Chapter 07 ■

글로벌 경영

제1절 국제경영의 이해

1. 국제경영의 개념

1) 국제경영 정의

국제경영(International Business)은 기업이 국경을 넘어 발생되는 모든 거래의 형태를 말하며 또한 국경을 초월하여 이루어지는 모든 공적 · 사적 상업활동으로 정의된다. 즉 재화, 서비스, 기술, 자본, 노하우, 인력, 정보 등 국제적 거래에 대한 효율적 관리를 수행함을 의미한다.

로빈슨(R. D. Robinson)은 국제경영을 한 나라, 한 영토 이상의 사람과 기관에 영향을 미치는 공적 · 사적 경영활동을 그 대상으로 하는 연구 및 실무분야라고 정의하고 있다. 로복(S. H. Robock, K. Simmonds and J. Zwick)은 국제경영은 국경을 초월하여 이루어지는 사업활동을 교육 및 연구대상으로 하는 학문분야라고 했으며, 국경을 넘어 이루어지는 사업활동에는 재화, 서비스 및 인력의 이동, 기술이전 그리고 인력관리를 포함시키고 있다.

다니엘즈와 라데바우(J. D. Daniels and L. H. Radebaugh)는 2개국 이상에서 이루어지는 모든 공적 · 사적 사업거래라고 국제경영을 정의하고 있다.

2) 국제경영학 학문적 영역

시대적 요청에 부응하여 국경을 초월하여 이루어지는 경영활동을 연구대상으로 하고 있다. 브루크(M. Z. Brooke)는 국경을 초월하여 자원을 거래하고 결합하는 사업활동으로서 재화 및 서비스의 교역, 지적자산의 거래(라이센싱 등), 해외투자 등을 의미하고 있으며, 자원이라는 개념은 상품 및 서비스, 자본과 기술, 경영, 등록상표 그리고 기타 지식을 모두 포괄하는 넓은 의미를 가지고 있다고 했다. 또한 사업활동에 주체가 되는 다국적기업의 경영관리이기 때문에 국제사업활동의 주체가 되는 다국적기업의 경영과 관리에 관한 모든 것을 포함하고 있으며, 재무, 마케팅, 생산/로지스틱스, 인적자원관리, 연구개발 등과 같은 직능분야까지 포함하고 있다.

게다가 다국적기업의 전략과 조직구조, 본 · 지사 간의 관리 및 정보시스템도 포함하고 있다. 보다 세분화해서는 국제경영학, 국제경영전략, 다국적기업, 국제마케팅, 국제재무, 국제회계, 국제운송, 비교경영, 국제경영법규, 국제경영협상 등과 같은 과목으로 대학에서 개설하여 강의하고 있다.

3) 국제경영학 접근과 인접학문분야

(1) 학문적 입장

국제경영학은 기업이 한 국가 이상에서 경영활동을 수행함으로써 야기되는 문제를 연구대상으로 하고 있다.

(2) 실무적 입장

국제경영관리는 새로운 사업기회의 발굴과 창출을 위해 해외진출로부터 야기되는 모든 문제와 위험을 극소화시켜 기업 자신의 지속적인 성장을 도모하고 있다.

4) 국내경영과 국제경영의 차이점

국내경영	국제경영
1. 단일언어 및 문화권에서 활동	1. 상이한 언어 및 문화권에서 활동
2. 상대적으로 동질시장 상대	2. 이질적 및 다양한 시장확대
3. 자료가 충분하고 정확	3. 자료수집이 어렵고 부정확
4. 정치적 요인이 상대적으로 덜 중요	4. 정치적 요인이 매우 중요
5. 정부간섭이 상대적으로 미약	5. 비즈니스 결정에 정부간섭이 높음
6. 국수주의가 도움이 됨	6. 국수주의로 인해 피해
7. 안정적 사업환경	7. 변화가 심한 사업환경
8. 통일된 재무구조	8. 다양한 재무기준
9. 단일통화 사용(환위험으로부터 안전)	9. 복수통화 사용(환위험에의 노출)
10. 안정된 "게임의 규칙"	10. "게임의 규칙"이 변화될 수 있음
11. 한정된 경쟁자 상대	11. 국제적 경쟁자 상대
12. 본국의 이해관계자 집단	12. 본국과 외국의 이해관계자 집단
13. 시간적 및 거리제약이 미약	13. 시간적 및 거리제약이 따름
14. 관리권한과 책임소재 명료	14. 상대적으로 권한과 책임소재 불명료
15. 조직구조와 의사소통체계가 단순	15. 조직구조와 의사소통체계의 복잡성
16. 재무적 통제가 용이	16. 재무적 통제의 어려움
17. 국제경영자의 필요성이 덜함	17. 국제경영자의 필요성이 높음

제2절 기업의 세계화

1. 세계화

1) 세계화의 개념

2000년대 들어서서 세계경제질서를 주도하고 있는 여러 환경질서 중 가장 두드러지고 있는 것이 글로벌화(globalization) 혹은 세계화 현상이다. 일면으로는 개방을 가속화하는 세계화 추세의 확산이 이루어지면서, 또 한편으로는 폐쇄적 속성을 지닌 지역경제통합이 심화되고 있다. 산업적인 측면에서는 정보통신산업이 전 산업에 영향을 미치고 또한 이질적이고 동태적인 환경변화가 혼재되면서 기업은 다변화한 경쟁질서 속에서 효과적으로 대응해야만 생존할 수 있게 된다.

세계화에 대한 정의는 다각적으로 해석될 수 있으나, 일반적으로 국경의 개념으로 나누어졌던 시장들이 전 세계적으로 하나의 시장으로 통합하는 것을 의미한다. 또한 기업의 세계화란 기업활동 측면에서 기업활동이 세계의 여러 나라로 확대되는 과정뿐만 아니라 기업주체의 측면에서 전 세계 기업을 대상으로 생존하기 위하여 자사의 국제경쟁력을 향상시키는 과정으로 이해할 수 있다.

이러한 의미에서 세계화는 국제화(internationalization)와도 비교되는데, 국제화가 종전의 국가단위로 시장이 구성되었던 상황에서 한 국가에 있던 기업이 다른 국가로 진출한다는 것을 뜻하는 반면, 세계화는 국경에 따른 시장구분의 의미 자체가 없어져 전 세계시장을 하나로 보고 전략을 수립하게 된다.

2) 세계화의 원인

시장이 통합되어 더 큰 시장으로 탄생하는 세계화의 가장 중요한 요인은 다음과 같이 요약될 수 있다.

첫째, 세계화를 촉진시키는 가장 중요한 요인은 빠른 기술진보이다. 과학기술의 발달, 특히 정보 · 통신 · 교통수단의 발달은 세계시장의 거리감을 좁혀 놓는 데 결정적인 원인이 되었다. 이러한 기술수준의 급진전은 과거 정보입수에 오랜 시간이 걸렸던 현상을 무너뜨리고 세계에서 벌어지고 있는 상황을 실시간으로 입수할 수 있도록 해줌으로써, 소비자들의 기호수준까지 비슷하게 만들어가고 있다.

둘째, 최근 전 세계적으로 무역장벽과 외환규제가 완화되면서 세계화가 급속히 진행되고 있다. WTO의 출범에 따라서 각국의 무역장벽이 제거되고 있고, 지적재산권에 대한 보호도 강화되고 있으며 이에 따라 기술이전도 과거보다 훨씬 자유로워졌다. 또한 외환시장의 자유화와 단기유동성 자금의 국제적인 이동은 국가들의 독자적인 금융정책 시행을 어렵게 만들고 있다.

셋째, 세계화를 촉진하는 요인 중의 하나는 생산방식의 변화로 인한 규모의 경제 때문이라고 할 수 있다. 최근 전 세계적으로 거의 모든 산업에서 나타나는 변화 중의 하나는 생산방식이 노동집약적인 생산방식으로부터 자본집약적인 생산방식으로 바뀌고 있다는 점이다.

따라서 노동비용은 점차 줄어드는 대신 자본비용의 비중은 증가함에 따라 규모의 경제도 커지게 되므로, 자본재에 대한 막대한 투자를 회수하기 위해서는 대규모 생산체제로 바꾸어야 한다. 이러한 조건에서는 기업이 내수시장만을 바라보고 자본재에 대한 막대한 투자를 감행하기 어렵기 때문에 전 세계시장의 수요를 목표로 삼고 자본재에 대한 투자를 하게 된다.

마지막으로 세계적인 네트워크를 가지고 있는 다국적기업들의 사업형태가 세계화 추세를 촉진시키고 있다고 할 수 있다. 국적을 초월한 다국적기업들의 활동은 국가 사이의 각종 장벽을 무너뜨리고 있으며, 세계적 네트워크를 활용한 마케팅 활동은 세계 소비자들을 동질화시키고 있는 중요한 요인으로 작용하고 있다.

3) 기업활동의 세계적 확대과정

일반적으로 기업의 세계화란 기업활동이 세계의 여러 나라로 확대되는 과정을 말한다. 여기서 기업활동은 기업이 국가사회에서 필요로 하는 유 · 무형의 가치를 공급하기 위하여 수행하는 일체의 활동을 의미한다. 예를 들면, 사업을 선택하고 회사를 설립하는 일, 필요한 인적 · 물적자원을 확보하고 관리하는 일, 가치를 생산하고 교환하는 일, 이윤을 창조하고 재투자하는 일 등 매우 다양하다고 할 수 있다.

기업활동이 세계적으로 확대된다는 것은 여러 가지 의미를 내포하고 있다.

첫째는 기업활동의 지리적 범위(geographic scope)가 한 국가로부터 세계 여러 나라로 넓어진다는 것을 의미한다.

둘째는 세계에서 여러 가지 사업을 동시에 수행할 수 있을 정도로 사업범위(business scope)가 넓어지게 된다는 것을 의미한다. 즉, 국제사업다각화를 가리킨다.

셋째는 기업이 경영기능을 세계 어느 곳이든지 가장 효율적인 국가에서 수행할 수 있도록 기능범위(functional scope)가 넓어지는 과정을 의미한다. 예를 들어 생산, 원자재조달, 연구개발, 재무, 인사 등의 활동도 세계 여러 나라에서 수행하게 된다는 것이다.

넷째는 기업이 새로운 국가, 사업 및 기능활동에 참여하는 방식이 수출, 해외직접투자, 국제계약형태 등으로 다양해지는 것을 의미한다. 예를 들면, 기업이 국제활동에 참여할 때 자원투입 및 위험이 낮은 수출방식으로부터 점차 높은 해외직접투자방식으로 변화되어 가는 것이다.

이상의 네 가지 의미는 독립적이라기보다는 서로 영향을 미친다고 보는 것이 타당하다.

2. 기업 세계화의 동기

1) 기존시장 유지 및 신시장 개척

기업들은 기존시장을 유지하거나 새로운 시장을 개척하기 위해 국제화를 추진하게 된다. 자국내시장에서 해외시장으로의 확대를 꾀하는 시장확대전략에는 방어적 시장추구와 공격적 시장추구의 두 가지 형태로 나눌 수 있다.

방어적 형태란 기존 수출대상국의 무역규제 때문에 기업이 그 수출시장을 상실할 위험이 있을 경우 그 국가에서 생산하여 직접 판매하는 경우 또는 우회생산 및 수출을 목적으로 제3국에 직접투자하는 경우 등이 해당된다.

공격적 형태란 잠재시장규모가 큰 새로운 시장을 확보할 목적으로 적극적으로 진출하는 방법을 말한다.

2) 원가절감

생산요소가격이 상대적으로 저렴한 지역이나 국가에 진출하여 생산함으로써 생산효율성을 추구하려는 동기에서 해외에 직접 투자하는 기업들이 있다. 이를 생산효율성 추구형 직접투자라 한다. 생산효율성을 추구하기 위한 투자형태로는 가격경쟁력을 확보하기 위하여 임금이 싼 지역에 진출하는 것을 들 수 있으며, 최근의 한국기업들이 임금이 싼 동남아지역, 서남아시아, 중국에 대거 진출하는 현상이 이에 해당된다 하겠다.

또한 해외시장의 수요량까지 감안한 기업의 생산량 증가는 기업의 경제와 원자재의 대량구매 및 대량수송 등으로 인한 원가절감을 가져온다. 그리고 수송비가 많이 드는 제품일 경우 현지에서의 생산을 통한 수송비의 절감효과를 위해 해외에 진출하는 경우도 있다.

3) 자원개발

해외의 풍부하고 저렴한 자원을 개발해 수입하기 위해서 국제화를 추진할 수 있다. 특히 이러한 동기는 주로 천연자원이 부족한 국가들이 광업, 어업, 임업 등의 분야에서 자원개발을 통한 원재료의 안정적 확보를 추구하게 된다. 이러한 전략적 동기에서 해외에 직접투자하는 기업들을 자원추구형기업(resource seekers)이라 부른다.

4) 첨단기술 및 지식습득

고도의 첨단기술이나 선진경영기법을 습득하기 위해 현지국에서 직접 사업활동을 영위하거나 합작투자를 통한 국제화를 추구할 수 있다. 예를 들어, 반도체 기술을 습득하기 위해 미국의 실리콘밸리에 직접 투자하는 경우 등을 말한다.

5) 경쟁기업에 대한 견제

경쟁기업체에 대한 견제의 목적으로 국제화를 추진할 수 있다. 예를 들어, 어느 기업이 해외에 진출할 경우에 함께 따라 나가는 선도기업추종형(follow the leader)의 직접투자가 있다. 또한 선점적 지위를 누리기 위해 어느 국가에 다른 기업이 진입하기 전에 우선적으로 진출하는 방법을 택할 수 있다. 그리고 경쟁자를 견제하기 위한 방편으로 그들의 본국시장에 진입하는 경우도 있다.

6) 기타 요인

기업들은 국내의 유휴시설을 활용하기 위한 동기에서 국제화를 추진하는 경우가 있다. 예를 들어, 규모의 경제효과가 큰 산업에서 경쟁력을 확보하기 위하여 대규모 설비투자를 했을 경우 좁은 국내시장 때문에 기업들은 국제화 없이는 유휴시설 문제를 해결할 수 없다.

그리고 국가별 제품수명주기의 차이와 산업발전단계의 차이를 이용하여 여러 해외시장에 단계적으로 진출한다면 제품의 수명 및 생산을 연장시킬 수 있을 것이다.

3. 기업주체의 변화

국제화는 기업활동의 측면에서뿐만 아니라 그 활동의 주체인 기업의 변화라는 측면에서 살펴볼 수 있다. 기업이 세계적으로 활동을 수행하기 위해서는 세계의 일류기업들과 견주어 우월하거나 대등한 위치에 있어야 한다. 다시 말하면 기업이 국제경쟁력이 있을 때 비로소 세계적 경쟁에서 살아남고 성장할 수 있게 된다.

국제경쟁력은 경쟁력의 원천, 경쟁우위, 경쟁성과, 기업의 전략, 기업의 자원 등의 다섯 가지 변수가 모두 관련되어 있는 복합적 개념임을 알 수 있다. 즉, 국제경쟁력의 원천은 기업의 전략과 결합되어 경쟁우위로 나타나고 경쟁우위는 역시 기업의 전략과 결합되어 성과로 실현된다. 이러한 성과가 기업의 자원으로 연결되어 이것이 어떻게 구성되어 있고, 기업의 자원이 어느 정도이며, 기업의 문화가 어떻게 형성되어 있느냐에 따라 국제경쟁력이 결정된다. 이처럼 국제경쟁력은 경쟁력의 원천 → 경쟁우위 → 경쟁성과의 흐름으로 분석될 수 있다.

1) 경쟁력의 원천

국제경쟁력의 원천은 기업특유의 우위와 입지상의 우위로 구분될 수 있다. 기업특유의 우위란 경쟁기업에 비해 뛰어난 기술 및 자원을 바탕으로 보다 잘 수행해 낼 수 있는 능력을 나타내며, 이는 독점적인 성격을 지닌다. 이에 비해 입지상의 우위는 특정기업이 가치창출활동을 수행하는 장소에서 파생되는 것이며 당해 시장국에 위치한 기업들은 모두가 향유할 수 있는 국가특유의 성격을 지닌다.

2) 경쟁우위

일반적으로 경쟁우위는 원가우위와 차별적 우위로 나눌 수 있으며, 각기 가격경쟁력과 비가격경쟁력의 개념과 유사함을 알 수 있다. 넓은 의미에서 경쟁우위는 비교우위의 개념을 포함한다고 볼 수도 있는데, 이는 비교우위가 일종의 원가우위이고 경쟁우위는 국가의 비교우위요소를 기반으로 한 원가우위뿐만 아니라 기업특유의 차별적 우위요소를 결합한 것이기 때문이다.

이러한 관점에서 보면 국제경쟁력은 국제시장에서의 경쟁우위로 해석될 수 있으며, 분석단위에 따라 국가의 경쟁우위 혹은 기업의 경쟁우위로 구분할 수 있다.

3) 경쟁성과

경쟁성과란 경쟁우위가 기업의 전략과 결합하여 나타난 결과를 의미한다. 일반적으로 사용되는 성과지표로는 시장점유율, 매출액 성장률, 수익률과 같은 기업중심적 성과지표와 고객의 인지도, 만족도 및 충성도 등 고객중심적 성과지표로 나눌 수 있다.

이상과 같은 경쟁력의 원천, 경쟁우위, 경쟁성과의 세 가지 측면을 포괄하지 못하고 어느 한 측면에만 초점을 맞추어 국제경쟁력을 분석하는 것은 나무만 보고 숲을 보지 못하는 것과 같다고 할 수 있다. 따라서 국제경쟁력을 분석하기 위해서는 그 구성요소들인 경쟁력의 원천, 경쟁우위, 경쟁성과에 대한 체계적 접근이 필요하다.

실용적인 의미에서의 국제경쟁력은 특정산업에서 세계일류기업과 동등한 수준에 이르는 것이라고 할 수 있다.

4. 지역경제통합의 심화

1980년대 중반 이후 세계경제질서에 있어서 매우 주목할 만한 새로운 흐름은 각 지역경제의 블록화 현상이다. 특히 2000년대 이후 WTO와 FTA(자유무역협정) 등의 다자간 또는 양자간 협정을 통한 교역이 증대하는 현상이 가속화하고 있다. 특히, 미국을 중심으로 한 미주, 유럽의 EU, 그리고 일본을 중심으로 한 아시아의 구도로 형성되고 있다. 따라서 이들 경제권역별 경쟁은 더욱 치열해질 것으로 예상되며, 이에 따라 각 경제권역별로 역내산업 및 기업경쟁력 강화를 위한 지역경제통합이 더욱 활발하게 이루어질 것으로 보인다.

5. 자본시장의 글로벌화

과거의 자본시장은 각국의 독자적인 제도와 규제로 인해 분리되어 운영되어 왔다. 그러나 WTO가 탄생된 1994년 이후 자본자유화의 여파로 인하여 국제자본시장의 규모가 커지고 정보통신의 발달, 정부의 규제완화 등으로 인해 현재는 하나의 거대한 글로벌시장을 형성하고 있다.

금융서비스는 정보가 중요한 산업으로서 시장정보, 위험, 환율, 금리, 신용도, 무역 등 각종 정보가 필수적이다. 정보통신기술이 발달되어 있지 않았을 때에는 특정 국가나 특정 기업에 대한 정보를 획득하는 데 상당한 시간이 걸렸으나, 정보통신의 발달로 인해 현재는 실시간에 세계 모든 곳의 정보가 모든 국가에 전달된다. 또한 각국의 금융시장에 대한 규제가 완화됨에 따라서 국가의 통제를 받지 않는 자본시장이 크게 성장하게 되었다.

이와 같이 자본시장이 하나의 틀 속에서 움직임에 따라 특정 금융시장의 환경변화가 다른 금융시장에 미치는 영향이 커지고 있는 소위 시장의 동조화 현상이 가속화되고 있다.

한편 금융 및 자본자유화는 국제금융 · 자본거래, 국제간접투자와 투기거래를 크게 증가시켰고 금융시장의 경쟁을 활성화시켰으며, 자유로운 영업활동을 보장하게 되었다. 또한 자본이동 자유화로 인하여 국제 간의 자본이동규모가 증가함과 동시에 국제 금융시장의 통합화가 촉진됨에 따라 경쟁력 확보를 위한 신종금융상품의 개발과 금융혁신 등이 빠르게 진행되고 있다.

6. 기업의 세계화 요인

1) 시장요인

각국 소비자의 생활패턴과 소비자기호가 동질화되는 경향을 보이고 있으며 경제발전으로 세계 어느 곳에나 상품의 소비자가 존재하게 되었다. 이는 국제여행의 증가와 인공위성에 의한 커뮤니케이션체제 구축으로 상품 및 시장정보가 세계 곳곳으로 신속하게 전파되어 세계의 소비자를 하나로 만들어가고 있기 때문이다. 또한 세계적 유통망의 증가와 세계적인 광고회사들의 활약과 세계상표의 등장은 세계가 하나의 동질적인 시장이라는 생각을 강하게 심어주게 되었고, 시장 및 소비환경의 차별성보다는 동질성을 중시하게 만들었다.

그리고 국가 간 1인당 소득의 격차가 좁혀지고, 그 결과로 생활방식과 소비자기호가 유사하게 통일되어 가고 있는 데에는 매스컴과 인터넷의 영향이 크다. 또한 해외

여행의 증가로 전 세계적으로 글로벌 브랜드를 선호하는 글로벌 소비자들이 늘어가기 시작했으며 글로벌 브랜드의 시장 위력이 전 세계적으로 커지게 되었다. 이에 따라 기업들도 글로벌 광고를 늘리고 유통망을 전 세계적으로 운영하는 등 글로벌마케팅을 적극 도입하였다. 이와 같은 글로벌마케팅의 도입이 이제는 역으로 시장 및 산업의 글로벌화를 더욱 촉진하고 있다.

2) 비용요인

규모의 경제를 위한 노력이 계속되어 기술혁신이 가속화되고 있다는 점을 들 수 있다. 또한 생산 면에서 저임의 노동력을 보유한 중국, 인도 및 태국 등의 신흥공업국가들이 등장하고 제품수명에 비해 제품개발비용이 급증하게 됨에 따라 비용을 줄이기 위한 생산방식의 글로벌화, 즉 글로벌 생산방식에 대한 요구가 점점 증대하게 되었다. 이와 같은 요인들이 합쳐져서 글로벌화를 촉진하고 있다.

또한 비용절감을 위한 방안으로 규모의 경제를 위한 생산방식의 변화 혹은 해외직접투자를 통한 생산량 증가를 위해 노력하고 있다. 가속화되는 기술혁신과 제품수명에 비해 급증하는 제품개발비용은 단일시장보다는 전 세계시장을 하나의 시장으로 제품을 개발하게 하는 유인이 되고 있다. 그리고 생산능력과 저임 노동력을 보유한 신흥공업국의 출현은 전 세계시장에서의 경쟁을 가져오는 요인이 되고 있다.

3) 정부요인

WTO체제 아래에서 국가 간의 관세 및 비관세무역장벽이 점점 축소되고 유럽통합으로 2002년 1월로부터 유로화가 사용되는 등 지역경제 공동체가 전 세계적으로 확대되고 있다.

또한 많은 국가에서 개방적 시장경제체제를 받아들여 정부의 생산자 및 소비자로서의 역할이 감소되어 경제운영에 있어서 민간기업의 역할이 점점 커지고 있다. 이 모든 요인들이 글로벌화를 정부차원에서 촉진하고 있다.

4) 경쟁요인

범세계적 경쟁(global competition)은 국제화를 촉진시키고 있다. 각국의 보호장벽이 사라지고 시장들이 전면개방됨으로써 국내시장을 잃지 않으려는 기업들의 노력과 새로이 개방되는 시장을 차지하려는 외국기업들 간의 사업영토 확대전이 벌어지고 있다. 세계시장점유율은 곧 그 기업의 영토이며 그 국가의 경제영토라 할 수 있고, 영토를 많이 차지할수록 규모의 경제, 상호지원 및 상승효과, 세계적 이미지 제고 등 이점을 누리게 되기 때문이다.

외국기업에 의한 인수 · 합병이 늘어나고 많은 국가가 점차 주요 시장으로 등장하면서 세계적 차원에서 경쟁을 시도하는 새로운 경쟁자들이 탄생하게 되었다. 특히 자동차와 전자산업에서 세계유수 기업들은 이러한 글로벌 경쟁전략을 사용하고 있다.

또한 기업들 간의 글로벌 차원에서의 전략적 제휴가 늘어나고 많은 기업들이 점차 세계적 차원에서 생산기지를 결정하면서 국가 간의 상호의존성이 심화되는 글로벌 네트워크를 구축하는 기업들이 늘어나게 되었다.

7. 기업의 세계화과정

기업의 국제화란 단순한 국내경영에서 벗어나 국내와는 상이한 환경과 조건 아래에 있는 세계시장에 대해 수출활동을 시작으로 해서 복잡하고 방대한 세계적인 경영활동에 이르기까지의 과정을 말한다. 시장규모가 크고 기업의 역사가 길며 경영전략이 이미 다양화되어 있는 선진국에서는 기업의 국제화가 쉽지만 그 반대여건에 직면하고 있는 개발도상국에서는 기업의 국제화가 어렵다. 따라서 선 · 후진국 간에 기업의 국제화단계가 다를 수밖에 없다.

여기서는 보편적으로 기업의 국제화단계를 다음과 같이 4가지로 구분하여 살펴보고자 한다.

1) 국내지향기업(국내기업)

기업이 설립될 때 무역전문업체와 같이 처음부터 해외시장을 상대로 영업활동을 하는 기업도 있으나 대부분의 제조업체는 국내시장을 목표로 영업을 개시하는 것이 일반적이다. 기업의 입장에서 볼 때 영업을 처음 시작할 때는 충분한 국제시장에 대한 경험과 노하우(know-how)가 축적되지 못한 상태이므로 국내시장에서의 영업활동은 해외시장진출을 위한 교두보 역할을 하게 될 것이라고 생각된다. 따라서 국내지향기업은 생산시설의 가동률을 극대화하여 국내시장점유율을 높임으로써 수익을 극대화하는 것이 정책적 목표가 된다.

2) 해외지향기업(수출기업)

기업이 안정만을 추구한다면 굳이 위험을 무릅쓰고 해외에 진출하지는 않을 것이다. 그렇다고 해외에 진출하지 않는다고 해서 기업의 생존이 확보되는 것도 아니다. 왜냐하면 한정된 시장에서 다른 기업과의 치열한 경쟁을 극복해야한 생존이 가능하기 때문이다. 따라서 기업은 자체의 존속 내지 성장을 위해서는 협소한 국내시장으로 벗어나 필연적으로 해외시장으로 진출할 수밖에 없다.

그러나 기업은 처음으로 해외에 진출할 때에는 위험을 극소화하려고 한다. 그렇기 때문에 기업의 해외진출 초기의 전략으로서 수출이 많이 활용되는 것이다. 해외지향기업은 수출에 의한 해외시장개척과 규모의 경제 달성을 통한 수익의 증대를 목표로 삼게 된다.

3) 현지지향기업(다국적기업)

기업의 수출이 아무런 장애가 없이 증대된다면 기업입장에서는 바람직한 일일 것이다. 또한 기업이 속해 있는 모국의 입지조건이 다른 국가와 비교하여 유리하다면 이것도 제품의 경쟁력을 유지시킬 수 있는 강력한 요인이 된다. 그러나 이것들은 모두 기업의 소망일 뿐 실제로는 기업의 수출을 관세 · 비관세장벽 등 수입국의 규제를 받기도 하고 모국보다도 유리한 입지조건이 세계 어느 국가엔가 존재할 수도 있다.

따라서 기업은 무역규제를 피하기 위해 또는 유리한 입지조건을 이용하기 위해 현지국에 직접 생산시설을 투자하게 되는데, 이러한 기업들이 바로 국제화된 기업들이라고 할 수 있다.

4) 세계지향기업(세계기업)

한 국가가 자국의 자원만을 가지고 독자적인 경제활동을 계속하기는 어렵기 때문에 장기적으로 볼 때 전 세계시장은 통합되고 글로벌화되면서 무역장벽이 낮춰질 것이며, 운송수단의 급속한 발달로 인해 제품가격에서 차지하는 수송비의 비중은 적어질 것이고, 여행자유화와 여행자의 증가로 인하여 여행수요는 증가하기 때문에 기업은 제품을 세계에서 가장 저렴한 원가구조를 가진 국가에서 생산하여 이를 전 세계시장을 대상으로 판매하는 전략을 수행하는 기업으로 바뀌게 된다.

이러한 기업이 바로 세계지향기업 또는 세계기업인 것이다. 결국 세계기업은 다각적 생산 · 판매의 네트워크(network)를 통한 경영의 적정화를 목표로 한다고 할 수 있다.

제3절 다국적기업

1. 다국적기업의 정의

다국적기업(multinational corporation)이란 용어가 일반적으로 쓰이게 된 것은 1970년대부터이며, 이와 유사한 용어로서는 국제기업(international firm), 초국가기업(transnational corporation), 세계기업(world enterprise), 지구기업(global firm), 무국적기업(stateless enterprise) 등이 있다.

다국적기업이란 용어를 처음 사용한 릴리엔탈(D. E. Lilienthal)은 다국적기업을 '1개국 이상에서 해외생산활동을 전개하면서 경영자가 세계적인 차원에서 연구개발, 생산 및 판매에 대한 의사결정을 내리는 기업'으로 정의하여 매우 포괄적으로 규정하고 있다.

버논(Raymond Vernon)은 다국적기업을 '포춘(Fortune)의 500대 기업에 연 2회 이상 등재되어 있는 동시에 6개국 이상에서 현지생산 및 판매활동을 하는 기업'이라고 정의함으로써 거대 규모의 제조기업만을 다국적기업으로 한정하고 있다.

펄뮤터(H. V. Perlmutter)는 경영자의 태도(본국중심적, 현지국중심적, 지구중심적)를 중시하고 다국적기업을 '지구중심적 경영을 하는 기업'이라고 정의하고 있다.

이와 같이 학자들마다 다국적기업에 대한 정의가 상의한 것은 기업의 다국적성(multinationality)을 기업의 구조 면에서 보는가, 성과 면에서 보는가, 아니면 형태

면에서 보는가에 따라 그 평가기준이 얼마든지 달라질 수 있기 때문이다.

1) 구조적 측면

기업구조 측면에서 다국적기업을 정의할 경우 다음과 같이 기업활동범위의 다국화, 기업소유의 다국적성, 최고경영자의 국적 등의 기준 중에서 한 가지 이상을 충족하고 있는 경우를 다국적기업으로 보고 있다.

① 기업의 국제경영활동을 2개국 이상에서 전개하는 경우
② 기업의 소유권이 2개국 이상에 걸쳐 분산되어 있는 경우
③ 최고경영층이 2개국 이상의 경영자로 구성되어 있는 경우
④ 제조기업으로서 6개국 이상에서 제조활동을 전개하는 경우

2) 성과 측면

성과 측면에서는 기업의 전체 매출액, 자산규모, 생산규모, 종업원수 등에서 해외부문이 차지하는 비중이 어느 정도인가에 따라 다국적기업을 정의하고 있다. 예를 들면, 해외 매출액이 전체 매출액에서 차지하는 비중이 25% 이상일 경우에 다국적기업으로 간주하고 있다.

3) 형태 측면

형태 측면에서는 경영의 관점이나 사고가 세계적인지의 여부를 통해 다국적기업을 정의하고 있다.

① 세계적인 관점에서 자원을 배분하고 경영하는 경우
② 해외자회사의 경영전략을 유기적으로 통합 · 조정하고 조직화하는 경우
③ 경영자의 태도가 본국중심적 사고, 현지중심적 사고, 세계중심적 사고 중에서 세계중심적 사고를 하는 경우

이상에서 살펴본 바와 같이 다국적기업에 대한 정의는 연구하는 학자에 따라 다양하지만 기본적으로 '2개국 이상에서 국제경영활동을 전개하는 기업'이라고 포괄적으로 정의할 수 있다.

2. 다국적기업과 현지국

다국적기업이 현지국에 미치는 효과는 다음과 같은 이유들로 인하여 정확한 분석이 어렵다.

첫째는 다국적기업이 진출하기 전과 후의 경제적 사정을 정확히 분석하는 것이 어렵다. 둘째는 직접투자의 효과가 다양한 형태로 나타난다는 것과 측정하기 어려운 정치 · 문화적 요인들을 고려하면 정확한 정 · 부의 효과를 판정하기 어렵다. 마지막으로 직접투자의 효과가 정부의 정책과 연계되어 있어서 독립적으로 측정하기 어렵다. 진입 시 진입에 따르는 일시적인 산업보호(관세정책)효과를 요구하는 경우가 많다. 이 경우 많은 사람들이 산업보호의 역효과만 강조하게 되는데 이러한 보호효과는 국내의 다른 기업에 적용되기도 하며, 이는 경제적 요인보다는 정부의 정책에 의한 전체적인 왜곡효과이기 때문이다.

1) 자원이전효과

자본이나 기술, 경영자원 등의 이전효과로서 장 · 단기에 걸친 이전의 공과를 따지는 것이 필요하다.

(1) 자본이전

단기적으로는 국내의 부족한 자본도입을 통한 경제활성화, 그리고 이에 따른 유휴자본의 효과적인 활용 등이 가능하다. 그러나 장기적으로는 사업활성화에 따른 자본송금이나 원금회수 등의 부정적인 측면이 존재하게 된다.

(2) 기술이전

단기적으로는 피투자국이 필요로 하는 기술도입을 통한 기술개발비용과 시간의 절약, 그리고 경쟁력 향상 등에 기여할 수 있다. 그러나 장기적으로는 독자적인 기술개발능력이나 기술개발원천을 외국에 의존함으로써 기술자립이 떨어질 수 있다. 또한 다국적기업이 도입하는 기술수준이 과연 현지국에 적합한 기술수준인지를 정확하게 평가하는 것이 요구된다. 이러한 논지는 주로 개발도상국과 선진국의 기술이전 논쟁으로서 현지국 수준에 적합한 기술수준을 받아들이는 것이 중요하기 때문이다.

(3) 경영자원의 이전

선진경영기법이나 기업가적 능력을 지닌 인재의 파견에 따르는 현지국기업가들의 경영관리능력이나 전문기업가적 능력을 향상시킬 수 있다는 점에서 도움이 된다. 그러나 문제점으로는 피투자국의 우수한 인재를 다국적기업이 빼앗아 간다는 부정적인 인식과 현지인의 승진과 경력개발에 다국적기업이 적극적이지 못하다는 비판이 있다.

2) 무역수지효과

무역수지에 미치는 효과는 국내에서의 생산시설 가동에 따른 수출증대효과와 자본도입을 통한 국제수지의 흑자요인이 존재한다. 그러나 한편으로는 자본재 수입을 통한 것과 배당이나 수익금의 본사송환에 따른 국제수지 적자요인도 있다.

3) 주권과 자주성에 미치는 효과

이는 주로 부정적인 영향이 강하게 나타난다. 이는 현지국에 진출하는 거대규모의 다국적기업들이 자사의 풍부한 자금력과 우수한 기술정보력 그리고 다국적기업 본사의 정치 · 경제적 힘의 논리로서 약소한 현지국과의 교섭력에서 앞서기 때문이다. 또한 다국적기업 모국의 경제적 힘의 논리를 통한 기업이익을 보호할 수 있는 요인들이 강하기 때문이다.

반면에 인질효과를 기대할 수도 있다. 다시 말하면 외국인투자의 증대는 투자 모국 정부로 하여금 현지투자국의 안보를 중요시하도록 만드는 한 요인이 될 수도 있다는 것이다.

3. 다국적기업에 대한 유인과 규제

일반적으로 외국인투자를 받아들이는 현지국의 입장에서는 외국인직접투자에 대한 유인책과 규제책을 동시에 병행하여 실시하게 된다.

1) 유인정책

외국인투자 유인정책이란 외국인투자 도입을 통한 부족한 자본의 도입과 기술발전 등을 위하여 자국에 유치하고 또한 다국적기업 스스로 국가목적에 합치하는 활동을 하거나 혹은 하지 않도록 유도하기 위한 각종의 정책적 유인수단을 의미한다.

외국인투자를 유인하기 위한 현지국 정부의 유인정책수단은 다음과 같은 것들이 있다.

첫째, 조세상의 특혜를 부여하는 방법이다. 이 방법은 조세감면이나 조세유예(tax deferral)와 특별상각의 인정 등 조세와 관련된 회계처리상의 특혜 등을 포함한다.

둘째, 공공서비스 및 생산요소를 시장가격 이하로 공급하는 등의 보조금을 지급하는 방법이다. 이 방법은 공공부지, 도로 및 외국인투자에 필요한 공공시설을 무료 내지 시장가격 이하로 제공한다든지, 생산활동에 소요되는 원료나 부품의 수입에 대하여 관세를 감면해주는 방법이 있다. 그리고 시가 이하의 이자율로 장기의 자금을 지원해주는 등 국가마다 다양한 형태의 보조정책을 활용하는 것을 들 수 있다.

셋째, 현지국 내 투자환경의 불확실성을 감소시키는 방법으로 지원하는 것들이 있다. 현지국의 투자환경의 불확실성을 감소시키는 방법으로는, 예를 들어 외국인투자기업이 생산한 제품의 일부 또는 전체를 일정가격 이상으로 구매한다는 보장을 한다든가, 경쟁제품에 대한 수입제한 내지 고관세부과, 투자분쟁 시 국제법에 따른 독립적 기관에 의한 중재보상, 투자보장협정의 체결 등이 있다.

2) 투자규제조치

투자규제조치란 다국적기업의 자산소유를 제한한다거나 경영상의 의사결정을 제한하는 등의 기업경영활동을 강제하거나 제한하는 각종의 규제적 정책수단을 의미한다. 이와 같은 외국인투자의 규제조치는 크게 두 가지로 구분할 수 있다.

첫째, 투자 전의 조치로서 외국인투자기업의 진입과 관련하여 자산소유 자체를 규제하는 외국인투자에 대한 사전심사제도와 외국인투자의 업종을 제한하는 투자금지조치 등이 있다. 특히 일부 국가들은 자국의 경제적 목적이나 안보 등을 이유로 전략적으로 중요한 특정 업종에 대하여는 외국인투자를 일체 금지하거나 혹은 외국인소유 지분을 엄격히 제한하는 조치를 실시하고 있다.

둘째, 외국인투자가 이루어진 후 투자기업의 구체적 경영활동과 관련된 운영상의 규제조치를 실시하기도 한다. 이와 같은 투자 후 사업활동을 규제하는 조치로서는 ① 부품국산화의무(local content requirement), 수출의무, 내국인 고용의무 등과 같이 기업의 생산 및 판매활동에 대한 규제조치가 있다. ② 국내금융시장에의 참여제한, 이자 및 배당이익의 송금제한 등 외국인 기업의 자율적인 재무활동에 대한 규제조치 등이 있다.

■ Chapter **08** ■

글로벌 시장진입전략

제1절 해외시장 진입전략 수립

1. 진입전략의 목표 및 환경의 분석

1) 진입전략의 목표 수립

해외시장에 진입하려는 기업은 전략 방침 및 중점 분야가 명확하게 설정되어야 한다. 진입하고자 하는 시장 및 달성목표가 구체적으로 제시되어야만 다음 단계인 내부자원의 평가와 외부환경에 대한 분석이 용이해진다.

해외시장에서 달성하고자 하는 목표를 구체적으로 설정하기 위해서는 먼저 해외시장에 대한 환경분석이 선행되어야 하므로 목표설정과 다음 단계인 외부환경분석은 상호연관을 가지고 이루어져야 한다.

2) 외부환경의 분석

해외시장에 진출하려는 기업은 새로운 시장환경에 대한 정확한 정보의 수집이 요구된다. 해외시장 진입전략을 수립하기 위한 조사활동의 대부분은 새로운 시장환경에 대한 정보를 수집하는 데 투입되어야 한다.

만약 현지국의 경기전망, 시장잠재력 등 환경분석을 소홀히 하게 되면 해외시장 진입은 실패로 끝날 가능성이 높아진다. 외부환경의 분석은 현지국의 진입조건, 현지국의 거시적 · 미시적 환경 등에 대한 분석으로 구분될 수 있다.

(1) 현지국의 진입조건

이는 진입하려는 현지국에서 소유지분을 제한하거나 외국인의 시장진입을 금지하는 등 기업의 자원을 현지로 이동시키는 것과 관련되는 법률적인 조건을 의미한다. 이러한 조건에 따라 기업의 해외시장 진입전략은 수출이나 OEM(주문자상표부착생산)방식, 또는 합작투자나 라이센싱 등의 구체적인 대안이 선택되게 된다.

(2) 현지국의 거시적 환경

해외시장에 진출하려는 기업은 현지국의 경제상황 및 법률과 사회 · 문화에 대한 광범위한 정보의 수집과 분석을 필요로 한다. 특히 해외시장에 처음 진입하는 기업은 이들에 관한 조사활동이 없이는 전략을 수립할 수 없다.

(3) 현지국의 미시적 환경

해외시장에 진출하고자 하는 기업은 교역대상이 되는 특정 제품(재화와 서비스)에 대한 시장환경과 경쟁기업에 대한 분석을 선행해야 한다. 현지국의 미시적 환경에 대한 분석은 다음과 같은 현지국의 구체적 사업환경에 관한 것이다.

① 제품시장환경

현지시장에 진입하려는 기업은 먼저 이미 진입한 다른 국가의 제품시장환경과 새로운 제품시장환경 간의 유사점과 차이점에 대해 상당한 관심을 가져야 한다. 이를 통하여 다른 곳에서 사용했던 제품전략이나 기법을 새로운 시장환경에도 전용시킬 수 있는지의 여부를 평가할 수 있다.

제품시장환경이 유사한 현지국으로 진입하면 신규진입에 따르는 추가비용이 상당히 절약된다. 제품시장환경의 특성을 비교하는 데 있어서 주요한 항목들은 [표 8-1]과 같다.

표 8-1 ▮ 제품시장의 미시적 환경

분석항목	구체적 내용
일반적 특성	제품시장규모, 산업집중도, 수입비율, 시설가동률, 제품의 안정도에 관한 법률 규제 및 기준, 기술 사양
소비자 특성	1인당 국민소득, 소득분배, 인구의 통계적 특성, 상관습, 구매 패턴, 쇼핑 패턴, 구입과정
마케팅 특성	평균 가격, 가격범위, 제품 본질, 보완상품, 유통채널, 상품의 인도기간, 광고
경쟁기업	규모, 특수한 능력, 정부와의 연관성, 부품조달원, 기술의 종류와 수준, 기업 간 협정, 고객의 충성도, 기술 도입 계약 현황

② 경쟁기업의 분석

사업환경평가의 핵심적 부분은 경쟁기업에 대한 분석인데, 여기에서는 현실적인 경쟁기업뿐만 아니라 잠재적인 경쟁기업에 대한 평가도 이루어져야 한다. 경쟁기업에 대한 분석을 통하여 경쟁기업의 강점과 약점 그리고 경쟁기업의 전략을 이해할 수 있고, 이를 통해 경쟁기업에 대하여 효과적으로 대응할 수 있다. 경쟁기업의 미래전략 변화를 예측할 수 있으므로 그에 따르는 위협과 기회를 사전에 예측할 수가 있다. 경쟁기업에 대한 분석은 일반적으로 경쟁기업의 시장점유율 및 수익성, 경쟁기업의 사업목표, 경쟁기업의 과거 및 현재의 전략, 경쟁기업의 강점과 약점 등의 측면에서 이루어져야 한다. 참고로 경쟁기업의 강점과 약점이 될 수 있는 항목은 [표 8-2]에

표 8-2 ▮ 경쟁기업의 강점과 약점의 분석항목

항목	주요 내용
기술혁신	연구개발(R&D) · 신제품의 개발능력 · 보유기술 · 특허권
제조	원가구조 · 장비 · 원자재 조달능력 · 수직적 통합의 정도 · 근로자의 작업태도 및 동기수준 · 생산능력
재무 (자본조달능력)	영업부의 조달능력 · 단기순자산 · 부채조달능력 및 조달의사 · 주식발생능력 및 발행의사 · 모기업의 지원
경영관리	최고경영층의 자질 · 중간관리층 및 운영체제의 우수성 · 구성원의 충성도 · 이직률 · 전략적 의사결정의 우수성
마케팅	제품 품질 · 제품 계열의 폭 · 상표명 · 유통망 · 소매상과의 관계 · 광고 및 판촉기법 · 판매원 · 서비스의 질 · 고객의 욕구에 대한 지식
고객의 특성	대상 시장의 규모 및 성장성 · 고객의 충성도

자료 : D. A. Aaker, *Strategic Market Management*, New York: John Wiley and Sons, 1992, p.66.

열거되어 있다.

③ 목표시장의 분석

사업환경의 평가작업에는 잠재적인 목표시장을 파악하는 것도 포함된다. 만약 현지국 시장에서 특정 시장부문만을 목표로 하고자 할 경우 시장세분화작업을 통하여 세분시장을 찾아낼 수가 있다. 예를 들어 제품의 가격과 기술적 고도화를 기준으로 시장을 세분화하여 주요 경쟁 기업의 제품을 분류해 보면 현재의 시장경쟁이 어느 부문에 집중되고 있는지를 파악할 수 있다.

④ 현지시장의 성공요인

모든 산업에는 몇 가지 성공요인이 있는데 예를 들어 어떤 산업에서는 주요한 구매업자와의 계약체결 여부가 성공요인이 될 수가 있으며, 어떤 경우에는 상품의 적기공급과 애프터서비스가 성공요인이 되기도 한다. 그런데 이러한 성공요인은 같은 산업이라고 하더라도 국가에 따라 다를 수 있으며, 또한 시간이 지남에 따라 변화하므로 현지시장에서의 성공요인을 정확하게 파악하는 것이 중요하다고 하겠다.

제2절 해외시장 환경분석

1. 투자국의 일반환경분석

1) 일반경제환경

투자현지국의 경제수준이나 성장잠재력, 하부구조 등을 평가하여 전체 기업들에게 미치는 거시환경요인을 분석할 수 있다. 환경분석에 필요한 자료들로는 다음과 같은 것들이 있다.

① 국민소득, 경제성장률, 제조업의 일반수준, 경제발전 등 현재의 경제수준관련 자료

② 국토면적, 인구, 천연자원, 지정학적 위치, 교육수준 등의 장래의 성장잠재력
③ 도로, 항만, 공항, 전력, 용수시설 등 사회간접시설 현황
④ 정부의 경제개발계획, 외국인투자정책 및 개방일정 등 정부의 대외경제정책
⑤ 은행 및 보험산업, 현지금융, 외환 등 금융환경 분야 등이 포함된다.

2) 산업 및 행정규제, 법률적 환경

거시환경요인분석에 이어서 필요한 것은 현지국의 산업 및 각종 규제요인과 법률 직인 측면을 평가하는 것이다. 현지시장에의 진입장벽을 파악하고 현지경영에 수반되는 비용요소들을 분석하는 것이 필요하다

① 외국인 업체 전용공단, 부동산 임대료 및 기간 등 공장입지와 관련된 요인
② 개별기업차원에서의 주력 산업 및 현지국에서의 발전단계
③ 회사설립과 공장건설 및 영업허가 절차상의 용이성 및 비용
④ 건물, 토지 등 부동산 취득의 용이성 및 비용
⑤ 특허권 등 지적소유권 취득의 용이성
⑥ 소득세 감면, 현지물품구입에 대한 세금공제, 감가상각비율의 조정 등 외국기업에 대한 세제상의 우대조치

3) 노동환경

현지국의 노조설립의무, 노임의 변화추세 등을 분석하는 것으로 현지국에서 생산 · 판매하거나, 혹은 제3국에 수출하기 위하여 제조자회사를 설립하려는 기업들은 특히 중요하게 수집 · 분석하여야 한다.

① 숙련 및 미숙련 노동자의 수급상황
② 현지국의 임금수준, 이직률 및 노동의 질
③ 노동쟁의, 파업, 노동조합 등의 노사관계
④ 노동자의 사고방식이나 문화차이에 따른 인사관리문제

4) 시장 및 경쟁환경

진출기업들의 경쟁정도나 현지국시장의 시장 및 경쟁상황을 평가함으로써 자사의 진출가능성과 현지에서의 경쟁에 대비하기 위한 전략수립에 도움이 될 수 있다.

① 당해 제품의 현지시장 규모 및 성장가능성
② 당해 제품의 제3국 수출가능성
③ 당해 제품의 현지제조 후 국내반입가능성
④ 진출대상산업의 현지경쟁상황 및 진출기업의 경쟁력
⑤ 현지 또는 외국기업과의 자본, 기술, 마케팅상의 협력가능성

5) 정치 · 경제적 위험

정치적 환경의 변화와 경제변수의 변화는 기업운영에 커다란 영향을 미칠 수 있기 때문에 위험을 관리하기 위하여 기업은 다음과 같은 요소들을 평가하여야 한다.

① 정치제도 및 지도자의 급격한 변화가능성
② 전쟁, 폭동, 테러 혹은 잦은 데모가능성
③ 국내시장개방, 무역, 외국인투자 등 대외경제정책의 급격한 변경가능성
④ 현지국민의 외국기업에 대한 적대감 정도나 특정 외국에 대한 폐쇄적인 외교정책
⑤ 물가, 환율, 물류비용증가 등 경제적 변화

2. 해외시장의 세분화

시장을 세분화하기 위해서는 비교 · 가능한 자료를 수집하여 측정할 수 있는 세분시장의 규모가 상당히 커야 하며 세분시장 소비자들에게 접근가능해야 한다. 일반적으로 사용되는 시장세분화기준은 다음과 같다.

1) 인구통계적 변수

인구통계적 변수는 소비자집단을 분류하는 객관적인 기준으로 가장 널리 이용되는

데 연령, 성별, 가족구성원의 수, 소득수준, 종교, 인종, 직업 등을 세분화의 기준으로 삼는다. 예를 들면, 국제기업이 시장을 불교, 기독교, 회교, 천주교 신앙권으로 구분하거나 소득수준에 따라 1천 달러 미만, 1천~5천 달러 미만, 5천~1만 달러 미만, 1만 달러 이상으로 분류하는 것이다.

2) 문화적 변수

문화적 세분화는 각국의 문화적 특성의 유사성에 의해 시장을 분류하는 것으로, 특히 해외시장의 세분화기준으로 매우 중요하다. 즉, 문화는 소비자의 행동과 사고방식에 절대적인 영향을 미침으로써 소비자들의 의 · 식 · 주 및 기타 선호체계를 변화시키기 때문에 문화적 특성에 의해 각국 시장을 분류하는 것이 중요하다.

3) 지리적 변수

지리적 세분화는 시장을 국가나 주(도), 지역, 시, 군 등의 상이한 지리적 단위로 나누는 것이다. 예컨대 시장을 아시아권, 유럽권, 북미권, 남미권, 아프리카권 등으로 구분하는 것이다.

이때 국제기업은 지리에 따라 기본적 욕구와 선호의 차이를 인식하여 차별적인 마케팅활동을 전개해야 할 것이다.

4) 행동적 변수

행동세분화는 구매자들이 제품에 대해 갖고 있는 지식, 태도, 반응 등의 기준에 따라 시장을 나누는 것이다. 구체적인 행동변수로는 특정 제품에 대한 사용률, 사용 여부, 구매동기, 충성도, 추구하는 편익 등을 들 수 있다.

5) 제품수명주기를 이용한 시장세분화

국제기업은 마케팅전략을 수립할 때 국제적인 추세나 패턴의 변화를 중시해야 하는데, 그 중에서도 특히 시장세분화전략은 세계시장의 동태적 특성을 반드시 반영하여야 한다.

동태적인 시장특성을 고려하여 시장을 세분화하는 방법으로는 제품수명주기를 국제시장에 적용하는 방법이 많이 활용된다. 제품수명주기는 일반적으로 특정한 한 시장에서 시간경과에 다른 특정제품의 변화추세를 분석하는 데 사용되지만, 국제기업활동에 있어서는 일정시점 혹은 일정기간 동안 여러 국가시장의 제품수명주기상의 상대적 위치를 파악하는 방법으로 활용할 수 있다.

모든 제품은 시장에서 수명주기가 있기 마련이며, 그것의 지속기간과 형태는 제품과 국가에 따라 달라진다.

3. 해외시장의 확대전략

시장확대전략의 수립에 있어서 그 중요성에 비해 기업들이 간과하기 쉬운 문제가 바로 세분시장 내지 개별시장국에의 진출 순서를 결정하는 일이다. 일본기업들은 국제화의 초기 단계에서 해외시장기회를 포착하기 위하여 충분한 정보를 수집한 후, 경쟁적으로 가장 유리한 세분시장에 제한된 자원을 집중 투입하여 발판을 구축한 다음, 여기서 얻어진 경험과 지명도를 바탕으로 다른 세분시장 내지는 시장국으로 진출하여 오늘날과 같은 대규모 다국적기업들로 성장할 수 있었던 것이다.

1) 전형적 확장경로

일본기업들의 가장 전형적인 시장확장경로로서 일본시장에서 개발도상국으로, 그리고 다시 개발도상국에서 선진국으로 진출하는 유형이다. 이러한 예로는 철강, 자동차, 석유화학, 시계, 카메라 등의 산업을 들 수 있다. 이러한 단계별 확장과정은 다음과 같다.

제1단계는 일본기업들이 서방 선진국기업들의 기술을 모방하거나 아니면 라이센싱을 통해 수입을 대체하는 등의 방법으로 국내시장 기반을 다지는 것에서 출발한다.

제2단계는 생산시설 확충으로 인하여 국내시장이 포화상태에 이르게 되자 일본기업들이 과잉생산물의 출구를 찾기 위해 주로 경쟁력이 취약한 동남아나 중남미의 개발도상국시장으로 선회하는 때이다.

제3단계는 개발도상국 시장에서 얻어진 마케팅경험과 가격경쟁력은 물론 지속적인 품질개선 노력을 바탕으로 미국을 비롯한 선진국시장에 진출하게 된다. 일본기업들이 미국시장에 먼저 진입하게 되는 이유는 미국시장의 거대한 규모, 즉 높은 구매력과 함께 일단 미국시장 진출에 성공하면 여타 선진국시장에 대한 접근이 훨씬 용이하기 때문이다.

마지막 제 4단계는 유럽시장까지 뻗어나가는 단계이다. 유럽시장은 지리적 거리와 문화 및 언어적인 차이 등 국가적 장벽 때문에 일본기업들에게 오랜 도전의 대상이었다.

2) 수요우선확장 경로

일본기업들의 확장경로는 전형적 확장경로 아니면 첨단산업의 확장경로에 속하는 경우가 대부분이지만 여기에는 예외가 있다. 즉, 국내시장의 수요가 미미한 관계로 국내시장에의 본격적인 출하보다 선진국시장에서의 판매가 선행된 경우로 컬러TV, VTR 등이 이러한 예에 속한다.

자동차산업에 있어서 일본기업들이 전형적 확장유형에 속한다면, 현대를 비롯한 우리나라 기업들은 첨단산업의 확장경로를 택한 것으로 판단된다.

특히, 현대의 경우 본격적인 미국시장 진입에 앞서 미국과 지리적 · 문화적으로 가까운 캐나다시장에서의 마케팅경험이 커다란 도움이 되었던 사실과 미국시장에서의 초기단계의 마케팅노력이 교포 등 일부 고객층에 집중되었던 것이 그처럼 놀라운 속도로 소형차 시장에서의 시장점유율을 높이는 계기가 되었던 점은 시장확대전략과 관련하여 매우 중요한 의미를 지닌다.

제3절 해외시장 진입방법

1. 수출

기업이 어떠한 동기로든 수출을 통해 해외시장에 진출하기 위해서는 우선 여러 가지 수출형태 또는 수출경로 중에서 하나를 선택하여야 한다. 주요한 수출경로는 크게 간접수출과 직접수출로 구분할 수 있는데, 이들을 간단히 살펴보면 다음과 같다.

1) 간접수출

간접수출이란 종합무역상사, 수출대행업자, 수출조합 또는 국내에 거주하고 있는 외국상인 등을 통하여 수출함으로써 수출국 내에서 요구되는 수출관련기능을 제조업체가 스스로 수행하지 않고 제품을 판매하는 방법이다.

간접수출경로를 선택하는 경우 얻게 되는 장점으로는 다음과 같은 것들이 있다. 첫째, 추가적인 인력이나 고정자본을 투입하지 않고도 수출판매이익을 향유할 수 있다. 둘째, 수출기업은 남보다 한발 앞서 해외시장에 발을 들여놓음으로써 수출을 증대시킬 수 있을 뿐 아니라, 새로운 수출품목의 추가 내지 직접수출로의 이행도 가능하다. 셋째, 세계적인 정보망과 판매망을 구축하고 있는 대행업자의 정보를 획득할 수 있고, 그들의 전문지식활용을 통한 상품판매의 안정성을 추구할 수 있다.

그러나 간접수출은 실질적으로는 국내판매와 크게 다를 바가 없기 때문에, 그만큼 해외시장에 대한 지식과 경험을 축적하기에 불리하고 경쟁업체에게 시장을 상실할 가능성이 직접수출보다 높다. 그리고 수출대행업체들은 제품수출에 따른 사전 및 사후서비스를 소홀히 함으로써 해외고객의 제조업체에 대한 명성을 손상시킬 우려가 있으나 제조업체는 수출대행업체에 대한 통제력이 약하다는 단점이 있다.

2) 직접수출

직접수출은 제조업체가 본사의 수출전담부서나 계열무역회사를 통해 수출과 연관된 제반업무와 기능의 대부분을 타인에게 위임하지 않고 직접 수행하는 수출방법이다. 직접수출을 하게 되면 일반적으로 간접수출의 경우보다 수출판매액이 늘어나게 되는데, 이는 제조업체가 해외시장조사를 포함한 제품의 해외마케팅에 보다 적극적인 노력을 기울이게 되기 때문이다. 또한 직접수출을 하게 되면 제품의 유통경로에 대한 통제를 강화할 수 있고, 국제마케팅에 대한 전문적인 지식을 축적할 수 있다.

그러나 해외시장에서의 매상고의 증대와 비례하여 제조업체 내에 수출을 전담하는 인원이나 부서 또는 별도의 수출전담기업을 설치해야 한다. 더 나아가서는 해외에서의 마케팅을 담당할 현지지점이나 해외자회사까지 운영해야 할 경우도 생기므로, 그

만큼 수출경비가 늘어나게 된다.

제조업체의 입장에서 본 직접수출의 장 · 단점은 간접수출과 비교하여 대개 반대로 생각하면 되므로 여기서는 구체적인 언급은 생략하기로 한다. 다만 한 가지 강조하고 싶은 점은 우리나라의 경우만 살펴보아도 알 수 있듯이 오늘날 거의 모든 대기업들은 간접수출보다 직접수출에 의존하고 있으며, 해외시장 및 국제마케팅경험과 무역실무에 대한 지식이 어느 정도 보편화됨에 따라 중 · 소규모의 제조업체들도 상당수가 직접수출을 하고 있다는 사실이다.

2. 계약형태의 진출방식

계약형태의 진출방식은 무형의 자산인 공업소유권, 상표, 물질특허, 저작권 등의 지적소유권과 컴퓨터 소프트웨어 등의 기술적 노하우, 경영관리 및 마케팅을 포함한 경영노하우 등의 경영자산을 하나의 상품으로 취급하여 해외시장에 진입하는 방식이다.

계약형태의 진출방식은 물론 수출기회를 창출하는 수도 있지만, 이는 본질적으로 기술이나 노하우의 판매를 주요 대상으로 하고 있으므로 일반상품의 수출방식과는 근본적으로 다르다. 또한 주식투자가 수반되지 않으므로 다음에서 설명되는 해외직접투자에 의한 진출방식과도 확연히 구분된다.

1) 국제라이센싱

국제라이센싱(internatonal licensing)은 특정기업(licensor)이 보유하고 있는 특허, 상표 및 상호, 노하우 등을 외국에 있는 기업(licensee)으로 하여금 일정한 조건하에서 활용할 수 있도록 허가하는 대신에 로열티 또는 기타 형태로 그 대가를 지급하기로 당사자 간에 계약을 체결하는 것을 말한다. 라이센싱계약의 핵심은 무형자산의 이전으로서, 단지 전문적 서비스를 제공하는 경영관리계약과 기술원조계약이나 실물자산의 이전을 수반하게 되는 해외건설계약 또는 턴키계약(turn-key contract) 등과는 성격을 달리한다. 라이센싱계약을 체결하게 되는 이유는 대개 다음과 같다.

첫째, 국내에서 이미 사용된 기술을 해외에 이전시킴으로써 추가적인 이윤의 확보가 가능하다.

둘째, 해외시장에서 특허나 상표를 보호하는 동시에 크로스라이센싱(cross licensing)을 통한 상호교환을 기대할 수 있다.

셋째, 해외자회사에 대한 형식적인 라이센싱을 통해서 현지국에서 외환통제를 실시하는 경우에도 본국으로의 과실송금이 어느 정도 가능하다.

이 밖에 해외시장에 보다 적극적으로 개입하기 위한 발판을 마련하기 위해 라이센싱이 활용되기도 한다.

(1) 국제라이센싱의 장 · 단점

라이센싱의 장점은 수출활동에 비하여 관세인상이나 수입장벽에 대한 우회수단으로 활용할 수 있으며, 해외직접투자에 비하여 정치적 위험발생 시 피해가능성이 적다는 것이다. 그리고 비교적 적은 비용으로 해외시장에 진출하는 방식으로서 소규모 제조업체에게 매력적인 유인을 제공한다. 특히, 목표시장에서의 판매가능성이 낮고 불확실한 경우에는 수출이나 직접투자보다는 라이센싱이 유리하다.

라이센싱의 단점으로는 우선 특정 기술이나 상표 등을 보유한 업체만이 활용할 수 있는 수단이며, 현지에서의 마케팅활동 또는 생산활동에서 생길 수 있는 이익을 스스로 포기하는 셈이 되고, 계약에 따라 수입도 일정비율로 제한되는 것이 보통이라는 것이다. 그리고 가장 큰 단점은 라이센싱을 통해 기술을 습득한 업체가 현지시장은 물론 다른 나라의 시장에서 무서운 경쟁자로 등장할 수 있다는 것이다.

(2) 국제라이센싱 선택 동기

기업들이 해외사업방식으로 국제라이센싱을 선택하게 되는 일반적인 동기들은 다음과 같다.

① 경제적 동기

- 기술을 이용해 해외시장 전체를 커버할 만한 능력을 보유하고 있지 못한 때
- 경쟁자가 쉽게 기술을 모방하고 개발할 가능성이 클 때
- 진출하고자 하는 시장의 규모가 작을 때
- 운송비 등 국제 간 재화의 이동에 따른 비용이 과다할 때

② 정치적 · 법적 동기

- 관세나 수입할당제 등의 무역장벽을 피하기 위해
- 상대국 통화의 평가절하가 장기간 지속될 경우
- 정치적 위험의 회피
- 법적 규제(예 : 직접투자에 대한 제한조치, 외국인 소유에 대한 제한 등)의 회피

③ 전략적 동기

전략적 가치가 떨어져 더 이상 개발할 필요가 없을 때

(3) 국제라이센싱의 문제점

국제라이센싱은 여러 가지 경우에서 효율적인 해외시장 진입방식이 될 수 있지만 여러 가지 문제점도 존재한다.

① 통제의 어려움

라이센싱은 라이센서가 보유하고 있는 무형자산이 외부로 확산되는 것이 불가피하게 된다. 그리고 라이센싱은 기술 등의 무형자산을 제공한 후 계약내용에 포함되지 않은 사항에 대해서는 라이센시가 독자적으로 의사결정을 할 수 있으므로 라이센서의 입장에서는 라이센시에 대한 통제의 문제가 발생하게 된다.

② 낮은 수익성

라이센싱은 현지생산 혹은 현지 마케팅활동을 수행하는 경우에 비해 위험은 작지만 이익이 낮다.

③ 경쟁자 양성

라이센시는 라이센싱 계약기간 동안 그 기술의 사용을 통해 기술에 대한 지식과 노하우를 축적할 수 있고, 그 기술을 활용하여 새로운 기술도 개발할 수 있다. 결국 라이센싱 기간종료 후 라이센시가 현지시장 혹은 제3의 시장에서 라이센서의 경쟁자로 등장할 수 있다.

④ 유연성 부족

라이센싱은 계약기간 동안 라이센시가 독점적인 권리를 행사할 수 있도록 보장하여 주기 때문에 일단 라이센스를 제공하고 나면 계약이 종료될 때까지 그 나라에서 다른 활동을 하거나 라이센시를 교체할 수 없게 된다. 만약 라이센시가 계약내용을 위반하면서 기회주의적인 행동을 하게 되더라도 독점적 권리를 보장한 이상 라이센시를 다른 거래선으로 바꾸는 것은 쉽지 않다.

2) 프랜차이징

프랜차이징(franchising)은 영업본부(franchisor)와 가맹사(franchisee) 사이의 교환관계로서, 영업본부는 가맹사에게 상호, 상표 등의 사용권을 허가해 주고, 영업본부의 관점에서 가맹사의 정상적인 경영활동을 지원해 주는 방식이다. 영업본부가 상표, 상호 이외에 가맹사에게 지원하는 분야는 품질관리, 경영방식, 사업체의 조직운영, 표준화된 마케팅 서비스 등이다. 가맹사의 소유권은 영업본부와는 독립되어 있으며, 영업본부는 프랜차이징에 따른 수수료를 지급받는다.

또한 프랜차이징은 광의의 라이센싱의 한 형태로서 특정기업(franchisor)이 갖고 있는 상표나 상호의 사용권을 다른 개인이나 기업(franchisee)에게 허가하는 동시에 원료 및 관리시스템까지 일괄제공하여 양자가 직접 · 간접으로 다 같이 경영에 참가하는 방식이다.

프랜차이징은 라이센싱의 한 형태라고도 볼 수 있으나, 상호, 상표 등에 대한 사용허가 이외에도 경영활동을 위한 추가적인 지원이 따른다는 점에서 차이가 있고, 라이센싱보다는 가맹사의 운영에 더 강력한 통제가 이루어진다는 특징이 있다.

프랜차이징은 19세기에 등장하여 1960년대에 성행하기 시작했으며 1970년대 이후 해외시장 진입전략으로 각광을 받고 있는데, 일반적으로 피자헛이나 맥도날드와 같은 음식점과 힐튼, 쉐라톤 등 호텔, 주유사업 등과 같은 서비스 업종에서 많이 나타난다.

또한 프랜차이징을 통한 해외시장 진입의 대표적인 예로서 코카콜라(Coca-Cola), 펩시콜라(Pepsi-Cola), 맥도날드 햄버거(Mcdonald's Hamburger), 켄터키 치킨(Kentukey Fried Chicken) 등은 오늘날 세계 어디서나 찾아볼 수 있는 유명상표가 되었다.

이러한 프랜차이징은 기업의 제품성격상 완제품 형태로는 해외시장국에 수출될 수 없는 경우로서, 생산공정 내지 관리시스템이 쉽게 상대방에게 이전될 수 있는 경우에 활용가치가 높다. 이 방식은 때로는 장차 합작투자 내지 단독투자를 하기 위한 과도기적 진출방식으로 활용되기도 한다. 프랜차이징은 프랜차이지업체에 대한 끊임없는 지원과 통제를 보다 강조하고 있다는 점에서 좁은 의미의 라이센싱과 구별된다.

프랜차이징은 라이센싱과 유사한 형태이기 때문에 프랜차이징의 장 · 단점도 라이센싱과 거의 비슷하다.

(1) 프랜차이징의 장점

① 시장진입의 신속성

프랜차이징은 적은 비용으로 해외시장에 빨리 진입할 수 있다. 예를 들어 패밀리 레스토랑 기업의 경우 비싼 임대료를 지불하면서 자사가 직접 매장을 운영하는 것보다는 프랜차이징을 활용할 경우 적은 비용으로 빨리 시장을 확산시킬 수 있다.

② 규모의 경제효과

프랜차이징은 광고, 원료구매 등 다양한 부가가치 활동에서 표준화된 마케팅을 수행함으로써 이미지를 통일시킬 수 있고 규모의 경제효과를 얻을 수 있다.

③ 가맹사에게 동기부여

프랜차이징 가맹사는 영업본부에 일정한 수수료만 지불하면, 나머지 영업수익은 대부분 자신의 수익으로 돌아가므로 가맹사가 스스로 매출액 증대를 위해 적극적인 경영활동에 참여하게 된다.

④ 낮은 정치적 위험

프랜차이징은 직접투자에 비해 현지시장에 대한 개입 및 자원의 투여가 적은 사업형태이므로, 현지국에서 정치적 변화가 일어난다 하더라도 정치적 위험을 극소화할 수 있다.

(2) 프랜차이징의 단점

① 가맹사 운영의 통제 어려움

프랜차이징은 기본적으로 영업본부와 가맹사 사이의 외부화된 거래관계이기 때문에 영업본부의 기술이나 브랜드가 가맹사에게 유출될 위험이 항시 존재한다. 그리고 계약내용에 포함되지 않은 사항에 대해서는 가맹사가 독자적으로 의사결정을 할 수 있으므로 영업본부의 입장에서는 가맹사를 통제하기 어렵다.

② 경쟁자의 양성

프랜차이징 관계를 통해 영업본부의 경영노하우와 기술을 배운 가맹사가 계약기간이 종료된 이후에 강력한 새로운 경쟁자로 나타날 수 있다.

③ 영업본부 이익의 한계

프랜차이징 역시 영업본부의 관점에서는 직접 생산 및 마케팅하는 것보다는 수익성이 낮을 수밖에 없다.

④ 정부의 규제가능성

프랜차이징은 영업본부가 적은 비용과 짧은 시간 내에 광범위한 현지시장을 신속하게 잠식할 수 있는 효율적인 방법이므로 현지정부가 국내산업 보호 등을 이유로 프랜차이징 방식에 대한 규제를 강도 있게 시행할 가능성이 높다.

3) 계약생산

계약생산(contract manufacturing)은 라이센싱과 해외직접투자의 중간형이라고 할 수 있다. 이 방식은 국제기업이 진출대상국에 있는 기존의 제조업체로 하여금 일정한 계약조건하에서 제품을 생산하도록 하고, 이를 현지국시장이나 제3국시장에 판매하는 형태로 이루어진다. 이른바 OEM(Original Equipment Manufacturer)방식이라고 하여, 우리나라에서 생산되어 수출되는 공산품의 상당량이 외국수입업자의 상표가 붙어 세계시장에서 판매되고 있는데, 이것도 일종의 계약생산이라고 할 수 있다.

계약생산에 의하면 해외생산에 필요한 시설에 대한 투자가 없이도 일반적으로 라이센싱으로는 어려운 마케팅에 대한 통제 등에 있어서 해외직접투자와 유사한 이점을 누릴 수 있다. 그러나 적당한 제조업체를 찾기가 어렵고, 또 제조업체가 나타났다 하더라도 만족할 만한 품질과 판매수준을 유지하기 위해서는 막대한 기술원조가 요구될 경우도 있다. 이러한 관점에서 계약생산은 해외시장에 진출하려는 기업의 경쟁적 우위가 제품의 생산보다 마케팅에 있는 경우에 빈번히 활용되는 전략이다.

4) 관리계약

관리계약(management contract)은 계약을 통해 현지국기업의 일상적인 영업활동을 관리할 권한을 부여받고 이러한 경영서비스를 제공하는 데 대해 일정한 대가를 수취하는 방식이다. 이는 기업의 소유와 경영을 분리하여 전문경영인에게 기업경영을 위임하는 오늘날의 세계적 경영현실을 국제경영에 적용시킨 것으로 볼 수 있다. 이러한 계약하에서는 해외직접투자의 경우와는 달리 새로운 자본투자, 배당정책의 결정, 기업정책의 변경 또는 소유권 변경과 같은 중요한 의사결정에 대해서는 관여하지 못하는 것이 보통이다.

관리계약은 경영층의 특수한 지식이나 경험이 요구되는 전문 서비스업종에서 자주 이용되고 있다. 때로는 현지국에서 일정비율 이상의 주식보유를 허용하지 않는 경우 현지 합작선과의 합작투자로 설립된 기업의 경영권을 장악하기 위한 수단으로 활용되기도 한다.

관리계약만을 따로 떼어 생각할 경우 낮은 위험으로 해외시장에 진출한다는 장점은 있지만, 자기 제품의 시장위치를 확보할 수 없으므로 제조업체들에게 그리 만족스러운 방식은 아니다. 따라서 이는 합작투자, 플랜트수출 등 다른 방식과 결합되어 이용될 때 더욱 바람직한 효과를 기대할 수 있다.

5) 턴키운영(turnkey operation)

국내외의 중공업 대형업체들은 해외의 발주자를 위하여 원자력발전소, 생산공장, 석유시추시설 등을 건설 내지 시공하고, 이를 가동 직전의 단계에서 넘겨주는 턴키운영방식을 많이 활용하고 있다. 흔히 턴키운영방식을 플랜트수출(plant export)이라고도 한다.

이보다 한 단계 더 나아가 발주자가 당해 사업을 독자적으로 영위할 수 있도록 경영관리나 근로자훈련 같은 서비스를 제공할 의무를 추가로 부담하게 되는 방식도 있는데, 이를 턴키 플러스(turnkey plus)라 부르기도 한다.

이러한 계약의 체결을 위하여 쌍방 간에 복잡한 협상과정을 거치게 되고, 막대한 비용과 시간이 소요되며, 또한 이에 수반되는 법적 절차도 간단하지가 않다. 따라서 이러한 계약에는 시설 및 공장의 명세, 계약당사자의 의무와 책임, 불가항력(force majeure)조항, 계약위반 및 법적 책임, 그리고 분쟁해결방법 등이 계약서상에 상세하게 명시되어야 한다.

또한 이러한 계약은 대부분의 경우 현지국 정부와 체결하게 되므로, 계약취소나 계약조건의 강제적 재협상과 같은 정책적 위험이 다른 방식에 비해 특히 높다. 그리고 현지국 정부는 계약과 함께 입찰, 선지급, 하자 및 이행에 대한 보증으로 일급은행의 보증을 요구하고 있어 막대한 위험이 뒤따른다. 따라서 국제기업은 일반적인 정치적 불안정을 포함한 정치적 위험과 함께 이러한 특수한 위험에 대해서도 세심한 배려를 기울일 필요가 있다.

6) 국제하청생산

국제하청생산(international subcontracing)은 국제기업이 해외의 독립기업으로부터 제품을 조달하여 그 제품을 현지국 혹은 제3국에 판매하는 형태를 말하는데, 대표적으로 OEM(Original Equipment Manufacturer)방식에 의한 수출을 들 수 있다. 예를 들어 1970년대에서 1980년대에 이르러 나이키나 리복 등이 부산지역의 신발하청업자들과 납품계약을 체결하고 있는 것이 좋은 예이다.

국제하청생산은 국제기업이 일정 품질에 도달하는 제품을 생산하기 위해 하청업자에게 생산기술과 품질관리를 제공해 준다. 국제하청생산은 하청업자의 입장에서는 적은 비용과 노력, 낮은 위험을 감수하면서 해외시장으로 진출할 수 있는 효율적인 시장진입방식인 반면, 주문자들의 가격인하 등의 부당한 압력을 받을 수 있다.

반면 국제기업의 관점에서는 현지의 양호한 입지여건을 자신의 제품디자인 및 기술능력과 결합하여 국내시장 혹은 제3국 시장에서의 경쟁력을 제고할 수 있는 방법이다. 또한 국제기업은 자신이 직접 공장을 운영하지 않으면서도 신속하게 시장진입이 가능하고, 시장환경이 좋지 않을 때 시장으로부터 빨리 철수할 수 있다는 장점이 있다.

그러나 일정 수준의 품질을 유지할 수 있는 적당한 제조업체의 물색이 어렵고, 자격 있는 제조업자를 찾았다 하더라도 엄격한 품질관리가 뒤따라야 하며, 계약기간이 종료되면 하청업자가 새로운 경쟁업체로 등장할 가능성도 많다.

7) 인수 · 합병

직접투자방식으로 해외시장에 진출하는 데는 소유지분의 결정과 함께 현지의 기존기업을 인수할 것인가, 아니면 새로이 기업을 설립할 것인가가 중요한 의사결정과제로 대두된다. 전통적으로 해외투자를 하게 되는 경우 새로운 기업을 세우는 것으로만 인식되어 왔으나, 최근에는 기존기업의 인수 · 합병(M&A : Merger & Acquisition)에 대한 관심이 날이 갈수록 증대되고 있다.

(1) M&A의 개념

인수(acquisition) 또는 매수란 한 기업이 다른 기업의 주식이나 자산 등을 매입하여 경영권을 장악하는 것을 말하며, 합병(merger)이란 독립된 기업들이 인적 · 물적 · 자본적 결합을 통하여 동일한 관리체제하에서 기업활동을 영위하는 기업결합의 한 형태를 가리킨다. 그러나 현실적으로는 양자를 엄밀히 구분하기가 어렵기 때문에 이를 통칭하여 인수 · 합병(M&A)이라고 한다.

인수 · 합병은 결합형태에 따라 수직적 합병(같은 산업 내의 생산단계가 다른 기업과의 결합), 수평적 결합(같은 산업 내의 동일한 생산단계의 경쟁기업과의 결합), 복합적 합병(다른 산업에 있는 기업 간의 결합)으로 구분되며, 2개 이상의 기업이 합병 후 새로운 기업으로 재탄생되는가 아니면 한 회사가 다른 회사에 흡수되는가에 따라 신설합병과 흡수합병으로 구분된다. 또한 합병방식이 자산의 취득인가 아니면 주식의 취득인가에 따라 자산합병과 주식합병으로 구분되기도 한다.

어떤 형태로든 기존기업을 인수하여 해외시장에 진출하게 되는 동기는 대개 현지기업이 보유하고 있는 특정자산의 취득과 여기서 얻어지는 시너지효과(synergy effect)를 통한 기업가치의 극대화, 사업의 다각화 또는 지역적 다각화를 통한 이익기회의 확대와 위험분산 등이다.

(2) M&A의 장점

이와 같은 인수 · 합병 방식의 장점으로는 다음과 같은 것들을 들을 수 있다.

첫째, 이미 독자적인 제품과 시장 및 판매망을 보유하고 있는 기존의 기업을 인수하기 때문에 목표 해외시장에 신속하게 진입할 수가 있다. 이에 따라 수익성 여부가 즉각 결정나므로 투자의 회임기간도 짧다.

둘째, 기존기업이 보유하고 있는 경영 및 노동인력뿐만 아니라, 제조 및 판매에 대한 경험도 지식과 함께 흡수할 수가 있다. 특히 인수 · 합병을 하게 되면 기업을 신설할 때 겪기 마련인 인력확보의 어려움을 상당히 해소시킬 수 있다.

셋째, 무리없이 새로운 제품라인을 추가할 수 있다. 특히, 본사의 제품라인과 유사한 경우에는 본사의 기술과 지식을 활용할 수 있다.

(3) M&A의 단점

반면에 인수 · 합병에는 문제점 또한 적지 않다.

첫째, 적절한 인수대상기업의 선정과 평가가 어렵다. 즉, 선호하는 기업을 찾기도 어렵지만 그러한 기업이 나타났다고 해도 비밀유지, 회계기준의 차이, 허위 재무제표 등으로 적당한 인수가격의 결정이 쉬운 일이 아니다.

둘째, 기준 기업을 인수한다는 것은 그 문제점까지도 떠맡게 되는 것을 의미한다. 예를 들어, 대고객 이미지가 좋지 않은 기업을 인수하게 되면 나쁜 이미지까지 따라오게 된다. 때로는 공장시설이 노후화되어 기업을 신설하는 것 이상의 신규투자를 필요로 하는 경우도 있다.

마지막으로 현지국 또는 본국에서 인수 · 합병을 금지하거나 제한하는 경우도 있다. 일반적으로 현지국 정부는 인수 · 합병을 그다지 선호하지 않는 경우가 많다. 이는 단순한 소유권의 이전에 그칠 수도 있는 인수 · 합병은 신규 설립보다 고용창출이나 경쟁촉진 등의 경제적 효과가 크지 않다고 생각하기 때문이다. 또한 인수 · 합병 시에는 독과점을 금지하고 있는 현지국이나 본국의 관련법규에 저촉되는지의 여부도 유의하여야 한다.

표 8-3 ▮ 해외진출형태의 장 · 단점

유형	형태	장점	단점
수출방식	수출	• 입지 및 경험상의 경제성 실현	• 높은 운송비 • 무역장벽 • 현지 마케팅 대리점 관리
계약방식	라이센싱	• 연구개발비 부담 및 위험회피	• 기술에 대한 통제력 상실 • 입지 및 경험상의 경제성 실현 불가능 • 범세계적인 전략적 조정 불가능
	프랜차이징	• 연구개발비 부담 및 위험회피	• 품질에 대한 통제 불가능 • 범세계적인 전략적 조정 불가능
	관리계약	• 위험회피 • 전문 경영지식이나 경험활용	• 경영의사결정에 참가 불가 • 일시적 수탁관리 • 수익이 수수료에 국한
	턴키프로젝트	• 공정기술의 활용에 따른 수익 확보	• 경쟁기업 양성 • 장기적인 시장확보 불가능
직접투자 방식	계약생산	• 투자 불필요 • 관세장벽 회피 • 낮은 생산비	• 품질관리 • 공급제한
	단독투자	• 기술보호 • 범세계적인 전략적 조정가능 • 입지 및 경험상의 경제성 실현	• 높은 수준의 비용과 위험
	합작투자	• 현지 파트너의 지식에 대한 접근가능 • 연구개발비용 및 위험부담 • 정치적으로 수용가능	• 기술에 대한 통제력 상실 • 범세계적인 전략적 조정 불가능 • 입지 및 경험상의 경제성 실현 불가능

■ Chapter **09** ■

글로벌 투자이론

제1절 해외직접투자의 개관

1. 해외직접투자의 개념

해외직접투자(FDI : Foreign Direct Investment)는 해외에서 경영지배 또는 통제권을 행사함으로써 직접 사업을 수행하기 위하여 투자하는 것을 의미한다. 해외직접투자는 자본뿐 아니라 제품 · 기술 · 특허 · 경영관리능력 등과 같은 각종 경영자원이 패키지 형태로 동시에 이동된다는 것이 특징이다.

해외직접투자는 기업목표인 이익과 성장을 전제로 투자기업이 외국의 투자대상기업에 대한 경영지배 또는 경영참여를 목적으로 유형의 경영자원인 자본뿐 아니라 무형의 경영자원인 기술 · 특허 · 상표권 · 경영 또는 마케팅 노하우 등 기업의 재반 자원을 패키지(package) 형태로 해외에 이전시키는 방식이라고 할 수 있다. 따라서 해외직접투자는 기업체들이 활용할 수 있는 해외시장진출전략 중에서 가장 중요하고 복잡한 전략이다.

국제경영전략적 차원에서 해외직접투자는 수출의 상대개념으로 정의되고 있는 것이 보통이다. 즉, 수출이 국내의 생산요소들을 국내에서 경쟁하여 제품의 상태로 해외로 이전시키는 방법이라면, 해외직접투자는 국내의 자본 · 생산기술 · 경영기술 등의 생산요소를 해외로 이전하여 당해국의 생산요소인 노동 · 토지 등과 결합하여 생산 및 판매를 하는 것이라는 점에서 대조가 된다.

이상과 같은 해외직접투자는 오늘날 신보호무역주의의 만연으로 각국이 관세 및 비관세장벽을 강화함에 따라 수출에 많은 어려움을 겪고 있는 기업들이 국제시장진출에 활용할 수 있는 가장 적극적인 전략적 대안의 하나로서 각광을 받고 있다.

2. 해외직접투자의 특성

해외직접투자는 다음과 같은 특성을 가진다. 첫째, 해외직접투자는 투자동기 면에서 단순히 이자나 유동성 확보만을 지향하는 유가증권투자 또는 배당소득만을 목적으로 하는 주식매입과는 달리, 해외사업에 대하여 직접적으로 영향력을 행사하여 경영지배를 하는 것이 목적이다. 해외직접투자는 경영참여를 목적으로 하고 있다는 점에서 간접투자와 구별된다. 그러나 주식투자의 경우 투자형태상 공통점이 많고 외견상 구분이 곤란하므로 경영지배권을 출자비율에 의해 구분하여 일정수준 이상의 주식보유를 직접투자로 보는 것이 일반적이다. 이에 관하여 명확한 기준은 없으나 미국 · 일본 등의 국가에서는 출자비율 25% 이상을 직접투자로 분류하고, 우리나라는 외국환거래법상 원칙적으로 50% 이상을 직접투자로 분류하고 있다.

둘째, 해외직접투자는 구체적 형태 면에서 단순한 화폐적 형태의 자본이동뿐만 아니라 유형 · 무형의 경영자원, 즉 외면상으로는 경영자를 중핵으로 하고 실질적으로는 경영관리상의 지식과 경험, 특허(patent), 노하우(know how)는 물론 마케팅기법 등을 포함한 광범한 전문적 · 기술적 지식, 판매 · 원료구입 · 자금조달 등 시장에서의 지위, 상표 또는 신용, 정보수집 · 연구개발을 위한 조직 등을 포함한 포괄적 이전을 의미하고 있다는 점에서 수출이나 라이센싱과 구별된다.

셋째, 해외직접투자는 자본의 수출인 동시에 기업의 수출로서 한 국가의 기업이 국내지향 및 해외지향의 경영에서 현지지향 및 세계지향의 경영으로 전환하기 위한 필요조건이다. 이를 기업의 일반적인 성장과정에서 보면 기업은 생성 초기단계에서는 국내시장 개척에 주력하나, 기업이 성장하면서 국내판매에서 발생되는 제문제, 즉 시장의 제한성, 경쟁의 심화 등을 해소하기 위하여 수출에 의한 해외시장 개척을 도모하게 된다.

해외직접투자는 이와 같이 기업이 현지생산기에 접어들면서 이루어지며, 따라서 해외직접투자는 다국적기업의 발생과 성장을 위한 기반이라 할 수 있다. 여기에서 한 걸음 더 나아가 기업이 세계시장을 상대로 유기적 경영을 수행하고자 할 때 해외직접투자는 그 기본조건이 되는 것이다.

3. 해외직접투자의 동기

1) 시장추구형(market seekers)

시장추구형의 투자는 관세 · 비관세 무역장벽을 회피하여 기존의 수출시장을 방어하거나 새로운 시장을 개척하기 위하여 현지생산 및 현지판매를 전개하는 것을 뜻한다. 이러한 경우 무역장벽은 오히려 현지국 외부로부터의 경쟁을 제한시키는 역할을 한다는 장점이 있다.

기존시장 유지 및 신시장 개척을 위해 피투자국 현지시장을 겨냥하여 현지에서 생산을 하는 해외직접투자로서, 이는 다시 방어형 시장추구와 공격형 시장추구로 구분된다.

(1) 방어적 시장추구형

수출국의 무역규제가 심할 경우 기존의 수출시장을 방어하기 위하여 해당 국가에 직접투자를 하거나 또는 우회수출기지를 확보할 목적으로 제3국에 해외직접투자를 하는 경우를 말한다. 1970년대 말 미국이 가전산업에 대한 수입규제를 강화함에 따라 당시 금성사(현 LG전자)가 미국시장을 지키기 위해 미국에 컬러TV 공장을 세운 것이 좋은 예이다.

(2) 공격적 시장추구형

새로운 시장을 확보할 목적으로 해외직접투자를 수행하는 경우를 말하는데, 르노자동차가 삼성자동차를 인수한 것도 중국시장을 확보하기 위해 한국시장을 전진기지로 활용하기 위한 것이다.

2) 생산효율성 추구형(product efficiency seekers)

생산효율추구형의 투자는 생산성에 비해 생산요소의 가격이 상대적으로 저렴한 지역에 투자를 하여 생산활동을 전개하는 것으로 특히 많은 개발도상국계 다국적기업들이 후진국의 풍부한 노동력을 활용하기 위해 이러한 나라에 조립공장을 운영하는 경우를 자주 볼 수 있다. 최근에는 한국의 중 · 소제조업자들도 국내 인건비의 상승으로 임금이 상대적으로 싼 동남아지역에 직접투자를 확대하고 있다.

3) 자원추구형(resource seekers)

자원추구형 및 천연자원지향형은 부존자원이 풍부한 지역에의 자원개발투자를 통해 여기서 얻어진 원료를 투자기업체의 본사 생산활동에 활용하기 위해 국내로 반입하거나, 본사국의 타 기업체에 수출하거나 또는 제3국에 판매하는 형태의 해외직접투자이다. 이러한 천연자원지향형 투자는 단순히 자원의 개발에 그치는 것이 아니라 개발 · 가공 · 판매가 수직적으로 통합되는 경우가 많으며, 막대한 자본투입, 높은 위험부담과 함께 투자의 장기회임성을 특징으로 한다.

특히 한국과 같이 부존자원이 빈약한 나라의 기업들은 개발이익의 참가뿐 아니라 자원의 저렴하고도 장기안정적인 확보를 위해서 인도네시아의 원목 · 원유개발, 알래스카의 유연탄 개발 등에 참여하고 있다.

4) 지식추구형(knowledge seekers)

지식추구형의 투자는 외국의 선진기술이나 경영관리기법을 보다 신속하고 가까이에서 습득하기 위한 동기에서 이루어지게 된다. 한국의 기업들도 최근 이러한 지식추구형 투자에 대한 관심이 부쩍 높아지고 있다. 즉 현대전자, 삼성반도체, LG 등이 최첨단기술을 습득하기 위해 미국의 실리콘밸리에 설치하고 있는 현지법인이 바로 이러한 지식추구형 투자의 대표적인 예이다.

이상과 같은 전략적 동기는 상호 배타적이 아니라 보완적인 성격을 지닌다. 따라서 어느 한 가지 동기만을 이유로 해외직접투자가 일어나기보다는 일반적으로 한 가지 이상의 동기가 결합되어 투자가 이루어진다.

5) 기타

(1) 정치적 안정추구형(political safety seekers)

소유권 몰수나 정부규제 등과 같은 정치적 위험을 회피할 목적으로 정치적으로 안정되어 있는 지역으로 투자를 행하는 경우이다.

(2) 선도기업 추종형(follow-the-leader)

과점적 시장경쟁구조하에서 한 기업이 해외직접투자를 행하면 다른 과점적 경쟁기업이 재빠르게 뒤따라 투자하는 경우이다.

(3) 고객 추종형(follow-the-customer)

부품업체가 완제품 생산업체의 필요를 채워주기 위한 동반진출을 하거나, 혹은 서비스업분야에서 자국 기업에게 필요한 서비스를 제공하기 위해 자국기업이 많이 진출해 있는 국가를 택해 서비스부문의 해외직접투자를 행하는 경우이다.

4. 해외직접투자의 유형

해외직접투자는 투자지분, 자회사 설립방식에 따라 그 유형을 단독투자와 합작투자, 그리고 신설방식과 인수 · 합병으로 구분할 수 있다.

1) 단독투자

단독투자(sole venture 혹은 wholly-owned subsidiary)는 해외사업 투자자가 투자소요액 100%를 전액 투자함으로써 해외자회사를 완전소유 · 통제하는 형태로서, 투자자가 합작소유 시 발생되는 소유권 및 수익분배 등에 대한 갈등을 회피하기 위해서 혹은 범세계적 경영관리조직 내에 해외활동의 모든 기능을 통합통제하고자 할 때 선택된다.

단독투자의 장점으로는 첫째, 모든 기업활동을 투자기업이 스스로 운영 · 변경할 수 있기 때문에 다른 기업과의 의견충돌이나 불필요한 마찰을 회피할 수 있고, 둘째, 투자기업의 기술, 노하우 및 기타의 기업기밀이 누설되는 것을 방지할 수 있으며, 셋째, 기업활동에 대한 의사를 신속히 결정하여 해외사업을 기민하게 추진할 수 있다는 점들을 들 수 있다.

반면에 단점으로는 첫째, 거액의 자금이 소요되는 대규모 사업은 단독으로 추진하기 어려울 뿐만 아니라 만일 이러한 사업을 단독으로 추진하다 실패할 경우에는 그에 따른 손실을 혼자 감당하여야 하기 때문에 매우 위험이 크다. 둘째, 투자기업이 현지국에 대한 각종의 정보획득 및 특혜이용이 용이하지 못하다. 셋째, 단독투자를 금지하는 국가에는 진입 자체가 어렵다는 점 등을 지적할 수 있다.

2) 국제합작투자

(1) 개념

국제합작투자(international joint venture)는 서로 다른 국가의 2개 이상의 기업체들이 특정 목적을 달성하기 위하여 각 기업의 경영자원과 능력을 결합하여 특정의 기업체를 설립하고 그 경영에 공동참여하는 형태이다. 즉 사업에 소요되는 투자액을 공동출자하여 공동으로 자회사를 소유 · 통제하는 형태이다. 국제합작투자는 그 소유지분의 구성에 따라 다시 다수지분과 공동지분, 그리고 소수지분의 형태로 나눌 수 있다.

따라서 합작투자의 가장 중요한 본질적 특성은 공유(sharing)인데, 이는 자본, 자산 등의 기업자원투입을 공유할 뿐만 아니라 경영관리와 이익 또는 적자나 위험 등도 합작선들이 공유하여야 함을 의미한다.

(2) 동기

국제합작투자의 동기는 외국합작선 입장과 현지합작선의 입장으로 나누어 살펴볼 수 있다.

외국합작선 입장에서는 현지국의 법적 또는 행정적 규제로 단독투자가 불가능한 경우에 주로 많이 합작을 하게 되고, 현지 합작선이나 현지정부가 제공하는 배당, 경영, 세제 혹은 외환관리상의 특혜이용이 주된 동기가 된다.

또한 현지시장의 환경에 익숙지 못해 나타날 수 있는 위험을 현지기업과 합작함으로써 극복할 수 있다. 이 외에도 투하자본의 절약, 경영활동상의 위험경감, 인적자원의 절약, 현지종업원들의 사기앙양, 현지국의 저렴하고 풍부한 노동력 이용, 현지국의 풍부한 천연자원개발, 제품판매시장의 확대와 개발, 현지국 정부나 국민과의 관계개선 등을 위하여 합작투자하기도 한다.

현지합작선 입장에서 외국기업과의 합작을 선호하는 이유는 외자유치에 의한 자본력의 증가, 기업신용의 증대를 통한 융자의 용이성, 선진경영기법이나 제조판매기술의 효율적 습득, 현지정부의 외자도입 촉진정책에 의한 법적 · 행정적 특혜이용, 외국과의 협력관계증진, 해외마케팅활동의 촉진 등을 들 수 있다.

(3) 형태

합작투자는 51%에서 99%를 투자한 다수소유(majority owned), 해외투자가와 현지인이 각각 50%씩 투자한 공동소유(co-owned), 50% 미만을 투자한 소수소유(minority owned)의 세 가지로 구분할 수 있다. 합작투자의 지분결정은 현지국의 법적 규제 및 현지기업과의 협상능력, 보유자원, 통제력 선호여부 등에 따라 달라지게 된다.

(4) 장 · 단점

국제기업 입장에서 현지기업과의 합작을 통해 얻을 수 있는 장 · 단점은 여러 면에서 나타날 수 있다.

① 장점

합작투자가 갖는 장점은 정치 · 경제 · 사회적인 측면으로 구분할 수 있다. 우선 정치적 측면에서는 투자대상국 정부의 외국기업체에 대한 차별적인 장벽을 현지기업과의 합작투자에 의하여 제거할 수 있고, 합작투자를 통하여 현지국과 협력관계를 유지할 수 있다. 경제적 측면으로는 첫째, 투자대상국의 외국인기업 단독에 의한 특정산업이나 자산의 매입을 금지할 때 국제합작투자를 통하여 그 나라 파트너의 기존 판매량과 거래상의 거래처를 새로운 투자 없이 활용할 수 있으며, 둘째, 기술자와 노동력 등 인적자원을 얻는 데 현지합작선의 힘을 빌릴 수 있다. 그 밖에도 합작을 통해 투자자본을 절약할 수 있고, 경영활동상의 투자위험을 경감할 수 있다.

마지막으로 사회적 측면에서는 현지에서 국제합작투자를 함으로써 사회적으로 기업에 대한 이미지를 개선시키고 종업원의 사기는 단독투자 기업의 종업원의 사기보다 높다는 장점이 있다.

② 단점

합작투자의 가장 큰 단점은 중요한 의사결정을 둘러싼 합작선 간의 갈등과 이에 따른 의사결정의 지연이다. 합작선은 경영문화, 경영방식 등의 차이로 인해 기업의 제품개발, 성과배분, 경영정책 등 여러 분야에서 항시 충돌의 가능성이 존재한다. 둘째, 합작투자는 국제기업 자신이 가지고 있는 독점적인 우위가 상대 합작선에게 유출될 가능성이 높다. 그러므로 일시적 특성의 합작이 종료되면 합작파트너가 자신의 새로운 경쟁자로 부상하는 경우도 많다. 셋째, 합작투자는 합작선 사이에 항상 힘의 불균형 문제가 나타나게 된다. 이러한 힘의 불균형으로 인해 교섭력이 약한 합작선은 합작성과의 분배나 경영의사결정에서 불리한 위치에 있게 될 가능성이 커져 추가적인 갈등관계가 형성될 가능성도 많다.

제2절 해외직접투자의 제이론

1. 독점적 우위이론

해외시장에 진출하는 기업들은 일반적으로 외국기업으로서 가지는 여러 가지 불리점, 즉 외국비용(cost of foreignness)을 갖게 된다. 외국비용의 원천으로는 다음과 같은 것들이 있다.

① 현지국기업에게 유리한 경제, 사회, 법률제도 및 사회적 관습, ② 소비자의 현지국기업이나 제품에 길들여진 기호, ③ 본사국과의 거리에 의한 기업관리비용 및 통신비용의 증가, ④ 현지국의 주민 또는 공공기관으로부터 받는 여러 가지 차별대우, ⑤ 현지국 시장환경에 대한 정보부족 등이 있다.

독점적 우위이론이란 킨들버거에 의해 체계화된 것으로서 기업이 독점적으로 보유하고 있는 기업 특유의 독점적 우위요소를 직접투자의 동기로 설명하고 있다. 킨들버거에 의하면 기업의 현지 진출 시 외국비용의 존재는 외국기업으로 하여금 현지국기업에 비해 우위를 가져다주는 독점적 우위요소가 있어야만 진출을 가능하게 하며, 이러한 독점적 우위요소는 시장구조가 불완전하다는 가정하에서 출발하고 있다고 한다.

외국기업이 현지국기업에 비해서 가지는 독점적 우위요소는 다음과 같은 것들이 있다.

① 제품시장의 불완전성과 관련된 것들로서 제품차별화 능력과 특수한 마케팅기술, ② 생산요소시장의 불완전성과 관련된 것들로서 특허 및 비공개기술의 보유와 기술획득 및 자본조달상의 우위, ③ 규모의 경제와 관련된 것으로서 수직적 통합과 수평적 통합능력, ④ 정부의 규제와 관련된 것으로 조세 및 관세, 금리 및 환율정책 등이 있다.

결국 이 이론은 기업의 해외시장진입 시 현지국기업에 비해 갖는 여러 가지 불리점을 상쇄할 수 있는 기업의 독특한 독점적 우위요소가 있어야만 현지국에서의 불리점을 보상할 수 있으며 이들 우위요인들을 보유한 기업만이 해외직접투자를 할 수 있다는 것이다.

표 9-1 ▮ 독점적 우위요인

독점적 우위요인	독점적 우위를 가져다주는 구체적 예
제품시장의 완전성	제품차별화, 특수한 마케팅기술, 재판매가격 유지제도, 관리가격
요소시장의 완전성	특허 및 비공개기술, 기술획득 및 자본조달상의 우위, 경영자 능력의 차이
규모의 경제	수직적 통합요인으로서의 외부경제, 수평적 통합요인으로서의 내부경제
정부의 규제	조세 및 관세, 금리 및 환율정책, 특정산업의 수출입규제

2. 내부화이론

내부화이론이란 시장구조의 불완전성이나 기업이 보유하고 있는 우위요소의 공공재적 성격으로 인하여 직접투자를 통한 거래를 기업내부화한다는 것이다.

내부화이론의 주장은 다음과 같다. 첫째, 특정기업이 해외시장에 진입할 때 기술 라이센싱 등과 같은 계약방식과 직접투자를 통한 국제화방식을 선택할 수 있다. 여기서 계약방식은 시장거래방식(market transaction)을 의미하며 국제화방식은 자회사와 모회사 간의 기업내거래방식(firm transaction hierarchy)으로 간주할 수 있다.

둘째, 경우에 따라서는 자연적 혹은 인위적 시장불완전성 때문에 기업이 재화나 용역의 이전을 위하여 시장방식을 선택하는 것이 불리한 경우도 있다.

셋째, 이러한 경우, 즉 시장결함이 나타날 때, 기업은 기업방식을 택하여 이전행위를 기업내부화(internalization)함으로써 기업 내에 시장기능을 창조하게 된다.

넷째, 이러한 기술 등 주요 재화의 국가 간 이전을 내부화하는 것이 직접투자이며, 기업은 내부화를 통하여 국제기업으로 생성 · 발전하게 된다.

표 9-2 ▮ 기업내부화 요인

기업내부화 요인	구체적인 예
산업특유요인(industry specific factors)	외부시장구조, 규모의 경제, 산업특성
지역특유요인(region specific factors)	지리적 거리, 문화적 차이
국가특유요인(nation specific factors)	경제, 정치, 재정적 요소
기업특유요인(firm specific factors)	마케팅, 경영능력, R&D 등

내부화이론은 1976년 이후 버클리와 카손(Buckley & Casson, 1976)에 의하여 처음 체계화된 이후 많은 학자들이 내부화의 근거가 되는 시장불완전성의 존재와 유형을 규명하고, 내부화를 위한 경영의사결정을 구체화하기 위하여 내부화의 장점과 단점을 구체적으로 제시함으로써 동 이론의 이론적 · 실증적 기반을 구축하면서 유지 · 발전되어 왔다.

버클리와 카손은 일반적인 내부화의 개념을 해외직접투자 문제에 최초로 도입하였다는 데서 그 시초가 되고 있다. 그들의 이론적 구성은 다음과 같다.

첫째, 기업은 불완전시장의 세계에서 이윤극대화를 지향하며 둘째, 중간재시장 등 시장이 불완전할 때 외부시장거래를 피하고 내부시장을 창조하려는 유인이 존재하며, 셋째 국경을 넘는 내부화가 다국적기업을 생성시키게 된다.

특히, 버클리와 카손은 기업의 중간재가 기업활동에서 차지하는 역할을 강조하였고, 이러한 기업의 중간재를 불완전한 외부시장에서 시장거래화하는 데 어려움이 있다고 주장하고 있다. 이러한 어려움 때문에 중간재시장을 국경을 넘어 내부화하는 과정이 해외직접투자라고 규정하고 있으며, 내부화의 근거가 되는 시장불완전성을 산업특유요인, 지역특유요인, 그리고 기업특유요인 등으로 대별하고 있다. 또한 버클리와 카손은 내부화의 이익과 비용을 구체화함으로써 경영의사결정모형 수립을 위한 근거를 제시하고 있다. 그들이 제시한 내부화의 이익과 비용은 다음 [표 9-3]과 같다.

표 9-3 ▮ 내부화의 이익과 비용

내부화의 이익	내부화의 비용
1. 가격차별화 구조 구축	1. 시장세분화에 따른 비용의 증가
2. 구매자 불확실성의 회피	2. 의사소통 및 조정비용의 증가
3. 내부거래시장 창조(시간격차의 회피)	3. 상대국의 정치적 차별화 위험의 증가
4. 쌍방적 협상의 회피	4. 경영자의 전문성 재고에 따르는 관리비용의 증가
5. 이전가격을 통한 정부영향의 극소화	

3. 절충이론

독점적 우위이론과 내부화이론은 해외직접투자이론이 일반적으로 설명하여야 할 다음의 세 가지 주제에 대해서 나름대로의 해답을 제공하고 있다.

첫째, 해외진출기업이 현지에서의 기업활동 시 발생되는 외국비용에도 불구하고 현지기업들과의 경쟁에서 이길 수 있는 요인은 무엇인가?

둘째, 해외사업활동으로 직접투자와 라이센싱, 수출 등의 다양한 방식이 있는데 왜 직접투자를 선택하는가?

셋째, 국제생산이 이루어질 수 있는 수많은 현지국 중에서 왜 그 국가에 위치하는가?

그러나 이러한 세 가지 문제에 대하여 정확하게 설명하고 있는 기존이론은 없으며 이들 연구주제 중 한두 가지에 국한하여 접근하고 있다는 이론적 한계점을 내포하고 있다.

이러한 상황에서 더닝은 그동안 많은 학자들에 의하여 연구 · 개발되어 온 해외직접투자이론을 종합화하여 포괄적인 설명력을 제공할 수 있는 일반이론을 제시하기 위하여 노력하여 왔다. 더닝이 주장한 해외직접투자의 포괄적인 설명이론을 절충이론(Electric Theory)이라고 한다. 이 이론을 살펴보면 다음과 같다.

첫째, 기업이 국제화과정에서 수출, 직접투자, 라이센싱 등을 고려하여 국제생산 결정을 내리게 된다.

둘째, 기업의 해외생산활동을 결정짓는 요인들로서 기업특유의 요소(ownership-specific advantage)와 외국에서 생산하는 데에 따르는 장소특유의 요소(location-specific advantage) 그리고 내부화 특유의 요소(internalization-specific advantage) 등으로 대별하고 있다. 이들 요인들 중 기업특유의 요소와 내부화 특유의 요소는 기업들로 하여금 해외시장으로 신출하게 하는 푸시(push)요인이 되며 현지그룹이 장소특유요소는 기업을 현지국에 끌어들이게 하는 풀(pull)요인으로 작용한다.

셋째, 이러한 세 가지 요소를 고려하여 직접투자, 수출, 라이센싱 등을 선택할 수 있다. 즉, 기업특유의 우위가 있고 외국에서 생산할 만한 장소특유우위가 없으면 기업들은 본국에서 생산하여 수출하게 된다. 그리고 기업특유, 장소특유의 우위요소가 있으나 내부화를 할 요인이 없으면, 기술 라이센싱을 통하여 외국에서 대리생산을 하게 된다. 또한 기업특유, 장소특유, 내부화특유의 세 요소 모두를 가지고 있는 경우 기업들은 내부화하여 직접투자를 통하여 외국 현지에서 직접생산을 하게 된다는 것이다.

절충이론은 해외직접투자이론을 미시적 · 기업적 관점에서의 기업특유우위, 내부화특유우위, 그리고 거시적 · 국민경제적 · 국제분업적 관점에서의 장소특유요인을 종합하여 절충이론이라고 지칭하였다. 그 후 더닝의 절충이론은 세 가지 우위요인의 머리글자를 따서 OLI 패러다임이라고도 한다.

더닝이 주장한 세 가지 우위요인들의 구체적인 내용을 살펴보면 다음 [표 9-4]와 같다.

표 9-4 ▮ 절충이론

<table>
<tr><th>요인</th><th colspan="2">구분 및 내용</th></tr>
<tr><td rowspan="2">1.
기업특유요인
(ownership – specific advantage)</td><td>기업의 형태와 관계없는 우위</td><td>• 기업규모, 다양성, 독점적 우위
• 특허, 상표권 등 전유적 무형재 및 관련 능력
• 생산, 조직, 마케팅시스템, R&D능력, 인적자본, 경험
• 각종 자원 및 제품시장에 대한 배타적, 차별적 접근능력
• 정부의 보호</td></tr>
<tr><td>주로 다국적기업들이 누리는 우위</td><td>• 위험분산능력
• 정보수집, 시장접근능력
• 제고된 대정부 협상능력</td></tr>
<tr><td>2.
내부화특유우위
(internalization–specific advantage)</td><td colspan="2">• 거래당사자 탐색, 협상, 조정비용
• 독점적 권리의 보호
• 매매자 불확실성
• 외부적 가격차별화 불인정/내부시장능력
• 제품품질 유지
• 거래 및 공급의 안정성 유지
• 쿼터, 관세 등 정부간섭 및 규제 회피
• 전략적 상호보조 등 경쟁전략우위</td></tr>
<tr><td>3.
장소특유의 요소
(location–specific advantage)</td><td colspan="2">• 생산요소비용
• 운반비, 통신비 등 인프라비용
• 관련 인프라 및 관련 기업능력
• 정부간섭 및 규제/수입규제/투자유인/투자환경
• 정치적 안정성
• 경제하부구조
• 국제문화적 거리감</td></tr>
</table>

자료 : 국제경영연구회, 글로벌시대의 국제경영학, 영지문화사, p. 176에서 인용

4. 고지마이론

고지마(Kojima, 1978)는 기존 이론과는 달리 거시경제적 입장을 반영한 무역관련 가설(trade international hypotheses)에서 비교우위관점을 반영한 투자활동으로서 해외직접투자를 설명하고 있다. 그의 주장에 따르면 해외직접투자는 투자국이 이미 비교열위에 있거나 비교열위화하고 있는 한계산업 또는 사양산업이 피투자국에서는

비교우위에 있거나 비교우위화하고 있는 산업이 되어서 피투자국으로 해외직접투자가 발생하게 된다고 하였다.

고지마에 따르면 해외직접투자의 형태는 미국형과 일본형으로 구분할 수 있으며, 세계경제에 후생증가 측면에서는 일본형 해외투자가 바람직하다고 한다.

미국형 직접투자는 독과점적 산업에서 독점기업들 간의 경쟁활동의 결과로 발생되며, 이러한 직접투자의 결과는 오히려 상품교역량을 줄어들게 함으로써 후생수준을 감소시키게 된다는 것으로서 이들 형태의 직접투자는 규제되어야만 한다. 이와는 달리 일본형 직접투자는 대개 일본이 비교우위를 상실해 가는 산업(피투자국의 경우에는 비교경쟁력이 우위에 있는 산업)에서 많이 발생하게 되며, 따라서 직접투자의 결과 일본기업과 해외투자자회사 간의 중간재 등의 국제 간 무역을 증가시키는 역할을 하게 되며, 이러한 직접투자활동을 통해서 피투자국의 경제발전을 가져오기 위한 교사로서의 역할도 담당하게 된다는 것이다. 따라서 일본형 해외직접투자는 국제무역을 증진시킨다는 관점에서 투자국이나 피투자국 정부에 의하여 모두 장려되어야 하며 보호받을 필요성이 있다고 주장한다.

표 9-5 ▮ 절충이론의 세가지 요인과 해외사업활동 간의 관계

형태 \ 우위요소	기업특유의 우위	장소특유의 우위	내부화의 우위
수출	○	×	×
라이센싱	○	○	×
해외직접투자	○	○	○

5. 기타 이론

1) 독과점적 대응이론(Oligopolistic Reaction Theory)

산업구조가 과점적 상황에서 해외직접투자를 과점적 경쟁기업 간의 대응진출 및 상호경쟁의 현상으로 설명하는 이론이다. 선도기업에 대한 경쟁기업의 대응, 즉 방어적 투자현상으로 설명하는 것이다.

이 이론은 동일 산업에 속한 기업들이 특정 투자대상국에 집중투자하는 소위 밴드

웨건 효과(bandwagon effect)를 설명할 수 있다.

2) 국제제품수명주기이론

제품수명주기이론은 각국의 기술 및 소득수준의 차이와 제품의 시장국별 도입시기의 차이에 근거하여 특정제품의 국제무역패턴과 해외생산입지의 변화과정을 설명한 것이다. 이 이론에 의하면 해외직접투자는 크게 두 가지 목적에서 발생하게 된다.

첫째, 현지국시장을 방어하기 위해서이다. 최초의 제품개발국에서 주변국으로의 수출이 시작되고 현지에서의 수입대체가 증가될수록 현지국 정부의 보호정책이 강화되게 된다. 이러한 단계는 제품수명주기상 주로 성장기에 해당되며 최초의 제품개발국가가 현지 수출시장을 방어할 목적으로 해외직접투자를 하게 된다.

둘째, 본국시장의 방어 및 제3세계시장으로의 진출을 위한 목적으로 해외생산기지를 선택하게 된다. 이 단계는 주로 제품수명주기상 성숙기나 쇠퇴기 단계로서 제품의 가격경쟁력이 관건이 되기에 개발도상국이나 저임금국가에 진출하여 가격경쟁력을 확보하기 위한 목적으로 이루어진다.

■ Chapter 10 ■

글로벌마케팅전략

세계시장에서 국제경영활동을 수행하기 위해서는 효과적인 국제마케팅전략이 필수적이라 할 수 있다. 기업들의 수출마케팅과 관련된 발전단계별 전략의 특징을 살펴보고 해외시장의 소비자가 제품을 구매할 수 있도록 어떻게 하면 그 제품을 해외시장에서 효과적으로 유통시킬 것인가도 살펴본다.

표 10-1 ■ 수출마케팅 발전단계

구분	하청수출	직접수출	현지마케팅	현지생산/마케팅
제품계획	외국바이어	외국바이어	자체계획	자체계획
수출경로	국내진출 외국바이어	외국의 수입상	외국의 현지 중간상 또는 제조회사	외국의 현지 중간상 또는 제조회사
판매수단	거의 없음 (바이어 접대)	통신 + 기타의 판촉	인적판매 + 광고	전 판촉믹스
애프터 서비스	덜 중요	약간 중요	매우 중요	매우 중요
현지금융	덜 중요	덜 중요	매우 중요	매우 중요
핵심전략	가격/품질/납기	가격/품질/납기 + 판매능력	제품계획/경로관리	마케팅 믹스
실패의 주요원인	• 가격경쟁력 상실 • 노무관리 실패	• 바이어유지 실패 • 가격경쟁력 실패	• 중간상 관리 실패 • 자금부족 • 제품력 부족	• 차별적 우위 상실 • 현지환경의 변화

제1절 수출제품전략

수출기업의 경영자는 일반적으로 세계시장조사와 시장세분화를 바탕으로 목표시장의 마케팅기회를 평가한 후에 수출마케팅 믹스전략을 수립한다. 마케팅 믹스란 정해진 마케팅목표를 달성하기 위해 기업이 통제가능한 마케팅요소, 즉 제품, 가격, 촉진, 유통의 4가지 요소를 유기적으로 통합 · 조정하는 것을 의미하는 것으로서 수출마케팅전략에서 가장 중요한 부분을 차지하고 있다.

1. 수출제품개발

기업들의 수출제품개발 상식은 네 가지로 구분할 수 있다.

1) 국내 개발(domestic development)

많은 국제기업들이 사용하고 있는 가장 쉬운 마케팅전략으로 본국시장에서 개발한 상품을 그대로 해외시장에 적용하는 것이다. 이 전략의 최대장점은 비용절감효과에 있으며, 대체로 규모의 경제와 R&D비용의 절감이 비용절감의 주된 원천이다.

2) 순차적 개발(sequential development)

제품의 기능이나 사용권 등이 본국과 유사한 해외시장에 순차적으로 진입하고 제품을 그 지역의 사용조건에 맞도록 일부 수정을 가하는 유형을 말한다. 현지 소비자의 기호에 어느 정도 적응하면서 동시에 제품개발비용을 줄일 수 있는 방식이다.

3) 국별 개발(national development)

시장환경의 사용조건이나 제품의 기능 면에서 큰 차이가 존재할 때 각국별로 각기 다른 상품을 개발하여 각국 환경에 가장 적합한 제품을 개발하는 유형이다. 현지국 소비자의 기호를 반영할 수 있으므로 매출액 증대에 유리하다는 장점이 있다. 반면에

전사적인 관점에서 보면 시장마다 다른 제품을 개발함으로써 비용이 증가한다는 단점이 있다.

4) 다국적 개발(multinational development)

개발 초기부터 다수의 국가를 대상으로 표준화제품을 개발하는 유형이다. 이 방식은 규모의 경제에 의한 비용절감이 큰 장점이 있지만 다양한 소비자들의 기호를 반영하지 못한다는 단점도 있다.

2. 표준화 대 적응화

기업은 수출시장의 환경차이에도 불구하고 국내에서 판매하고 있는 제품을 그대로 수출할 것인지 아니면 현지시장 여건에 맞게 적응시킬 것인지를 결정해야 한다. 즉, 국내시장과 현지시장 간의 환경차이를 고려하여 수출제품을 표준화할 것인지 아니면 적응화할 것인지를 판단하여야 할 것이다.

1) 제품표준화

제품의 표준화란 해외시장의 환경차이에도 불구하고 다수의 수출시장에 표준화된 동일제품을 판매하는 전략을 의미한다. 수출기업의 국내외시장 간의 환경차이에도 불구하고 수출제품의 표준화하는 이유는 다음과 같이 규모의 경제, 마케팅의 효율성, 소비자의 상표충성도를 크게 활용할 수 있기 때문이다.

첫째, 제품을 표준화시켜 대량생산함으로써 연구개발, 구매, 생산, 마케팅 등의 측면에서 규모의 경제효과를 얻을 수 있기 때문이다.

둘째, 제품이 표준화되는 경우 마케팅 노하우의 국제 간 이전이 보다 용이하기 때문이다.

셋째, 해외여행이 빈번한 소비자들이 구입하는 제품의 경우에 제품표준화는 소비자들의 상표충성도를 최대한 활용할 수 있기 때문이다.

2) 제품적응화

제품의 적응이란 해외시장국의 고객기호, 제품사용조건, 소득수준, 기타 환경에 알맞게 국내제품을 수정하는 것을 의미한다. 수출기업이 제품의 표준화로 인한 다양한 이점에도 불구하고 제품을 적응하는 것은 다음과 같이 사용조건의 차이, 시장여건의 차이, 정부의 영향 때문이다.

첫째, 자연환경의 차이, 기술수준의 격차 등의 요인으로 제품의 사용조건이 달라질 수 있기 때문이다.

둘째, 소득수준의 차이, 소비자의 기호 차이 등의 요인으로 시장여건이 달라지기 때문이다.

셋째, 정부규격과 법률의 차이로 인해 제품적응이 불가피하기 때문이다. 예를 들면, 식품이나 의약품의 경우 제품의 성분, 포장, 효능, 안전, 위생 등에 대한 현지정부의 강력한 규제로 표준제품이 그대로 판매되기가 불가능하다.

3. 자사상표 대 타사상표

수출기업이 사용할 수 있는 상표는 자체적으로 개발한 자사의 고유상표, 사용료를 지급하고 도입한 세계유명상표, 주문자상표 등으로 구분할 수 있는데 개발도상국 기업의 경우 낮은 브랜드 인지도와 기술부족으로 주문자상표부착방식의 수출을 도모하고 있는 경우가 많다.

주문자상표부착방식의 수출, 즉 OEM(Original Equipment Manufacturer)수출은 해외의 제조업체가 제공한 기술명세서에 따라 생산한 제품에 주문 제조업체의 상표를 부착하여 수출하는 방식으로 한국의 주력 수출제품의 경우 전체수출에서 OEM수출이 차지하는 비중이 약 60~70%에 이르고 있다. OEM수출기업의 입장에서 주문자상표의 장·단점을 살펴보면 다음과 같다.

1) OEM수출의 장점

첫째, 상대기업의 현지 마케팅 채널을 활용함으로써 비용의 추가적인 부담이 없이도 현지판매력을 보완할 수 있다.

둘째, 자사상표에 비해 수출이익률이 낮긴 하지만 대량주문에 따른 대량생산 및 수출이 가능함으로써 생산시설의 가동률제고에 따른 생산비의 절감효과와 수출증대효과를 기대할 수 있다.

셋째, 현지기업의 상표로 수출함으로써 외국인이 한국의 제품에 대해 느끼는 거부감을 회피할 수 있다.

2) OEM수출의 단점

첫째, 주문기업이 철저하게 낮은 가격을 요구하기 때문에 채산성이 낮으며, 수요변동에 따른 위험이 OEM수출업자에게 전가되어 수출업자의 경영이 불안정해질 소지가 크다.

둘째, 현지 소비자와 직접적으로 접촉하지 않기 때문에 수출시장의 정보 축적이 어려워 수요량의 변동이나 소비자의 기호변화에 적절히 대응하지 못하고 무리한 시설투자를 행할 우려가 높다.

제2절 수출가격전략

가격이란 투입된 연구개발비용, 생산비, 마케팅비용 등을 회수하고 기업의 성장에 필요한 이익을 확보하기 위한 직접적인 마케팅수단이다. 수출기업의 가격결정은 복수시장하에서의 가격결정으로 국내외시장 간의 가격차이로 인해 가격결정요인과 방법이 매우 다양하고, 수출가격의 누증, 덤핑, 이전가격에 대한 의사결정이 요구된다.

1. 수출가격의 결정요인

일반적으로 특정시장에 있어서 가격은 원가, 수요, 경쟁 등 세 가지 기본적인 요소에 의해 그 범위가 결정된다. 즉, 제품원가를 기초로 최저가격이 설정되고 소비자들의 수요에 의해 최고가격이 정해지며 최종적인 가격은 경쟁상황 등을 고려하여 책정되는 것이 일반적이다.

이와 함께 정부규제, 환율위험, 물가상승 등의 위험요소는 수출가격결정 시 특히 중요한 고려요소라 할 수 있다. 이하에서는 수출기업이 이익을 극대화하고 시장지위를 확보하고자 하는 장기적인 관점에서 어떠한 요인을 고려하여 수출가격을 결정하는지를 살펴보기로 한다.

1) 기업목표

기업이 해외시장에서 달성하고자 하는 목표에 따라 수출가격은 상이하게 결정된다. 예를 들면, 시장점유율을 확대하는 것이 최우선적인 목표일 경우에는 가능한 한 수출가격을 낮게 책정할 것이다. 그러나 이익을 극대화하는 것이 목표일 경우에는 수출가격을 높게 책정하고자 할 것이다.

2) 원가

원가는 제조비, 선적비용, 마케팅비용은 물론 연구개발비, 관리비, 조세, 감가상각비 및 기타 간접비 등 여러 가지 비용항목을 포함한 것으로서 수출가격의 하한선을 결정해 준다.

3) 수요

수요의 개념은 매우 다양하지만 한 시장에서 특정제품의 총구매량을 나타내는 시장수요와 특정기업의 시장점유율을 나타내는 기업수요로 크게 구분할 수 있다. 수요는 기업이 판매하고자 하는 제품이나 서비스에 대해 소비자들이 부여하는 가치 및 소비자의 지불능력과 직결된다는 의미에서 기업이 설정할 수 있는 가격의 상한선이 어느 정도인가를 시사해 준다.

4) 경쟁

원가와 수요는 각기 가격의 하한선과 상한선을 제시해주는 데 비해 해외시장의 경쟁조건은 이러한 상한선과 하한선의 중간 어디에서 실제가격이 결정되어야 하는가를 제시한다.

가격이론에 의하면 시장구조 및 경쟁상황에 따라 가격전략은 달라져야 한다. 완전경쟁에 가까운 상황에서는 가격은 시장에서 정해지기 때문에 기업은 가격순응자일 수밖에 없다. 이러한 경우 기업의 가격결정은 현재의 시장가격에 판매할 것인가의 여부를 결정하는 문제이다. 이에 비해 제품차별화가 이루어진 독점적 시장구조하에서는 소비자들이 해당 제품에 대해 갖고 있는 주관적 가치가 가격책정에 있어서 주요한 결정요인이 되며, 과점적 경쟁구조하에서는 경쟁기업의 반응이 주요한 변수가 된다.

5) 법적 규제

수입국 정부의 반덤핑규제조치, 공정거래법과 독점금지법, 관세법 등의 각종 법적 규제는 수출가격을 결정하는 데 커다란 제약요인이 되고 있다. 예를 들면, 현지국의 반덤핑규제는 수출가격의 하한선을 결정하는 데 반드시 고려되어야 한다. 한국기업들은 미국과 EC국가들의 반덤핑관세조항에 저촉되어 최저수출가격을 인상하거나 반덤핑관세를 부담하는 경우가 많다.

6) 환율

수출가격의 표시는 보통 외국화폐로 하기 때문에 그리고 환율은 수출품의 해외시장가격과 원화로 환산된 수출대금에 영향을 미치기 때문에 수출기업은 환율변동을 예측하여 적정한 수출가격을 책정하여야 할 것이다. 환율변동 전에 체결된 달러표시 수출계약의 경우 수출대금을 나중에 원화로 환산하면 그 수출금액은 본래보다 줄어들게 되므로 기업은 큰 손해를 볼 수도 있다.

7) 수출가격의 누증문제

해외시장에서의 수출물품의 최종소비자가격은 관세, 운송비, 보험료, 다양한 중간상들의 마진, 기타 수출에 부대되는 비용 등이 누적되어 국내 소매가격에 비해 상당히 높은 수준에서 결정되는 것이 보통이다. 특히 유통경로에 새로운 구성원이 추가되거나 조세가 새롭게 부과될 때 수입국에서의 최종소비자가격은 큰 폭으로 상승한다.

따라서 본국시장에서 아무리 낮은 원가로 생산된 제품이라도 수송비용, 제반 마케팅 비용, 유통비용으로 인해 최종소비지에서는 가격이 높게 형성될 수 있다.

수출가격의 누증은 대개 기업들이 통제하기 힘든 외부적 요인에 의해서 발생하기 때문에 국제기업의 마케팅활동에 상당한 애로요인으로 작용한다. 예를 들어, 최종소비자가격을 국제적으로 일정한 수준으로 유지함으로써 재정거래의 가능성을 없애려 할 경우 수출가격의 누증현상은 심각한 장애요인이 된다.

2. 수출가격의 결정방법

수출가격을 결정하는 방법에는 다음과 같이 원가가산법, 경험곡선 가격결정법, 목표중심 가격결정법 등이 있다.

1) 원가가산법

원가가산법은 수출경력이 짧은 기업들이 일반적으로 채택하는 가격결정법으로서 제조원가에 관리비, 연구개발비, 간접비, 수송비, 그리고 관세 및 이윤을 합산하여 수출가격을 결정한다.

원가가산법은 가격결정이 비교적 쉬운 장점이 있으나 수출기업의 마케팅목표, 수출시장의 수요, 경쟁조건 등을 고려하지 않는 단점이 있으며 또한 원가의 산정 및 배분이 어려운 측면이 있다.

2) 경험곡선 가격결정법

경험곡선 가격결정법은 제품의 단위당 생산비가 누적생산량에 따라 일정비율로 하락하는 경험곡선효과를 바탕으로 기업의 추정된 단위당 원가에 맞추어 수출가격을 책정하는 방법이다. 특정제품의 단위당 원가는 누적생산량이 증대됨에 따라 일정비율로 감소하기 때문에 수출 초기에 단위당 원가보다 낮게 수출가격을 결정하는 방법이다. 가격이 낮기 때문에 경쟁기업에 비해 시장점유율을 제고시킬 수 있고, 제고된 점유율은 생산량의 증가를 통하여 단위당 생산비를 감소시키기 때문에 기업은 경쟁자보다 가격우위를 유지하면서 이익을 증대시킬 수 있는 것이다.

3) 목표중심 가격결정법

목표중심 가격결정법은 기업이 해외시장에서 추구하고자 하는 목표에 따라 가격을 결정하는 방법으로 침투가격전략과 초기고가전략이 있다.

첫째, 침투가격전략(penetration pricing)은 저가정책을 통해 단기간 내에 수출시장점유율을 확대하려는 방법이다.

둘째, 초기고가전략(skimming pricing)은 해외시장진입 시 가능한 최고가격을 책정하여 높은 가격에도 구매할 의사가 있는 고소득층의 소비자들에게 우선 판매하고 나중에 가격을 약간 낮추어 저소득층에 판매하는 가격책정방법이다.

3. 수출가격의 덤핑

일반적으로 수출가격은 치열한 경쟁과 수출물량증대정책으로 인해 국내판매가격보다 낮게 책정되는 경우가 많기 때문에 덤핑의 문제가 발생한다. 덤핑에 대해서는 그 개념이 통일되어 있지 않으나 일반적으로 수입품의 판매가격이 수출국의 자국 내 정상적인 가격수준보다 낮게 책정된 것을 의미한다.

자사제품에 대한 수입국 정부의 덤핑규제를 회피하기 위해 수출기업은 다음과 같은 대책을 강구할 수 있다.

첫째, 덤핑규제의 근거를 주지 않도록 수출제품과 시판제품을 차별화한다.

둘째, 수입국의 중간유통상에 대해 리베이트제도 등과 같은 비가격적인 유인을 제공하여 가격이 인하된 것과 같은 효과를 얻음으로써 덤핑이 발생하지 않도록 사전에 대처한다.

셋째, 덤핑제소의 움직임이 나타날 경우에는 외국관계기관 및 제소자측과 적극적인 교섭을 통해 사전에 타협을 본다.

4. 수출이전가격

수출가격전략과 관련하여 수출기업들이 직면하는 민감한 문제 중의 하나는 국제이전가격문제로서, 이는 다른 나라에 위치한 해외자회사 또는 라이센싱업체에 재화, 서비스, 기술 등을 수출할 때 이들 가격을 어떻게 책정할 것인가의 문제이다.

이전가격은 외부시장 메커니즘을 통한 제3자 간의 거래 시 형성되는 정상적인 가격과는 달리 특정기업의 제조부서와 수출부서, 본사와 현지판매법인, 현지자회사 간의 기업내부거래에 적용되는 가격을 의미한다.

기업의 수출활동이 고도화되어 현지판매단계에 이르게 되면 수출이전가격의 문제가 나타나기 시작하면서 이를 어떻게 결정할 것인가가 어려운 전략과제로 등장한다. 왜냐하면 이전가격수준의 결정에 따라 본사와 현지판매법인의 영업성과 및 이익이 크게 영향을 받기 때문이다.

제 3절 수출촉진전략

촉진(promotion)은 제품과 서비스의 판매를 지원하기 위한 메시지를 제시하는 과정으로서 메시지의 유형과 방향, 메시지의 제시방법은 기업, 제품, 국가의 특성에 따라 달라진다. 촉진전략은 판매원이나 중간상 촉진을 사용하여 유통경로에 따라 상품을 밀어내는 푸시(Push)전략과 대중매체를 이용한 광고나 소비자 촉진을 통해 수요를 유발시키는 풀(Pull)전략으로 나누어진다.

또한 촉진은 기업과 제품에 대한 정보를 소비자에게 신속정확하게 전달하고 소비자를 설득하는 과정을 의미하는 것으로서 현재 또는 잠재적 고객들에게 기업이 제공하는 제품이나 서비스의 편익과 가치를 알려주고 나아가 고객들로 하여금 자사제품을 구매하도록 설득하는 데 그 목적이 있다.

1. 수출촉진의 특성

수출촉진은 사회문화적인 환경이 상이한 여러 수출시장에서의 커뮤니케이션이라는 측면에서 커뮤니케이션의 장벽, 촉진프로그램의 국제이전 및 표준화 문제가 제기된다.

첫째, 수출촉진은 국내촉진의 경우보다 커뮤니케이션의 장벽이 높고 그 종류도 다양하다. 대표적인 수출커뮤니케이션의 장벽으로는 언어의 차이, 비언어적 표현방식의 차이, 정부규제, 매체의 활용가능성, 경제적 차이, 소비자의 기호 및 태도, 구매과정의 차이 등을 들 수 있다.

둘째, 수출촉진의 경우 촉진프로그램의 국제이전 및 표준화의 문제가 국내촉진과 다르다. 국제이전이란 한 국가시장에서의 성공적인 프로그램을 다른 수출시장으로 이전하는 것을 의미하는 것이다. 표준화의 문제는 전 세계시장에 동일한 촉진프로그램을 사용하는 표준화전략과 해외시장에 각기 다른 프로그램을 사용하는 적응화전략의 선택을 말한다.

2. 수출촉진의 고려요소

촉진의 본질을 커뮤니케이션으로 볼 때 환경이 상이한 여러 수출시장에서의 촉진은 국내시장에서의 촉진에 비해 고려하여야 할 요소가 다양하고 이에 대한 충분한 지식이 없이는 효과적인 수출촉진이 이루어질 수 없다.

수출촉진의 고려요소는 메시지의 작성, 커뮤니케이션의 매체, 수신자의 반응, 법적 규제 등의 측면에서 살펴볼 수 있다.

1) 메시지의 작성

수출기업은 촉진메시지를 작성할 때 그 메시지가 수출시장에서 어떻게 해석될 것인가를 세밀하게 조사해야 한다. 왜냐하면 수출시장의 고객은 언어, 비언어적 수단 및 상징의 국제적인 차이 때문에 수출기업이 원래 의도한 대로 메시지를 해석하지 않을 수 있기 때문이다.

첫째, 언어의 차이는 광고를 통한 효율적인 커뮤니케이션에 있어서 심각한 장애요인 중의 하나이다.

둘째, 사람은 말이나 글 이외에 손, 발, 눈, 코 등 신체의 일부를 사용하거나 몸치장 및 자세를 통하여 서로 의사를 교환할 수 있다. 이와 같은 비언어적인 커뮤니케이션은 문화에 따라 그 사용법과 의미가 매우 다양하기 때문에 수출광고 메시지 작성에서는 이에 대한 고려가 필요하다.

셋째, 수출기업이 메시지 작성 시 색깔, 동물 등을 상징적으로 사용하고자 할 때 이들의 상징적 의미가 국가에 따라 다르게 나타날 수 있으므로 주의해야 한다.

2) 커뮤니케이션의 매체

메시지가 해외의 목표고객에게 정확히 전달되기 위해서는 매체와 광고대행사를 올바르게 선택하여야 하는데 해외시장의 매체는 국가에 따라 매우 다양하며 믿을 만한 광고대행사를 찾기도 쉽지 않다. 이는 커뮤니케이션 매체의 발전단계와 활용가능성, 현지국가의 광고대행사의 질과 수 등이 국가에 따라 매우 다양하기 때문이다.

3) 수신자의 반응

메시지가 매체를 통해 전달되었을 때의 수신자의 반응을 예측하기 위해서는 다음과 같이 해외고객의 정보탐색, 태도형성 및 구매결정에 관한 충분한 지식이 필요하다.

첫째, 수출기업은 해외고객들이 구매의사결정을 위하여 언제, 어떤 종류의 정보를 탐색하며 그들의 주요 정보원천은 무엇인가를 알아야 한다.

둘째, 해외고객들이 여러 가지 제품 및 서비스를 어떻게 평가하고 특정제품에 대한 태도를 어떻게 형성하는가를 알아야 한다. 특히 각국의 외제 선호도, 유명상품에 대한 태도, 원산지효과, 품질, 가격 등의 제품평가에 미치는 영향을 알아야 촉진프로그램에 반영할 수 있다.

셋째, 특정제품의 구매결정에 있어서 '누가, 언제, 어디서, 어떻게, 왜' 결정하는지를 알아야 한다.

4) 법적 규제

특정 시장국의 법적 제도는 매체규제, 내용규제, 판촉행사규제 등을 통해 촉진활동의 유형을 결정짓는 데 막대한 영향을 미치고 있으므로 이에 대한 이해가 요구된다.

첫째, 국가에 따라 특정제품에 대한 광고가 불가능하거나 엄격히 규제를 받고 있다.

둘째, 메시지 내용에 대한 규제도 국가마다 다르다. 예를 들면, 독일에서는 최상급의 광고표현이나 경쟁사의 제품과의 비교광고를 법률로 금지하고 있다.

셋째, 국가에 따라서는 과대한 판촉행사를 통한 무질서한 경쟁을 규제하기 위해 연중 판촉행사 가능기간, 판촉선물액수 등을 규제하기도 한다. 또한 촉진비용의 허용한도를 법에 명시하고 있는 경우도 있다.

3. 수출광고

수출촉진활동에는 광고, 판촉, 인적판매, 홍보 등의 여러 형태가 있지만 이하에서는 가장 일반적인 형태인 광고에 대해 살펴보고자 한다.

광고는 기업, 제품, 서비스에 대한 각종 정보를 제공하고 제품과 서비스의 수요를 촉진시키는 비인적 · 유상적 커뮤니케이션활동이다. 이와 같은 광고활동을 수행하는 과정에서 수출마케팅 담당자는 광고대행사의 선정, 광고메시지의 선정, 광고매체의 선정, 수출협력광고의 실시 등에 대한 의사결정에 직면한다.

1) 광고대행사의 선정

수출기업은 국제적 광고대행사, 현지 광고대행사, 본국의 광고대행사 중에서 각각의 장 · 단점을 고려하여 적절한 대행사를 선정한다. 국제적 광고회사를 선택할 경우, 광고표준화를 통하여 비용을 절감할 수 있고 표준화된 기업이미지를 제고할 수 있다는 장점이 있다. 반면에 현지 광고대행사는 현지시장의 상황에 맞는 광고를 제작하고 실행할 수 있다는 장점이 있다.

2) 광고메시지의 선정

소비자의 욕구, 구매동기, 언어의 다양성, 수출시장 세분화 등을 고려하여 광고메시지를 국제적으로 표준화할 것인지 아니면 현지시장에 맞게 적응할 것인지를 결정하게 된다.

표준화된 공고 메시지를 사용하게 되면 다음과 같은 이점들이 있다.

첫째, 하나의 광고개념이 개발되면 적은 비용으로 광고메시지를 타국에 이전시킬 수 있고 또한 광고업무의 대부분을 한 곳에 집중시킬 수 있으므로 비용을 절감시킬 수 있다.

둘째, 국제적으로 통일된 제품이나 기업의 이미지를 창출할 수 있고 이를 통해 새로운 시장진출이 용이하다.

셋째, 전사적인 수준에서 광고활동에 대한 통제와 조정이 용이하다.

3) 광고매체의 선정

일반적으로 수출마케팅 담당자는 인쇄매체(신문과 잡지), 방송매체(라디오와 TV), 기타매체(옥외광고, 영화광고, 판촉물을 이용한 광고 등) 중에서 각 매체가 지닌 메시지의 전달범위나 도달능력, 그리고 각 매체활용 시 소요되는 비용을 감안하여 자사와 자사제품에 적합한 형태의 매체를 선정하게 된다. 즉, 광고매체의 활용가능성, 비용, 커버리지 등을 고려하여 표적시장을 비용/편익 면에서 가장 효과적이고 효율적으로 커버할 수 있는 매체를 선정하게 된다.

4) 국제협력광고

수출광고와 관련하여 수출마케팅 담당자가 직면하게 되는 특수한 의사결정분야의 하나는 현지국 유통업체와의 협력광고이다. 일반적으로 수출의 경우 현지 유통업체에게 판매를 전담시키고 있기 때문에 국제협력광고의 필요성이 커진다. 협력광고는 다음과 같은 이점이 있다.

첫째, 광고비를 현지국 유통업체와 분담하므로 기업체가 실제로 투입하는 광고비에 비하여 강한 광고효과를 기대할 수 있다.

둘째, 현지유통업체로 하여금 촉진활동을 더욱 적극적으로 수행하도록 동기부여를 할 수 있다.

셋째, 현지유통업체가 보유하고 있는 노하우나 명성을 활용함으로써 광고효과를 증대시킬 수 있다.

그러나 이와 같은 이점에도 불구하고 협력광고는 현지유통업체에게 맡길 경우 저질광고의 가능성과 기업이 배정한 만큼의 광고비를 실제로는 사용하지 않는 경우가 있을 수 있다.

4. 푸시-풀 믹스(Push-Pull Mix)전략

국제마케팅에서 푸시와 풀 믹스를 결정하기 위해 고려해야 할 요인으로는 유통시스템의 유형, 매체비용과 가용성, 정보원천의 중요성, 소득대비 가격수준 등이 있다.

1) 유통시스템의 유형

유통시스템이 강하게 통제되고 있으면 기업의 입장에서는 유통업자에게 상품을 취급하도록 하는 데 많은 노력이 들기 때문에 푸시전략을 강조한다. 유통시스템상에서 판매원과 소비자 간의 접촉빈도도 촉진믹스에 영향을 주게 되는데, 셀프서비스의 유통시스템에서는 대중매체를 통한 광고가 더욱 중요(풀전략)하다.

2) 매체비용과 가용성

표적시장에 도달할 수 있는 매체의 가용성과 매체비용이 촉진믹스에 영향을 미친다. 예를 들어, 인도는 다양한 언어, 높은 문맹률, 매체의 부족 때문에 촉진활동이 어려워 전국을 대상으로 촉진활동을 하는 데 많은 비용이 든다.

3) 정보원천의 중요성

국가에 따라 정보의 원천에 대한 소비자의 태도가 상이하다. 예를 들면, 미국 주부의 경우는 TV나 잡지를 보는 시간이 많다. 신제품을 구매할 때 친구나 광고에 많이 의존한다. 따라서 사전 판매, 풀전략이 효과적이다. 또한 프랑스 주부의 경우는 쇼핑을 하면서 선반 위의 물건을 직접 검사하고 소매점원에게 의견을 청취하는 경향이 있다. 따라서 유통업자에 대한 할인이나 구매시점진열이 보다 중요한 촉진수단이 된다.

4) 소득대비 가격수준

동일상품의 구매의사결정과정에 대한 소비자의 개입은 국가마다 다른데, 그 주요한 요인은 경제적 이유 때문이다. 따라서 소비자에 대한 상품의 상대적 가격수준은 촉진믹스결정에 중요한 요인이 된다. 또한 소득에 비해 중요한 구매인 경우 소비자는 구매결정을 하는 데 많은 시간과 정보를 필요로 하며, 정보는 쌍방의사소통이 가능한 인적판매를 통해 가장 잘 전달되므로 개발도상국에서는 보다 많은 푸시전략이 사용된다.

5. 풀(Pull)전략으로서의 광고

광고는 텔레비전, 라디오, 신문 등 대중매체를 통해서 주로 이루어진다. 이유는 광고노력이 주로 최종소비자의 수요를 창출하는 데 그 목적을 두고 있기 때문이다. 기업은 광고를 통해 고객의 수요를 환기시켜, 고객이 스스로 자사상품을 판매하는 점포에 와서 지명구매를 하도록 유도하는 이른바 풀전략을 실시하고 있다.

1) 광고의 표준화

제품의 표준화와 같이 광고도 전 세계적으로 또는 소비자 속성이 비슷한 국가들에 대해 프로그램을 표준화함으로써 경제성을 추구한다. 광고의 특정부분을 표준화하는 것은 생산비나 광고캠페인 관리비용을 절감하며, 국제적으로 소비자의 이동이 많아졌기 때문에 기업이 광고를 통해 전달하려는 이미지를 혼동할 여지가 적어지고, 광고를 표준화함으로써 여러 나라에 상품을 진입시키는 속도를 높일 수 있다.

2) 광고예산

해외마케팅의 경우 광고예산의 책정은 더욱더 어려워진다. 따라서 일반적으로 매출액의 일정비율을 사용함으로써 판매활동에 대한 통제를 강화하고 일정수익률을 보장할 수 있도록 하고 있다.

3) 매체선정

광고매체의 선정은 국가특유의 것이기 때문에 반드시 현지 광고회사의 도움을 받아야 한다. 요즈음 광고기술이 전 세계적으로 급진전되어 국제마케팅 관리자는 현지의 광고대리인을 이용함으로써 특정지역에 가장 적합한 광고지식과 최신의 마케팅기술을 결합할 수 있게 되었다. 이들 대리인은 현지국의 수요변화와 세분시장에 대한 시장조사까지 제공한다.

4) 광고메시지

광고전략을 실시함에 있어 가장 중대하고 가장 흥미 있는 문제는 바로 광고메시지이다. 표준화된 광고캠페인을 추구하는 기업의 경우 총비용의 절감, 국가 간의 이전효과, 기업특유우위의 활용 등 여러 가지 이점을 얻을 수 있다.

5) 인적판매

인적판매는 국가특유 및 기업특유의 성격을 지니고 있기 때문에 판매원은 현지국의 사람, 문화, 언어에 대해 초보적인 지식을 골고루 지니고 있어야 한다. 또한 판매원이 기업 전체의 푸시전략의 중요한 구성요소가 되며, 일반적인 세일즈업무는 현지판매원으로 하여금 처리하도록 하는 것이 중요하다. 현지 판매원에게 있어서 특히 중요한 업무는 철저한 A/S와 부품의 준비를 통해 한 번 확보한 고객을 계속 유지하고, 잠재고객으로 하여금 자사제품을 사도록 만드는 일이다.

제4절 수출유통전략

유통구조는 수출마케팅 측면에서 일종의 통제불능요소로 인식되고 있으며 각국마다 상이한 양상을 띠게 된다. 수출유통경로란 특정기업이 생산한 제품이나 서비스를 해외소비자들에게 이전시키는 데 관여하는 개인이나 조직 또는 그 총체를 의미하는 것으로서 수입상, 도매상, 중개업자, 대리점 등과 같이 재화나 서비스를 사고팔 수 있는 곳이다. 따라서 각국의 유통구조를 면밀하게 분석한 후에 여러 형태의 중간상들의 활용가능성, 구체적 기능, 효과 및 비용 등을 고려하여 합리적인 유통경로전략을 수립할 필요가 있다.

1. 수출유통경로의 기능

수출유통경로란 실제로 해외소비자에게 제품을 전달하는 이상의 기능을 수행하고 있으며 이를 보다 자세하게 분석하면 다음과 같다.

첫째, 제조업자와 소비자를 연계시켜 교환을 가능하게 해주고 운송, 보관 등을 통해 특정재화나 서비스의 실체를 이동시켜 주며 광고, 정보수집, 위험부담 등을 통하여 기업의 수출마케팅활동을 보조한다.

둘째, 수출유통경로는 기업들이 외국에서 접하게 되는 상이한 문화나 환경에 쉽게 적응할 수 있도록 하고 각국 소비자들에게 당해 기업들을 적절히 소개하는 역할도 한다.

셋째, 수출유통경로는 궁극적으로 제품의 효용을 증대시키게 된다. 즉, 소비자에게 제품을 적시에 제공함으로써 제품의 시간효용을 증대시키고 또한 소비자가 쉽게 얻을 수 있는 곳에 제품을 위치시킴으로써 제품의 공간효용을 증대시킨다.

2. 수출유통경로의 유형

수출유통경로에는 상품의 취급관리에 관한 의사결정을 중심으로 하는 물적유통(physical distribution)과 생산자로부터 최종고객에게 어떠한 경로를 통해 상품이 전달되는가를 관리하는 경로관리(channel management)가 있으며 국별 또는 제품별로 매우 다양하다.

일반적으로 중간상은 자기의 명의와 계산으로 수출입활동을 하므로 구입가격과 판매가격의 차이가 영업이익이 된다. 이에 비해 대리상은 수출업자 또는 수입업자의 위탁을 받아 당해 위탁자의 명의와 계산으로 거래를 하며 수출입거래대금의 일정비율을 수수료 형태로 수취하는 유형이다.

1) 해외중간상

대표적인 해외중간상으로서는 다음과 같이 수입업자, 제조업자, 유통업자, 딜러, 도매상, 외국의 정부관련기관 등이 있다.

첫째, 수입업자는 상품을 자기의 위험부담 및 계산으로 수입하여 이를 수입국 현지의 도매업자나 소매상에게 판매한다. 제품에 대한 전문지식을 요하기 때문에 주로 특정 제품계열만을 전문으로 취급하는 수입업자들이 많다.

둘째, 제조업자는 OEM방식으로 수입하거나, 녹다운(Knock-Down)방식으로 수입 및 조립하여 자사의 기존 판매망이나 도 · 소매 유통경로를 통해 판매한다.

셋째, 유통업자(distributor)는 독립적인 중간상의 대표적인 예로서 대부분의 경우 특정국에서의 독점적 판매권을 향유하며 해외제조업체와 긴밀한 유대관계를 맺고 있다. 따라서 유통업자는 공급업체에 대한 의존도가 상대적으로 높은 편이며, 계약관계도 장기적이고 지속적이다.

넷째, 딜러(dealer)는 일반적으로 특정제품의 매매에 있어서 공급업자와 지속적인 관계를 유지하면서 산업재 또는 내구성 소비재를 소비자에게 직접 판매하는 중간상이라고 할 수 있다. 특히 딜러는 공급업체와의 지속적인 관계를 바탕으로 특정지역에 있어서 제조업체의 제품을 독점적으로 판매할 권한을 갖는 만큼 취급품목도 단일 제조업체의 것만으로 한정하는 것이 보통이다.

다섯째, 도매상 및 소매상은 보다 낮은 단계의 유통경로 구성원들에 대한 재유통이나 최종소비자를 대상으로 유통업무를 수행하고 있으며, 이를 위하여 직접 수입판매하는 경우도 많다.

여섯째, 각국 정부는 정부 소요물자를 직접 조달하기 때문에 수출마케팅 담당자들은 현지정부 및 공공기관과 거래할 수도 있다.

2) 해외대리상

대표적인 해외대리상으로서는 다음과 같이 중개업자, 대리점, 팩터 등이 있다.

첫째, 중개업자(broker)는 일차산품이나 음식료품을 전문적으로 취급하며, 그 대가로 일정액의 중개수수료를 취득한다는 점에서 대리점과 유사한 성격을 지닌 중간상이다.

둘째, 대리점은 특정도시, 지역, 당해 시장국 또는 인접국에서의 제조업체의 제품에 대한 판매권을 향유하는 유통기구로서 광범위한 시장을 커버할 수 있다는 이점 때문에 산업재 및 각종 소비재의 유통에 널리 활용된다.

셋째, 팩터(factor)는 수출업자가 맡긴 물품의 판매알선과 함께 구매자의 지급보증 업무까지 수행함으로써 수출업체와 수입업자의 중간에서 신용위험을 감소시켜주는 기능을 수행한다. 따라서 팩터는 일정액의 판매수수료 이외에 지급보증의 대가로서 지급보증수수료도 수취하게 된다.

3. 회색시장

세계시장에서 표준화된 제품을 동시에 마케팅하고 있는 수출기업들은 수출대상국가가 증대함에 따라 회색시장(grey market) 또는 평행시장(parallel market)이라는 수출유통관리상의 특수문제에 부딪치게 된다.

회색시장은 해외시장국들 간의 가격차이에 편승하여 특정기업의 제품을 저가시장에서 구입한 다음 이를 정상적인 유통경로 구성원들이 제시하는 가격보다 낮은 가격에 판매함으로써 이익을 추구하는 인가되지 않은 유통업체들로 구성된다.

회색시장은 날이 갈수록 급속한 신장추세를 보이고 있다. 1970년대 말까지만 하더라도 카메라, 시계, 향수 등의 품목에 한정되었으나, 최근에는 자동차, 타이어, 수정 등을 포함한 다양한 품목에 회색시장이 형성되고 있다. 회색시장이 형성되는 이유는 시장의 세계화로 많은 기업들이 표준화된 제품을 여러 개의 해외시장에 동시에 출하하고 있는 상태에서 환율변동, 제조업체의 수출시장 간 가격차별정책, 현지시장의 수급불균형 등의 요인으로 해외시장 간에 큰 폭의 가격차이가 발생한 것을 이용하여 국제유통업체들이 재정거래를 통해 이득을 보고자 하기 때문이다.

4. 수출물적유통

수출물적유통은 재화의 물리적 이동, 즉 수출운송, 수출보험, 수출보관 및 재고통제에 대한 효율적인 시스템의 구축 및 관리문제 등이다.

첫째, 수출운송은 수출국과 수입국의 지리적 특성에 따라 해양, 항공, 철도, 트럭, 내수로운송 등 기본적으로 다섯 가지의 대안이 있다. 운송형태 중에서 가장 일반적인 것은 운송비용이 낮고 한꺼번에 많은 재화를 손쉽게 운송할 수 있는 해상운송이라고 할 수 있다. 최근에는 복합운송이라는 새로운 운송형태가 각광을 받고 있다.

둘째, 물품의 물리적 이동과정에서 발생할 수 있는 물품의 멸실이나 손상위험에 대처해야 한다. 즉, 매매당사자들은 수출입계약화물이 매도인의 창고나 공장을 떠날 때부터 해외의 매수인에 의해 지정된 목적지까지 도달할 때까지 보험에 부보하여 화물을 위험으로부터 보호하여야 한다.

셋째, 수출국과 수입국 간의 거리가 멀어 오랜 운송기간이 소요될 때 품절이라는 최악의 상황을 방지하기 위해 판매시점에 예비재고품을 제공할 수 있도록 보관활동을 전개해야 한다.

제5절 표준화전략과 적응화전략

1. 표준화전략과 적응화전략의 개념

국제기업의 기본적인 특징 중의 하나는 국내와는 상이한 환경조건을 지니고 있는 국가의 시장을 목표로 하여 현지에 자회사를 설치하고 그 자회사들을 본사의 전략에 따라 계획, 조직 · 통제된다는 점이라 할 수 있다. 국제기업은 이와 같은 해외경영활동을 수행하는 과정에서 여러 가지 복잡한 경영전략 선택의 문제에 직면하게 되는데, 가장 일반적인 결정은 지금 국내경영활동에서 수행되었던 전략을 현지시장에서 연장수행할 수 있는가(표준화전략) 아니면 시장환경에 맞게 수정하는가(적응화전략)를 선택하는 것이다.

1) 표준화전략

표준화전략은 글로벌 기업 전체의 이익을 극대화하기 위해서는 범세계적인 통일된 시스템을 유지하고 해외자회사들의 활동을 통제할 필요가 있기 때문에 본사국 시장에서 택했던 기업의 전략을 해외시장에서도 변경 없이 그대로 사용하는 것을 말한다.

국제기업들의 표준화전략을 지지하는 대부분의 연구는 기술혁신에 따른 통신과 교통수단의 발전으로 세계시장이 점점 동질화되고 있다는 측면과 통일된 전략활용에 따른 비용절감, 규모의 경제와 시너지효과, 기업 및 제품 이미지의 제고, 질서 있는 전략계획의 수립과 통제가 가능하다는 점을 강조한다.

이러한 표준화전략을 강조하는 학자로는 레비트(Levitt) 교수가 있는데, 그는 세계가 동질화되고 있기 때문에 표준화전략을 택하지 못하는 국제기업들은 사라지고 전 세계적으로 동일한 전략을 수행하는 범세계적인 기업이 등장해야 한다는 극단적인 표준화전략론을 주장하고 있다. 그리고 기술혁신으로 인해 교통과 통신수단이 발달함으로써 각국에서 발생하는 사건들이 단시간에 전 세계로 전파되어 지역 간 차이가 해소되고 세계의 욕구와 희망이 동질화되면서 소위 시장의 범세계화(globalization of markets)현상이 나타나고 있다고 강조했다.

2) 적응화전략

적응화전략은 현지국시장 여건이 본사국과 상이할 경우, 국제기업은 성장과 발전을 도모하기 위해 외부 환경조건에 적응해나가야 하기 때문에 현지국시장에서의 경영전략을 모국시장과는 차별화할 필요가 있는 경우 사용하는 전략을 말한다.

적응화전략의 실행을 강조하는 사람들은 주로 기업경영환경 차이로 인한 현지적응의 필요성을 강조하는 학자들이다. 대표적인 학자로 인류학자인 홀(Hall)을 들 수 있다. 홀은 상이한 문화권에 속해 있는 사람들이 사고방식과 가치관이 다르기 때문에 한 국가에서 성공한 전략을 다른 문화권의 시장으로 효과적으로 이전시키는 데는 많은 장애요인이 존재한다고 주장했다.

또한 그린(Green)과 커닝햄(Cunningham)은 미국과 베네수엘라에서 가족의 구매결정이 이루어지는 방식에 상당한 차이가 있음을 알아냈는데, 이는 결국 국제기업으로 하여금 두 시장에서 목표고객을 달리 선정해야 한다는 것을 암시해 주고 있다.

2. 대안개발

표준화전략과 적응화전략에서 제품과 커뮤니케이션의 믹스만을 고려하여 특정한 제품시장기반을 가지고 있는 기업이 이를 여타의 지역시장으로 확대하는 데 활용될 수 있는 전략적 대안을 마련한다. 여기서 커뮤니케이션이란 기업과 광고 등의 경로를 통하여 소비자에게 제품을 알리고 구매를 설득하는 과정을 말한다.

1) 제품 및 커뮤니케이션 연장전략

이 전략은 모든 시장국에서 동일한 제품을 국내시장과 동일한 커뮤니케이션 메시지를 활용하여 판매하는 것이다. 많은 다국적기업들이 이러한 전략을 채택하고 있는데, 이는 이 전략이 실시하기에 가장 용이하면서도 경제성이 높기 때문이다.

이 전략은 동일 전략의 사용에 따른 비용절감과 규모의 경제를 추구할 수 있다는 장점이 있으나 한편으로는 개별시장의 욕구에 적절히 반응하지 못하기 때문에 잠재적인 수요확대의 기회를 놓치기 쉽다는 단점이 있다.

2) 제품연장 · 커뮤니케이션 적응전략

이 전략은 제품의 사용조건은 국내시장과 거의 같거나 유사하지만, 제품의 기능 또는 사용목적이 국내시장과는 다른 경우에는 제품은 그대로 두되 마케팅 커뮤니케이션만 현지에 적응시키는 전략을 선택하는 것을 말한다. 이러한 접근방법이 효과적인 제품의 예로는 동일한 제품이 국내시장과는 다른 용도로 사용되거나, 다른 기능에 적용되는 사례를 들 수 있다. 즉, 미국에서 교외의 잔디나 정원을 손질하는 데 사용되는 기계제품계열이 후진국에서는 농사일에 쓰이는 제품으로 마케팅되고 있다.

3) 제품적응 · 커뮤니케이션 연장전략

이는 자국시장을 위해 개발된 기본적인 커뮤니케이션 전략은 변경 없이 그대로 연장, 적용하지만 제품은 현지의 사용조건에 적응시키는 전략이다. 이 전략은 제품이 상이한 사용조건하에서 동일한 기능을 수행하게 되는 경우를 전제로 한다.

4) 제품 및 커뮤니케이션 적응전략

제품과 시장에 따라서는 제품 및 커뮤니케이션 양자를 모두 적응시켜야 할 필요가 있다. 이러한 이중적응전략(dual adaptation strategy)은 제품이 사용되는 환경적 여건과 제품이 갖추어야 할 기능이 시장국마다 다를 경우에 사용되는 전략이다.

5) 신제품개발전략

신제품개발전략은 이상의 4가지 전략으로는 새로운 시장의 욕구를 충족시킬 수 없을 때, 제품을 새로이 개발하여 시장에 진입하는 것이다. 전 세계 인구의 3/4에 달하는 개발도상국시장의 고객들에게는 선진국시장을 목표로 만들어진 제품을 구매할 능력이 결여되어 있다. 이러한 경우에는 이들 잠재적 고객들이 지불가능한 범위의 가격에 이들의 욕구를 충족시킬 수 있도록 고안된 전혀 새로운 제품의 개발이 요구된다. 이러한 신제품의 개발에 소요된 비용이 그다지 과도하지 않다면, 이 전략을 통해 중진국이나 개발도상국의 대중시장(mass market)에서 충분한 보상을 얻어내기란 그리 어려운 일이 아니다.

PART 04

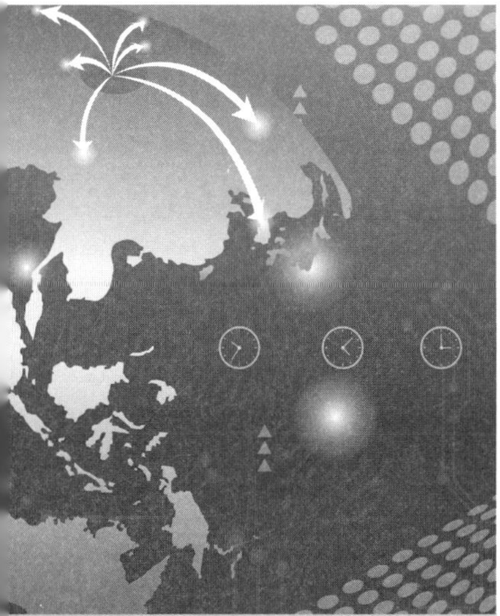

무역실무

■ Chapter 11 ■

무역실무 개요

제1절 무역의 정의 및 무역절차

1. 무역의 정의

1) 대외무역법상의 정의

수입은 매매, 교환, 증여, 사용대차, 임대차의 목적으로 물품을 외국에서 들여오는 행위나 유상으로 외국에서 외국으로 물품의 이동이 일어나는 경우 모두를 포괄한다. 대외무역법상에는 "무역이란 수출 · 수입을 말하며 물품과 대통령령이 정하는 전자적 형태의 무체물을 수출 또는 수입하는 것을 무역이라 한다"라고 정의되어 있다. 여기서 물품이라 하면 외국환거래법에서 정하는 지급수단 · 증권 및 채권을 화체(化體)한 서류 외의 동산을 말하며 전자적 형태의 무체물이란 소프트웨어, 부호 · 문자 · 음성 · 음향 · 이미지 · 영상 등을 디지털방식으로 제작하거나 처리한 자료 또는 정보 등이 해당된다.

2) 관세법상의 정의

무역은 수입과 수출로 이루어져 있는데 간단하게 외국물품이 내국물품화되는 것이 수입이고, 내국물품이 외국물품화 되는 것이 수출이다. 수입은 보세구역에서 수입통관절차를 밟고 정상적인 유통경로를 거칠 경우를 말하고, 수출은 수출통관절차를 밟은 이후에 외국으로 나가는 경우에 한정하고 있다.

2. 무역절차

1) 수출절차

수출절차라 하면 일반적으로 매매계약이 체결되고 이에 따라 신용장이 도착한 이후에 필요한 경우 수출승인을 얻은 다음 수출물품을 확보하여 수출통관 · 물품선적 · 수출대금회수의 과정을 거치면서 최종적으로 관세환급 및 사후관리 등을 실시하는 것을 말한다.

(1) 매매계약의 체결

매매계약의 체결은 해외시장조사를 통해 선정된 거래상대방에게 권유장(circular letter)을 보내고 거래상대방의 제품에 대한 조회(inquiry)에 대한 답신으로 수출업자는 오퍼(offer)를 보내게 된다. 수출업자의 오퍼에 대하여 거래상대방이 승낙(acceptance)을 하게 되면 거래는 성립하게 된다.

(2) 신용장의 내도

신용장(L/C : Letter of Credit)이란 수입업자의 거래은행이 수출업자에게 대금지급을 보장해 주는 서류로서 수출업자는 신용장을 수취하면 신용장조건대로 이행하는 경우에는 틀림없이 수출대금을 회수할 수 있다는 보장이 되므로 안심하고 제품제작에 들어갈 수 있다.

또한 수출업자가 신용장을 수취할 때는 신용장의 내용이 계약서의 내용과 일치하는지, 그리고 도착한 신용장이 취소불능신용장인지를 확인하고 신용장 개설은행의 신용상태를 확인하여야 한다.

(3) 수출승인

수출업자가 수출하고자 하는 제품이 수출입공고와 별도공고에 의해 수출이 제한되

그림 11-1 ▮ 수출입절차

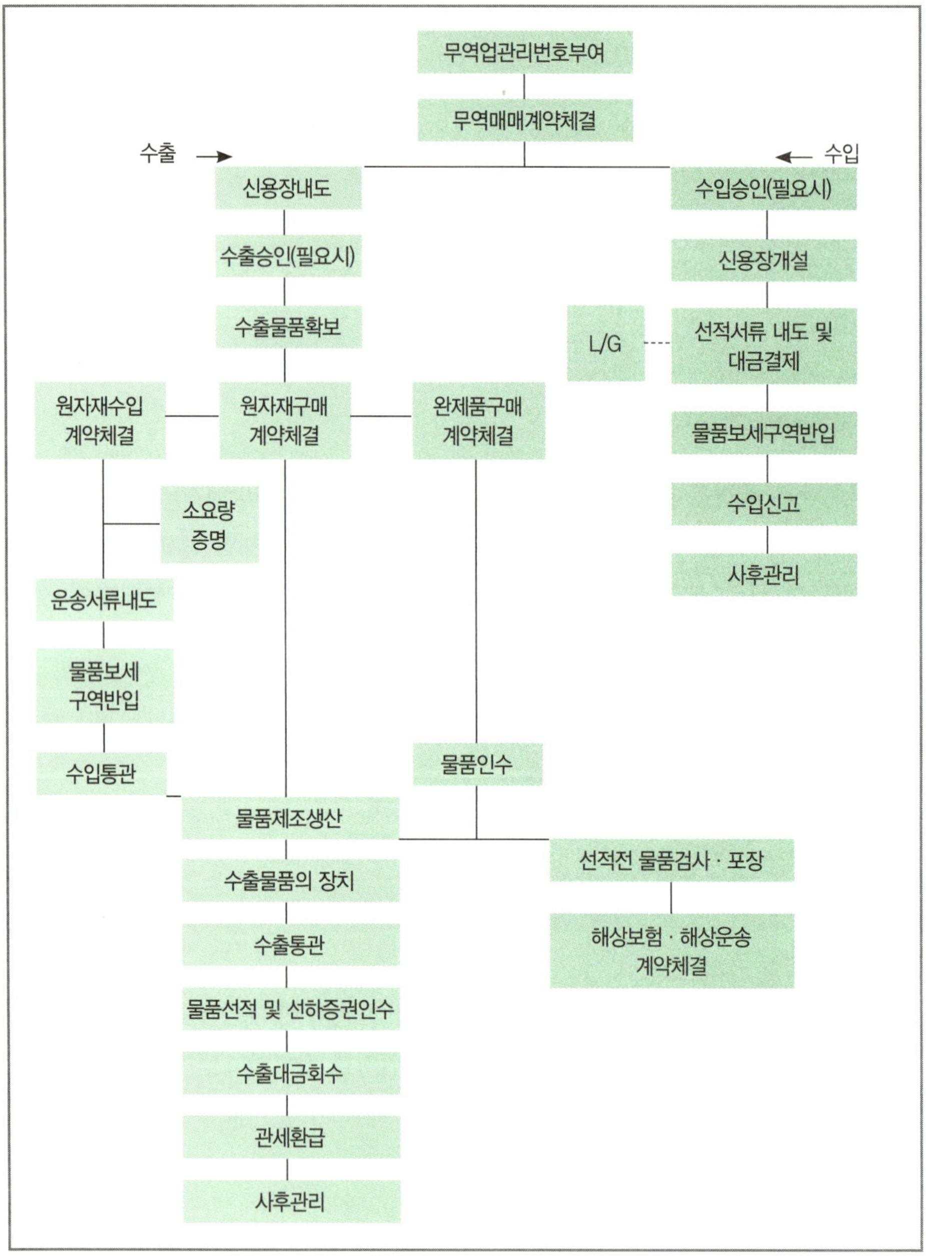

는 품목이 아닌가를 확인하는 과정이다. 자동승인품목의 경우에는 수출승인이 변제되며 제한승인품목의 경우에는 해당 업종의 협회나 조합에서 승인을 얻어야 한다.

(4) 수출물품의 확보

수출업자가 수출하고자 하는 제품을 확보하는 방법은 크게 세 가지가 있다. 먼저 국내시장에서 완제품을 구입하여 수출하는 방법이 있고 또 하나는 직접 제품을 생산하는 방법이 있다. 제품을 직접 생산하는 경우에는 원료를 조달하는 방법에 따라 두 가지로 나누어지는데 하나는 원자재를 국내에서 구매하여 제품을 만드는 것이고 또 다른 하나는 원자재를 수입하여 제품을 확보하는 것이다.

(5) 수출통관

수출품이 완성이 되면 수출품에 대하여 검사를 받고 수출검사가 완료가 되면 수출물품을 보세구역에 반입하여 수출신고를 하게 된다. 수출업자가 수출신고(E/D : Export Declaration)한 물품에 대하여 세관장은 수출물품을 확인한 후 수출신고필증(E/P : Export Permit)을 교부하여 준다. 수출신고필증을 받으면 수출품은 내국물품에서 외국물품으로 바뀌게 되고 보세구역에서 반출하여 선적하게 된다.

(6) 물품의 선적과 해상보험

수출통관이 완료되면 계약체결 시 정해진 선적일자와 운송에 관련된 계약의 내용에 따라 선박을 확보하여 제품을 선적하고 가격조건이 CIF조건이나 CIP조건인 경우에는 해상보험에 부보를 하게 된다.

(7) 수출대금의 회수

수출물품의 선적을 완료하면 수출업자는 신용장상에서 요구하는 선적서류를 준비하여 대금회수를 하여야 한다. 수출대금회수를 위하여 수출업자는 신용장을 조건으로 하여 환어음을 발행하고 신용장상에 특별한 규정이 없는 한 수출업자의 거래은행을 통하여 대금회수를 하게 된다.

(8) 관세환급 및 사후관리

수출대금의 회수가 끝나면 수출업자는 수출용 제품을 만들기 위하여 원자재를 수입할 때 납부한 관세를 돌려받게 되는데 이를 관세환급이라고 한다. 이 관세환급제도는 수출업자의 가격경쟁력을 높여주기 위하여 수출물품의 생산에 사용되는 원자재의 수입 시 납부한 관세를 돌려주는 제도이다.

수출절차의 가장 마지막 단계로는 사후관리가 있다. 사후관리란 수출업자가 수출승인을 받은 내용대로 수출물품을 선적하고 수출대금을 회수하였는가에 대하여 최종 확인하는 절차이다.

2) 수입절차

수입절차라 하면 수입계약을 체결하고 필요한 경우에는 수입승인을 받아 신용장을 개설하여 수출업자에게 보내준 후 선적서류가 도착하면 수입대금을 지불하고 수입화물을 통관하여 물품을 확보한 후에 사후관리를 하는 것을 말한다.

(1) 수입계약의 체결과 수입승인 및 신용장개설

수출업자의 거래제의에 대하여 수입업자가 승낙하면 매매계약은 성립하게 된다. 계약이 성립되면 수입업자는 즉시 필요한 경우에 해당 업종의 협회나 조합에서 수입승인을 획득하고, 자신의 거래은행에 신용장개설의뢰를 하여 수출업자에게 신용장을 보내주게 된다.

(2) 선적서류의 도착 및 대금결제

수입업자는 신용장을 개설하여 수출업자에게 보내주고 제품이 도착할 때까지 기다리면 된다. 신용장의 수익자인 수출업자는 대금회수를 위하여 신용장의 조건대로 이행하고 수입업자에게 대금회수를 위하여 선적서류와 환어음을 보내게 된다. 이때 수입업자는 도착한 서류와 신용장의 내용을 확인한 후 대금을 지급하고 물건을 대표한 서류인 선하증권(B/L : Bill of lading)을 인도받게 된다.

(3) 수입통관

물품이 수입지에 도착하게 되면 수입업자는 수입신고를 하고 수입물품에 대하여 필요한 경우는 검사를 받아야 하며 수입물품의 검사가 끝나면 수입품에 대한 관세가 부과된다. 수입품에 부과된 관세 및 내국세를 지불하면 수입물품을 보세구역에서 반출할 수 있고 수입품은 수입업자가 자유롭게 처리할 수 있는 상태가 된다.

(4) 사후관리

수입절차의 가장 마지막 단계로 사후관리를 수입업자는 하여야 하는데 사후관리란 처음 수입승인받은 내용대로 제품이 수입되었는가와 수입품에 대한 대금지급이 정확하게 이루어져 있는가를 확인하는 작업이다.

제2절 무역관리제도

1. 무역관리의 개념

1) 무역관리의 정의

무역관리(trade control)란 대외무역거래에 대하여 규제나 통제행위를 행하는 것으로서 무역의 전부 혹은 일부에 대하여 총액, 내용, 시기, 결제방법 및 거래상대국 등을 적극적으로 규제하는 것을 의미하며 자국의 경제적 이익을 도모하기 위하여 국가가 간섭 혹은 통제하는 것을 말한다. 그러므로 무역관리제도는 물품의 수출입을 규제 또는 지원하기 위한 각종의 법규 및 제도적 장치를 뜻한다. 특히 무역의존도가 높은 우리나라의 경우에는 무역이 국민경제에서 차지하는 비중이 높기 때문에 체계적인 무역관리를 하여 국민경제의 발전을 도모할 필요가 있다.

2) 무역관리의 목적

무역관리는 무역거래에 대한 국가의 간섭 내지는 통제를 말하며, 비교생산비설에 의하면 무역은 거래자 쌍방에 이익을 주는 것으로 무역에 관한 한 인위적인 간섭 내지 통제를 하지 않고 당사자의 자유에 맡기는 것이 가장 이상적이다. 하지만 진정한 자유무역은 현재에는 찾아볼 수 없으며, 각국은 무역을 통한 자국의 이익극대화에 주안점을 두고 있다. 우리나라의 경우도 예외는 아니다. 따라서 무역관리의 궁극적 목적은 국민경제의 진흥에 기여함과 아울러 국제수지의 균형 및 통상의 확대에 주안점을 두고 있다.

2. 무역관련 주요 법규

우리나라에서는 무역을 관리하기 위하여 법률을 제정하여 실시하고 있는데, 무역관리와 관계되는 주요한 법으로는 대외무역법, 관세법, 외국환관리법이 있으며 이들을 무역관련 3대 기본법이라고 한다.

1) 대외무역법

대외무역법은 대외무역을 진흥하고 공정한 거래질서를 확립하여 국제수지의 균형과 통상의 확대를 도모함으로써 국민경제의 발전에 이바지함을 목적(대외무역법 제1조)으로 제정되었으며, 수출입거래를 관리하는 기본법이다. 1967년 1월부터 수출입거래를 관리하는 기본법으로서 무역거래법이 시행되어 오다가 폐지되고, 1986년 12월에 새로이 대외무역법이 제정되었는데 급변하는 대내외 무역 환경 및 개방체제에 능동적으로 대응하고 민간주도의 자율성 제고와 질서 있는 수출로 대외신용을 제고시키고자 하는 것이 제정취지라 할 수 있다.

대외무역법은 기존의 무역관리법규인 무역거래법을 대체하는 법률로 제정된 이후 대내외 여건의 변화에 따라 여러 차례 개정하여 왔으며 1996년에 대폭적인 개정을 실시하였고 그 이후에 2014년 1월 31일 시행까지 개정되어 사용되고 있다.[01]

01 이제홍, 대외무역법, 보명출판사, 2013.

표 11-1 ▮ 대외무역법의 관리체계

<table>
<tr><td>대외무역법</td><td colspan="2">우리나라 무역관리를 위한 기본법은 무역관리제도(승인)와 무역진흥제도(외화획득용원료 등의 수입) 포함</td></tr>
<tr><td rowspan="3">무역관리제도</td><td>주체관리</td><td>무역업</td></tr>
<tr><td>객체관리</td><td>수출입공고 등에 의한 품목관리</td></tr>
<tr><td>행위관리</td><td>수출승인(Export License)과 수입승인(Import License)</td></tr>
<tr><td>무역진흥제도</td><td colspan="2">외화획득용원료 등의 수입 및 국내조달에 우대조치</td></tr>
</table>

2) 외국환거래법

외국환거래법은 외국환거래, 기타 대외거래의 자유를 보장하고 시장기능을 활성화하여 대외거래의 원활화 및 국제수지의 균형과 통화가치의 안정을 도모함으로써 국민경제의 건전한 발전에 이바지함을 목적(외국환거래법 제1조)으로 제정되었으며 수출입물품의 대금결제방법에 관하여 규정된 법률이다.

3) 관세법

관세법은 관세의 부과 · 징수 및 수출입물품의 통관을 적정하게 하고 관세수입을 확보함으로써 국민경제의 발전에 이바지함을 목적(관세법 제1조)으로 제정되었으며, 관세징수와 수출입물품의 통관에 관련되어 포괄적으로 규정한 법률이다.

4) 무역보험법

무역거래상의 보험으로 구제하기 어려운 대금결제의 위험으로부터 무역업자를 보호하기 위하여 만들어진 법률이다.

5) 특별법

무역에 관한 일반법인 대외무역법에 대한 예외를 두어 우선 적용하는 특별법이다.

① 무역업 등록의 면제조항을 규정하는 법 : 농업협동조합법, 수산업협동조합법 등

② 물품의 수출입에 관하여 특별한 규정을 두는 법 : 마약법, 식품위생법, 문화재

보호법, 영화법, 음반 및 비디오물에 관한 법률, 양곡관리법, 농약관리법 등

3. 대외무역법의 무역관리

1) 수출입의 승인

수출입승인이라 하면 수출입공고, 별도공고에 의해 수출입이 제한되는 물품을 수출입이 가능하게 하는 절차로서 과거에는 모든 수출입행위에 대해 매 계약건별로 물품의 이동과 대금결제를 결부시켜 수출입승인을 받도록 하였다.

현행 대외무역법에서는 헌법에 의하여 체결 · 공포된 조약과 일반적으로 승인된 국제법규에 의한 의무의 이행, 생물자원의 보호 등을 위하여 필요하다고 인정하는 경우에는 물품의 수출 또는 수입을 제한할 수 있고, 이들 물품을 수출 또는 수입하고자 하는 자는 산업통상자원부장관의 승인을 얻어야 수출입을 할 수 있다고 규정되어 있다. 그러나 긴급을 요하는 물품 등으로서 대통령령이 정하는 기준에 해당하는 물품 등의 수출 또는 수입에 대하여는 수출입의 승인이 면제되어 있다.

2) 수출입공고(수출입상품관리)

수출입공고는 개별적인 수출입상품의 수출입제한 여부에 관한 종합계획으로서, 이에 의하여 어떤 품목은 수입이 제한되고 또한 규격 또는 지역별로 수출입에 제한을 가하거나 관계기관의 승인을 얻어 수출입하도록 규정하고 있어 무역관리의 핵심이라고 할 수 있다.

수출입공고는 수출입품목의 효율적 관리를 통해 무역을 증대시키고 대외적인 통상마찰을 피하기 위해 공고하는 것으로 수출 · 수입에 관한 직접적인 규제방식의 하나이다. 수출입공고에서는 수출입품목을 자동승인품목 · 제한승인품목 · 금지품목 등으로 구분하여 산업통상자원부장관이 공고를 하고 있다.

제3절 특정거래형태의 무역

대외무역법에 따르면 산업통상자원부장관은 물품 등의 수출 또는 수입이 원활히 이루어질 수 있도록 대통령령으로 정하는 물품 등의 수출입 거래형태를 인정할 수 있다(법 제13조 제1항). 산업통상자원부장관이 정하여 고시하는 기준에 해당하는 ① 위탁판매수출, ② 수탁판매수입, ③ 위탁가공무역, ④ 수탁가공무역, ⑤ 임대수출, ⑥ 임차수입, ⑦ 연계무역, ⑧ 중계무역, ⑨ 외국인수수입, ⑩ 외국인도수출, ⑪ 무환수출입의 11가지 거래형태를 말하며, 거래내용의 특수성 때문에 특별한 관리가 필요한 수출입을 여러 가지 유형으로 정형화하여 특별관리한다(규정 제2조 제4호~제14호).

1. 위탁판매수출

1) 개념

"위탁판매수출"이라 함은 물품을 무환으로 수출하여 당해 물품이 판매된 범위 안에서 대금을 결제하는 계약에 의한 수출을 말한다(규정 제2조 제4호). 즉, 물품을 무환으로 수출하여 당해 물품이 판매된 범위 내에서 대금을 결제하고 판매잔량을 수출국으로 송부하는 방식의 수출을 말한다.

위탁자는 매매계약을 체결하지 않고 자신의 위험부담으로 외국의 수탁자에게 물품을 송부하지만 소유권은 위탁자에게 있으며 수탁자는 물품을 판매한 후 판매대금에서 경비와 수수료를 공제한 금액을 위탁자에게 송금한다.

이 거래방식은 수탁자의 입장에서는 자금이나 위험부담 없이 물품의 관리책임만 있으나, 위탁자는 거의 전적인 부담을 지면서 적극적으로 새로운 수출시장을 개척하고자 할 때 사용된다.

2) 유사한 거래형태

(1) BWT(Bonded Warehouse Transaction)방식

보세창고인도조건의 수출로서 수출자가 본인의 책임하에 수입국 내에 관리인(지사 또는 별도의 제3대리인)을 지정하고, 사전에 매매계약이 체결되지 않은 채 물품을 수입국 내 보세창고에 무환으로 입고한 후 현지에서 매매계약이 성립되어 판매하는 방식의 거래를 말한다.

이는 통상 인도기일이 짧은 범용성 원자재나 선용품 등의 거래에 활용되며, 적극적인 판매활동으로 수출증대를 도모한다.

(2) CTS(Central Terminal Station)방식

교역상대국의 인가를 받아 해외에 현지법인을 설립하여 그 법인의 명의로 수입하여 현지에서 직접 판매하는 방식으로서 해외시장개척을 위해 이용된다.

2. 수탁판매수입

"수탁판매수입"이라 함은 물품을 무환으로 수입하여 당해 물품이 판매된 범위 안에서 대금을 결제하는 계약에 의한 수입을 말한다(규정 제2조 제5호). 즉, 물품을 외국에서 무환으로 수입하여 당해 물품이 판매된 범위 내에서 수입대금을 결제하고 일정기간 후 판매잔량은 재수출하는 조건의 거래방식을 말한다.

이 거래방식은 자금이나 위험은 물품의 소유권을 가진 위탁자(수출자)가 부담하므로 수탁자(수입자)는 위탁자가 지정한 조건에 따라 상품을 판매한 후 판매잔량은 위탁자에게 반환하고, 그 판매대금에서 경비와 수수료를 공제한 나머지를 위탁자에게 송금한다. 따라서 수입자는 아무런 위험부담이나 자금부담 없이 손쉽게 수입할 수 있으므로 무분별한 수입이 조장될 우려가 있다.

3. 위탁가공무역

"위탁가공무역"이라 함은 가공임을 지급하는 조건으로 외국에서 가공할 원자재의 전부 또는 일부를 거래상대방에게 수출하거나 외국에서 조달하여 이를 가공한 후 가공물품을 수입하는 수출입을 말한다(규정 제2조 제6호).

이는 외국의 저렴한 노동력을 활용하거나 외국의 고도 기술을 이용하고자 하는 경우에 이용되는 거래로서, 중국, 베트남과의 거래에서 많이 활용되고 있으며, 향후 북한과의 교역 시 활용도가 높을 것으로 보이는 거래형태이다.

4. 수탁가공무역

"수탁가공무역"이라 함은 가득액을 영수하기 위하여 원자재의 전부 또는 일부를 거래상대방의 위탁에 의하여 수입하여 이를 가공한 후 위탁자 또는 그가 지정하는 자에게 가공물품을 수출하는 수출입을 말한다(규정 제2조 제7호).

즉, 가득액을 가득하기 위하여 거래상대방의 위탁에 따라 원자재를 수입하여 이를 가공한 후 위탁자 또는 그가 지정하는 자에게 가공물품을 수출하는 방식을 말한다.

외국의 무역업자가 우리나라의 숙련된 노동력 또는 고도의 기술을 이용하고자 하는 경우의 거래형태로서 수출과 수입이 하나의 계약에 따라 연결되어 이루어진다. 원자재의 조달에 있어서 유상 · 무상의 여부에 따라 유환수탁가공무역과 무환수탁가공무역으로 구분되나, 일반적으로 무환수탁가공무역방식을 택하고 있다.

5. 임대수출

"임대수출"이라 함은 임대(사용임대를 포함한다)계약에 의하여 물품을 수출하여 일정기간 후 다시 수입하거나 그 기간의 만료 전 또는 만료 후 당해 물품의 소유권을 이전하는 수출을 말한다(규정 제2조 제8호).

6. 임차수입

“임차수입”이라 함은 임차(사용임차를 포함한다)계약에 의하여 물품을 수입하여 일정기간 후 다시 수출하거나 그 기간의 만료 전 또는 만료 후 당해 물품의 소유권을 이전받는 수입을 말한다(규정 제2조 제9호).

이 방식은 주로 영세한 중소기업이나 외자도입업체가 추가 생산시설을 수입할 때 이용하고 있으며 임차한 시설을 사용하여 생산한 제품을 임대인에게 수출하는 조건으로 거래하는 경우가 많다.

7. 연계무역

“연계무역”이라 함은 물물교환(Barter trade), 구상무역(Compensation trade), 대응구매(Counter purchase), 제품환매(Buy Back)의 형태에 의하여 수출 · 수입이 연계되어 이루어지는 수출입을 말한다(규정 제2조 제10호). 즉, 동일한 거래당사자 간에 수출과 수입이 연계된 무역거래로서 거래당사국 간의 수출입의 균형을 유지하거나 통상협력의 수단으로 이용될 수 있다.

1) 연계무역의 유형

(1) 물물교환

수출 · 수입거래가 하나의 계약서에 의해 작성되고 환거래의 발생 없이 상품을 1 : 1로 교환하는 무역을 말한다.

(2) 구상무역

환거래가 발생하고 대응수입의무를 제3국에 전가할 수 있는 거래를 말한다. 이는 원칙적으로 수출 · 수입거래가 하나의 계약서에 의해 작성되고, Back to Back L/C, Tomas L/C, Escrow L/C 등 특수신용장을 사용하여 거래하고, 대응수입이행기간은 통상 3년 이내이다.

(3) 대응구매

한 건의 거래가 이루어질 때 수출액의 일정비율에 상당하는 물품을 일정기간 내에 대응수입해야 한다는 점에서는 구상무역과 비슷하나 사실상 독립된 두 개의 거래라는 점에서는 구상무역과 다르다. 동구권과의 거래에서 주로 이용되며, 수출 · 수입거래 시 각각 별도의 계약서에 의해 거래되고, 두 개의 일반신용장이 개설되고, 형식상 완전히 분리된 두 개의 일반무역거래형태이고, 환거래가 발생하여 상호 간에 합의된 통화로 결제되고, 대응수입의무를 제3국으로 전가가 가능하다.

(4) 제품환매

플랜트나 기술 등의 수출에 대응하여 그 설비나 기술로 생산되는 제품을 수입하는 형태로서, 플랜트나 기술을 수출한 수출업자는 제공한 플랜트나 기술에서 직접 파생되는 제품 또는 이를 이용하여 생산된 제품으로 수출대금을 회수한다. 이 거래방식은 단순한 간이 생산기기의 수출에 따른 제품환매에서 첨단기술의 이전을 수반하는 거래에까지 그 범위가 광범위하다. 이 중에서 특히 기술이전을 수반하는 형태를 산업협력(Industrial Cooperation)이라고 한다.

2) 연계무역 시 사용되는 특수신용장

(1) 동시개설신용장(Back to Back L/C)

수출입의 거래당사자 중 일방이 일정액의 수입신용장을 발행하는 경우에 거래상대방이 동액의 수입신용장을 동시에 발행할 경우에만 발행한 신용장이 유효하도록 하는 조건의 신용장을 말한다.

(2) 토마스신용장(Tomas L/C)

수출입 쌍방이 동시에 동액의 신용장을 발행하는 것이 아니라 한쪽은 신용장을 발행하고 상대방은 일정기간 후에 동액의 신용장을 발행하겠다는 보증서를 발행해야만 내도된 신용장이 유효하도록 하는 조건의 신용장을 말한다.

(3) 기탁신용장(Escrow L/C)

수입업자가 수입신용장을 발행하는 경우에 신용장의 한 조건으로 그 신용장에 의하여 발행되는 어음의 매입대금이 수익자에게 직접 지급되지 않고 수익자 명의로 매입은행, 개설은행 또는 제3국의 환거래은행 기탁계정에 기탁하여 두었다가 수익자가 원신용장 발행국으로부터 수입하는 상품의 대금결제에만 사용하도록 하는 조건의 신용장을 말한다.

8. 중계무역

1) 개념

"중계무역"이라 함은 수출할 것을 목적으로 물품을 수입하여 관세법 제154조의 규정에 의한 보세구역 또는 동법 제156조의 규정에 의하여 보세구역 외 장치의 허가를 받은 장소 또는 자유무역지역의 지정 등에 관한 법률 제4조에 따른 자유무역지역 이외의 국내에 반입하지 아니하고 수출하는 수출입을 말한다(규정 제2조 제11호). 즉, 수출할 목적으로 물품을 수입하여 원상태를 변경시키지 않은 상태로 제3국에 수출하여 수입대금과 지급액과의 차액, 즉 중계수수료(FOB−CIF에 해당하는 가득액)를 취하는 거래를 중계무역(Intermediate Trade)이라고 한다.

이 거래방식은 중계국 상품의 공급능력에 한계가 있는 경우 부족한 상품을 제3국으로부터 수입하여 다른 제3국에 수출함으로써 지속적인 해외시장을 확보할 수 있지만, 최종수입국이 최초수출국으로부터의 수입을 제한하고 있는 경우에는 최종수입국의 무역정책에 혼란을 야기하여 중계국의 일반 수출에 악영향을 미칠 수도 있다는 사실을 간과해서는 안 된다.

2) 유사한 거래형태

(1) 중개무역(Merchandising Trade)

중개무역이란 수출입 양 당사자 간의 거래상품이 제3국의 중개업자의 중개로 거래되는 경우에 제3국의 입장에서 본 무역형태로서, 물품은 중개인이 있는 제3국을 거치지 않지만 대금결제는 중개인이 있는 제3국을 통하여 이루어진다. 중계무역인 경우에는 중간상인이 매매차익을 목적으로 계약의 당사자로서, 중개무역의 경우에는 중간상인이 중개수수료를 목적으로 최종수입업자나 최초수출업자의 대리인으로서 수출입거래에 개입하게 된다.

(2) 통과무역(Passing or Transit Trade)

통과무역이란 거래상품이 수출국으로부터 수입국에 직접 송부되지 않고 제3국을 통과하여 수입국에 송부되는 경우에 제3국(통과국)의 입장에서 본 것으로서, 물품이 수출국으로부터 수출될 때 수입국을 미리 정하여 제3국을 통과하는 것이다. 반면, 중계무역은 수출국으로부터 수출될 때 실제 수입국이 결정되지 않은 채 중계항에서 양륙된 후에 최종목적지가 정해지는 경우가 있다.

(3) 스위치무역(Switch Trade)

스위치무역이란 매도인과 매수인 간에 직접 매매계약이 체결되고 상품도 수입국으로 직접 이동되는데, 대금결제는 제3국의 업자(Switcher)를 개입시켜 행하는 거래로서, 외환관리상의 편의나 금융수단의 채용을 필요로 하는 경우에 주로 이용된다.

9. 외국인수수입

"외국인수수입"이라 함은 수입대금은 국내에서 지급되지만 수입물품은 외국에서 인수하는 수입을 말한다(규정 제2조 제12호).

산업설비수출, 해외건설, 해외투자, 위탁가공무역 등에 필요한 기재 · 자재 및 원자재를 외국에서 수입할 필요가 있을 때 운송시간과 경비를 절감하기 위하여 수입대금은 국내에서 지급하고 물품은 해외현장으로 직접 송부되는 경우에 이용되는 거래 방식이다.

10. 외국인도수출

"외국인도수출"이라 함은 수출대금은 국내에서 영수하지만 국내에서 통관되지 아니한 수출물품을 외국으로 인도하는 수출을 말한다(규정 제2조 제13호).

11. 무환수출입

"무환수출입"이라 함은 외국환거래가 수반되지 아니하는 물품의 수출 · 수입을 말한다(규정 제2조 제14호).

제4절 무역업자

1. 무역업

수출입행위의 주체인 무역업자는 대외무역법에 의해 무역업관리번호를 부여받아야 한다. 따라서 무역업관리번호를 부여받지 않은 업체가 무역을 하고자 하는 경우에는 무역업관리번호를 부여받은 업체에 대행을 의뢰하여 무역업체 명의로 수출입을 하여야 한다.

1) 무역업 고유번호 신청

무역업의 신청은 대기업 및 중소기업, 또는 법인, 개인, 외국인의 구별 없이 구비서류를 갖추어 한국무역협회 본 · 지부에 등록신청을 하여야 하는데, 업체의 소재지에 관계없이 편리한 곳에서 신청할 수 있다.

(1) 무역업의 신고요건항목 세부내용

수출입 행위의 범위, 수출입 취급품목의 범위가 제한되어 있지 않다. 수출 · 수입의 대행도 가능하다(단, 약사법, 마약법 등에서 별도로 정하고 있는 경우에는 별도의 허가 · 등록 신고 등을 취득해야 함).

(2) 신고기준

① 법인 : 법인이면 무조건 가능
② 개인 : 사업자등록을 한 개인이거나 농업 · 임업 · 축산업 및 어업을 영위하는 개인
③ 자격유지 : 신고필증 유효기간 만료연도 10월부터 12월까지 한국무역협회에서 신고확인을 필하여야 한다.
④ 신고수리권자 : 한국무역협회장
⑤ 유효기간 : 신고한 연도의 다음 2개 연도
⑥ 신고확인 : 한국무역협회 본 · 지부

(3) 구비서류

① 무역업관리번호부여(신청)서 1부(소정양식)
② 사업자등록증 사본 1부 또는 농 · 임 · 축산업 및 어업을 영위함을 증명하는 서류 1부

2) 무역업의 신고면제

다음의 경우에는 해당법에서 대외무역법의 적용을 배제하고 있기 때문에 무역업신고가 면제된다.

① 국가기관, 지방자치단체, 연구기관 등이 자기 수요를 위한 물품의 거래
② 외자의 도입
③ 시설대여육성업자(리스업자)
④ 대가를 지급하지 아니하는 물품의 수출입
⑤ 미화 10만 달러 이하의 물품의 수출[추심결제방식(D/P, D/A)은 미화 5만 달러

이하의 물품의 수출]

⑥ 수출입 승인면제대상 물품의 수출입

⑦ 공공차관의 도입 및 관리에 관한 법률에 의한 공공차관의 도입

2. 수출입대행

수출입대행은 무역업자가 위탁자(무역업자격이 없는 자)와의 수출 또는 수입의 '대행계약'에 따라 일정한 수수료를 받고서 자기명의로 수출입을 수행하는 것으로서 대행자는 자기명의로 거래함에 따른 책임(수출입승인, 사후관리 등)을 지며, 대행자와 위탁자의 관계는 '대행계약'에 의하여 정해진다. 따라서 수출입대행 시 대행자는 반드시 무역업고유번호를 부여받은 자이어야 한다.

1) 수출대행

(1) 유형

① 단순수출대행

대행위탁자가 양도가능 수출신용장을 자기명의로 받아 대행계약에 따라 수취한 신용장을 대행자에게 양도한다. 전적으로 대행위탁자의 책임하에 수출물품의 조달 또는 제조 · 가공하여 대행위탁자가 신용장의 양수인인 대행자의 명의로 수출이행을 한다.

② 내국신용장(또는 구매승인서)개설방식의 수출대행

대행위탁자가 수취한 위탁자 명의로 양도가능 수출신용장을 받는다. 대행계약에 따라 대행자에게 신용장을 양도하여 대행자가 대행위탁자를 수혜인으로 완제품내국신용장을 개설하거나, 구매승인서를 발급한다. 동 내국신용장 등에 의하여 수출물품을 제조 · 가공하여 대행자에게 공급한다. 그리고 나서 대행자가 수출을 이행한다.

③ 신용장 직접수취방식의 수출대행

대행계약을 체결하여 대행위탁자의 해외 거래상대방이 직접 대행자 앞으로 신용장

을 개설한다. 대행위탁자가 수출물품으로 조달 또는 제조가공 후 물품을 공급한다. 그러고 나서 대행자가 수출을 이행한다.

④ 금융지원방식의 수출대행

대행위탁자가 위탁자 명의로 양도가능 수출신용장을 받아 대행계약에 따라 대행자에게 신용장을 양도한다. 대행자가 직접 무역금융 등을 받아 대행위탁자에게 제공하며 대행위탁자는 수출물품을 제조가공하여 대행자에게 공급한다. 그러고 나서 대행자가 수출을 이행한다.

(2) 대행가능 신용장

신용장방식거래인 경우 반드시 양도가능신용장(Transferable Credit)을 수취해야 한다.

2) 수입대행

(1) 유형

① 수출용 원자재 수입대행

주로 내국신용장을 받았으나 무역업신고를 하지 않은 경우에 이용되나, 무역업신고자라도 해외 물품공급자와의 특정거래관계(독점계약 등)에 따라 이용되기도 한다. 수출입공고 등 적용배제, 관세환급, 무역금융 등 수출용 원자재 수입에 따른 여러 가지 혜택은 대행위탁자도 수혜할 수 있다.

② 내수용 물품의 수입대행

대행위탁자의 수입목적에 따라 자가수요용, 단순판매용으로 구분되며, 관세 등 수입통관 시 제세의 납세의무자가 누구인가에 따라 대행위탁자가 납세의무자인 단순대행과 대행자가 납세의무자인 실수대행(직수입대행)이 있는데, 납세의무자가 누구인가에 따라 수입대행수수료가 결정된다.

(2) 수입대행 유사거래

① Offer Sale

외국의 물품공급자로부터 독점적인 계약대리권을 부여받은 자가 국내의 수입자에게 Offer를 발행한 대가로 일정한 수수료를 영수하는 거래이다.

② Stock Sale

자기명의 · 자기책임하에 물품을 수입한 후 실수요자와의 국내거래로 원상태로 수입물품을 매각하는 거래이다.

■ Chapter 12 ■

무역계약체결

제1절 무역계약의 의의 및 특징

1. 무역계약의 의의

무역계약은 국제 간에 이루어지는 매매계약(contract of sale of goods)으로서 매도인(seller)이 매수인(buyer)에게 약정품(계약상품)의 소유권(property in goods)을 양도하여 상품을 인도할 것을 약속하고, 매수인은 이를 받아들인 후 대금을 지급할 것을 약정하는 계약이다.

무역계약은 매건별로는 수출자의 청약(Offer)에 대한 수입자의 승낙(Acceptance)에 의하거나, 수입자의 주문(P/O : Order, Purchase Order)에 대한 수출자의 주문승낙(Acknowledgement)으로 체결된다. 청약에 대한 승낙이 이루어지면 계약은 성립된 것으로 간주되므로 불이행 시에는 클레임이 제기될 수 있다.

2. 무역계약의 특징

1) 합의계약

합의계약(合議(諾成)契約, Consensual Contract)은 낙성계약이라고 하며, 청약자(offerer)의 청약(offer)에 대해서 피청약자(Offerer)가 이를 승낙(Acceptance)함으로써 무역계약이 성립하는 것을 말한다. 합의계약에서는 당사자들 사이에 계약내용에 대한 합의가 성립되면 계약물품에 대한 소유권이 이전될 수 있는 요소가 된다.

2) 쌍무계약

쌍무계약(雙務契約, Bilateral Contract)은 매매당사자들 사이에 계약이 성립되면 양 당사자들이 서로 상대방에 대해서 일정한 의무를 부담하는 것을 말한다. 매도인(Seller)은 계약물품을 인도해야 할 의무, 매수인(Buyer)은 계약물품에 대한 대금지급을 해야 할 의무, 즉 쌍무의 성격을 갖는다.

3) 유상계약

유상계약(有償契約, Remunerative Contract)은 계약당사자들이 서로 대가적 채무를 부담하는 계약을 말한다. 쌍무계약에서 말했듯이 무역계약이 인도와 대금지급을 본질로 하므로 대금지급과 인도는 동시에 발생해야 할 조건들이다. 즉, 매도인이 계약물품을 인도하는 급부행위에 대해서 매수인은 대금을 지급하는 반대급부가 동시에 발생해야 하는 본질이 무역계약의 중요한 요소이다.

4) 불요식계약

불요식계약(不要式契約, Informal Contract)은 단순계약(Simple Contract)이라도 하며, 특별한 형식에 구애받지 않고 서면, 구두 또는 언어에 의한 명시계약이나 또는 행동에 의한 묵시계약에 의해서 무역계약이 성립되는 것이다. 따라서 무역계약의 내용이나 그 형식이 자유롭기 때문에 불요식계약이라 한다.

3. 무역계약의 종류

1) 개별계약

개별계약(Case by Case Contracts)은 매 거래 시마다 양 당사자가 거래조건에 합의하면 계약이 성립되는 것으로 매약서(Sales Note)나 매입서 또는 구매서(Purchase Order)가 이 범주에 속한다.

2) 포괄계약

포괄계약(Master Contract)은 지정품목에 대해서 일반거래조건을 협의한 후 상호 합의점에 도달하였을 경우, 그 내용을 문서화하여 교환하게 되는데, 이를 일반거래협정서라 한다. 이는 매 거래 시마다 제조건 등을 재확인 내지 계약하는 번거로움을 없애고 문제발생 시 그 책임이 분명해진다.

3) 독점계약

독점계약(Exclusive Contract)은 수출입을 전문으로 하는 특정상사 간의 매매를 국한시키는 계약으로 이 경우도 독점계약서를 작성 교환한다.

제2절 무역계약체결 절차

1. 해외시장조사

해외시장조사방법에 있어 우선 대상 시장의 전반적 개황(정치, 경제, 사회, 풍토, 기후, 언어 등)을 조사한 다음 취급상품에 대한 세부적인 내용(무역관리제도, 시장특성, 수요와 공급, 유통구조, 경쟁상대, 거래처 등)을 조사하는 일련의 단계를 거치게 된다.

표 12-1 ▮ 무역계약의 체결절차

절차	참고사항
해외시장조사 (Market Research)	상식적인 판단 및 문헌을 통하여 자기회사 제품이 팔릴 수 있는 기후, 문화, 시장여건 등을 파악하여 판매지역 선정(관련기관 : 무역투자진흥공사, 무역협회)
⬇	
거래선 명단 입수	무역유관기관에 비치된 거래선명부(Directory)를 조사하여 신뢰가 되는 거래선의 명단 및 주소 입수(관련기관 : 무역협회, 상공회의소, 무역투자진흥공사)
⬇	
권유장 발송 (Circular Letter)	거래상대방에게 자신을 알리는 편지(circular letter) 발송
⬇	
물품에 대한 문의 · 답신 (Inquiry)	자기소개서를 받고 답장을 보낸 거래선을 상대로 거래하고자 하는 품목에 관한 상세한 정보를 전달하여 구매의욕 고취
⬇	
신용조사 (Credit Inquiry)	계약으로 연결될 가능성이 있다고 판단되는 거래선의 신용을 신용조사 전문기관에 의뢰하여 조사함(관련기관 : 수출보험공사, 무역투자진흥공사, 한국신용정보, Dun&Bradstreet Korea, SPC, 신용보증기금)
⬇	
거래제의 (Business Proposal)	신용조사 결과 거래가능업체로 판정된 상대방에게 구체적인 사항을 제시하여 거래제의
⬇	
청약 및 주문 (Offer and Order)	수출상이 수입상에게 판매조건을 서면으로 작성하여 제시(Selling Offer)하거나, 수입상이 수출상에게 구매조건을 서면으로 작성하여 제시(Buying Offer)
⬇	
반대청약을 위한 합의 (Counter Offer)	청약을 받은 자가 청약제의자에게 청약사항을 일부 수정하여 다시 제의하는 것으로, 청약과 반대청약이 여러번 되풀이되면서 거래조건에 대한 최종합의에 이르게 됨
⬇	
계약체결(Contracts)	거래조건에 대한 최종합의가 이루어진 당사자 일방이 이를 서면으로 작성하여 당사자가 서명함

또한 시장조사의 방법으로는 국별 자료(UN 무역통계연보, IMF 발간연보) 이용, 국내외 경제단체 및 유관기관 이용(KOTRA나 한국무역협회 등), 주한 외국공관의 이용, 국내외 광고회사의 이용, 자체시장조사방법(현지를 직접 방문하여 조사) 등이 있다.

2. 거래처의 발굴

사전 시장조사에 의하여 자사 상품의 시장성이 있는 대상 시장을 선정한 후 잠재력 있는 유능한 거래처를 발굴하는데, 거래처 발굴에는 보다 신중하고 효과적인 방법이 동원되어야 한다. 자체 홍보물을 제작하여 배포하거나, 인터넷을 통하여 디렉터리를 제공하거나 무역거래를 알선하는 사이트를 통해서도 입수할 수 있다. 이 외에도 국내외에서 개최되는 전시회나 박람회 참가 시 홍보물을 배포하는 것도 효과적이다.

3. 신용조사

1) 신용조사(credit inquiry)의 의의

무역거래에서 거래대상업체에 대한 신용상태를 확인하는 것은 향후 거래가능성을 진단하고 위험요소를 사전에 예방한다는 면에서 매우 중요하다. 국제무역이 신용을 바탕으로 이루어지고 있는 현 상황에서 신용조회는 그 어느 때보다 중요성이 강조되고 있다.

2) 신용조사의 내용

신용조회에 있어 필수적으로 조사해야 할 내용에는 character, capital, capacity 등 3C's(three C's)가 있다.

① character : 상대방의 성실성(integrity), 영업태도(attitude toward business), 업계의 평판(reputation), 계약이행에 대한 열의(willingness to meet obligations)나 인격 등에 관한 내용이다.

② capital : 상대방의 재정상태(financial status), 즉 수권자본(authorized capital)과 납입자본(paid-up capital), 자기자본과 타인자본의 비율, 기타 자산상태 등 지급능력에 관한 내용이다.

③ capacity : 상대방의 영업형태, 연간매출액 및 생산능력, 연혁 내지 경력 등 영업능력(business ability)에 관한 내용이다.

이 외에 country와 currency, 즉 상대국의 정치 · 경제적 상황과 통화상태를 추가하여 5C's라고도 한다. 또한 거래조건(Condition), 담보능력(Collateral)을 포함하여 7C's라고 한다. 무역거래에서는 무엇보다 신용이 중시되어야 하므로 위와 같은 신용조회의 내용 중 가장 중요한 것은 character라고 할 수 있다.

3) 신용조사의 의뢰

신용조사는 일반적으로 거래은행을 통하는데, 상대국의 거래처나 상공회의소 등을 활용하기도 한다. 조회처가 은행인 경우 은행조회(bank reference)라 하고, 은행이 아닌 경우 동업자조회(trade reference)라 한다.

4. 거래제의

무역업자가 해외시장조사를 통하여 적격한 무역업자로 판단했을 경우에는 무역업자의 국가신용도에서부터 거래국가의 금융관행 그리고 거래당사자 기업의 신용조사 결과 거래가능업체로 판정된 상대방에게 구체적인 사항을 제시하여 거래제의(Business Proposal)를 하게 된다.

5. 청약

1) 청약의 의미

청약(offer)이란 청약자(offerer)가 피청약자(offeree)와 일정한 조건으로 계약을 체결하고 싶다는 의사표시로서 청약자의 승낙과 결합하여 특정한 내용을 가지는 계약을 성립시키려는 것을 목적으로 하는 일방적이고 확정적인 의사표시를 말한다.

2) 청약의 종류

(1) 청약의 주체기준

① 판매청약(selling offer)

매도인의 판매의사표시를 말하며 무역거래에서 청약(offer)이라고 하면 판매청약을 말한다.

② 매입청약(buying offer)

매수인의 매입의사표시를 말하며, 일종의 조회와 비슷하고 매입주문서(purchase order) 등의 형식으로 이루어진다.

(2) 청약의 발행지기준

① 국내발행청약

거래상대국의 물품공급업자 및 본사를 대리하여 이들과 대리점계약(agency agreement)을 체결한 국내의 물품매도확약업자 또는 대외무역법상 갑류무역대리업자(오퍼상)가 발행한 청약이다.

② 국외발행청약

거래상대국의 물품공급업자나 제3자가 외국에서 발행한 청약을 말한다. 현재 우리나라는 외국상품을 수입 시 발행되는 청약으로 국외발행청약은 대외무역법상 인정하지 않고 있으나 외화획득용 원료 · 기계수입, 미화 만 달러 상당액 미만의 물품 수입 시, 방위산업체가 방위산업용으로 수입 등은 인정해 주고 있다.

(3) 청약의 확정력 기준

① 확정청약(firm offer)

청약자가 청약내용에 대하여 승낙(Acceptance)회답의 유효기간(validity of offer)을 지정하고 그 기간 내에 승낙하면 계약이 성립되는 청약이다. 따라서 확정청약의 유효기간 내에 상대방이 승낙을 하면 당사자 쌍방을 법률적으로 구속하는 매매계약이 성립한다.

② 자유청약(free offer)(불확정청약)

청약의 유효기간이 정해져 있지 않은 청약으로서 보통 권유장(circular letter)과 함께 보내지며, 피청약자가 승낙을 하여도 청약자의 재확인이 필요하다. 또한 청약자의 자유의사에 따라 언제든지 취소가 가능하다. 이를 불확정청약이라고도 한다. 청약자가 수시로 청약내용을 변경 또는 취소할 수 있는 청약이며, 확정청약과는 달리 승낙기간을 정하거나 기타 방법으로 확정적(firm)임을 표시하지 아니한 청약이다.

③ 조건부청약(conditional offer)

- 무확약청약(offer without engagement) : 청약에 제시된 가격이 미확정적이어서 시세변동(market fluctuation)에 따라 변경될 수 있다는 조건을 붙인 청약(offer subject to market fluctuation)이다.
- 재고잔류 조건부청약, 선착순판매조건청약(offer subject to being unsold) : 청약에 대한 승낙의 의사가 피청약자로부터 청약자에게 도달했다 하더라도 바로 계약이 성립되는 것이 아니라 그 시점에서 당해 물품의 재고가 남아 있는 경우에 한하여 계약이 성립되는 청약으로서 선착순매매조건부청약(offer subject to prior sale)이라고도 한다.
- 점검매매조건부청약(offer on approval) : 청약과 함께 물품을 송부하여 피청약자가 물품을 점검해 보고 구매의사가 있으면 그 대금을 지급하고 그렇지 않으면 반품해도 좋다는 조건의 청약이다.
- 반품허용조건부청약(offer on sale or return) : 청약과 함께 물품을 대량으로 송부하여 피청약자가 이를 판매하게 하고 팔리지 않은 잔품은 다시 반납하도록 하는 조건의 청약으로서 잡화류 등의 위탁판매에 주로 사용된다.

④ 반대청약(counter offer)

피청약자가 청약에 대해서 그 조건을 변경하거나 혹은 새로운 조항을 추가한 청약을 청약자에게 한 것을 말하며, 반대청약은 원청약의 거절임과 동시에 피청약자가 청약자에게 행하는 새로운 청약으로 보아야 한다. 따라서 반대청약은 승낙이 아니기 때문에 계약을 성립시킬 수가 없다.

6. 승낙

승낙(acceptance)이란 피청약자가 청약자의 청약을 수락하여 계약을 성립시키고자 하는 의사표시이다. 즉 승낙이란 피청약자가 청약자의 청약에 대하여 그 청약의 내용 또는 조건을 모두 수락하고 계약을 성립시키겠다는 의사표시를 말하는 것이다.

7. 무역계약의 체결

1) 무역계약서의 작성

무역계약은 청약(offer)과 승낙(acceptance)을 통한 당사자 간의 합의에 의하여 성립하므로 계약서의 작성이 반드시 필요한 것은 아니다. 그러나 무역계약은 일반적으로 상품을 계약의 목적으로 하는 국제매매계약이기 때문에 후일에 분쟁이 야기될 소지가 상당히 많다. 그러므로 매매당사자 간에 이러한 분쟁을 방지하기 위해서 무역계약의 조건을 명백히 할 필요가 있으며, 또한 이를 문서화하여 서명한 매매계약서(sales contract)를 상호교환하여 보관하는 것이 필요하다.

2) 무역계약서의 조항

매매계약서의 기재내용은 거래상대방, 상품의 내용, 상품의 목적지 등에 따라 달라지지만, 결국 매매당사자 간에 합의된 사항을 빠짐없이 정확히 기재해야 한다. 매매계약서에 기재될 사항은 일반적으로 거래 시마다 결정하여야 할 사항, 즉 품명, 품질, 규격, 수량, 가격, 선적 등에 관한 사항과 일반적으로 모든 거래에 공통되는 사항, 즉 불가항력, 무역조건, 권리침해, 클레임조항, 중재, 준거법 등에 관한 사항으로 나눌 수 있다.

제3절 무역계약의 기본조건

상관습이 서로 다른 국가 간에 이루어지는 무역거래에서는 매매당사자 간에 거래내용에 따른 상세한 사전합의가 다시금 필요하고 후일 야기될지 모르는 분쟁(Claim)에 대비하여 법적 구제조항 등을 망라하여 무역계약서를 작성하여 두어야 한다. 무역매매계약서는 약정품에 관한 6대 기본조건으로 하고 있다.

① 품질조건(Quality Terms)
② 수량조건(Quantity Terms)
③ 가격조건(Price Terms)
④ 결제조건(Payment Terms)
⑤ 선적조건(Shipment Terms)
⑥ 보험조건(Insurance Terms)

이들 6대 조건 중 어느 한 조건에 대하여 상이한 점이 있으면 거래당사자 사이에 분쟁이 야기되어 원활한 거래가 이루어질 수 없다. 각 조건별로 자세한 사항을 살펴보면 다음과 같다.

1. 품질조건(Quality terms)

1) 품질결정방법

(1) 견본매매(Sales by Samples)

공산품거래 시 가장 일반적으로 사용되는 품질약정조건이다. 견본에 의해 인도할 계약물품의 품질을 결정하는 방법으로서 외국의 매수인이 수입할 물품의 전부에 대하여 품질, 형태 등을 검사한다는 것은 불가능하므로 매도인으로 하여금 수출품을 대표하는 일부 현품, 즉 견본을 제시하는 방법으로 결정한다.

(2) 상표매매(Sales by Trade Mark)

특정상품의 상표나 품명이 세계적으로 널리 알려진 경우 그 상표나 품명에 의하여 상품의 품질을 결정하고 매매가 성립되는 경우로서 세계일류 유명상표의 경우에 사용된다(예 : Coca Cola 등).

(3) 명세서매매(Sales by Specification)

선박이나 중대형 기계류 등 견본제시가 불가능할 경우에 사용된다. 즉, 기계, 선박 및 의료기구와 같은 상품의 경우에는 그 상품의 재료나 구조, 성능 등의 명세서를 작성하고 경우에 따라서는 사진, 청사진, 카탈로그 등을 첨부하여 품질을 결정하는 경우에 사용된다. 설명서 매매(Sales by Description)라고도 하며, 규격서 또는 사양서로서 거래목적물을 표시한다.

(4) 규격매매(Sales by Type or Grade)

규격이 국제적으로 지정되어 있거나 수출국의 공적 규정(예 : KS, JIS, ISO)에 의해서 정해져 있는 경우 당해 물품의 품질을 결정하고 매매가 이루어지는 것을 말한다.

(5) 점검매매(Sales by Inspection)

매도인이 매수인 앞으로 보낸 상품을 실제 점검한 다음 품질을 결정하여 매매가 이루어지는 거래로서 이는 신규상품의 시장개척 시에 이용되는 경우가 많다.

(6) 표준품매매(Sales by Standard, Sales by Type)

주로 농림수산물이나 광산물과 같은 1차상품거래 시 사용되며 대표적으로 FAQ와 GMQ가 있다.

① 평균중등품질조건 : FAQ(Fair Average Quality)

평균중등품질조건으로서 당해 연도, 당해 지역에서 생산되는 동종 물품 가운데 중급수준 품질의 것을 인도하기로 약정하는 방법이다. 이는 주로 곡물과 천연과실 등의 농산물에 사용되는 품질조건으로 인도상품의 표준품질은 선적의 시기 및 장소에 따라 그 계절 출하품의 평균중등품질이어야 한다는 조건이다.

② 판매적격 품질조건 : GMQ(Good Merchantable Quality)

판매적격품질조건으로서 물품을 인도할 당시의 품질이 당해 물품의 성질이나 상관습상 판매하기에 적합한 수준이기만 하면 된다. 이 조건은 주로 원목, 냉동어류, 광석류 등과 같이 견본의 이용이 곤란한 거래에 이용되는 품질조건으로서 그 인도상품은 거래상 적절하다고 인정되는 품질일 것을 보증하는 조건이다.

2) 품질결정시기

(1) 선적품질조건(Shipped Quality Terms)

공산품인 경우 선적 시에 공인검사기관의 품질확인을 받았다면 운송 도중에 변질되어 도착지에서 하자를 발견했더라도 수출상은 이에 대한 책임을 지지 않는다.

(2) 양륙품질조건(Landed Quality Terms)

운송 도중에 품질이 변질될 수 있는 곡물, 피혁, 어류 등과 같은 1차상품의 경우에는 양륙지에서 품질검사를 한 것이 계약조건과 일치하여야 수출상이 면책을 주장할 수 있다.

(3) 곡물거래 시 쓰여지는 조건

영국 런던의 곡물시장을 중심으로 정립된다.

① TQ(Tale Quale) : 선적 시

② RT(Ryle Terms) : 양하 시

2. 수량조건(Quantity Terms)

상품의 성질과 형상에 의하여 중량(Weight), 용적(Measurement), 개수(Piece), 길이(Length) 등의 단위에 의해 거래된다. 포장된 상품을 매매하는 경우에는 포장재료의 중량을 포함한 총중량(gross weight)인가, 포장재료의 중량을 포함하지 않은 순중량(net weight)인가를 명기할 필요가 있다. 수량에 관해서도 품질의 경우와 같이 FOB, CIF 등의 선적지조건으로 매매하는 경우에는 원칙적으로 선적지수량조건(shipped quantity terms)이지만, 특약에 의해 양륙지수량조건(landed quantity terms)으로 할 수도 있다. 또한 약간의 과부족을 용인하는 조항(More or Less Clause)을 두어야 할 것이다.

1) 수량의 단위

상품의 성질에 따라 중량(Weight), 길이(Length), 용적(Measurement), 포장개수(Piece) 등으로 구분하고 있다.

(1) 부피(Measurement) : 목재나 액체류의 거래에 쓰인다

- 1ton = 40ft^3 : 전 세계에 쓰임
- 1ton = 1m^3 : 북유럽, 우리나라, 일본
- 1BM(Board Measure) = 1,000 Board Feet

(2) 무게(Weight) : 원재료에 많이 쓰인다

- 영국계 : L/T(Long Ton, English Ton, Gross Ton) = 2,240lbs = 1,016.05kgs = 270,946관
- 미국계 : S/T(Short Ton, American Ton, Net Ton) = 2,000lbs = 907.18kgs = 241,916관
- 프랑스계 : M/T(Metric Ton, French Ton, Kilo Ton) = 2,204lbs = 1,000kgs = 266.677관

(3) 개수 : 잡화나 기계, 완구 등의 거래에 사용한다

- Piece : 개
- Dozen : 12pcs
- Gross : 12×12pcs

용적과 개수의 단위도 상품에 따라 다음과 같이 사용된다.

- 목재 등 : cubic meter(M^3; CBM), cubic feet(Cft), super feet(square feet×1 inch)
- 석유 등 액체 : 영국의 1gallon(imperial gallon) = 4,546liters
  미국의 1gallon(wine gallon) = 3,787.3liters
- 일반개체물품 : 1gross(12×12 = 144)
  1small gross(12×10 = 120)
  1great gross(12×12×12 = 1,728)

(4) 포장(Package)

일정 수량을 내용으로 한 포장을 거래의 단위로 하며, 원면이나 시멘트 등의 거래에 쓰인다.

(5) 길이(Length)

직물, 전선 등의 거래에 사용한다.

(6) 면적(Square)

타일, 합판 등의 거래에 쓰인다.

2) 벌크제품(Bulk Products)의 수량약정 : 수량의 과부족 인용조건

유류와 같이 휘발성이 있거나 석탄, 광물, 곡물 등과 같은 벌크(Bulk)화물일 경우 그 수량이 자연적으로 소모나 손실이 불가피한 상품(bulk cargo)을 대량으로 수송하는 경우 화물의 성질상 정확하게 인도한다는 것은 불가능하다. 따라서 이 경우 일정비율만큼의 과부족에 대하여는 매수인이 이것을 용인하고 과부족량에 대해서는 클레임을 제기하지 않는다는 약정을 사전에 하게 되는데 이것을 과부족 인용조건(M/L Clause : more or less clause)이라고 한다.

① 신용장방식거래에선 과부족을 인정하지 않는다는 금지조항이 없는 한 5%의 과부족(Tolerance)이 허용되는 것으로 본다.

② 무신용장방식거래(D/P, D/A등)에선 M/L Clause가 없는 경우 5%의 과부족이 허용되지 않으므로 계약상에 M/L Clause를 포함시키는 것이 현명하다.

③ 개산수량조건(Approximate Quantity Terms) : 인도수량에 About, circa, Approximately, Around 등의 용어를 사용한 경우 신용장방식거래 시엔 이에 대해 10%의 과부족(Difference)을 인정하는 것으로 해석하고 있다. 그리고 무신용장방식거래에선 계약상 구체적인 약정이 없는 경우 해석상의 문제로 분쟁의 소지가 있다.

3) 수량에 제한

생산과 운용 사정에 따라 단위 주문당 수량의 제한을 둘 수 있는데, 최소주문수량(minimum order quantity)과 최대주문수량(maximum order quantity)으로 구분한다.

단번에 대량생산이 불가능할 경우의 수량을 상대방이 요구할 시는 최대인수가능수량(maximum quantity acceptance)을 약정해야 한다.

그리고 그 반대인 경우에는 최소인수가능수량(minimum quantity acceptable) 조건, 즉 'An order shall be accepted so long as the quantity exceeds 1,000 dozen' 등과 같이 약정해야 한다.

3. 가격조건(Price Terms)

1) 가격조건의 내용

국제무역에는 가격의 구성원리가 국내거래와 상이하다. 즉 무역에서의 가격에는 국내거래에서 발생하지 않는 부대비용(운송비, 보험료, 행정비용, 관세 등)이 필연적으로 수반되는데 이 부대비용의 부담자를 수출상과 수입상 중 누구로 할 것이냐는 매매당사자가 계약에서 채택하는 Incoterms상의 정형거래조건에 따라 달라지게 된다. 즉, 가격조건을 무엇으로 결정했느냐에 따라 비용의 부담자, 위험의 이전시기, 소유권의 귀속여하가 모두 달라지기 때문에 이것을 알아야 가격협상 및 상담이 가능해지는 것이다.

2) 수출입물품 가격결정요소

수출입물품의 가격결정요소는 다음과 같다.

가격결정요소 = 물품의 제조(생산)원가 + 이윤(희망이익) + 요소비용(부대비용)

요소비용(부대비용)은 다음의 구성비용으로 이루어져 있다.

① 포장비
② 검사비
③ 수출국 내에서의 내륙운송비(Inland Freight)
④ 부두비용 : 선적항에서의 창고료(Storage, Go-Down Rent), 부두사용료(Wharfage Charge), 항구세(Port Duties) 등
⑤ 행정비용 : 수출국에서의 수출추천 및 수출승인(E/L)비용 등, 수입국에서의 수입추천 및 수입승인(I/L)비용 등
⑥ 선적비용 : 수출통관비용(Cost of Export Clearance), 수출관세, 선적비(Shipping Charges), 적화비(Loading Charges), 적입비(Stowing Charges)
⑦ 운임(Freight)
⑧ 보험료(Insurance Premium)
⑨ 목적항에서의 양하비(Unloading Charges)
⑩ 목적항에서의 부두비용 : 목적항에서의 부두사용료(Wharfage Charge), 항구세(Port Dues), 창고료(Storage, Go-Down Rent) 등
⑪ 수입관세(Import Duties)
⑫ 수입통관비용(Cost of Import Clearance)
⑬ 수입국 내에서의 내륙운송비와 보험료

⑭ 각종 수수료(Commission)와 이자 또는 외환비용(Cost of Exchange)
⑮ 기타

3) 선내하역비용의 명시

이는 선내 하역업자(Stevedore)에 의해 행해지는데 소량화물이나 개품화물인 경우에는 정기선(liner)에 의해 운송되어져 선박회사가 운임에 포함하여 선내하역비를 부담한다. 그러나 벌크(Bulk)화물의 선내하역비 조건이 FIO, FI, FO 등일 경우에는 화수가 선내하역비의 일부 또는 전부를 부담해야 한다. 그리고 Liner Term(Berth Term)인 경우, 선적비 및 양육비 선사부담조건으로 사실상 운임에 포함되어 FOB조건은 수입자가 부담하고 CIF조건은 수출자가 부담한다.

① FIO(free in and out) : 선적비 및 양륙비 선사부담이 아님
② FI(free in) : 선사가 양륙비용만 운임에 부과
③ FO(free out) : 선사가 선적비용만 운임에 부과(= free discharge)

4. 결제조건(Payment Terms)

무역거래는 매매당사자가 장소적으로 원격지 간에 떨어져 있는 특수성으로 인하여 일반적으로 무역계약을 체결할 시 대금의 결제방법, 결제시기 그리고 결제통화 등에 대하여 상세하게 약정하여야 한다.

1) 무역대금의 결제방법

무역거래 시에 결제방식은 신용장방식, 무신용장방식 등이 있으며, 무신용장방식인 경우에는 D/P, D/A, CAD, COD, 국제팩토링방식 등이 있다. 따라서 무역계약 시 결제를 어느 조건으로 할 것인지 밝혀야 한다. 신용장방식으로 정한 경우에는 수입상이 약정기일 이내에 신용장을 개설하여야 하며 신용장개설이 있은 후에야 수출상은 제품제조에 착수하게 된다.

(1) 송금방식에 의한 결제

수입상이 물품을 받기 전 또는 받은 후에 송금하여 주는 방식으로 사전송금방식과 사후송금방식이 있다.

① 사전송금방식(payment in advance)은 수출상의 입장에서 무역대금의 회수불능 등과 같은 위험부담은 없어 좋은 조건이라 할 수 있으나 수입상은 대금만 먼저 지급하고 그 후에 물품을 받지 못하는 위험을 부담하게 된다.

② 사후송금방식(sales on consignment)은 물품을 받은 후 대금을 지급하는 수입상은 안전하나 수출상은 대금 미회수의 위험을 부담하게 된다.

(2) 추심방식에 의한 결제

추심방법에는 어음지급운송서류인도조건(D/P : document against payment)과 어음인수운송서류인도조건(D/A : document against acceptance)이 있다.

① D/P조건일 경우에는 환어음을 일람불어음(at sight bill of exchange)으로 발행하여 수입상에게 제시하여 그 어음금액을 추심을 통해 결제받는 방법이다.

② D/A조건일 경우에는 기한부어음(usance bill of exchange)을 발행하여 수입상에게 제시하면 수입상은 일람불조건식으로 결제하는 것이 아니라 환어음의 결제유예기간(at 30 days after sight) 등을 확인(인수)만 함으로써 운송서류를 인도받은 후 약정기간(만기일)에 대금을 추심에 의해 결제하는 방법이다.

추심에 의해서 대금결제가 이루어지는 D/P, D/A조건은 관련은행의 지급확약 없이 오직 매매당사자의 책임하에 거래가 이루어지고, 거래 전에 상대방의 신용조사가 선결되어야 하며, D/A, D/P계약서에는 신용장에 준해서 일반적으로 수입상을 작성하게 되는데, 특히 D/A조건일 경우에는 가격산정 시 유예기간에 대한 원금의 이율을 어떻게 포함할 것인가를 약정해야 한다.

(3) 신용장의 결제

신용장이란 수출상(applicant)의 요청에 의하여 신용장개설은행(issuing bank)이 신용장조건에 일치하는 운송서류와 상환으로 수출상(beneficiary) 또는 그 지시인에게 무조건 대금을 지급하거나 만기일에 가서 인수한 어음에 대한 대금지급을 약정하는 증서이다.

신용장에 의한 무역대금의 결제는 송금방식이나 추심방식의 단점을 해결하여 줌으로써 금융기능과 지급보증의 기능을 갖고 있기 때문에 무역대금 결제방식 중 가장 많이 이용되는 결제방식이다.

2) 무역대금의 결제시기

무역대금의 결제시기는 환어음의 지급(payment by bill of exchange), 선지급(payment in advance), 후지급(deferred payment), 동시지급(concurrent payment) 그리고 선지급, 후지급, 동시지급 중 2가지 이상을 혼합한 혼합지급시기가 있다.

(1) 환어음의 지급

무역거래에서 환어음(draft)에 의해 결제가 이루어지는 방식은 신용장과 추심결제가 대표적인 경우이다.

① 일람지급어음(sight draft, sight bill of exchange, demand bill)

신용장에 의해 발행되는 환어음은 수출상(beneficiary)이 거래은행에 어음매입(Negotiation)과 동시에 신용장과 운송서류가 일치하면, 즉시 무역대금을 지급하게 되는데, 실무상 수출상 입장에서는 이를 일람출금(at sight)이라고 본다(한국은 7일, 미국은 3일 내).

② 기한부어음(usance bill, term bill, time bill)

이는 수출상이 발행한 어음이 어음지급인에게 제시되면 지급인이 그 어음을 인수(acceptance)하여 일정기간 지급유예를 확인받고 일정기간 후 만기일에 지급하는 환어음을 말한다.

(2) 선지급(payment in advance)

수출대금을 선적 또는 인도하기 이전에 미리(in advance) 결제하는 조건이다.

① Remittance Basis

주문과 함께 매수인이 은행수표(bank check), 우편송금, 전신환송금 등으로 송금하는 사전송금방식이다.

② Cash With Order(CWO)

주문과 동시게 송금하여 현금결제가 이루어지는 주문불방식이다.

③ red clause L/C, packing L/C

수출상이 신용장 수취와 함께 상품선적 전에 미리 대금의 일부가 결제되는 전대신용장방식이다.

(3) 후지급(deferred payment)

수출대금의 결제가 상품의 선적이나 인도 또는 환어음의 일람후 일정기일 내에(at xxx days after sight) 이루어지는 외상거래방식의 연지급조건이다. 일반적으로 기한부신용장(usance L/C)이나 D/A 거래와 같이 1년 이내에 대금이 지급되는 것을 단기, 그리고 1년 이상의 거래를 중 · 장기연지급이라고 한다.

(4) 동시지급(concurrent payment)

현물 또는 현물과 동일시되는 선적서류를 인도받음으로써 동시에 대금지급이 이루어지는 방식이다.

① Cash Against Document(CAD)

운송증권을 포함한 수입상이 요구하는 운송서류를 수출지에 상주하는 수입상의 지점이나 대리인에게 넘겨주면서 동시에 대금결제가 이루어지는 서류상환인도방식이다.

② Cash On Delivery(COD)

수출상이 자기의 비용과 위험부담으로 수입지에 상주하는 수출상의 지점이나 대리인에 현품을 인도하고 현지에서 수입상의 검품을 통하여 현물의 인도와 동시에 대금결제가 이루어지는 현물인도방식이다.

(5) 혼합방식

이는 누진불(progressive payment) 또는 할부지급(instalment payment)이 대표적인 방식, 즉 선지급, 후지급, 동시지급 중 2가지 이상을 혼합한 결제방식인데 수입상이 현품주문과 동시에 대금의 일부를 지급하고 선적 시 또는 현품 도착 후 수년에 걸쳐 일부씩 누진적으로 지급하는 것으로 플랜트 등 대형거래에서 많이 이용되는 조건이다.

3) 결제통화

무역결제에 있어 결제통화는 안정성(Stability)와 교환성(Convertability) 그리고 유통성(Circulativeness)을 지니고 있어야 하며, 환위험(Exchange Risk), 즉 환시세의 변동이 심하지 않은 안정된 통화로서 국제통용성 및 공신력이 높은 통화를 채택해야 한다. 따라서 표시통화를 명확히 명시하여야 한다.

- 달러 : U.S. Dollar, Canadian · Hong Kong · Singapore · Fiji Dollar 등
- 프랑 : Swiss · France · Luxemburg France 등
- 파운드 : English · Cyprus · Egypt · Sudan · Malta Pound 등

5. 선적조건(Shipment Terms)

무역거래에서 실무적으로 무역계약을 체결하는 경우 무역정형조건인 FOB Pusan 또는 CIF Los Angeles 등과 같이 인도장소가 명시되기 때문에 약정품의 인도장소는 큰 문제가 없으나, 선적시기, 선적방법 등에 대해서는 당사자 간에 서로 약정해야 한다.

1) 선적시기(S/D: Shipping Data)의 약정

수입상은 구매한 물품이 언제 도착하느냐에 따라 이익과 손실이 변한다. 수입승인기관과 신용장개설을 위한 담보, 현금예치기관의 관점에서는 가능한 빠른 도착을 원한다.

① 단월조건(單月條件) : "March shipment", "During March" 등

② 연월조건(延月條件) : "Shipment to be made from March to May, 2004" 등

③ 특정일자조건 : "Shipment to be made within 45 days after receipt of L/C" "Shipment to be effected within 3 months after(from) data of this contract" 등

④ 신용장상의 일자와 관련된 용어

- to, from, till(until) : 해당일 포함
- After : 해당일 제외(다음날)
- 특정달의 first half(1~15), second half(16~말일)
- 특정달의 beginning(1~10일), middle(11~20일), end(21~말일)
- on or about ×××일 : ×××일 전후 5일씩

2) 분할선적(Partial Shipment)

분할선적은 거액거래이거나, 수입자의 판매계획이나 시황에 따라 채택하고 있다. 할부선적(Shipment by Instalments, Instalment Shipment)이라고도 하는데 엄밀한 의미에선 할부선적은 분할횟수, 수량, 각 분할분의 선적시기 등을 구체적으로 정한 경우를 말한다. 무역계약 약정 시 분할선적을 허용하는 표현은 "partial shipments are allowed", 그 반대는 "prohibited"라고 약정하면 된다. 이러한 표현이 없을 경우에는 분할선적을 허용하는 것으로 본다.

3) 환적(Transhipment)

환적을 이적이라고도 하며, 복합운송(Combined Transport, Multimodal Transport)에서는 환적이 일반적이다. 직항선적 약정 시(Direct Shipment by Customary Route 등)에는 환적이 금지된다고 보나, 직항선적의 약정이 있더라도 해

난에 조우하여 피난항(Port of Refuge)에 기항하거나, 선용품조달을 위한 일시적인 기항은 인정된다.

6. 보험조건(Insurance Terms)

무역상품을 운송하는 과정에서 좌초(stranding) 및 해상고유의 위험이나 전쟁 등과 같은 인위적 위험을 커버하기 위하여는 적하보험(cargo insurance)에 부보하여야 한다. 적하보험은 무역조건상 CIF나 CIP로 무역계약이 체결될 경우에는 수출상이 자기의 부담으로 부보를 하여야 하나 FOB, FCA 및 CFR일 경우에는 수입상이 적하보험계약을 체결하여야 한다.

1) 보험금액의 결정

보험금액(insured amount)이란 보험사고 또는 소정의 손해가 발생한 경우 보험자(insurer, assurer)가 지급해야 하는 금액 또는 그 최고한도의 금액으로 보험자와 피보험자(insured, assured) 간에 상호협의하여 정하도록 되어 있다.

그러나 실무적으로는 상업송장 금액에 희망이익(expected profit)을 가산한 금액을 보험금액으로 정하고 있다. 즉 수출상과 수입상이 무역계약을 체결 시 보험조건상에 “the amount of invoice plus 10%” 또는 “110% of invoice value”와 같이 송장금액에 10%를 가산한 금액으로 또는 그 이상으로 할 것인지의 희망이익을 약정해야 한다.

2) 보험조건의 선택

적하보험에서의 보상범위는 계약에서 명시한 보험조건에 따라서 발생한 멸실이나 손상에 한정되어 있기 때문에 보험에 부보하고자 하는 화물의 성질, 포장상태, 운송방법 등을 충분히 고려한 후 가장 경제적이면서도 화물의 안전운송에 효과적으로 대체할 수 있는 가장 적합한 보험조건을 선택하여야 한다.

해상적하보험의 경우 구약관인 「협회적하약관(ICC : institute cargo clause)」에는 기본약관인 전위험담보조건(A/R : all risk)인 ICC(A/R), 분손담보조건(WA : with average)인 ICC(WA), 단독해손부담보조건(FPA : free from particular average)인 ICC(FPA) 등이 있고, 신약관은 ICC(A), ICC(B) 그리고 ICC(C) 등으로 구약관과는 별차이가 없으며, 현재까지 세계적으로 구약관과 신약관을 병행하여 이용되고 있다.

매도인이나 매수인이 자신을 위하여 보험에 부보해야 할 무역거래조건의 경우에는 보험계약에 관한 명시적인 규정이 필요없지만, CIF 또는 CIP계약과 같이 매도인이 매수인을 위해 화물을 보험에 부보하는 경우에는 보험조건을 명확히 결정해 둘 필요가 있다.

한편 기본조건 중 물품의 성질과 운송의 사정에 따라 추가로 부보해야 할 부가위험을 부보하기 위해서는 부가위험(extraneous risks)을 추가해야 하며, 기본조건과 부가조건 이외에 특약을 해야만 담보가 되는 ICC(wars/strikes, riots and civil commotions: 전쟁 및 파업 · 폭동 · 소요)조건 등도 있다.

7. 포장 및 하인(Packing and Mark)

1) 포장조건

포장(parking)은 제품의 보호나 판매촉진의 의미를 갖는다. 포장은 내용물을 보호하는 견고성과 포장비용 자체의 절감, 그리고 운임절감을 고려한 경제성을 감안하여 포장조건을 약정한다. 한편 포장의 불완전으로 인한 약정품의 손상은 적하보험약관상 보험자의 면책조항에 적용되므로 세심하게 포장을 수행하여야 하며, 화인에 있어서도 기호와 번호가 불완전하게 표시된 포장으로 인한 사고는 수출상이 책임을 져야 됨에 유의해야 한다.

(1) 개장

개장(Unitary Packing)은 소매의 단위가 되는 최소의 묶음을 개별적으로 하나씩 행하는 포장방법이다. 개장에는 상표나 또는 제조업체의 이름이 기재되고 보기 좋게 디자인된 포장지가 사용된다.

(2) 내장

내장(Interior Packing)은 개장물품을 수송 또는 취급하기에 편리하도록 보통 몇몇의 개장을 합하여 행하는 포장방법이고 내장은 외장보다 튼튼한 포장재가 사용되어 그 내용물이 수분이나 습기 또는 광선이나 진동 등에 의해 손상되지 않도록 포장재료를 쓴다.

(3) 외장

외장(Outer Packing)은 수송 도중의 변질, 파손, 도난, 유실 등을 막고 취급을 보다 더 간편하게 하기 위하여 내장별로 또는 몇 개의 내장을 모아 다시 행하는 포장방법이다.

2) 하인

하인(shipping mark)은 화물의 분류를 원활히 수행하고 화물의 운송 및 보관 시 필요한 화물 취급상의 지시, 주의를 포장에 표시하기 위하여 매수인이 매도인에게 요구하는 경우가 많다.

(1) 주화인(Main Mark)

특정한 기호(Symbol)를 표시하고 그 안에 수입자의 상호 등의 약자를 표시한다.

(2) 부화인(Counter Mark)

주화인(Main Mark)만으로 다른 화물과의 구별이 어려울 때, 주화인 아래에 생산자 또는 공급자의 약자를 표시한다.

(3) 상자번호(Case Number)

송장(Invoice), 적하목록(MF : Manifest), 기타 운송서류와 대조하여 식별, 확인하기 위하여 상자 겉면에 표시하는 일련번호 등을 기재한다.

(4) 도착항표시(Port Mark)

화물이 다른 곳으로 잘못운송되는 것을 막기 위한 필수적인 화인으로서 복수항로의 경우 'New York via Seatle' 등으로 표시한다.

(5) 중량표시(Weight Mark)

운임계산, 통관, 하역작업 등을 용이하게 할 수 있도록 순중량(Net Weight)과 총중량(Gross Weight)을 표시한다.

(6) 원산지표시(Origin Mark)

생산국을 외장의 맨 아래에 표시한다.

(7) 주의표시(Care Mark, Side Mark, Caution Mark)

화물취급상 특히 주의할 점(This Side Up, Fragile, Keep Dry 등)을 통상 외장의 측면에 표시한다.

(8) 기타의 표시

수입자의 요청에 따라 주문표시(Order No.), 지시표시(Attention Mark), 물품의 등급(Grade) 또는 품질표시(Quality Mark) 등이 기재되어야 한다.

3) 반드시 표시해야 하는 화인

위에서 열거한 화인을 모두 표시해야 하는 것은 아니지만, 주화인(Main Mark), 도착항표시(Port Mark), 상자번호(Case Number), 원산지표시(Origin Mark) 등은 필수적으로 표시해야 한다.

특히, 도착항표시(Port Mark)와 상자번호(Case Number)가 없는 화물을 무화인화물(NM : No Mark Cargo)이라 하는데, 무화인화물의 경우 'Non Delivery' 등으로 화주에게 커다란 손해를 주는 경우가 허다하다.

화인의 내용이나 형태는 통상 매도계약서(Sales Note)나 매입계약서(Purchase

Note)에 표시되어 있다.

8. 기타 무역조건과 클레임 및 중재

1) 불가항력

일반적으로 불가항력(Force Majeure)에 의한 손해는 면책되지만, 손해를 입은 측에서는 여러 가지 명목으로 클레임을 제기할 가능성이 있다. 특히 수출상의 공급불능이 있을 경우 그 원인이 당사국의 수출규제, 천재지변, 전쟁, 내란 등에 의한 것일 때는 면책된다는 조항을 두는 것이 좋다.

2) 권리침해

공업소유권 등에 관한 권리침해(infringement)에 대해서는 면책문언을 넣어두는 것이 좋을 것이다.

3) 클레임 제기기한

클레임의 제기기한을 설정해 두는 것은 실무상 필요한 경우가 많다.

4) 중재

무역매매계약에 관하여 발생하는 분쟁은 소송에 의하여 해결하기보다는 중재(arbitration)에 의하여 해결하는 편이 현실적으로 유리하다고 하겠다.

5) 준거법

계약의 해석에 있어서 어느 국가의 법률을 적용하느냐 하는 문제는 미리 결정하여 계약서에 밝혀두는 것이 좋다.

6) 계약체결 및 주의사항

이상의 항목을 계약체결 시 당사자가 일일이 모두 합의하면서 결정하는 일은 극히 드물며 일반적으로 중요한 사항에 대해서만 합의하여 결정한다. 나머지 사항은 계약서 작성 시 이면조항에 삽입하는 경우가 많다. 따라서 계약서를 작성하는 경우에는 상대방과 합의한 중요 내용과 승낙을 얻을 수 있는 범위 내의 추가조항을 기재한 계약서를 2통 작성하여 본인이 서명을 한 후 2통을 모두 상대방에게 송부하고 그 중 상대방이 서명한 1통을 받아야 한다.

그림 12-1 ▮ 매매계약서의 예

JE HONG TRADING Co., LTD

Mailing Address: C.P.O. BOX 1267
SEOUL, KOREA
TO :
The Angeles Importing Co., Inc.
3710 West 9th St.
Los Angeles, CA. 90019
U.S.A

CONTRACT NOTE
No : CT 96-315
DATE : June 20, 2004

PAYMENT : Draft at 60 d/s under Irrevocable L/C in our favor

INSURANCE : ICC [A]

SHIPMENT : JULY 31, 2004

PACKING : One set separately in a hardboard box

COMMODITY	DESCRIPTION	QUANTITY	UNIT QRICE	AMOUNT
Color TV & Refrigerator	CIF Los Angeles			
DCT-1526		1,000 sets	US$500/set	US$500,000.-
DRF-F600		500 sets	US$500/set	US$450,000.—
	TOTAL	1,500 sets		US$950,000.—

CONFIRMED BY
The Angeles Importing Co., Inc.
James Porter
James Porter
Executive Director

CONFIRMED BY
JE HONG TRADING CO., LTD.
Lee, Je-Hong
Lee, Je-Hong
General Manager

제4절 무역거래조건의 유형

1. Incoterms 2010의 개관

각 나라의 무역관행의 차이에 따른 무역조건의 해석상의 상이로 발생하는 마찰을 없애고 국제무역거래의 관습과 용어의 통일을 위하여 1936년 1월에 국제상업회의소가 무역조건의 해석에 관한 국제규칙을 제정하였다. 그 후 국제무역환경의 변화에 따라 무역조건의 내용을 개정할 필요성이 생겨 1953년, 1967년, 1976년, 1980년, 1990년 및 2000년 그리고 2010년 걸쳐 7차례 개정하였다.

1) Incoterms 2010의 개관

Incoterms는 International Commercial Terms의 약자로서 정식명칭은 International Rules for the Interpretation of Trade Terms(무역조건의 해석에 관한 국제규칙)를 말한다. 이는 무역거래계약에 있어서 화물거래의 일시 및 장소, 위험의 이전, 소유권의 이전, 운송계약 및 운임의 지급, 보험계약 및 보험료지급, 통관절차 및 관세지급 및 기타의 경비부담에 대하여 매도인 및 매수인이 어떻게 부담하는가를 국제적으로 통일한 규칙이다.

즉, 수출입상품의 소유권의 이전(인도시점), 비용부담의 범위를 표시한 것으로서 상품의 수도지점은 어딘가, 어느 지점에서 상품은 수출자로부터 수입자에게 인도되는가, 매도인과 매수인에 대한 책임은 어디까지인가, 운임이나 보험료 등의 비용은 누가 어느 지점에서 어느 지점까지 부담하는가를 약정하는 것이다.

따라서 무역거래조건은 크게 출하지인도조건과 도착지인도조건으로 구분되어 이용되고 있다.

2) Incoterms 2010의 특징

Incoterms 2010의 주요한 개정사항은 여럿이나,[02] 본 서의 목적상, 여기서는 다음

02 Incoterms 2010상 주요 개정사항으로는 ① 전자적 통신에 관한 규정의 개정 및 신설, ② 보험계약에 관한 규정의 개정 및 신설, ③ 물류상 보안(security)에 관한 규정의 신설 등이 있다.

4가지를 지적하고자 한다.[03]

첫째, ICC의 상표등록에 따라 Incoterms® 2010은 이제 등록상표가 되었다.[04]

둘째, Incoterms 2010상 정형거래조건의 수(數)가 13개에서 11개로 감소된 것도 핵심적인 개정사항이다. 이는 DAT(Delivered at Terminal, 도착터미널인도)와 DAP(Delivered at Place, 도착장소인도)가 신설되고 DAF, DES, DEQ, DDU가 삭제되었기 때문인 바, 종래 Incoterms 2000상의 DAF · DES · DDU가 DAP로 흡수되고, DEQ가 DAT로 발전적으로 개정되었다.[05]

셋째, 수상운송전용조건에서 특히 중요한 개정사항으로, Incoterms 2010에서는 FOB · CFR · CIF조건에서 위험이전의 분기점으로서의 "본선의 난간(ship's rail)"이라는 문구가 완전히 삭제되고,[06] 그 대신에 물품이 "본선에 적재(on board the vessel)"된 때에 위험이 원칙적으로 이전하는 것으로 되었다.

넷째, FAS · FOB · CFR · CIF에 관한 중요한 개정사항으로, 종래 곡물이나 광물 등 "commodity(일차산품)"의 경우에는 물품이 해상운송 중에 수차 전매(轉賣)되는 일이 빈번함에 따라 Incoterms 2010에서는 "연속매매(string sales)"에 관한 규정이 신설되었다.

3) Incoterms 2010의 구성

Incoterms 2010은 11가지 정형거래조건의 분류기준을 변경하여, 다음 표와 같이 「어떠한 단일 또는 복수의 운송방식에 사용가능한 규칙(Rules for Any Mode or Modes of Transport)」과 「해상운송과 내수로운송에 사용가능한 규칙(Rules for Sea and Inland Waterway Transport)」으로 대별하여 양분한다.

---

03 Incoterms 2010의 부제(副題)가 『국내 · 국제거래조건의 사용에 관한 ICC 규칙(ICC rules for the use of domestic and international trade terms)』으로 변경된 점은 바로 위에서 전술하였다. 또한 정형거래조건의 수(數)가 13개에서 11개로 감소되었다.

04 ICC, Incoterms® 2010, ICC Publication No 715, p.125 참조.

05 이는 종래 해상운송을 포함한 수상운송방식에만 사용될 수 있었던 DEQ(Delivered Ex Quay, 부두인도)를 복합운송을 포함한 모든 운송방식에 사용가능한 조건으로 발전시킨 것이다.

06 Incoterms 2000 FOB, CFR, CIF의 각 A5 및 B5 참조. 나아가 Incoterms 2000에서 FOB의 경우에는 "ship' s rail"은 매도인과 매수인 사이에서 위험이전은 물론이고 비용부담의 분기점으로도 기능하였다.

Rules for Any Mode or Modes of Transport (어떠한 단일 또는 복수의 운송방식에 사용가능한 규칙)	Rules for Sea and Inland Waterway Transport (해상운송과 내수로운송에 사용가능한 규칙)
• EXW(Ex Works, 공장인도) • FCA(Free Carrier, 운송인인도) • CPT(Carriage Paid To, 운송비지급인도) • CIP(Carriage and Insurance Paid to, 운송비 · 보험료지급인도) • DAT(Delivered At Terminal, 도착터미널인도) • DAP(Delivered At Place, 도착장소인도) • DDP(Delivered Duty Paid, 관세지급인도)	• FAS(Free Alongside Ship, 선측인도) • FOB(Free On Board, 본선인도) • CFR(Cost and Freight, 운임포함인도) • CIF(Cost Insurance and Freight, 운임 · 보험료포함인도)

그 명칭에서 나타나듯이, 전자는 해상운송이나 항공운송, 육상운송 등의 모든 운송방식에 사용가능한 바, 특히 복합운송에도 사용가능할 뿐 아니라 여러 운송방식이 순차적으로 함께 사용되나 복합운송은 아닌 경우에도 사용가능하다. 후자는 물품이 단일한 해상운송이나 내수로운송에 의하여 운송되는 경우에만 사용가능하다.

이러한 개정은 운송방식불문조건을 전면에 배치함으로써 FCA · CPT · CIP 등의 사용이 활성화되도록 유도함으로써, 종래 특히 컨테이너화물의 경우에는 운송방식불문조건을 사용하는 것이 바람직함에도 실무상 그렇게 하지 않고 FOB · CFR · CIF 등의 수상운송전용조건을 오용하고 있는 문제를 바로잡기 위함인 것으로 이해된다.

표 12-2 ▮ Incoterms 2010 의무

A. The Seller Must(매도인의 의무)		B. The Buyer Must(매수인의 의무)	
A1	provision of goods in conformity with the contract(계약에 합치하는 물품의 제공)	B1	payment of the price(대금의 지급)
A2	licences, authorization and formalities (승인서, 인허가 및 절차)	B2	licences, authorizations and formalities(승인서, 인허가 및 절차)
A3	contract of carriage and insurance(운송계약 및 보험)	B3	contract of carriage(운송계약)
A4	delivery(물품의 인도)	B4	taking delivery(인도의 수리)

A5	transfer of risks(위험의 이전)	B5	transfer of risks(위험의 이전)
A6	division of costs(비용부담의 한계)	B6	division of costs(비용부담의 한계)
A7	notice to the buyer(매수인에 대한 통지)	B7	notice to the seller(매도인에 대한 통지)
A8	proof of delivery, transport document or equivalent electronic message(인도의 증거, 운송증권 또는 이것과 동등한 전자메시지)	B8	proof of delivery, transport document or equivalent electronic message(인도의 증거, 운송증권 또는 이것과 동등한 전자메시지)
A9	checking-pacing-marking (검사, 포장, 하인)	B9	inspection of goods (물품의 선적전 검사)
A10	other obligations(기타의 의무)	B10	other obligations(기타의 의무)

표 12-3 ▮ Incoterms 2010 요약 [07]

구분 / 거래조건	위험이전	비용이전	비고
EXW(Ex Works) 지정장소(공장인도조건)	매도인이 작업장 구내에서 매수인이 임의처분할 수 있도록 물품을 인도하였을 때	매도인이 위험이전까지의 제비용부담	수출입허가 매수인의무
FCA(Free Carrier) 지정장소(운송인인도조건)	매도인은 매수인이 지정한 운송인에게 수출통관된 물품을 인도하였을 때	〃	수출허가 매도인의무, 수입허가 매수인의무
FAS(Free Alongside ship) 지정선적항 (선측인도조건)	물품이 지정선적항의 부두에 혹은 부선으로 선측에 인도되었을 때	〃	수출입허가 매도인의무
FOB(Free On Board) 지정선적항 (본선인도조건)	"본선에 적재(on board the vessel)"	〃	수출허가 매도인의무, 수입허가 매수인의무
CFR(Cost and Freight) 지정목적항 (운임포함인도조건)	"본선에 적재(on board the vessel)"	매도인은 적재 시까지의 제비용+목적항까지의 운임+정기선의 경우 양하비 부담	〃

07 여기의 "터미널(terminal)"은 부두, 창고, 컨테이너장치장(CY) 또는 도로 · 철도 · 항공화물의 터미널과 같은 장소를 포함하며, 지붕의 유무를 불문한다(DAT Guidance Note).

CIF(Cost, Insurance and Freight) 지정목적항(운임 · 보험료 포함인도조건)	"본선에 적재(on board the vessel)"	매도인은 적재 시까지의 제비용+목적항까지의 운임 및 보험료+정기선의 경우 양하비 부담	〃
CPT(Carriage Paid To) 지정최종장소(운송비지급인도조건)	물품이 약정된 일자 또는 기간 내에 지정목적지까지 운송할 운송인의 보관하에 또는 후속운송인이 있을 경우 최초의 운송인에게 물품인도 시	매도인은 CFR조건+지정된 목적지까지의 물품운송비(복합운송개념에서 운송비)	〃
CIP(Carriage and Insurance Paid to) 지정최종장소(운송비 · 보험료지급인도조건)	〃	매도인은 CPT조건+지정된 목적지까지의 적하보험료 부담	〃
DAP(Delivered at Place 도착장소인도	지정목적지에서 물품을 "도착운송수단에 실어 둔 채 양륙준비된 상태로(on the arriving means of transport ready for unloading)" 매수인의 처분하에 두어야 한다.	매도인은 위험이전까지의 제비용 부담	〃
DAT(Delivered at Terminal 도착터미널인도	매도인은 물품을 그 목적지인 도착터미널에서 도착차량으로부터 양하(unload)된 상태로 매수인의 처분하에 두어야 한다.	〃	수출허가 매도인 의무, 수입허가 매도인의무
DDP(Delivered Duty Paid) 지정최종장소 (관세지급반입인도조건)	〃	〃 (단, 관세포함)	수출입허가 매도인의무

2. Incoterms 2010의 기본 해설

1) EXW(Ex Works) : 공장인도조건(… named place)(…지정장소)

"공장인도조건"이란 매도인이 수출통관절차를 이행하지 않고, 수취용 차량에 적재하지 않은 상태로 매도인의 영업소 또는 기타 지정된 장소(예를 들면, 작업장, 공장, 창고 등)에서 물품을 매수인의 임의처분상태로 놓아두었을 때 매도인이 인도하는 것을 의미한다. 따라서 이 조건은 매도인에 대한 최소한의 의무를 나타내며, 매수인은 매도인의 영업소로부터 물품을 인수하는 데에 수반되는 모든 비용과 위험을 부담하여야 한다.

2) FCA(Free Carrier) : 운송인인도조건(…named place)(…지정장소)

"운송인인도조건"이란 매도인이 지정된 장소에서 매수인이 지정한 운송인에게 수출통관된 물품을 인도하는 것을 의미한다. 선택된 인도장소가 그러한 장소에서 물품의 적재 및 양륙의무에 영향을 미친다는 사실에 유의하여야 한다. 인도가 매도인의 영업소에서 행해지는 경우에는 매도인은 적재에 대한 책임을 진다. 인도가 기타의 장소에서 행해지는 경우에는 매도인은 양륙에 대한 책임은 없다. 이 조건은 복합운송을 포함하여 운송수단에 관계없이 사용될 수 있다.

3) FAS(Free Alongside Ship) : 선측인도조건(…named port of shipment)(…지정선적항)

"선측인도조건"이란 물품이 지정된 선적항에서 본선의 선측에 인도되었을 때 매도인이 인도하는 것을 의미한다. 이것은 그 시점으로부터 매수인이 물품의 멸실 또는 손상의 모든 비용과 위험을 부담하여야 한다는 것을 의미한다. FAS조건은 매도인이 물품의 수출통관절차를 이행할 것을 요구하고 있다. 그러나 만약 당사자가 수출통관절차를 매수인에게 이행시키고자 하는 경우에는 매매계약에서 이러한 취지의 문언을 명시적으로 추가함으로써 이를 명확히 하여야 한다. 이 조건은 해상 또는 내륙수로운송의 경우에만 사용될 수 있다.

4) FOB(Free On Board) : 본선인도조건(…named port of shipment)(…지정선적항)

"본선인도조건"은 물품이 지정된 선적항에서 "본선에 적재(on board the vessel)" 된 때 매도인이 인도하는 것을 의미한다. 이것은 매수인이 그 지점으로부터 물품의 멸실 또는 손상의 모든 비용과 위험을 부담하여야 한다는 것을 의미한다. FOB조건은 매도인에게 수출을 위하여 물품을 통관할 것을 요구하고 있다. 이 조건은 해상운송 또는 내륙수로운송에만 사용될 수 있다. 만일 당사자가 본선의 난간을 횡단하여 물품을 인도할 의도가 없는 경우에는 FCA(운송인인도)조건을 사용하여야 한다.

5) CFR(Cost And Freight) : 운임포함인도조건(…named port of destination)(…지정목적항)

"운임포함인도조건"이란 물품이 선적항에서 "본선에 적재(on board the vessel)" 된 때할 때 매도인이 인도하는 것을 의미한다. 매도인은 지정된 목적항까지 물품을 운송하는 데 필요한 비용 및 운임을 지불하여야 한다. 그러나 물품의 멸실 또는 손상의 위험 및 인도 이후에 발생하는 사건에 기인하는 모든 추가비용은 매도인으로부터 매수인에게 이전된다.

6) CIF(Cost, Insurance And Freight) : 운임 · 보험료포함인도조건(…named port of destination)(…지정목적항)

"운임 · 보험료포함인도조건"이란 물품이 선적항에서 "본선에 적재(on board the vessel)"된 때 매도인이 인도하는 것을 의미한다.

매도인이 지정된 목적항까지 물품을 운송하는 데 필요한 비용 및 운임을 지불하여야 하지만, 물품의 멸실 또는 손상의 위험 및 인도 이후에 발생하는 사건에 기인하는 모든 추가비용은 매도인으로부터 매수인에게 이전된다. 그러나 또한 CIF조건에서 매도인은 매수인이 부담하는 운송 중의 물품의 멸실 또는 손상의 위험에 대해서 해상보험을 수배하여야 한다.

7) CPT(Carriage Paid To) : 운송비지급인도조건(…named place of destination)(…지정목적지)

"운송비지급인도조건"이란 매도인이 자신이 지명한 운송인에게 물품을 인도하는 것을 의미하고, 또한 매도인은 지정된 목적지까지 물품을 운송하는 데 필요한 운송비를 지불해야 하는 것을 의미한다. 이것은 물품이 인도된 후에 발생하는 모든 위험과 기타 비용을 매수인이 부담하는 것을 의미한다.

"운송인"이란 운송계약에서 철도, 도로, 항공, 해상, 내륙수로 또는 이러한 운송수단을 결합한 운송을 이행하거나 수배하는 것을 인수하는 자를 의미한다.

8) CIP(Carriage And Insurance Paid To) : 운송비, 보험료지급인도조건(…named place of destination)(…지정목적지)

"운송비 · 보험료지급인도조건"이란 매도인이 자신이 지명한 운송인에게 물품을 인도하는 것을 의미하고, 또한 매도인은 지정된 목적지까지 물품을 운송하는 데 필요한 운송비를 지불해야 하는 것을 의미한다. 이것은 물품이 인도된 후에 발생하는 모든 위험과 추가비용을 매수인이 부담하는 것을 의미한다. 그러나 또한 매도인은 매수인이 부담하는 운송 중의 물품의 멸실 또는 손상의 위험에 대해서 보험을 수배하여야 한다. 결과적으로 매도인은 보험계약을 체결하고 보험료를 지불한다.

9) DAP(Delivered at Place) : 도착장소인도

DAP의 경우에는 그 지정목적지에서 물품을 "도착운송수단에 실어둔 채 양륙준비된 상태로(on the arriving means of transport ready for unloading)" 매수인의 처분하에 두어야 한다.

10) DAT(Delivered at Terminal) : 도착터미널인도

DAT의 경우에 매도인은 물품을 그 목적지인 도착터미널에서 도착차량으로부터 양하(unload)된 상태로 매수인의 처분하에 두어야 한다.

11) DDP(Delivered Duty Paid) : 관세지급인도조건(…named place of destination)(…지정목적지)

"관세지급인도조건"이란 매도인이 지정된 목적지에서 수입통관을 이행하고, 도착된 운송수단으로부터 양륙되지 않은 상태로 매수인에게 물품을 인도하는 것을 의미한다. 매도인은 적용할 수 있는 경우에는, 목적지 국가에서의 수입에 필요한 모든 "관세(이 용어는 통관절차를 이행하는 책임 및 위험, 그리고 통관수수료, 관세, 조세 기타 비용의 지불을 포함한다)"를 포함하여, 그곳까지의 물품의 운송에 따른 모든 비용 및 위험을 부담하여야 한다. EXW조건이 매도인의 최소의무를 나타내는 데 비해, DDP조건은 최대의무를 나타낸다.

■ Chapter 13 ■

수출입대금결제

제1절 신용장의 개요

1. 신용장의 의의

신용장(L/C : letter of credit)이란 무역거래의 대금지불 및 상품수입의 원활화를 기하기 위하여 수입상의 거래은행이 수입업자(신용장개설의뢰인)의 요청으로 수출업자로 하여금 일정기간 및 일정조건하에서 운송서류(transport document)를 담보로 하여 수입업자, 신용장개설은행 또는 개설은행이 지정하는 환거래 취결은행을 지급인으로 하는 화환어음을 발행하도록 하여 이 어음이 제시될 때에 지급 또는 인수할 것을 어음발행인(수출업자) 및 어음수취인(어음매입은행)에 대하여 확약하는 증서(document)이다. 즉 한 마디로 신용장은 무역대금결제의 수단이라고 할 수 있다.

2. 신용장의 기능

1) 국제무역촉진기능

수출입당사자 간에 매매계약이 체결되었다 할지라도 신용장이 개설되어 있지 않은 경우에는 수출상이 계약조건대로 계약기간 내에 선적할 것인지 확신을 가질 수 없다. 이에 대해 신용장은 수출대금결제를 보장하고 상품의 수령을 확실하게 함으로써 국제무역을 촉진시키는 역할을 수행한다.

2) 금융수단의 기능

신용장에 의한 수출대금은 개설은행이 지급을 확약하고 있으므로 수출자는 내도된 신용장을 근거로 수출에 소요되는 자금을 융자받을 수 있게 된다. 또한 수출을 이행하고 나면 수입자가 대금을 지급하기 전이라도 수출자는 환어음을 발행하여 자기 거래은행에 매입 또는 할인을 의뢰함으로써 수출대금을 회수한다.

3. 신용장거래의 특성

1) 독립성

신용장은 매매계약에 근거하여 개설되는 것이지만, 일단 신용장이 개설되면 신용장은 매매계약으로부터 독립되어(신용장통일규칙 제3조) 그 자체로서 별도의 법률관계를 형성하는데, 이를 신용장 독립성이라 한다. 이는 매매계약의 당사자가 아닌 은행을 무역계약으로부터 독립시켜 신용장거래의 안정성을 확보하기 위함이다.

2) 추상성

신용장거래의 목적은 물품이나 서비스 그 자체나 계약의 이행 등에 있지 않고 서류에만 국한된다. 즉, 개설은행은 실제로 해당 물품이나 서비스 또는 계약이행이 신용장과 맞지 않는다 하더라도 서류가 신용장의 조건에 맞으면 대금을 지급하여야 할 의무가 있다. 따라서 서류상호 간의 모순이 있는지의 여부를 오로지 제출된 서류만을 근거로 심사하여야 하는 바 이를 신용장의 추상성이라 한다.

3) 안정성/편리성

수출상이 신용장조건에 일치하는 서류를 제시하는 한 개설은행은 무조건 대금을 지급해야 하므로 수출상은 대금회수에 대한 불안감이 해소되며, 수입상 측에서 신용장내용을 변경하거나 취소할 때는 수출상의 명시적인 동의를 얻어야 하므로 신용장이 개설되는 때부터 거래내용이 확정되고, 수입상이나 개설은행의 일방적인 횡포가 불가능하다.

4) 엄밀일치의 원칙

신용장에 따라 은행에 제시되는 서류는 신용장에 지정된 모든 서류이어야 하고, 동시에 신용장에서 요구된 양식과 정확히 일치해야 한다. 또한 서류상의 상품명세는 신용장상의 명세와 일치해야 한다.

5) 사기거래방지의 원칙

독립성 · 추상성의 원칙과 상반되는 원칙이다. 제시된 서류가 신용장의 모든 조건에 맞다고 하더라도 은행의 서류 수리 전에 그 서류가 위조나 사기로 작성되었음이 밝혀지게 되면 은행은 그 서류를 수리할 의무가 없다.

6) 한계성

신용장은 하나의 독립된 지급수단이 될 수 없다. 신용장에서 개설은행은 매매계약의 당사자가 아니며, 단지 일정한 조건이 충족되는 경우에만 개설은행이 지급 · 인수 · 매입을 하겠다는 독자적인 약속을 하는 것이지 매수인이 상품대금을 지급하지 않으면 은행이 대신 지불한다는 것은 아니다. 따라서 신용장은 반드시 계약상품이 인수된다고 보장하지 않는다.

4. 신용장거래의 과정

신용장거래방식에 의한 국제무역거래에 있어 수입자를 주체로 한 정상적인 경우의 절차는 다음과 같다.

① 국내의 수입자가 외국의 수출자와 매매계약을 체결하고 물품매도확약서를 받는다.

② 수입자는 필요시 해당기관에서 수입승인을 신청하여 수입승인서(I/L)를 받는다.

③ 수입자는 거래은행 신용장거래약정을 체결한 후 수입신용장개설을 의뢰한다.

④ 수입신용장(L/C)개설을 의뢰받은 외국환은행은 L/C를 발행하여 수출자가 소재하고 있는 외국의 통지은행에 L/C 도착을 통지한다.

⑤ 통지은행은 수출자에게 L/C 도착을 통지한다.

⑥~⑨ L/C를 받은 수출자는 상품을 선적한 후 선하증권을 취득하고 보험증권, 상업송장 등 L/C에서 요구하는 서류를 구비하여 매입은행에 회환어음 매입을 의뢰한다.

⑩ 매입은행은 운송서류와 교환하여 수출자에게 환어음대금을 지급한다.

⑪ 매입은행은 수출자에게 지급한 어음대금을 결제받기 위해 L/C개설은행에 어음 및 운송서류를 송부한다.

⑫ 매입은행은 어음대금을 개설은행 또는 상환은행에 상환청구한다.

⑬ 개설은행은 매입은행으로부터 운송서류가 도착하면 수입자에게 운송서류 도착 통지를 한다.

⑭ 개설은행은 수입자가 수입대금을 결제하면 운송서류를 인도한다.

⑮ 선박회사는 화물이 도착하면 수입자에게 화물도착 통지를 한다.

⑯ 화물도착 통지를 받은 수입자는 선박회사에 B/L을 제시하고 화물을 인도받는다.

5. 수입신용장의 개설

1) 개설의 근거

신용장개설을 위해서는 수출상과 수입상이 매매계약을 체결해야 한다. 이 계약의 제반내용 중 결제조항(Payment Clause)에서 거래방식을 신용장방식으로 정하였을 경우, 이것을 근거로 신용장이 탄생하게 된 것이다.

그림 13-1 ▮ 신용장거래의 메커니즘

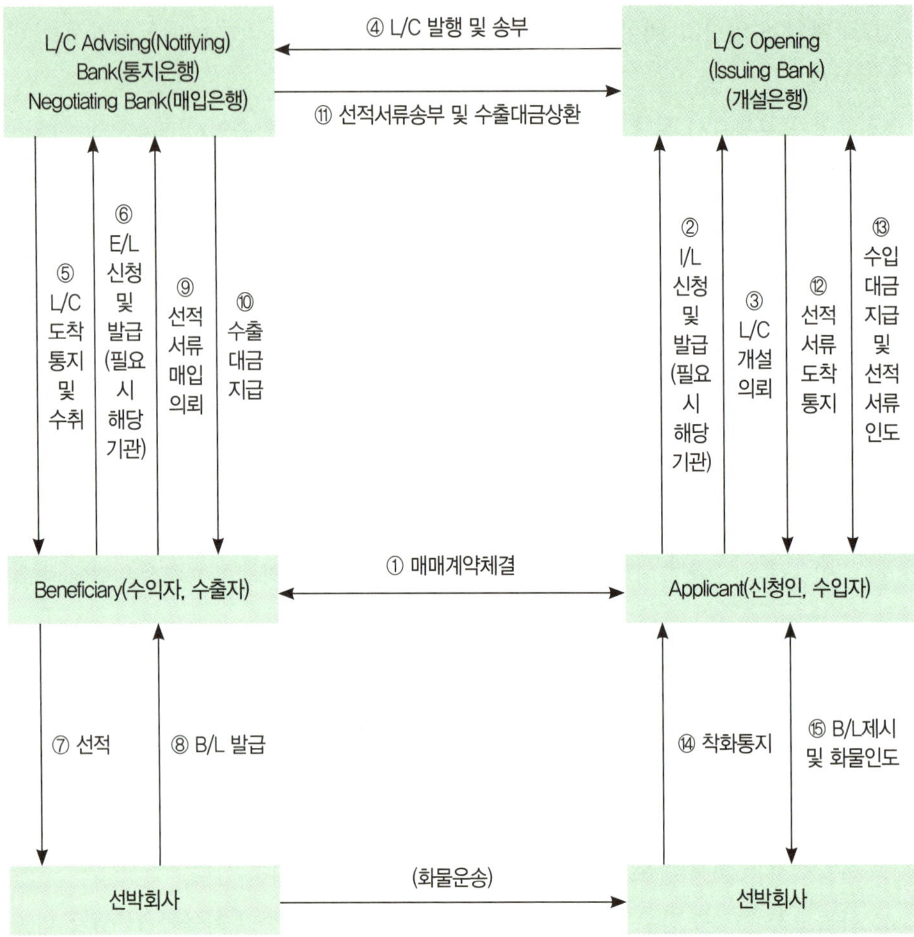

2) 개설절차

기본계약의 의무이행을 위하여 수입상은 자신의 거래은행으로 찾아가 신용장개설을 의뢰하는데 이때 개설은행은 수입상에게 자기은행의 고유의 신용장개설의뢰서를 수입상에게 교부하게 되어 수입상이 이 서류를 작성하고 제출하면 개설은행은 이것을 근거로 신용장을 작성한다.

> 서류제출 → 은행의 심사 → 수입담보금의 적립 → 수입부담금납부 → 개설과 관련한 제비용 징구 → 신용장개설

3) 신용장개설방법

(1) 우편에 의한 개설(mail credit)

개설신청서의 내용에 따라 소정의 신용장양식 1set를 작성하여 원본 및 사본 1매는 통지은행에 발송하고, 결제은행에는 사본 1매를 수입대전 결제요청서(reimbursement request)와 함께 발송한다.

(2) 전신에 의한 개설(cable credit)

금융비용절약, 납기단축 등을 위하여 신용장개설사실을 신속히 통지할 필요가 있을 경우 전신으로 신용장을 개설하게 된다. 전신에는 short cable에 의한 방법, full cable에 의한 방법 등이 있다.

① short cable에 의한 개설

신용장이 개설되었다는 뜻을 미리 통지하여 수익자로 하여금 수출준비를 하게 하는 통지이며, "details follow"란 문언을 삽입, 추후 신용장원본(mail confirmation)을 우편으로 송부하여 모든 조건은 이에 의하도록 하여야 한다.

② full cable에 의한 개설

통지은행의 오역이나 신용장 당사자 간에 문구해석의 차이로 인한 마찰을 줄이기

위하여 신용장 전문을 그대로 전신으로 보내는 방법이다. 요즈음에는 국제통신망의 발달로 거의 대부분 full cable에 의하여 SWIFT(Society for Worldwide Interbank Financial Telecommunication, 국제은행 간 자금결제 통신망)방식으로 신용장을 통지하고 있다.

6. 신용장의 당사자

신용장거래의 당사자는 권리의무의 주체가 되는 기본 당사자로서 개설의뢰인, 수익자 및 개설은행과 기타 당사자로 구분할 수 있다.

1) 개설의뢰인(applicant)

개설의뢰인이라 함은 매매당사자 간의 약정에 따라 수입지에서 자신의 거래은행에 신용장의 개설을 의뢰하는 자를 말한다. 개설의뢰인은 원칙적으로 매수인에 해당하는 것이지만, 때로는 매수인의 거래처인 제3자가 되는 경우도 있다. 또한 개설의뢰인은 화물의 수하인인 동시에 환어음의 결제자가 된다.

따라서 개설의뢰인은 보는 각도와 기능에 따라 importer, opener, buyer, accountee(대금결제인), drawee(환어음지급인), consignee(수하인), accredited Buyer(수신매수인) 등이 된다.

2) 개설은행(issuing bank, opening bank)

개설의뢰인의 요청과 지시에 따라 수출자 앞으로 신용장을 발행하는 은행으로서 credit writing bank, grantor라고도 한다. UCP 500에서는 지급, 인수 또는 매입은행이 있다 하더라도, 신용장의 개설은행이나 확인은행의 원칙적인 지급의무를 특히 강조하고 있다.

3) 수익자(beneficiary)

신용장의 수취인을 수익자(beneficiary) 또는 수혜자라고도 하며 수출자가 신용장거래 시에 수익자가 된다. 수익자는 그 기능과 보는 각도에 따라 exporter, shipper, drawer, payee(대금영수인), accreditee(신용수령인), addressee user(수신사용인) 등이 된다. 또한 양도가능신용장에서는 원신용장의 수혜자를 제1수익자라 하며 양도받은 양수인을 제2수익자라 한다.

4) 통지은행(advising bank, notifying bank)

신용장개설은행은 신용장을 개설하면 그 사실과 내용을 수출자에게 통지해야 한다. 통지은행은 개설은행의 요청에 의하여 신용장이 개설되었음을 단순히 통지하는 데 그치며, 거래에 대하여 어떠한 책임을 지거나 또는 약정을 하는 것은 결코 아니다.

5) 확인은행(confirming bank)

확인은행은 수출상이 개설은행의 신용을 믿지 못하여 신용 있는 제3의 은행으로 하여금 당해 신용장의 대금지급을 재차 확약하도록 요청하는 경우 이에 따라 개설은행과 동일한 지위를 맡게 되는 은행을 말하며, 대금지급의 책임을 부담하고 있기 때문에 개설은행과 동일한 기본 관계당사자로서의 지위를 부여하고 있는 것이다.

6) 매입은행(negotiating bank)

수익자는 물품선적을 완료한 후 개설은행 앞으로 환어음을 발행하고 신용장에서 요구하는 운송서류를 첨부하여 자기의 거래은행에 환어음의 매입을 신청하는데, 이때 환어음을 매입하는 은행을 매입은행이라고 한다.

7) 지급은행(paying bank)

신용장에서 매입은행에 의한 수출환어음의 매입을 인정하지 않고 특정은행이 화한어음과 상환하여 수익자에게 지급할 것을 규정하고 있는 신용장을 지급신용장(straight credit)이라고 하는데, 이와 같은 지급신용장에 의거하여 지급을 위탁받은 은행을 지급은행이라고 한다. 지급은행은 통지은행과 같이 그 지급행위에 대해 아무런 책임을 부담하지 않고 단순히 대금을 지급해주는 역할만 수행할 뿐이다.

8) 인수은행(accepting bank)

신용장에 의해 발행되는 어음이 기한부어음일 것을 조건으로 하는 신용장을 기한부신용장(usance credit)이라고 하는데, 이와 같은 기한부신용장에 의거하여 발행된 기한부어음을 인수하는 은행을 인수은행이라고 하며, 인수은행은 어음의 만기일에 비로소 지급은행이 된다.

9) 결제은행(settling bank)

신용장의 결제통화가 수입국이나 수출국의 통화가 아닌 제3국의 통화일 경우는 제3국에 있는 개설은행의 예치환거래은행이 결제은행(settling bank)이 되며, 어음을 매입한 은행에 대금을 상환해 주는 은행이라고 해서 상환은행(reimbursing bank)이라고도 한다.

제2절 신용장의 종류

신용장이란 고정된 한계 내에서 만들어진 것이 아니고, 무역거래를 하는 상인들의 편의에 따라 만들어진 수단이므로 그 형태나 기능이 다양하며, 신용장을 특수한 용도별로 구분한 것이라기보다 신용장을 어떠한 측면에서 관찰하였느냐에 따라 명칭을 붙인 것이다. 따라서 하나의 신용장이 보통 5~6개의 신용장을 겸하고 있는 것이 대부분이다.

1. 선적서류 첨부 여부에 따른 종류

1) 화환신용장(Documentary L/C)

화환신용장이란 수출상이 객관적인 위치에 있는 제3자가 발행한 운송서류인 선하증권 및 보험증권 등을 은행에 제시하고, 은행은 이 서류와 상환하여 신용장대금을 지급하는 방식의 신용장이다.

따라서 이러한 신용장은 대금결제의 선행조건으로 물품의 소유권 또는 점유권 이전이라는 대차관계의 존재를 전제하는 한편, 대금청구 시의 구비서류로 매매당사자가 아닌 제3자(선박회사 및 보험회사)가 발행한 서류를 제출토록 한다는 데 그 본질이 있다.

2) 무화환신용장(Clean L/C)

수출상이 네고(nego)를 할 때 객관적인 위치에 있는 제3자가 발행한 운송서류가 아닌 수출상 또는 수입상이 개인자격으로 발행한 단순한 상업송장, 어음 등을 제출하는 경우 은행이 이것을 받고 대금을 지급하는 신용장이다.

수출상이 네고를 할 때 은행에 제시하는 서류가 운송서류가 아니고, 수출상 또는 수입상이 발행한 단순한 영수증이나 진술서 등일 경우 이를 무화환신용장(Clean L/C)이라 한다.

2. 취소가능 여부에 따른 종류

1) 취소가능신용장(Revocable L/C)

신용장상에 Revocable이라는 문자가 표시되어 있으면 개설은행은 수익자의 동의 없이 일방적인 의사표시로 신용장의 매입통지가 있기 전에는 아무 때나 취소권을 행사할 수 있다. 취소권의 행사 시한은 매입은행의 매입통지가 개설은행에 도착할 때까지만 가능하며 그 이후의 과정은 취소불능신용장과 동일하다.

2) 취소불능신용장(Irrevocable L/C)

취소불능신용장은 일단 개설이 완료되면 수익자의 동의 없이는 취소 또는 변경 등이 불가능하며 수익자는 안심하고 신용장조건대로 서류만 갖추면 대금지급을 보장받는다는 특징을 가지고 있다. 신용장상에 Revocable라는 문구를 명시하고 있지 않는

한 모든 신용장은 취소불능으로 취급한다.

3) 조건부 취소불능신용장(Conditional Irrevocable L/C)

신용장상에 Revocable이라는 표시가 없어 외견상으로는 취소불능으로 인정되지만 Special Instruction란에 당해 신용장의 이행이 개설은행이나 개설의뢰인의 일방적인 행위에 의거 좌우될 수 있는 내용을 포함하고 있는 경우를 말한다.

3. 상환청구가능 여부에 따른 종류

1) 상환청구가능신용장(With Recourse L/C)

수출상에게 선적서류를 매입한 은행이 어떠한 사유에 의하든 개설은행으로부터 신용장대금을 받지 못하는 사유가 발생하면 매입은행이 동 대금을 수익자에게 소구(상환청구)할 수 있는 신용장이다.

2) 상환청구불능신용장(Without Recourse L/C)

신용장상에 Without Recourse라는 표현이 있는 경우 수익자가 네고 시 환어음에 Without Recourse 표시를 하면 매입은행은 하자 없는 네고(clean nego) 분에 대하여 일체의 소구권(상환청구권)을 행사할 수 없는 신용장이다.

4. 결제기간에 따른 종류

1) 일람출급신용장(Sight L/C)

수출지에서 매입은행이 선적서류를 송부하면 개설은행은 서류상의 하자가 없는 한 즉시 신용장대금의 전액을 매입은행 구좌에 입금시켜 주는 형식의 현금거래 신용장이다. 우리나라의 경우 개설은행이 대금지급을 지연할 수 있는 기간은 도착한 서류의 신용장조건과의 일치 여부 검토기간인 7일 이내로 한정되며 그 기간까지 개설의뢰인이 결제하지 않을 경우 자기자금으로 지급해야 한다.

2) 기한부신용장(Usance L/C)

개설의뢰인이 개설은행으로부터 선적서류를 수령할 때 현금을 지급하는 것이 아니고, 신용장에서 정해놓은 일정기간이 내도하여야 신용장대금을 결제하는 외상방식의 신용장이다. 외상신용장은 수출상이 기한부어음을 매입의뢰할 때 수출지 은행의 취급방법 여하에 따라 이를 기한부 매입, 인수, 연지급신용장으로 구분된다.

3) 할부신용장(Installmente L/C)

선적 또는 대금결제기간이 일정한 시기로 나누어져 있는 신용장이다. 수출자가 선적을 수 회에 걸쳐서 일정기간별로 분할하여 결제하도록 약정한 것을 할부선적신용장이라 하고 수입상이 선적서류를 인도받을 때는 착수금만 지급하고 잔액은 일정기간별로 나누어 상환하도록 약정된 신용장을 할부지급신용장이라 한다.

4) 선대신용장(Advance Payment L/C)

수출상의 자금여력이 충분치 않고 수출물품이 집하과정을 거쳐야 하는 농수산물등일 경우 수출편의를 위하여 신용장개설과 동시에 수출상으로 하여금 일정액의 금액을 미리 지급받을 수 있도록 하는 방식의 신용장이다.

이 신용장은 자금선대조건을 붉은 글씨로 쓰는 관례로 인하여 Red Clause L/C라고 칭하고 선대자금을 수령할 때 수출상은 선적서류 없이 현금으로 선대받는 부분에 대한 어음만 발행하면 된다.

5. 양도가능 여부에 따른 종류

1) 양도가능신용장(Transferable L/C)

제3자에 수익자가 받은 신용장금액의 전부 또는 일부를 양도할 수 있는 신용장이다. 양도가능신용장을 양수받은 자가 또다시 제3자에게 양도할 수는 없다. 양도가능신용장은 수출대행 시에 주로 이용된다.

2) 양도불능신용장(Non-Transferable L/C)

신용장의 수익자가 동 신용장을 제3자에게 양도할 수 없는 신용장이다. 양도가능(Transferable)이란 명시가 없는 한 양도불능신용장이다. 대부분의 신용장은 양도불능신용장이다.

6. 확인 여부에 따른 종류

1) 확인신용장(Confirmed L/C)

개설은행에 추가하여 제3의 은행이 추가 신용장대금의 결제에 대하여 확약한 신용장이다. 이 경우 추가 확약한 은행을 확약은행(Confirming Bank)이라 한다.

2) 미확인신용장(Unconfirmed L/C)

제3의 확인은행의 추가확약 없이 신용장개설은행만이 신용장대금의 결제를 확약하는 대부분의 신용장이다.

7. 발행지 기준에 따른 종류

1) 원신용장(Master L/C)

수입자의 의뢰로 신용장개설은행이 수출자 앞으로 개설한 원래의 신용장이다.

2) 내국신용장(Local L/C)

수출자의 의뢰로 수출지의 은행이 수출지의 물품공급자 앞으로 발행되는 신용장이다. 즉 내국신용장(Local L/C)은 국내에서 수출자가 수출용 완제품을 구매하여 직수출하거나, 수출물품 제조업체가 수출물품 제조에 필요한 원자재를 구매하여 직수출 또는 국내 공급하고자 하는 경우에 발행된다.

3) 견질신용장

이 신용장은 원신용장(Master L/C)의 수익자가 해외에서 양도불능신용장을 받았을 경우 이 신용장을 원만하게 이행하도록 하기 위하여 자기책임으로 원신용장을 견질로 하여 제2의 신용장을 개설하는 것을 말한다.

8. 기타 신용장

1) 회전신용장(Revolving L/C)

동일거래선으로부터 일정기간마다 동일한 물품을 계속 반복하여 수입할 필요가 있는 수입상은 이를 위하여 매월 새로운 신용장을 개설하거나, 할부선적신용장을 개설하여야 한다.

2) 동시개설신용장(Back to back L/C)

연계무역에 주로 사용되는 신용장으로서 신용장조건 중에 수출상이 이 신용장을 받은 날부터 ××일 이내에 수입상을 상대로 Counter L/C를 개설해야 이 신용장이 유효하다는 문구를 넣은 신용장이다.

3) 기탁신용장(Escrow L/C)

신용장조건에 따라 수출상이 선적을 하면 수입상이 대금지불을 하게 되나 이 대금은 수출상에게 송금되지 않고, 양 당사자가 합의한 Escrow계정으로 입금되는 바, 일단 Escrow계정으로 입금된 돈은 수출상이 수입상을 상대로 Counter L/C를 개설하였을 경우 그 결제자금으로만 인출되도록 제한을 받게 된다.

4) 토마스신용장(Tomas L/C)

토마스신용장의 여타 조건은 일반신용장과 다름이 없으나 수출상이 선적 후 네고에 들어갈 때는 수입상 앞으로 "언제까지 Counter L/C를 개설하겠다"는 내용의 보증서를 제출하도록 제한하고 있는 신용장이다.

5) 보증신용장(Stand-by L/C)

신용장의 발행목적이 화물의 인수에 있지 않고 금융의 융통 등 서비스의 제공에 있는 경우에 사용되는 신용장이다. 보증신용장은 주로 본사가 해외지사의 현지금융을 보증하거나, 국제입찰참가 시 입찰보증금(Bid Bond)이나 계약이행보증금(Performance Bond)을 조달할 때 이용된다.

제3 절 무신용장방식

1. 추심결제방식

이 거래방식은 은행의 지급확약 없이 당사자들 간의 매매계약에 의해서 수출업자가 화환추심어음(Bill of Documentary Collection)을 발행하여 수입업자로부터 수출대금을 추심하는 결제방식이다. 수입자가 신용장을 개설하지 않아도 수출자가 수입자에게 신용을 제공하는 거래로서 수출자는 수출품을 선적한 뒤 환어음에 선적서류를 첨부하여 이를 은행을 통하여 추심하여 수출대금을 회수하는 거래이다. 수입자 은행은 대금지급을 약속하지 않고 단순히 어음을 추심하는 업무만 수행한다. 추심결제방식의 거래에는 결제기간으로만 보아 신용거래 시 일람불(At Sight)과 유사한 지급인도조건(D/P)거래와 기 기한부(Usance) 거래와 유사한 인수도조건(D/A)거래가 있다.

1) 인수도조건(Documents Against Acceptance : D/A)

인수도조건은 수입업자가 환어음에 대한 인수(Acceptance)만으로 운송서류를 찾아갈 수 있는 어음인수서류 인도조건이다. 수출자가 기한부환어음을 발행하여 추심은행을 통해 수입자에게 제시하면 수입자는 어음상에 "Accept"라는 표시와 함께 서명하고 환어음을 인수한다. 수입자에게 선적서류를 인도하면, 추심은행은 어음의 지급만기일에 어음지급인(수입자)으로부터 대금을 지급받아 추심의뢰 은행에 송금하여 수출자가 대금을 영수하는 거래방식이다.

2) 지급인도조건(Documents against Payment : D/P)

지급인도조건은 수출대금의 지급과 상환하여 운송서류를 수입업자에게 인도하는 어음지급서류 인도조건이다. 수출업자가 매매계약에 따라서 수출물품을 선적한 후 수입자를 지급인으로, 수출자를 수취인으로 일람불(At Sight)어음을 발행하여 선적서류와 함께 거래 외국환은행에 추심을 의뢰하고, 의뢰받은 은행(추심의뢰은행)은 이를 수입지의 은행에 추심요청을 하게 되고 이의 요청을 받은 추심은행(수입자의 거래은행)은 어음지급인(수입자)이 환어음대금을 지급함과 동시에 선적서류를 수입자에게 인도하고 그 대금을 추심의뢰은행(수출자의 거래은행)에 송금하여 수출자가 수출대금을 영수하는 거래방식이다.

3) D/A, D/P의 추심과정

① 무역계약의 체결

② 계약물품의 선적과 선하증권의 입수

③ 화환어음의 추심의뢰 : 수출업자는 계약에서 약정된 운송서류와 환어음을 발행하여 거래은행(추심의뢰은행)으로 하여금 수입업자로부터 수출대금을 추심해 줄 것을 요청한다.

④ 추심의뢰은행의 송부서류 : 추심의뢰은행(remitting bank)은 아무런 책임 없이 수입업자가 소재하는 곳에 있는 거래은행(추심은행) 앞으로 운송서류와 환어음을 송부하면서 추심을 의뢰한다.

⑤ 추심통지 : 추심은행(collecting bank)은 수입업자에게 운송서류와 환어음이 도착한 사실을 통지한다.

⑥ 추심완료 및 수출대금의 상환 : 지급인인 수입업자는 매매계약서에서 만약 수입대금을 즉시 지급할 것을 약정하였다면 이를 지급하고 운송서류를 입수한다. 수입대금을 일정기간 후에 지급할 것으로 약정하였다면, 일정기간(만기일) 후 대금을 지급할 것을 약속하는 서명행위(인수)와 상환으로 운송서류를 입수한다.

⑦ 계약물품의 입수 : 수입업자는 추심은행으로부터 입수한 운송서류 중 선하증권을 가지고서 계약물품을 찾는다.

4) D/A, D/P 거래의 당사자

(1) 추심의뢰인(Principal)

추심의뢰인은 자기가 거래하는 은행에 수출대금의 추심을 의뢰하는 수출업자를 말한다. 수출업자는 추심을 의뢰하면서 화환어음을 발행하기 때문에 발행인(drawer)이며 또는 수입업자에 대해서 채권을 주장할 수 있는 채권자(creditor)이기도 하다.

(2) 추심의뢰은행(Remitting Bank)

추심의뢰은행은 수출업자로부터 추심을 의뢰받은 수출국의 은행을 말하며, 이 은행은 수출업자가 제시한 화환어음과 운송서류를 수입업자가 소재하는 추심은행 앞으로 송부하면서 수출대금의 추심을 의뢰한다. 추심에 관여하는 은행은 모든 조치를 성실하게 이행해야 하며 또한 상당한 주의를 기울여야 하며, 누락사항이 있을 시 추심의뢰를 한 상대방에게 즉시 통지해야 한다.

(3) 추심은행(Collecting Bank)

추심은행은 추심의뢰은행으로부터 송부되어 온 운송서류와 추심지시서를 수입업자에게 제시하여 수입대금을 징수하는 은행을 말한다. 특히 수입업자에게 직접 운송서류를 제시하는 추심은행을 제시은행(Presenting Bank)이라고 한다.

(4) 지급인(Drawee)

지급인은 수입업자를 말하며, 수입업자는 추심지시서에 따라 어음이 자기에게 제시되면 채무자로서 수출업자가 발행한 환어음에 대해서 지급할 의무가 있다.

2. 송금방식에 의한 결제

1) 송금방식에 의한 수출입

수출대금을 직접 외화로 송급받는 조건으로 수출하는 거래방식으로서 수출대금을 송급받는 시기에 따라 사전송금방식 수출과 사후송금방식인 대금교환도 조건부수출(COD, CAD)로 구분된다.

(1) 사전송금방식

수출대금 전액을 수출물품의 선적 전에 외국환은행을 통하여 외화로 미리 송금받고, 영수일로부터 1년 이내에 대응수출을 이행하는 방법이다. 사전송금방식의 수입은 수입대금 전액을 수입물품 선적 전에 외화수표 등 대외지급수단에 의하여 미리 지급하고, 지급일로부터 360일 이내에 이에 상응하는 물품을 수입하는 것을 말한다. 이 방식은 주로 견품, 시험용품 등 소액거래에 활용되고 있다.

(2) 사후송금방식(대금교환도 조건)

수출물품의 인도와 동시에 또는 인도 후 일정기간 이내에 수출대금 전액을 외국환은행을 통하여 송금받는 거래이다. 대금결제기간은 수출업자가 자율적으로 결정하며, 본 · 지사 간의 거래에서는 1년 이내이어야 한다. 대금교환의 대상에 따라 현물상환방식의 수출(COD)과 서류상환방식의 수출(CAD)로 구분된다.

① 현물상환방식(COD : Cash On Delivery)

수입자가 소재하는 국가에 수출자의 지사나 대리인이 있는 경우 수출자가 물품을 지사 등에 송부하면(B/L상 consignee가 수출자 지사 등의 지시식으로 발행됨) 수입자가 물품의 품질 등을 검사한 후 물품과 현금을 상환하여 물품대금을 송금하는 방식의 거래이다.

② 서류상환방식(CAD : Cash Against Documents)

수출자가 물품을 선적하고 수입자 또는 수출국에 소재하는 수입자의 대리인이나 지사에게 선적서류를 제시하면 서류와 상환하여 대금을 결제하는 방식의 거래이다. 통상 수입자의 지사나 대리인 등이 수출국 내에서 물품의 제조과정을 점검하고, 수출물품에 대한 선적전검사를 행한다.

2) 송금방식에 의한 결제수단

(1) 송금수표(Demand draft)

보통송금환이라고 하는데, 수입업자가 거래은행에 수입대금을 지급하면 은행은 수출업자를 수취인으로 하고 수출업자 소재지의 외국환은행을 지급인으로 하는 송금수표를 발행해 준다. 수입업자는 이를 수출업자에게 직접 우송하고 수출업자는 이를 지급인에게 제시하여 수출대금을 회수해 간다.

(2) 우편송금환(mail transfer) 및 전신송금환(telegraphic transfer)

우편송금환과 전신송금환은 수입업자가 일정금액을 수출업자에게 지급해 주도록 은행에 위탁할 경우 사용된다.

수입업자가 거래은행에 수입대금을 지급하면 거래은행은 수출업자가 소재하는 외국환은행 앞으로 수출업자에게 일정금액을 지급하도록 하는 지급지시서를 보낸다. 지급지시를 받은 외국환은행은 수출업자에게 일정금액을 지급하고 이 대금은 지급지시를 한 은행의 예금계정에서 찾아간다. 이때 지급지시를 우편으로 할 경우를 우편송금환이라 하며, 전신으로 할 경우를 전신송금환이라고 한다. 전신환은 당일 또는 그 다음날 결제될 수 있으므로 상대방 간에 이자 문제가 발생하지 않는다. 무역거래에서 송금방식의 결제는 수입업자가 전신환을 수출업자에게 송부하여 수출대금을 결제하는 것을 말하는데 송금시기에 따라 사전송금방식과 사후송금방식으로 구분된다.

3. 국제팩토링에 의한 결제

1) 국제팩토링의 개념

팩토링(Factoring)은 제조업자가 구매자에게 상품을 외상으로 판매하면 팩터는 외상매출채권을 매입 · 관리하여 제조업자에게 상품대금의 지급을 보증하는 금융서비스를 말한다. 이러한 기본적인 업무 외에도 팩터는 제조업자를 대신하여 구매자에 대한 신용을 조사하고, 상품대금이 회수되는 기간 동안 제조업자에게 금융을 제공하거나 회계업무 등을 대행하고 있다. 수출업자가 팩터에게 물품의 수출판매를 의뢰하면 팩터는 단순히 판매만 알선하는 것이 아니라 수출업자에게 수출대금의 지급까지를 보증해 준다.

2) 국제팩토링의 당사자

(1) 수출업자

물품을 수출판매하는 자로서 팩터와 팩토링 거래약정을 체결하여 매출채권을 양도한다. 수출업자는 팩터의 주된 서비스 대상이기 때문에 국제팩토링에서는 수출업자를 판매자(Client)라 하며, 그 밖의 상품 또는 용역의 공급자(supplier), 매도인 등으로 불린다.

(2) 수입업자

수입자는 물품을 수입구매하는 구매자(Customer)나 매수인을 말하며, 수입업자는 국제팩토링에서 궁극적으로 채무를 부담하는 당사자(debtor)이다.

(3) 수출팩터(export factor)

국제팩토링에 관여하는 수출국의 팩토링회사를 수출팩터라 한다. 수출팩터는 수출채권을 관리하며, 수출업자에게 수출대금의 지급을 보증한다. 그 밖에 수출팩터는 수출상품의 생산 · 확보에 필요한 금융을 제공하기도 하며 수출업무와 관련된 경영서비스를 제공한다.

(4) 수입팩터(import factor)

수입국의 팩토링회사를 수입팩터라 한다. 수입팩터는 수입업자에 대한 신용조사 및 신용승인을 하고 수출채권을 양수받아 대금을 회수하여 송금하는 업무 등을 주로 한다. 만약 수출팩터가 해외에 지점망을 가진 경우에는 수입국에 주재하는 지점 또는 지사가 수입팩터의 역할을 담당하게 되므로 별도의 수입팩터는 필요없게 된다.

4. 포피팅

1) 포피팅의 의의

포피팅(Forfaiting)은 현금을 대가로 채권을 포기 또는 양도한다는 뜻으로 무역거래에서는 수출업자가 발행한 기한부어음을 포피터(forfaiter)가 할인, 매입해 주는 금융기법이다. 포피팅은 주로 신용장하에서 발행된 기한부환어음을 포피터가 할인, 매입하는 중 · 장기금융이라 할 수 있다.

포피팅에서는 수출업자 및 수입업자 외에 포피터와 보증은행(Avalising/Guaranteeing Bank)이 개입하는데 포피터는 수출업자가 발행한 연불어음의 지급을 보증하거나 지급보증서를 발급하는 은행이다. 보증은행은 수입업자를 위해 환어음의 지급을 보증하거나 지급보증서를 발급하는 은행이다.

결국 포피팅을 이용하면 수입업자는 보증은행의 지급보증으로 거액의 물품을 연불조건으로 수입할 수 있고 수출업자는 비록 연불조건의 외상수출이라 하더라도 포피터로부터 수출대금을 일람조건의 수출과 같이 즉시 받을 수 있다. 특히 수출업자는 신용장 매입은행의 여신한도가 부족하여 환어음의 매입이 거절될 경우 포피팅을 통한 매입방법을 강구할 수 있다.

2) 포피팅의 절차

① 수출업자와 수입업자는 무역계약을 체결하면서 결제방법에 포피팅을 추가할 것을 약정

② 수출업자는 포피터와 포피팅계약을 체결

③ 수출업자는 계약의 내용대로 선적기일 내에 물품을 선적

④ 수입업자는 지급보증은행에 환어음을 제출하면 지급보증은행은 별도의 지급보증서를 발급하거나 환어음에 “Aval”을 추가하여 환어음을 보증

⑤ 지급보증은행은 보증이 첨부된 환어음을 수출업자에게 보냄

⑥ 수출업자는 사전에 약정된 포피팅계약에 따라 지급보증은행이 보증한 환어음을 포피터에게 제시하여 어음대금을 할인해 줄 것을 요청

⑦ 포피터는 어음의 만기일에 보증은행에 환어음을 제시하여 지급을 요청하고, 지급보증은행은 지급보증에 따라 대금을 지급

⑧ 보증은행은 포피터가 제시한 어음을 수입업자에게 제시하고 수입업자로부터 대금을 회수

■ Chapter **14** ■

국제운송

제1절 해상운송의 개관

1. 해상운송의 의의

해상운송(shipping or ocean transportation), 즉 해운이란 선박을 운송수단으로 하여 타인의 화물이나 사람을 운송하고 그 대가로 운임을 취득하는 상행위를 말한다. 특히 해상운송은 대량운송이 가능하고, 경제적이기 때문에 원거리 이동이 필수적인 무역물품의 국제운송에 가장 적합한 운송형태로 널리 이용되어 왔다.

2. 해상운송의 사전지식

해외에 거래선이 확보되고 관련 매매계약, 신용장 등이 개설되면 수출업자는 계약에 의거 상품을 확보, 기일 내에 선적을 하여야 한다. 선적을 하기 위해 선박회사와 접촉하기에 앞서 기본적으로 이해하고 있어야 할 사전지식은 다음과 같다.

1) 매매조건과 선적의무

통상 화물을 운송할 선박을 수배하는 자는 해당 선박회사에 운임을 지급하는 화주이다. 상품의 매매조건이 seller 입장에서 볼 때 CIF(또는 CFR)조건일 때는 seller가, buyer의 입장에서 볼 때 FOB조건일 때는 buyer가 운송선박을 수배하여야 한다. 물론 seller와 buyer의 거래관계, 상황에 따라 상대의 요청에 의해 선박수배를 주선해 주는 경우도 있다.

2) 선적선박

선박을 수배하는 경우 상품의 수량 · 종류에 따라 운송 선박이 다르다. 즉 일반 완제품, 기계류 등과 같이 포장된 개품(個品)은 일반 잡화선(general cargo carrier) 또는 컨테이너 전용선(full container ship)에 선적되며, 쌀, 옥수수, 밀 등의 곡물이나 광석, 석탄 등의 이른바 산적화물(散積貨物, bulk cargo)은 곡물, 광석류 운반 전용선에 선적한다.

3) 서비스 항로

우리나라를 중심으로 현재 형성되어 있는 항로(또는 노선)는 한 · 일항로, 동남아항로, 북미항로, 호주항로, 중동항로, 구주항로 등이 있으며, 이들 항로에는 일정한 주기를 유지하며 계속적으로 취항하는 정기선(liner)과 화물에 따라 그때그때 원하는 곳까지 화물을 운송하는 부정기선(tramper)이 있다.

4) 운임부과기준

운임은 통상 해당물의 중량과 용적을 비교하여 많이 산출되는 톤수를 운임의 기준으로 삼는다(이를 revenue ton이라고 함). 주요 정기항로에 취항하고 있는 선박회사, 특히 운임동맹가맹 선사들은 운임률(tariff)을 갖고 있어, 운임의 적용기준과 화물별 운임률은 관련 선박회사에 문의하면 정확히 알 수 있다.

5) 선박회사와의 접촉

정기선이 취항하지 않는 지역으로 화물을 보내고자 할 때에는 일반 잡화의 경우보다 충분한 사전기간을 두고 선박회사와 접촉을 시작해야 한다. 정기선의 경우는 지역에 따라 다르나 선적일자(L/C상의 shipment date) 기준 약 2주 전에만 접촉하여도 무방하지만, 부정기선 편으로 선적운송해야 할 경우는 가급적 1~2개월전부터 선박을 물색하기 시작하여야 한다.

6) 운송계약의 형태

정기선의 경우는 별도로 운송계약서를 작성하는 것이 아니고 선박회사에서 정형화된 양식인 선하증권(B/L : Bill of Lading)을 발급함으로써 운송계약에 갈음하고 있다. 동 증권에는 화물의 행선지, 선적지, 명세(용적, 중량. 마크 등), 운임지불관계(선불 또는 도착지 후불), 선적일자, 발급일자 등이 기재되며, 뒷면에는 운송과 관련한 당사자 간의 권리의무 관계를 기술한 약관이 인쇄되어 있다.

부정기선 화물, 즉 곡물 · 광석 · 석탄 등의 화물을 운송할 때에는 용선계약서(charter party)가 작성되며, 이에 의거 선하증권이 별도로 발급된다. 용선계약서는 정기선의 경우와 달리 일방적으로 인쇄된 양식을 사용하는 것이 아니고 당사자 간에 충분한 합의를 거쳐 계약서가 작성된다.

3. 해상운송의 형태

1) 정기선(定期船)

정기선(liner)은 사전에 확립된 운항일정(schedule)에 따라 정해진 항로를 규칙적으로 반복운항하는 형태로 소량의 공산품 또는 잡화를 개품운송계약에 따라 실어나르는 데 이용되고 있다. 정기선의 경우에는 고정된 항로, 운임률, 운항계획 등에 의하여 화물의 수량과 관계없이 지정항로를 항해하여야 한다.

2) 부정기선(不定期船)

부정기선(tramper)은 정기선의 경우와는 달리 일정한 항로가 없이, 하주가 요구하는 시기와 항로에 선복(ship's space)을 제공하는 해상운송 형태이다. 부정기선은 선적기일을 맞추기 위해 긴급히 운송되어야 할 화물이나, 곡물, 광석, 원유, 목재 등 대상화물에 맞는 시설을 갖춘 특수전용선(特殊專用船)의 경우에 주로 적용된다. 운임이 때에 따라 화물의 수요와 공급에 의하여 결정되므로 수시로 변동된다.

4. 해상운송계약

1) 개품운송계약(個品運送契約)

주로 정기선의 경우에 이용되는 계약형태로 선박회사가 다수의 하주와 화물에 대한 운송계약을 개별적으로 체결하는 것을 말한다. 세계 주요 항로에는 다양한 국적의 정기선사들이 취항을 하고 있어 우리 주위의 대부분의 무역화물은 개품운송계약의 형태로 운송되고 있다.

2) 용선운송계약(傭船運送契約)

송하인이 선박회사로부터 선복(ship's space)의 전부 또는 일부를 빌려 화물을 운송하고자 할 경우에 체결하는 계약을 용선계약이라고 한다. 이때 계약체결의 증거로 용선계약서(C/P : charter party)가 발행된다.

(1) 정기용선계약(定期傭船契約)

이는 내항성(耐航性)을 갖고 선박에 필요한 모든 용구와 선원까지 승선시킨 선박을 일정기간 동안 용선하여 그 기간을 기준하여 보수를 지불하는 계약이다.

따라서 선주는 선박의 감가상각비, 보험료, 금리(金利) 등의 간접비와 선원비, 수리비, 선용품비(船用品費) 등의 직접비를 부담해야 하며, 용선주는 용선료 외에 연료비, 항구세 등 운항비를 부담한다.

(2) 항해용선계약(航海傭船契約)

선적항에서 양륙항까지 1항해를 기준으로 체결되는 용선계약이다. 항해용선계약은 다시 화물의 수량과 관계없이 한 항해에 얼마라고 포괄운임을 내는 선복용선계약(lump-sum charter)과 1일 단위로 용선료가 책정되는 일대용선계약(daily charter) 등으로 구분된다.

(3) 나용선계약(裸傭船契約)

용선자가 선주로부터 선박 자체만을 빌리는 대신 선원, 장비, 소모품과 선박보험료, 항만비, 항해비, 수리비 등의 일체를 부담하는 형태의 계약으로 선박임대차계약이라고도 한다. 근래에 우리 나라에서는 외국선박을 나용선해서 우리나라의 선원과 장비를 갖추어 다른 나라에 재용선(sub-charter)을 많이 하고 있다.

제2절 선적절차

1. 선적협의

하주는 해운관련 자료를 통해 자신이 원하는 시기 및 장소에서 수출화물을 운송해 줄 수 있는 선박회사를 찾아 그 회사와 직접 선적, 운송에 관한 사항을 협의한다. 하주는 자신이 원하는 사항, 즉 언제, 어디서, 무슨 화물을, 얼마나, 어느 곳, 누구에게 보내려 한다는 것 등을 알리면 선박회사는 하주의 요구를 충족시킬 수 있을 때 구체적으로 선적에 관한 일정, 운임조건 등을 포함하여 운송예약을 한다.

2. 선적요청서(S/R)

선적에 관한 기본합의가 끝나면 하주는 송하인(Shipper : 수출상), 수하인

(Consignee : 수입상), 선적항(Port of loading), 양하항(Port of discharge), 화물의 명세(Particular 또는 Description of cargo) 등 B/L상에 표기되어야 할 주요 운송정보를 기재하여 해당 화물의 송장(Invoice) 및 포장명세서(Packing List)와 함께 선박회사에 정식으로 선적요청서(S/R : Shipping Request)를 제출한다.

3. 포장 및 출고 준비

화물의 포장상태는 운송에 적합할 정도로 견고하여야 한다. 즉 포장재의 강도가 운송 도중에 내품을 충분히 보호할 수 있을 정도로 강해야 한다. 포장 및 출고 준비는 선박회사와 합의된 시간 내에 지정부두나 창고에 입고시킬 수 있도록 여유를 갖고 준비하여야 한다.

4. 컨테이너 운송

컨테이너 운송은 처음에는 철도와 자동차의 연결을 통한 "문전에서 문전까지(door to door service)" 운송에 이용되었으나, 미국의 Sea Land사가 해상운송에 컨테이너를 도입한 이후 지금은 육 · 해 · 공(land/sea/air)의 상호이용으로 화물운송에 있어서의 3대 원칙인 ① 경제성 ② 신속성 ③ 안전성을 최대한으로 충족시키고 화물운송구간 중 화물의 이적(移籍) 없이 일관수송(一貫輸送)을 실현케 하여 복합운송(複合運送)의 발전에 크게 기여하였다.

1) 컨테이너 운송의 장 · 단점

(1) 장점

첫째, 경제성이다. 컨테이너 운송의 경우 단위당 운임이 저렴하며, 컨테이너 자체가 별개의 독립된 창고 역할을 하므로 포장비, 창고료, 보험료 등을 절감할 수 있다.

둘째, 신속성이다. 규격화된 컨테이너의 사용으로 하역시간과 정박기간이 단축된다. 또한 컨테이너선은 대개가 최근에 건조된 것들이고 고속엔진으로 운항하기 때문에 항해기간도 상당히 단축된다.

셋째, 안전성이다. 모든 화물이 견고하고 완전히 밀폐된 기구에 의해 운반되므로 파손과 도난의 위험이 적어진다.

(2) 단점

컨테이너 운송에 장점만 있는 것은 아니다. 컨테이너 운송의 단점은 다음과 같다.

먼저 모든 화물을 컨테이너로 운송할 수 있는 것은 아니며, 컨테이너 운송에 필요한 여러 가지 도구와 항만설비를 갖추기 위해서는 막대한 자금이 필요하다. 또한 컨테이너선에서는 상당 부분이 갑판에 적재되어야 하는데, 보험회사에서는 갑판적재화물(on deck cargo)에 대해 할증보험료를 적용하고 있다.

2) 컨테이너화물의 운송형태

컨테이너화물은 컨테이너 한 단위당 화물적입량에 따라 FCL화물(full container load lot cargo)과 LCL화물(less than container load lot cargo)로 구분된다. 한 사람의 화물이 컨테이너 한 단위를 꽉 채우는 FCL화물의 경우에는 화주의 공장 또는 창고에서 컨테이너에 적입되어 바로 컨테이너 야적장(CY : Container Yard)로 보내어지나, LCL화물의 경우에는 컨테이너화물집하소(CFS : Container Freight Station)에서 같은 방향으로 가는 화물끼리 혼재되어 목적지까지 운송된다. 이에 따라 컨테이너화물의 운송형태는 다음의 4가지로 구분된다.

(1) CY/CY(FCL/FCL)

단일 송하인의 화물을 단일 수하인에게 보내는 경우이다. 컨테이너 운송의 이점을 최대한 살려 진정한 의미의 문전에서 문전까지 운송이 가능한 형태이다.

(2) CFS/CFS(LCL/LCL)

다수 송하인의 화물을 다수 수하인에게 보내는 경우이다. 수출지의 CFS에서 혼재된 화물은 목적지에 도착하여 다시 분류작업을 거쳐 각 수하인에게 보내어진다.

(3) CY/CFS(FCL/LCL)

단일 송하인의 화물을 다수 수하인에게 보내는 경우이다.

(4) CFS/CY(LCL/FCL)

다수 송하인의 화물을 단일 수하인에게 보내는 경우이다.

5. 출고 및 육상운송

화물의 출고준비가 끝나면(컨테이너에 하주 자신이 직접 적입하였을 때는 세관검사를 필하고 봉인이 된 상태) 선박회사가 지정한 부두나 창고까지 운송을 한다.

컨테이너화물의 경우는 하주 자신이 육상운송을 하는 경우보다 이른바 Door to Door 서비스 차원에서 하주의 창고와 부두 구간의 내륙운송도 선박회사가 인수하는 경우가 많다. 이 경우의 운송은 항구에 있는 보세구역(bonded area)까지 연결되므로 일반 육상운송업자가 취급할 수 있는 것이 아니고 보세화물 운송면허를 취득한 자라야만 가능하다.

6. 화물인도 및 입고

컨테이너화물인 경우 선박회사 측에 화물을 인도하는 장소는 컨테이너선이 접안할 부두에 위치해 있는 컨테이너 전용야드(Yard)이다. 하주가 수배한 트럭과 화물이 야드 안으로 들어가는 시점, 즉 정문을 통과하는 순간이 화물에 대한 관리책임이 하주로부터 선박회사로 이전되는 순간이다.

선박회사는 정문 통과시점에서 컨테이너의 외관을 검사하고 봉인(Seal)의 이상이 없으면 정상품을 인수했음을 기재한 부두수취증(D/R : Dock Receipt)을 발행 하주에게 교부한다.

7. 선박회사의 인수증

선박회사는 선적지에서 화물을 하주로부터 인수한 시점부터 이를 목적항에서 하주에게 인도하는 순간까지 화물을 안전하게 관리하여야 할 책임이 있다. 따라서 화물에 대한 인수도서는 선박회사의 책임을 논하는 데 있어서 가장 중요한 서류라고 할 수 있다. 재래선 화물의 경우는 본선수취증(M/R : Mate's Receipt)이, 그리고 컨테이너의 경우는 부두수취증(D/R : Dock Receipt)이 발행된다. 이러한 수취증을 선박회사에 제시하여 그와 상환으로 B/L을 발급받도록 되어 있다.

8. 선하증권의 발행

화물이 선박회사 측에 인도되고 나면 선박회사는 화물이 이상 없이 인수되었다는 사실과 하주가 요청한 대로 운송하여 지정된 자에게 인수 시와 유사한 상태로 인도할 것을 약속하는 내용의 선하증권을 하주에게 발급한다. 선하증권은 통상 3통(Original, Duplicate, Triplicate)이 발행되는데 그 효력은 동일하다.

제3절 해상운임

1. 해상운임의 의의

해상운임은 선사가 선박을 이용하여 사람이나 화물을 운송한 대가인데, 운임의 수준은 시장경제의 원칙인 수요와 공급의 원리에 의해 결정된다. 정기선운송에 있어서는 항로별로 해운동맹이 결성되어 있어 운임률를 책정하고 있으나 맹외선사와의 경쟁으로 인해 실제로 선사가 징수하는 시장운임(Market Rate)은 운임률보다 훨씬 낮은 경우가 대부분이며 시황에 따라 변동폭도 크다.

1) 지급시기에 따른 분류

(1) 선불운임(Freight prepaid)

CIF 또는 CFR조건에 의한 수출의 경우 수출업자가 선적지에서 운임을 선불하는 경우가 있는데 이를 선불운임이라 한다.

(2) 후불운임(Freight to collect)

FOB조건의 경우 수입업자가 화물의 도착지에서 운임을 지급하게 되는데 이를 후불운임이라 한다.

2) 부과방법에 따른 분류

(1) 종가운임(Ad Valorem Freight)

귀금속 등 고가품의 운송에 있어 화물의 가격을 기초로 일정률의 운임을 징수하는 경우를 말한다.

(2) 최저운임(Minimum Rate)

운임은 일정단위를 기초로 부과되는데 화물의 용적이나 중량이 일정기준 이하일 경우 이미 설정된 최저운임을 부과하게 된다.

(3) 차별운임(Discrimination Rate)

화물, 장소, 하주에 따라 운임을 차별적으로 부과하는 방식으로 해상운송에서 주로 이용되고 있다.

(4) 무차별운임(Freight All Kinds Rate)

화물, 하주, 장소를 불문하고 운송거리를 기준으로 일률적으로 운임을 책정하는 방식이다.

3) 특수운임

(1) 특별운임(Special Rate)

해운동맹이 비동맹선사와의 경쟁, 특정화물의 유치, 대량화물에 대한 우대 등을 위해 일정조건을 갖춘 경우 요율을 인하하여 적용하는 운임이다.

(2) 경쟁운임(Open Rate)

광산물 등 특정화물의 수송에 있어 동맹선사의 경쟁력을 높이기 위해 동맹선사 스스로가 운임을 결정토록 하는 경우의 운임이다.

(3) O.C.P. Rate(Overland Common Point Rate)

북미 태평양 연안항만에서 하역되어 동부내륙지역으로 육상운송되는 화물(OCP Cargo)에 대해 낮은 해상운임률을 적용하여 화물을 유치하기 위한 정책운임을 말한다.

2. 부대비용

운송의 발달에 따라 운송관련 시설이나 인력이 갈수록 복잡 · 전문화되면서 선사가 해상운임만으로 경영이 어렵게 되자 이의 보전을 위해서 도입하게 된 것이 운송과 관련된 각종 부대비용이다. 선사들이 운항비의 증가 또는 운항수입의 감소를 보전하기 위해 부과하고 있는 할증료(Surcharge) 및 부대비(Additional Charge)는 통상 기본운임의 몇 %로 정하거나 컨테이너당 또는 톤당 일정액을 정하여 공시하는 형식을 취하고 있다.

1) 터미널화물처리비(THC : Terminal Handling Charge)

화물이 CY에 입고된 순간부터 본선의 선측까지, 반대로 본선의 선측에서 CY의 게이트를 통과하기까지 화물의 이동에 따르는 비용을 말한다.

2) CFS 작업료(CFS Charge)

선사가 컨테이너 한 개의 분량이 못 되는 소량화물을 운송하는 경우 선적지 및 도착지의 CFS에서 화물의 혼적 또는 분류작업을 하게 되는데 이때 발생하는 비용을 CFS Charge라 하며 선사는 하주로부터 이를 징수하여 CFS 운영업자에게 전달하게 된다.

3) 도착지화물인도비용(DDC : Destination Delivery Charge)

북미수출의 경우 도착항에서의 터미널 작업비용과 목적지까지의 내륙운송비용을 포함하여 해상운임과는 별도로 징수하는 것이다.

4) 컨테이너세(Container Tax)

항만 배후도로를 운송하는 컨테이너차량에 대해서 컨테이너당 부담금을 징수하고 있는 지방세로서 항만 배후도로 건설 등 운송시설의 확충을 목적으로 한 일종의 교통유발부담금이라 할 수 있다.

5) 서류발급비(Documentation Fee)

선사에서 선하증권(B/L)과 화물인도지시서(D/O)의 발급 시 소요되는 행정비용을 보전하기 위해 신설한 비용이다.

6) 체선(화)할증료(Port Congestion Surcharge)

입출항 선박의 수에 비해 항구의 하역능력이 부족하여 하역작업을 위한 대기시간이 길어짐으로 인해 선사측에 추가적인 경비가 발생할 경우에 일정기간 동안 하주에게 부과한다.

7) 통화할증료(CAF : Currency Adjustment Factor)

운임표시 통화의 가치하락에 따른 손실을 보전하기 위해 도입한 할증료로서 일정기간 해당 통화의 가치변동률을 감안하여 기본운임에 일정비율(%)을 부과하고 있다. 항로에 따라서는 일정액을 부과하는 경우도 있다.

8) 유류할증료(BAF : Bunker Adjustment Factor)

선박의 주 연료인 벙커유의 가격변동에 따른 손실을 보전하기 위해 부과하는 할증료로서 기본운임에 대하여 일정비율(%) 또는 일정액을 징수하고 있다. 북미항로에서는 연료할증료(FAF : Fuel Adjustment Factor)라고도 한다.

9) 지체료(Detention Charge)

하주가 컨테이너 또는 트레일러를 대여받았을 경우 규정된 시간(Free Time) 내에 반환을 못할 경우 벌과금으로 지불해야 하는 비용이며 규정된 시간은 동맹 또는 선사에 따라 각기 다르다.

제4절 선하증권

1. 선하증권 개관

1) 선하증권의 정의

선하증권(B/L : Bill of Lading)은 해상운송인에 대해 운송물의 인도청구권을 증권화한 유가증권이라고 정의된다. 운송인이 그 증권에 기재된 화물을 수취하였음을 확인하고 또한 그 화물을 목적지까지 운송하여 그곳에서 그 화물을 증권의 정당한 소지인(수하인)에게 인도해야 한다는 취지를 약정한 유가증권이다.

정당한 소지인이 증권상의 권리를 행사하고 그 화물의 인도를 청구하기 위해서는 증권을 제시해야 한다.

2) 선하증권의 성질

(1) 요인증권(要因證券)

선하증권은 물품의 선적 또는 선적을 위해서 수취되었다는 원인이 있은 후 발행된 것이다.

(2) 문언증권(文言證券)

선하증권 선의의 소지인(bona fide holder)은 증권에 기재된 문언에 따라 운송인에 대해서 권리를 주장할 수 있다. 따라서 기재된 사항 이외의 것은 운송인에 요구할 수 없다.

(3) 요식증권(要式證券)

선하증권은 법적 기재사항의 기재를 요하는 요식증권이다. 따라서 화물을 인수하기 위해서는 인수하려는 화물과 선하증권면의 그 화물에 관한 기재사항이 일치해야 한다. 잘못 기재된 선하증권을 가진 자는 그 증권에 기재된 화물을 청구할 수 없다.

(4) 채권증권(債權證券)

선하증권의 소지인은 이와 상환으로 물품의 인도를 청구할 수 있기 때문에 채권의 효력을 가지는 채권증권의 성질을 가진다.

(5) 유통증권(流通證券; Negotiable Instrument)

지시식 선하증권(Order B/L)은 유통을 목적으로 한 선하증권이므로 높은 유통성을 가지고 있으며 일반적으로 무역거래에 이용되고 있다. 기명식 선하증권(straight B/L)은 유통이 불가능하므로 무역거래에 이용하기보다 이삿짐을 발송하는 경우에 이용되며, 배서양도의 금지문언이 없는 한 배서에 의해서 양도가능하다.

2. 선하증권의 종류

1) 선적선하증권(On Board B/L(미), Shipped B/L(영))

화물이 현실로 특정 선박에 선적되었다는 취지가 기재된 선하증권이며, 선하증권상에 "Shipped on board the vessel…"이라는 문언이 표면약관에 기재되어 있다.

2) 수취선하증권(Received B/L)

수취선하증권은 화물이 선적을 위해 수취되었다는 취지가 기재된다. 이 B/L은 선박회사가 화주와의 운송계약에 의하여 화물을 특정화물 인수장소(선박회사의 부두창고 또는 부두장치장)에서 인수하고 현실적으로 본선에 적재하기 전에 발행되는 것이며, 그 취지가 B/L상에 기재되어 있다.

3) 전통(全通)선하증권(Through B/L)

전통선하증권은 운송화물이 목적지에 도착할 때까지 서로 다른 둘 이상의 운송기관, 즉 해운, 육운 또는 공운(空運)을 교대로 이용하여 운송하는 경우, 환적할 때마다 운송계약을 맺는 절차 및 비용을 절약하기 위하여 첫 번째의 운송업자가 그 전 운송구간에 대해서 발행하는 선하증권이다.

4) 무고장(無故障)선하증권(Clean B/L)

계약화물이 본선에 양호한 상태로 또한 신청 수량대로 적재되어 B/L의 비고란(remarks)에 화물의 고장문언이 기재되지 않고 깨끗한 상태로 발행된 선하증권이다. 무고장선하증권에는 양호한 상태로 수량이 맞지 않는다는 것을 명시하기 위해서 "Shipped on board in apparent good order and condition"이란 문언이 기재되어 있다.

5) 고장선하증권(Foul or Dirty B/L)

본선에 화물을 선적할 때 화물의 포장, 수량 등이 어떤 고장 또는 하자, 예컨대 파손, 수량부족, 유손 등이 발생할 경우 화물을 인수한 일등항해사는 이러한 고장을 본선수취증(M/R : mate's receipt)의 비고란에 기재한 고장본선수취증(Foul M/R)을 발급하며, 화주가 선박회사에 Foul M/R을 제출하면 B/L의 비고란(Remarks)에 고장문언이 기재된 Foul B/L을 발행한다.

6) 기명식(記名式) 선하증권(Straight B/L)

기명식 선하증권은 B/L의 수하인(consignee) 란에 수하인인 화물인수자의 이름이 기재된 선하증권이다. 기명식 선하증권은 무역화물에는 이용하지 않고, 이삿짐 또는 개인의 물품을 발송하는 경우에 많이 이용하며, 유통이 되지 않으므로 송하인의 배서는 필요없다.

7) 지시식(指示式) 선하증권(Order B/L)

B/L의 수하인 란에 특정의 수하인명이 기재되지 않고, 단순히 "to order", "to order of shipper", "to order of…bank"와 같이 지시인(order)만 기재하여 유통을 목적으로 한 선하증권을 Order B/L이라 한다. 무역화물거래는 원칙적으로 지시식 선하증권을 사용한다. 수입자의 이름과 주소는 수하인 란이 아니고 화물도착 통지처(notify party) 란에 기재한다.

신용장은 일반적으로 지시식 선하증권을 요구한다. 따라서 무역화물에는 지시식 선하증권이어야만 선하증권을 양도하여 매매할 수 있고, B/L의 소지자가 곧 화주가 된다.

8) 용선계약선하증권(Charter Party B/L)

화주가 대량화물을 수송하기 위하여 특정항로 또는 일정기간 동안 부정기선을 용선하는 경우, 화주와 선박회사 사이에 체결된 용선계약에 의하여 발행하는 선하증권을 용선계약 선하증권이라 한다.

9) 컨테이너선하증권(Container B/L)

컨테이너 적재설비를 갖추고 있는 선박에 선적한 경우에 발행되는 선하증권을 컨테이너선하증권이라 한다. 컨테이너에 의한 운송의 경우, 화주는 생산공장 또는 창고에서 컨테이너 야적장(Container Yard)까지 자기 책임하에 운송하여 선박회사에 인도한다. 따라서 선박회사는 인수받은 화물이 화주가 포장하고 봉인한 것이기 때문에 그 내용을 알 수 없다는 뜻으로 "Shipper's load and count" 또는 "said by shipper to contain"이라는 문언을 컨테이너선하증권상에 기재하고 있다.

10) 유통선하증권(Nogotiable B/L)과 유통불능선하증권(Non-Negotiable B/L)

선박회사는 한 개의 계약화물에 대하여 원본 및 사본을 합쳐 여러 통(Full set)의 선하증권을 발행하는데, 이 중 원본(original)의 선하증권만이 이 화물을 대표하는 유가증권이고 은행에서는 원본의 B/L을 제시해야만 화환어음을 매입한다. 선하증권 사본을 첨부한 화환어음은 은행에 매도할 수 없다.

따라서 무역화물에는 유통선하증권이 사용되고 개인의 이삿짐에는 유통불능선하증권이 사용된다.

11) 지연선하증권(Stale B/L)

지연선하증권이란 상품의 선적일자 후, 즉 B/L 발행일 후 21일 이상 경과된 선하증권을 말한다. 1993년 개정신용장 통일규칙 제43조에서 신용장에 서류제시기간이 명시되어 있지 아니한 경우 은행은 선적일자 후 21일이 경과되어 제시된 운송서류(선하증권)를 수리하지 아니한다고 규정하고 있다. 따라서 선하증권 발행일자 이후 21일이 지나 매입은행에 제시하면 은행은 특별히 신용장상에 "Stale B/L acceptable"이란 조항이 없으면 수리를 거절할 수 있다.

12) 환적선하증권(Transhipment B/L)

운송경로의 표시에 있어 도중의 환적을 증권상에 기재한 선하증권을 말한다. 환적은 화물의 손상을 초래하고, 지착의 원인이 될 뿐만 아니라 환적비용이 발생할 우려가 있기 때문에 신용장상에 'Transhipment prohibit'라는 문언을 기재하여 환적을 금지하고 있다. 그러나 이러한 금지문언이 없는 한 환적은 허용된다.

13) 복합운송증권(Combined Transport Document)

종래의 운송방식과는 달리 "door to door transportation"을 본질로 하고, 육상, 해상 및 항공 중 컨테이너 전용선에 의하여 두 가지 이상의 형태로 복합운송될 때 발행되는 운송장을 복합운송서류(Multimodal Transport Document)라고 한다. 전통선하증권(Through B/L)은 반드시 선박회사나 그 대리인 발행하지만, 복합운송증권은 실제로 해상운송인에 의해서만 직접발행되는 것이 아니고 경우에 따라서는 운송주선인(freight forwarder)에 의하여 발행되기도 하며, 또한 화물적재 선박명이 기재되지 않고 발행되는 경우가 있는데 컨테이너 운송의 발달에 따른 새로운 관례에 따라 은행이 그 수리를 인정하고 있다.

14) 적출항선하증권(Port B/L)과 보관선하증권(Custody B/L)

적출항선하증권은 보관선하증권과 같이 수취선하증권의 일종으로서 선적될 화물이 선박회사의 보관하에 있고, 지정된 선박은 입항해 있으나 화물이 본선에 적재되지 않는 경우 발행되는 선하증권을 말한다. 보관선하증권은 적출항선하증권과 같이 화물이 선박회사에 인도는 되었으나 지정된 선박이 아직 화물이 준비되어 있는 항구에 도착되지 않았을 때 발행되는 선하증권을 말한다.

15) 운송주선인선하증권(Forwarder's B/L)

운송주선인선하증권이란 운송주선인(Freight Forwarder)이 발행한 B/L을 말한다. 운송주선인은 계약운송인으로서 운송수단(선박, 항공기, 화차, 트럭 등)을 보유하지 않으면서도 실제운송인(actual carrier)처럼 운송주체자로서의 기능과 책임, 즉 운송인에게는 화주입장에서, 화주에게는 운송인의 입장에서 책임 및 의무를 수행한다.

제5절 항공운송 및 복합운송

1. 항공운송

1) 항공운송의 특성

국제교역량의 증가, 화물의 다양화 및 항공운임의 인하로 항공운송의 비중이 점차 증가하고 있다. 항공운송의 특성은 야행성, 편도성, 비계절성, 신속성 등으로 요약된다.

야행성이란 당일의 화물을 저녁 때까지 집하, 기적(機積)한 후 다음날 아침까지 수하인에게 배달하는 시스템이 가장 이상적이라는 것이다. 편도성은 여객의 경우 언젠가는 출발지로 다시 돌아오게 되지만 화물의 경우에는 일단 목적지까지 수송되면 그곳에서 소비되어 돌아오지 않음을 의미한다. 비계절성이라는 것은 항공화물은 여객에 비해 계절적인 변동을 적게 받는다는 것을 가리킨다. 항공운송이 육상운송이나 해상운송 등 다른 운송수단에 비해 신속하다는 것은 두말할 필요도 없다. 따라서 항공운송의 경우에는 정시 서비스가 대단히 중요하다. 실제로 미주까지 선박이 15일 정도 소요되는 데 반해 항공운송은 2일이면 충분하다.

2) 항공운송의 장점

무역업체들이 항공운송을 활용하게 되는 것은 다음과 같은 장점이 있기 때문이다.

첫째로, 수송기간이 짧다는 점이다. 이는 수송 중 물품에 대한 투자기간을 단축시킴을 의미한다. 이러한 측면에서 항공운송이 요구되는 상품은 긴급화물로서 시간에 민감하여 기회비용(opportunity cost)이 중요시되는 상품들이다.

둘째로, 재고비용의 절감이다. 이는 재고로 묶여 있는 동안에 발생할 수 있는 손실, 분실, 훼손의 위험이 감소됨을 의미한다.

셋째로, 수송조건이 좋다는 점이다. 이는 운반상태가 양호하고 안전하므로 파손, 분실, 훼손의 위험이 감소됨을 의미한다.

3) 항공화물운송대리점 및 혼재업자

일반적으로 항공운송에 있어서는 하주인 무역업체가 항공회사와 직접 거래하지 않고 항공화물운송대리점이나 혼재업자와 화물운송계약을 체결하는 것이 관행화되어 있다.

(1) 항공화물운송대리점(Air Cargo Agent)

항공사 또는 총대리점을 위하여 유상으로 항공기에 의한 화물운송계약을 체결을 대리하는 사업을 영위하는 업체를 항공화물운송대리점이라고 한다. 즉, 항공사를 대리하여 항공사의 운송약관, 규칙, 운임률표 및 운행시간표에 의거하여 항공화물운송을 유치하고 항공화물운송장(Air Waybill)을 발행하며 이에 부수되는 제업무를 수행하고 그 대가로 대리점계약에 의거한 수수료를 받는다.

(2) 혼재업자(Consolidator or Air Freight Forwarder)

혼재업자는 타인의 수요에 응하여 유상으로 자기의 명의로써 항공사의 항공기를 이용하여 화물을 여러 송하인으로부터 인수하여 운송하는 것을 업으로 하는 자를 말한다. 혼재업자는 자체운송약관과 운임률표(Tariff)를 가지고 혼재업자용 화물운송장(House Air Waybill)을 이용하여 송하인과 운송계약을 체결한다.

(3) 항공화물운송장의 의의

항공화물운송장(Air Waybill)은 화물의 유통을 보장하는 가장 기본적인 운송서류로서 해상운송에 있어서 선하증권과 비교될 수 있다. 항공화물운송장은 송하인과 운송인 간에 화물의 운송계약이 체결되었다는 것을 나타내는 증거서류이며, 동시에 송하인으로부터 화물을 운송하기 위하여 수령하였다는 증거서류이기도 하다.

2. 복합운송

1) 복합운송의 개념

복합운송(multimodal transport or combined transport)이란 특정의 화물을 운송인 전체 운송구간에 대하여 책임을 지고 육 · 해 · 공 가운데 두 가지 이상의 운송형태를 결합하여 운송하는 방식을 말한다. 이러한 일관운송의 전체적인 책임을 지는 주체가 바로 복합운송인(combined transport operator)이며, 복합운송인이 발행하는 복합운송계약의 증거서류를 복합운송증권(combined transport document)이라고 한다.

2) 복합운송의 주요 경로

현재 우리나라를 중심으로 가장 널리 이용되는 복합운송경로에는 시베리아 랜드 브리지(SLB : Siberia Land Bridge)와 미니 랜드 브리지(MLB : Mini Land Bridge)가 있다. 랜드 브리지 서비스는 대륙횡단의 철도운송을 이용하여 바다와 바다를 연결함으로써 운송경비 절감과 운송시간의 단축을 꾀하는 것이다.

(1) 시베리아 랜드 브리지

대형 컨테이너에 의해 극동/유럽 · 중동 간을 극동–동해–시베리아철도–유럽 · 중동 각지의 해운항로 및 철도로 연결하는 복합운송경로이다. 이 운송경로는 극동과 유럽 · 중동을 잇는 최단수송거리로서 수송일수도 최대한 줄일 수 있다.

(2) 미니 랜드 브리지

미니 랜드 브리지는 극동과 미국대서양이나 걸프연안 혹은 유럽과의 항로에서 태평양과 대서양연안을 대륙횡단철도에 의해 연결하는 운송경로이다. 즉 컨테이너를 극동에서 북미태평양연안 항구까지는 컨테이너선으로, 여기서 대서양연안 또는 걸프연안까지는 철도편으로 운송해 철도터미널에서 수하인에게 인도하거나 또는 다시 유럽까지 컨테이너선으로 운송하는 방식이다.

제6절 통관 및 관세

1. 통관의 개요

물품의 국제 간 이동에는 국가마다 여러 가지 규제를 가하고 있는 바, 이러한 규제 내용을 세관이란 관문을 통하여 실효성을 확보하고 있다. 우리나라도 국제수지의 균형과 국민경제의 발전을 위하여 관세법 · 대외무역법 · 외환거래법 및 각종 수출입관련 특별법 등에서 수출입에 관한 많은 규제조항을 두고 있는데 이러한 규제 내용을 물품의 통과 관문인 세관에서 실제로 확인 · 집행하는 제도가 바로 통관제도이다.

1) 통관의 의의

통관(customs clearance)은 말 그대로 '세관을 통과하는 것', 즉 수출입절차의 한 과정으로서 수출입 물품이 관세선(세관)을 통과할 때 수출입에 따른 각종 법령의 적법성을 보장(확인)하기 위하여 세관(장)에 그 사실을 신고하여 면허를 받게 하는 일련의 과정을 의미한다.

그러나 관세법에서는 통관이란 "관세법에서 규정한 절차를 이행하여 수출 · 수입 및 반송하는 것을 말한다(법 제2조 제13호)"라고 규정하고 있으므로 통관은 수출입하고자 하는 물품이 관세법상의 제반절차, 즉 세관에 수출 · 수입 · 반송의 신고를 하고 법령규제사항을 세관에서 확인 후 신고수리하는 일련의 과정을 거쳐 수출 · 수입 · 반송하는 것이라고 할 수 있다.

2) 통관의 기능

통관의 기능으로는 수출입관련 법령의 실효성 확보와 재정수입의 확보가 있다.

(1) 수출입관련 법령의 실효성 확보

관세법 또는 기타 수출입관련 법령에서 물품의 수출입에 대하여 국가정책상 필요한 각종의 규제사항을 두고 있는데 통관의 과정을 거치면서 실물에 입각하여 적법 여부를 확인하여 수출입 여부를 결정함으로써 수출입관련 법령의 실효성을 확보하는 기능이 있다.

(2) 재정수입의 확보

수출입되는 물품에 대하여 통관이라는 과정을 거치게 함으로써 관세법 및 내국세법에서 관세 및 내국세를 납부하도록 규정한 물품에 대하여 관세 및 내국세 등을 부과 · 징수함으로써 국가의 재정수입을 확보하는 기능이 있다.

2. 수출통관절차

수출통관이란 수출신고를 받은 세관장이 수출신고사항을 확인하여, 일정한 요건을 갖추었을 때 수출신고인에게 수출신고필증을 교부하는 것으로, 수출승인된 사항 및 현품이 수출신고사항과 일치하는지 여부를 대조 확인하여 양자가 서로 부합된 때 수출을 현실적으로 가능하도록 한다. 이러한 수출통관이 완료되면 내국물품이 외국물품화가 된다.

그림 14-1 ▮ 수출통관절차

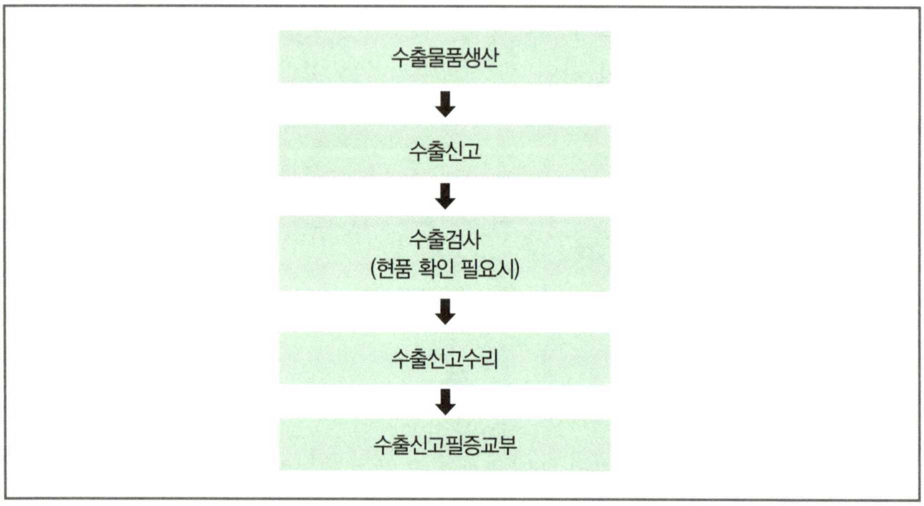

3. 수입통관절차

수입통관이란 수입신고를 받은 세관장이 신고사항을 확인하여 일정한 요건을 갖추었을 때 신고인에게 수입을 허용하는 것으로 사항과 현품이 부합한지 여부와 수입과 관련하여 제반 법규정을 충족하였는지 여부를 확인한 후 외국물품을 내국물품화하는 행정행위이다.

수입면허제를 수입신고제로 전환하여 수입통관절차를 대폭 간소화하고, 수입신고 수리 후 관세납부제를 도입하여 통관절차와 과세절차를 분리한다.

그림 14-2 ▮ 수입통관절차

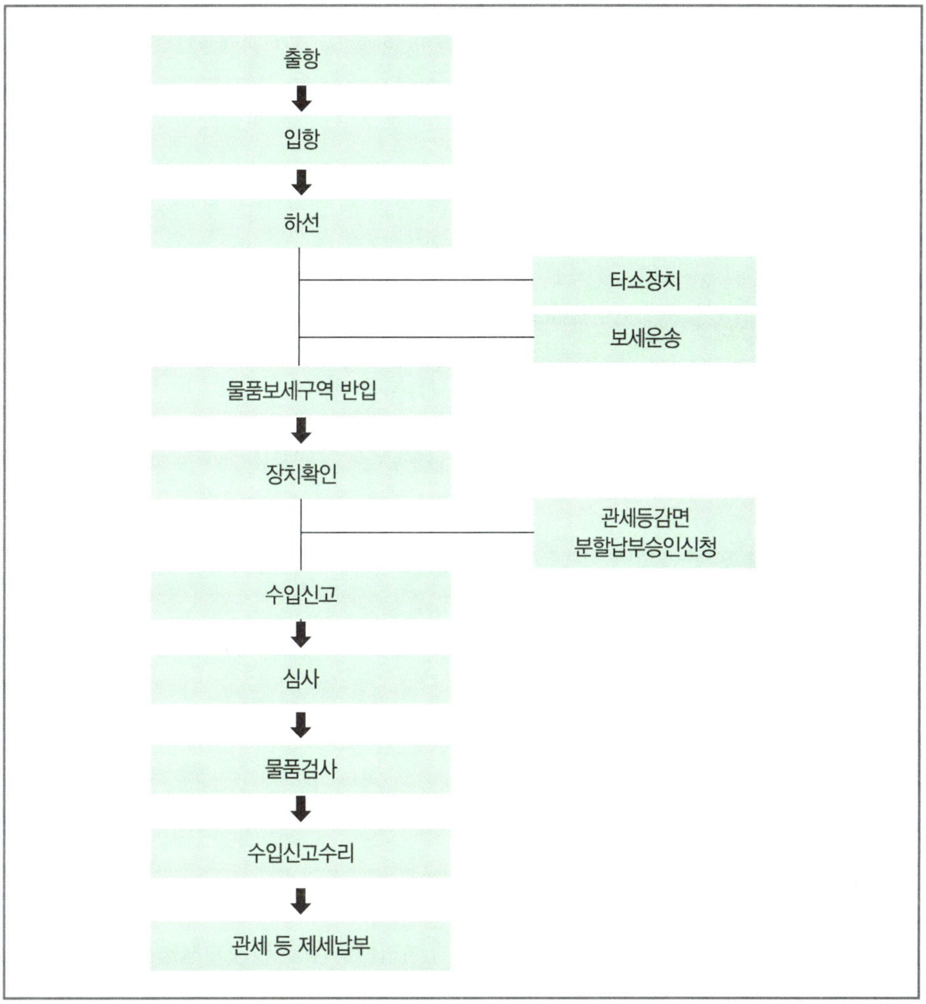

4. 관세관련 원산지제도

1) 원산지제도의 개요

(1) 의의

원산지란 물품이 성장하거나 생산 · 제조 · 가공된 국가, 즉 물품의 국을 말하는 것이며 일정한 기준에 의하여 판정하게 된다. 원산지규정이란 원산지규정의 인정기준에 의하여 상품의 국적을 판정하기 위한 제반법령과 절차를 말한다. 원산지규정의 구성은 원산지를 결정하기 위한 기준, 그 기준을 적용하기 위하여 필요한 증명서류, 확인절차, 결정된 원산지를 소비자가 쉽게 알아볼 수 있도록 표시하는 방법 및 원산지를 허위로 신고하거나 오인하도록 표시한 경우 등 원산지규정의 위반에 대한 처벌규정으로 이루어진다.

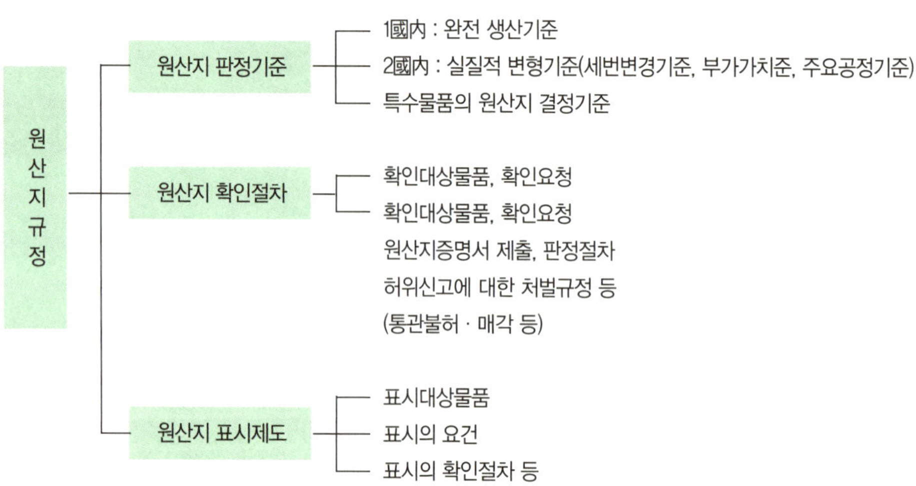

(2) 필요성

수입물품에 원산지를 표시하는 이유는 일반적으로 다음과 같다.

① 소비자의 피해방지

원산지 표시는 임금이 싼 국가로부터 저가 수입품 급증 및 OEM방식으로 생산한 수입품이 국산품으로 둔갑하는 것을 방지하게 된다. 또한 생산활동의 세계화 현상으로 인해 생산활동이 2개국 이상에서 이루어지는 경우가 빈번해지고 있는데 이에 따른 상품의 품질저하 우려도 제거한다. 즉, 구매과정에서 소비자가 피해를 보지 않게 해주고, 특정지역 생산품 또는 양질의 물품을 생산하는 자(국가)는 원산지를 표시함으로써 소비자로부터 우선 구매의 혜택을 받게 된다.

② 국민보건 등 보호기능

병충해 발생지역(국가)으로부터 반입되는 물품에 대하여는 검역과 검사를 강화하고, 멸종위기에 처한 동 · 식물 등이 특정지역에서 반입되는 것을 막아주므로 국민보건과 자연환경에 대한 보호기능을 해준다.

③ 양허 및 할당제 적용 등 정책적 기능

특정국가나 지역으로부터 수입하는 특정물품에 대하여 호혜적으로 관세양허 등 특혜조치를 취하거나 저가 수입물품에 대한 덤핑방지관세 부과, 긴급수입제한조치 또는 수입수량을 할당할 때는 당해 물품의 원산지가 기준이 되므로 원산지 표시는 산업 및 무역정책에서 아주 중요한 기능을 담당하게 된다.

(3) 체계

① 특혜규정

특혜규정은 '수입물품이 특혜관세 혜택을 받기 위한 조건'을 정한 것으로서 대표적인 것은 일반특혜관세제도(GSP)와 쌍방적 특혜제도인 UNCTAD 개발도상국 간 양허관세제도(GSTP), ESCAP 개발도상국 간 양허관세제도(방콕협정), WTO 개발도상국 간 양허관세제도(TNDC)가 있다.

② 비특혜규정

비특혜제도의 대표적인 것으로서 우리나라에서는 원산지 표시제도를 들 수 있는데 국제적으로는 덤핑방지관세 및 상계관세 부과, 긴급수입제한(세이프가드) 등 통상조치 시 적용되는 것이 여기에 속한다. 반덤핑관세 등의 통상정책수단은 덤핑수출을 한 국가의 상품에 한하여 적용되기 때문에 그 전제로서 원산지 결정이 필요하다.

2) 원산지의 확인기준

원산지 확인은 확인기준에 따라 원산지를 실제 확인하는 것으로 실제 물품을 검사하는 방법에서 시작하여 원산지증명서에 의한 방법까지 여러 가지가 있다.

이 법 조약 · 협정 등에 의하여 관세를 부과 · 징수하기 위한 원산지를 확인하는 때에는 다음 각 호의 1에 해당하는 나라를 원산지로 한다(법 제229조 제1항).

① 해당 물품의 전부를 생산 · 가공 · 제조한 나라

② 해당 물품이 2개국 이상에 걸쳐 생산 · 가공 또는 제조된 경우에는 그 물품의 본질적 특성을 부여하기에 충분한 정도의 실질적인 생산 · 가공 · 제조과정이 최종적으로 수행된 나라

(1) 일반물품의 원산지 결정기준

상기 규정을 적용할 물품의 범위, 구체적 확인기준 등 기타 필요한 사항은 기획재정부령으로 정한다. 따라서, 시행규칙의 규정에 따라 당해 물품의 전부를 생산한 나라를 원산지로 한다. 이러한 기준이 적용되는 물품은 다음과 같다(규칙 제74조의 제1항).

① 당해 국의 영역에서 생산한 광산물과 식물성 생산물

② 당해 국의 영역에서 번식 또는 사육한 산동물과 이들로부터 채취한 물품

③ 당해 국의 영역에서의 수렵 · 어로로 체포한 물품

④ 당해 국의 선박에 의하여 체포한 어획물 기타의 물품

⑤ 당해 국에서 제조 · 가공의 공정 중에 발생한 부스러기

⑥ 당해 국 또는 당해 국의 선박에서 상기 각 호의 물품을 원재료로 하여 제조 · 가공한 물품

(2) 실질적 변형기준

① 원칙

2개국 이상의 국가에서 생산된 원재료 또는 구성품으로 생산된 물품에 대해서는 실질적 변형기준을 적용하여 원산지를 결정한다. 즉, 당해 물품이 2개국 이상에 걸쳐 생산 · 가공 · 제조된 경우에는 그 물품에 대하여 실질적인 변화를 가져오게 하고, 새

로운 특성을 부여한 행위를 최종적으로 행한 나라를 원산지로 한다.

② 세번변경기준

관세법상 실질적 변형기준은 2개국 이상에 걸쳐 생산 · 가공 또는 제조(이하 "생산"이라 함)된 물품의 원산지는 당해 물품의 생산과정과 사용되는 물품의 관세 · 통계통합품목분류상 6단위 품목번호와 다른 6단위 품목번호의 물품을 최종적으로 생산한 국가로 한다.

③ 세번변경기준이 적용될 수 없는 경우

다음 각 호의 1에 해당하는 작업이 수행된 국가는 상기의 '실질적 변형'규정에 의한 원산지로 인정하지 아니한다(규칙 제74조 제4항).

㉠ 운송 또는 보세구역 장치 중에 있는 물품의 보존을 위하여 필요한 작업
㉡ 판매를 위한 물품의 포장개선 또는 상표표시 등 상품성 향상을 위한 개수작업
㉢ 단순한 선별 · 구분 · 절단 또는 세척작업
㉣ 재포장 또는 단순한 조립작업
㉤ 물품의 특성이 변하지 아니하는 범위 안에서의 원산지가 다른 물품과의 혼합작업
㉥ 가축의 도축작업

(3) 특수물품의 원산지 결정기준

일반적인 원산지 결정기준에도 불구하고 촬영된 영화용 필름, 부속품, 예비부분품 및 공구과 포장용품은 다음과 같이 원산지를 인정한다(규칙 제75조).

① 촬영된 영화용 필름

촬영된 영화용 필름에 대하여는 그 영화 제작자가 속하는 나라를 원산지로 한다(규칙 제75조 제1호).

② 기계 · 기구 · 장치 또는 차량에 사용되는 부속품 등

기계 · 기구 · 장치 또는 차량에 사용되는 부속품 · 예비부품 및 공구로서 기계 · 기

구 · 장치 또는 차량과 함께 수입되어 동시에 판매되고 그 종류 및 수량으로 보아 통상 부속품 · 예비부분품 및 공구라고 인정되는 물품은 당해 기계 · 기구 · 장치 또는 차량의 원산지와 동일한 것으로 본다(규칙 제75조 제2호).

③ 포장용품

포장용품의 원산지는 당해 내용품의 원산지와 동일한 것으로 본다. 다만, 관세율표상포장용품과 내용품을 각각 별개로 구분하여 품목분류를 하도록 규정된 경우에는 그러하지 아니하다(규칙 제75조 제3호).

3) 직접운송원칙

원산지를 결정함에 있어서 당해 물품이 원산지 외의 국가(비원산지)를 경유하지 아니하고 직접 우리나라에 운송 · 반입된 물품에 한하여 그 원산지로 인정한다. 다만, 다음의 하나에 해당하는 경우로서 당해 물품이 비원산지의 보세구역에 환적되었거나 일시적으로 장치되었음이 인정되는 경우에는 이를 우리나라로 직접 반입하는 것으로 본다(규칙 제76조).

① 다음 각 목의 요건을 모두 충족하는 물품일 것

가. 지리적 또는 운송상의 이유로 비원산지를 단순 경유하는 경우

나. 원산지가 아닌 국가에서 관세 당국의 통제하에 보세구역에 장치된 것

다. 원산지가 아닌 국가에서 하역, 재선적 또는 그 밖에 정상상태를 유지하기 위하여 요구되는 작업 외의 추가적인 작업을 하지 아니한 것

② 박람회 · 전시회 기타 이에 준하는 행사에 전시하기 위하여 비원산지로 수출하였던 물품으로서 당해 물품이 전시목적에 사용된 후 우리나라로 수출된 경우

4) 원산지 허위표시물품 통관제한과 환적 물품에 대한 조치

(1) 원산지 허위표시물품 등의 통관제한(법 제230조)

세관장은 법령에 따라 원산지를 표시하여야 하는 물품이 다음 각 호의 어느 하나에 해당하는 경우에는 해당 물품의 통관을 허용하여서는 아니된다. 다만, 그 위반사항이 경미한 경우에는 이를 보완 · 정정하도록 한 후 통관을 허용할 수 있다.

① 원산지 표시가 법령에서 정하는 기준과 방법에 부합되지 아니하게 표시된 경우
② 원산지 표시가 부정한 방법으로 사실과 다르게 표시된 경우
③ 원산지 표시가 되어 있지 아니한 경우

(2) 환적물품 등에 대한 유치 등(법 제231조)

① 유치

세관장은 일시적으로 육지에 내려지거나 다른 운송수단으로 환적 또는 복합환적되는 외국물품 중 원산지를 우리나라로 허위 표시한 물품은 유치할 수 있다(제141조).

② 보관

상기 제1항 규정에 따라 유치하는 외국물품은 세관장이 관리하는 장소에 보관하여야 한다. 다만, 세관장이 필요하다고 인정할 때에는 그러하지 아니하다.

③ 유치사실 통지

세관장은 제1항에 따라 외국물품을 유치할 때에는 그 사실을 그 물품의 화주나 그 위임을 받은 자에게 통지하여야 한다.

④ 조치명령

세관장은 제3항에 따른 통지를 할 때에는 이행기간을 정하여 원산지 표시의 수정 등 필요한 조치를 명할 수 있다. 이 경우 지정한 이행기간 내에 명령을 이행하지 아니하면 매각한다는 뜻을 함께 통지하여야 한다.

⑤ 유치해제

세관장은 제4항 전단에 따른 명령이 이행된 경우에는 제1항에 따른 물품의 유치를 즉시 해제하여야 한다.

⑥ 매각 및 준용

세관장은 제4항 전단에 따른 명령이 이행되지 아니한 경우에는 이를 매각할 수 있다. 이 경우 매각 방법 및 절차에 관하여는 제160조 제4항부터 제6항까지 및 제210

조를 준용한다.

5) 원산지증명서(법 제232조)

(1) 의의

원산지란 당해 물품이 성장했거나 생산 · 제조 · 가공된 나라를 의미하는 것이고, 원산지증명서는 수입통관 또는 수출대금의 결제 시에 구비서류의 하나로서 당해 물품이 당해국에서 생산 · 제조 또는 가공되었다는 증명서로 이는 특정국가나 지역으로부터 수입을 금지 또는 제한하기 위한 정책적 목적, 호혜통상협정이 체결된 국가 간의 수입물품에 대한 협정세율의 적용을 위한 관세의 감면혜택의 부여목적, 선진국의 개발도상국가에 대한 특혜관세공여 목적, 기타 국별 수입통계의 목적으로 발급되고 있다.

(2) 원산지증명서 제출

① 의의

이 법 조약 · 협정 등에 의하여 원산지 확인이 필요한 물품을 수입하는 자는 당해 물품이 원산지를 증명하는 서류(이하 '원산지증명서')를 제출하여야 한다(법 제232조 제1항).

② 제출대상자

다음 각 호에 해당하는 자는 당해 물품의 수입신고 시에 당해 물품의 원산지를 증명하는 서류를 세관장에게 제출하여야 한다(영 제236조 제1항).

㉠ 법 · 조약 · 협정 등에 의하여 다른 국가의 생산(제조 · 가공을 포함)물품에 적용되는 세율보다 낮은 세율을 적용받고자 하는 자로서 원산지 확인이 필요하다고 관세청장이 정하는 자

㉡ 관세율의 적용 등 기타 사유로 인하여 원산지 확인이 필요하다고 관세청장이 지정한 물품을 수입하는 자

③ 원산지증명서 미제출 시 처리

세관장은 원산지증명서를 제출하지 아니하는 때에는 이 법 · 조약 · 협정 등에 의한 과세율을 적용함에 있어서 일반특혜관세 · 국제협력관세 또는 편익관세를 배제하는 등 관세상의 편익을 적용하지 아니할 수 있다(법 제232조 제2항).

(3) 원산지증명서의 인정범위

원산지증명서는 당해 수입물품의 품명, 수량, 생산지, 수출자 등 관세청장이 정하는 사항이 기재되어 있어야 하며, 수입신고일부터 1년 이내에 발행된 것이어야 한다. 세관장에게 제출하는 원산지증명서는 다음 각 호의 1에 해당하는 것이어야 한다.

① 원산지국가의 세관 기타 발급권한이 있는 기관 또는 상공회의소가 당해 물품에 대하여 원산지국가(지역을 포함)를 확인 또는 발행한 것

② 원산지국가에서 바로 수입되지 아니하고 제3국을 경유하여 수입된 물품에 대하여 그 제3국의 세관 기타 발급권한이 있는 기관 또는 상공회의소가 확인 또는 발행한 경우에는 원산지 국가에서 당해 물품에 대하여 발행된 원산지증명서를 기초로 하여 원산지국가(지역을 포함)를 확인 또는 발행한 것

③ 관세청장이 정한 물품의 경우에는 당해 물품의 상업송장 또는 관련서류에 생산자 · 공급자 · 수출자 또는 권한이 있는 자가 원산지 국가를 기재한 것

(4) 원산지 확인자료의 제출(법 제232조)

① 의의

세관장은 원산지 확인이 필요한 물품의 수입한 자로 하여금 제출받은 원산지증명서의 내용을 확인하기 위하여 필요한 자료(원산지증명서 확인자료)를 제출하게 할 수 있다(동조 제3항).

② 미제출 시 불인정

원산지 확인이 필요한 물품을 수입한 자가 정당한 사유 없이 원산지증명서 확인자료를 제출하지 아니하는 때에는 세관장은 수입신고 시 제출받은 원산지증명서의 내용을 인정하지 아니할 수 있다(동조 제3항).

③ 자료 비공개의 요청

세관장은 원산지증명서 확인자료를 제출한 자가 정당한 사유를 제시하여 그 자료를 공개하지 아니할 것을 요청한 때에는 그 제출인의 명시적 동의 없이는 당해 자료를 공개하여서는 아니된다(동조 제4항).

(5) 원산지증명서의 제출면제

다음 각 호의 1에 해당하는 물품에 대하여는 제1항의 규정을 적용하지 아니한다(영 제236조 제2항).

① 물품의 종류 · 성질 · 형상 또는 그 상표 · 생산국명 · 제조자 등에 의하여 원산지가 인정되는 물품

② 우편물(법 제258조 제2항에 해당하는 것을 제외한다)

③ 과세가격(종량세의 경우에는 이를 법 제15조의 규정에 준하여 산출한 가격)이 15만원 이하인 물품

④ 개인에게 무상 송부된 탁송품 · 별송품 또는 여행자의 휴대품

⑤ 기타 관세청장이 관계행정기관의 장과 협의하여 인정하는 물품

(6) 세관장의 원산지증명서의 확인요청

① 의의

세관장은 원산지증명서를 발행한 국가의 세관 기타 발급권한이 있는 기관에게 제출된 원산지증명서 및 원산지증명서 확인자료의 진위 여부, 정확성 등의 확인을 요청할 수 있다. 이 경우 세관장의 확인요청은 당해 물품의 수입신고가 수리된 이후에 행하여야 한다(법 제233조).

② 원산지증명서의 요건

가. 발급권자

세관장에게 제출하는 원산지증명서는 다음 각 호의 1에 해당하는 것이어야 한다(영 제236조 제3항).

㉠ 원산지 국가의 발급기관의 발행 : 원산지 국가의 세관 기타 발급권한이 있는 기관 또는 상공회의소가 당해 물품에 대하여 원산지 국가(지역을 포함)

를 확인 또는 발행한 것

㉡ 제3국 경유 시 : 원산지 국가에서 바로 수입되지 아니하고 제3국을 경유하여 수입된 물품에 대하여 그 제3국의 세관 기타 발급권한이 있는 기관 또는 상공회의소가 확인 또는 발행한 경우에는 원산지 국가에서 당해 물품에 대하여 발행된 원산지 증명서를 기초로 하여 원산지 국가를 확인 또는 발행한 것

㉢ 관세청장이 정한 물품의 경우 : 관세청장이 정한 물품의 경우에는 당해 물품의 상업송장 또는 관련 서류에 생산자 · 공급자 · 수출자 또는 권한 있는 자가 원산지 국가를 기재한 것

나. 유효기간

원산지증명서는 당해 수입물품의 품명, 수량, 생산지, 수출자 등 관세청장이 정하는 사항이 기재되어 있어야 하며, 수입신고일 부터 1년 이내에 발행된 것이어야 한다(영 제236조 제4항).

5. 관세환급

관세환급이라 함은 세관에서 일단 징수한 관세 등을 특정한 요건에 해당하는 경우에 그 전부 또는 일부를 되돌려주는 것을 말한다.

현행 관세법상에는 납세의무의 형평과 징수행정의 공평을 기하기 위한 관세, 가산금 또는 체납처분비의 과오납금을 납세의무자에게 환급하는 제도(과오납환급)와 위약물품을 재수출한 경우 수입 시 납부한 관세를 환급하는 제도(위약물품의 관세환급)가 있으며, 수출용 원재료에 대한 관세 등 환급에 관한 특례법(환급특례법)에 의거 원재료를 수입할 때에 일단 관세 등을 납부하였거나 징수유예 받은 물품 또는 이를 원료로 하여 제조 · 가공한 물품을 수출의 용도에 공한 때에 이미 납부한 관세를 환급해 주는 제도가 있는데, 일반적으로 이를 관세환급이라 하며 환급특례법상의 환급을 말한다.

그림 14-3 ▮ 관세환급절차

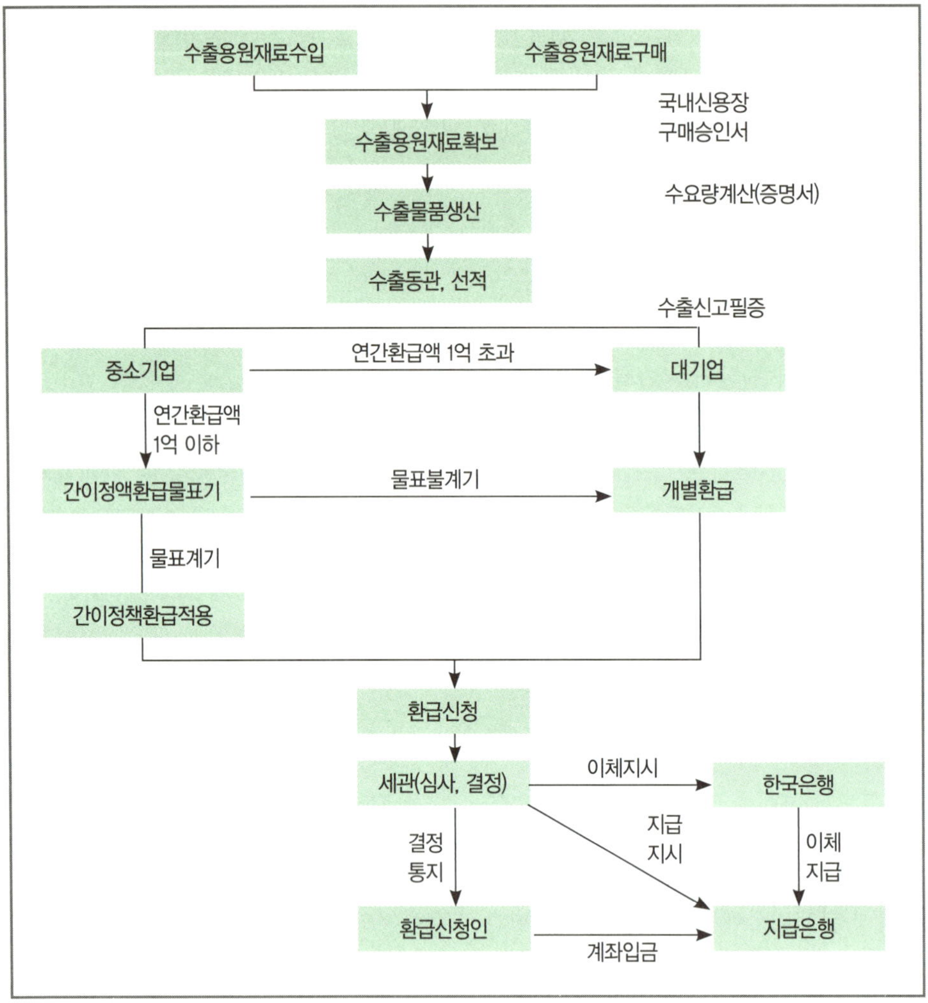

1) 과오납금의 환급(법 제46조)

과오납금의 환급이란 착오로 납부하여야 할 세액보다 과다하게 납부하였음을 사후에 발견하고 이를 납세의무자에게 돌려주는 것을 말한다. 이러한 과오납은 부적법한 납부로서 일종의 부당이득에 속하며 납세자는 이에 대한 반환청구를 할 수 있는 바 그 환급청구권은 민법상의 부당이득 반환청구권이라 할 수 있다.

납세의무자가 납부하여야 할 금액을 초과하여 관세를 납부한 경우를 과납이라 하고, 착오에 의해 납부할 의무가 없는 관세를 납부한 경우를 오납이라 한다.

실무상 과오납금의 환급사유로는 다음과 같은 것들이 있다.

① 세관공무원 또는 납세의무자가 세율적용의 착오, 세액계산의 착오 등으로 과다 고지(납부)한 세액을 사후에 발견하여 직권으로 정정하였을 때

② 납세의무자가 고지된 세액을 납부한 후 행정심판 또는 행정소송을 제기하여 용인의결을 받거나 승소하였을 때

③ 업무착오 등으로 이중징수 또는 이중납부하였을 때

2) 위약물품에 대한 환급(법 제106조) : 계약내용과 상이한 물품에 대한 관세 환급

(1) 의의

위약물품의 관세환급이란 수입신고가 수리된 물품이 계약내용과 상이하여 수출자에게 반환(수출)하거나 세관장의 승인을 얻어 멸각 또는 폐기하는 경우에 이미 납부한 관세의 전부 또는 일부를 환급하는 것을 말한다.

(2) 환급요건

① 수입신고수리를 받은 물품이라야 한다.

수입신고수리를 받지 않은 물품은 관세납부가 없기 때문에 환급의 문제는 없다. 수입신고수리를 받았더라도 무세품은 환급의 문제는 있을 수 없고 감면을 받은 물품도 감면세액의 납부란 있을 수 없고 일부세액에 대한 환급은 가능한 것이다. 징수유예나 분할납부 중의 물품은 환급 대신에 부과 취소를 한다.

② 수입물품이 계약내용과 상이하여야 한다.

계약내용이 상이한 다는 것은 일반적으로 클레임이 발생한 경우를 말한다. 예컨대 품질이 나쁜 물품이 수입된 경우 또는 품명 · 규격 · 수량 등이 상이한 물품이 수입된 경우를 말한다.

③ 수입신고수리 당시의 성질 또는 형상이 변경되지 아니한 물품을 보세구역에 반입하여 수출하여야 한다.

수입물품 보관 중에 성질이 바뀌거나 제조, 가공 등의 작업으로 형상이 바뀌는 경우는 환급을 받을 수 없다. 이는 수입신고수리된 물품인지 여부를 확인하기

가 곤란하기 때문이다.

④ 수입신고수리일로부터 1년 이내에 그 물품을 보세구역에 반입하여야 한다.

보세구역에 반입하는 것은 환급받을 물품의 재수출을 확실히 하고 또 그 물품이 수입신고수리된 물품과 다름이 없는가를 조사, 확인하기 위해서이다.

⑤ 수출하여야 한다.

즉, 수출신고수리를 받고 선적 또는 기적이 되어야 한다. "1년 내에 보세구역에 반입하여 수출하여야 한다"는 것은 보세구역에의 반입은 1년 내에 하면 되고 수출을 하는 것은 1년이 경과하여도 된다는 것이다.

수입물품이 계약위반 등으로 반송되는 경우에는 종전에는 보세구역에 반입하여야 관세를 환급받을 수 있었으나 이를 개정하여 앞으로는 세관장이 허가한 보세구역이 아닌 장소(보세구역 외 장치장소)에 반입하여도 관세를 환급받을 수 있도록 하였다. 이는 환급을 받기 위하여 보세구역으로 이동하여야 하는 절차를 생략하여 신속한 환급을 도모하기 위해서이다.

3) 멸각물품의 환급

수입물품의 수출에 갈음하여 이를 멸각 또는 폐기하는 것이 부득이하다고 인정하여 그 물품을 수입신고수리일로부터 1년(기획재정부령이 정하는 물품에 대하여는 6월) 내에 보세구역에 반입하여 미리 수입지세관장의 승인을 얻어 멸각 또는 폐기한 때에는 그 관세를 환급한다.

위약물품을 수출하지 않고(상품가치가 없어 경비를 들여 수출할 실익이 없고 송화인의 요구가 있는 등) 이를 국내에서 멸각하거나 폐기하는 경우에도 환급이 가능한 것이나, 이때에도 ① 위약물품이 수입 시의 성질 또는 형상이 변경되지 않고, ② 1년 이내의 보세구역에 반입하여야 하고, ③ 미리 세관장의 승인을 받아 멸각 또는 폐기하여야 환급대상이 된다.

4) 수출용 원재료 등의 환급

(1) 의의

수출용 원재료 등의 관세의 환급은 관세를 납부한 수출용 원재료와 외화획득용 물품의 원재료를 사용하여 제조 · 가공한 물품을 일정기간 내에 수출 또는 판매한 때 그 납부한 관세를 환급하는 것을 말한다.

(2) 환급요건

다음의 경우에 해당하는 물품을 수입신고수리일로부터 1년 내에 그 수출 또는 판매를 하거나 그 공사에 공할 것을 조건으로 수입 시 관세를 납부한 물품에 대하여는 이미 납부한 관세액의 범위 안에서 대통령령이 정하는 바에 의하여 관세를 환급한다.

① 수출물품을 제조, 가공하기 위한 원재료

② 국내에서 외화로 판매하는 물품

③ 국내외화 물품의 원재료

④ 외화를 받는 공사에 사용하는 물품

■ Chapter **15** ■

무역보험 및 무역클레임

제1절 해상보험의 개관

1. 해상보험의 개념

해상보험(Marine Insurance)이란 해상사업에 관한 사고로 인하여 발생할 수도 있는 손해에 대하여 보상할 것을 목적으로 하는 손해보험의 일종으로 영국 해상보험법(MIA, 1906)에서는 '보험자가 피보험자에 대하여 그 계약에 의해 합의된 방법과 범위 내에서 해상손해, 즉 해상사업에 수반하여 발생하는 손해를 보상할 것을 약속하는 계약이다'라고 규정하고 있다.

2. 해상보험의 종류

1) 적하보험(Cargo Insurance)

화물을 보험목적물로 하는 보험으로서 운송 중 화물이 멸실 또는 훼손되거나 화물을 보존하기 위하여 경비를 지출함으로써 화물의 소유자가 입은 손해를 보험조건에 따라 보상하여 주는 보험으로서 해상적하보험증권은 선하증권, 상업송장과 함께 환어음에 첨부되어 국제무역거래계약의 이행수단으로 이용된다.

2) 선박보험(Hull Insurance)

선박을 보험목적물로 하는 보험으로서 선박의 관리 및 운항 중에 멸실이나 훼손 또는 선박을 보존하기 위하여 지출된 경비 및 선박으로부터 발생한 책임손해가 있는 경우 이러한 손해를 보험조건에 따라 보상하여 주는 보험이다.

3) 운임보험(Freight Insurance)

운임을 대상으로 하는 보험으로서 선하증권이나 운송계약서에 화물을 목적지에서 하주에게 인도하지 못한 경우 운송인 등이 운임을 청구할 수 없도록 약정하고 있는 경우에 그로 인하여 운송인 등이 입은 손해를 보상하여 주는 보험이다.

3. 기본 용어

1) 보험자(Insurer/Assurer/Underwriter)

보험계약을 인수한 자로서 보험사고 발생 시 그 손해를 보상할 의무를 지는 자, 즉 보험회사를 말한다.

2) 보험계약자(The Insured/Assured)

보험계약을 청약한 자로서 보험료 지급의무, 중요사항의 고지의무 및 위험변경증가의 통지의무 등을 부담하는 자를 말한다.

3) 피보험자(The Insured/Assured)

보험목적물에 사고가 발생한 경우 그 손해를 입는 당사자, 즉 보험금을 청구하고 보상받는 자를 말한다. 적하보험에서는 보험계약자와 동일인인 것이 보통이나 CIF 매매계약에서 항해 중 화물에 손해가 발생한 경우라면 매도인은 보험계약자가 되고 매수인이 피보험자가 된다.

4) 보험료(Premium)

보험자의 위험부담에 대한 대가로서 보험계약자가 지급하는 보수를 말한다.

5) 보험금(Claim)

보험사고로 피보험자가 입은 재산상의 손해에 대해 보험자가 지급하는 보상금을 말한다.

6) 보험증권(Policy)

보험을 가입하였다는 증거서류로서 계약의 성립과 그 내용을 기재하고 보험자가 기명날인하여 보험계약자에게 교부하는 증서를 말한다.

7) 보험약관(Clauses)

보험계약의 내용을 이루는 조항들을 말하는데, 일반적이고 표준적인 것을 보통약관이라 하고, 보통약관의 약정사항을 제한하거나 확대하는 약관을 특별약관이라고 한다.

8) 보험의 목적(Subject-matter insured)

위험발생의 객체로 해상보험에서는 화물이나 선박 및 운임 그 자체를 말하며 이에 따라 해상보험을 적하보험, 선박보험 그리고 운임보험으로 분류한다.

9) 피보험이익(Insurable Interest)

보험의 목적과 피보험자 사이의 이해관계, 즉 보험목적물에 보험사고가 발생함으로써 피보험자가 경제상의 손해를 입을 가능성이 있는 경우 이러한 목적물과 피보험자와의 이해관계를 피보험이익이라고 하며 이를 보험계약의 목적이라고도 한다. 적하보험계약에서의 피보험이익은 별도의 명기가 없는 한 화물에 대한 하주의 소유이익이다.

10) 보험가액(Insurable Value)

피보험이익의 평가액으로서 상업송장을 기초로 하여 보험계약 체결 시에 협정하는 것이 일반적인데 우리나라의 경우 적하보험에서는 실무적으로 이를 협정하지 않고 있다.

11) 보험금액(Sum Insured)

보험사고가 발생하였을 때 보상받고자 하는 최고 한도액을 말하며 이는 당사자 사이의 약정에 의하여 산정된다. 그런데 보험금은 보험가액과 보험금액과의 관계에 따라 전부(보험금액 = 보험가액) 또는 일부(보험금액 < 보험가액)가 보상되는데 우리나라의 경우는 보험계약 체결 시에 보험가액을 협정하지 않고 있으므로 CIF 가격을 기초로 하여 보험금액을 정하는 것이 좋다.

12) 보험계약기간(Duration of Policy)

보험계약자가 담보받고자 하는 기간으로서 보험계약 시에 당사자의 합의에 의하여 정한다.

13) 보험기간(Duration of Risk)

보험자의 위험부담책임이 존속하는 기간으로서 보험계약기간과 일치하는 것이 가장 바람직하지만 적하보험의 경우 보험약관에 의하여 보험기간이 보험계약기간보다 짧아지는 경우도 있고 또 길어지는 경우도 있다. 보험자가 보상의 책임을 지기 위해서는 이 기간 중에 보험사고가 발생하여야 한다.

4. 고지의무

1) 개념

보험자가 합리적으로 보험경영을 할 수 있도록 보험계약을 체결할 때 위험사정을 잘 알고 있는 보험계약자는 보험자가 위험을 측정하는 데 영향이 미칠 수 있는 사실에 대해 최대선의로서 고지할 것을 요구하고 있는데 이를 고지의무(Duty of Disclosure)라 한다.

2) 고지사항 및 고지가 필요 없는 사항

신중한 보험자가 위험의 인수 여부나 보험료 산정을 하는 데 영향을 미칠 수 있는 사항을 보험계약자는 보험자에게 알려야 하는데 그 수단으로서 보험자는 보험계약자에게 보험청약서를 작성하게 한다.

그러나 위험을 감소시키는 사항, 보험자가 알고 있거나 알고 있는 것으로 추정되는 사항, 보험자가 고지받을 권리를 포기한 사항, 마지막으로 담보가 있어 고지가 필요 없는 사항에 대해서는 고지하지 않아도 된다.

3) 고지의무 위반의 효과

보험계약자가 고지의무를 위반한 경우 보험자는 계약을 취소(may avoid)할 수 있다. 따라서 피보험자가 입은 손해가 있더라도 보험금을 지급하지 않으며 이미 지급한 보험금이 있는 경우에는 이의 반환청구를 할 수 있다.

5. 보험기간(duration of risk)

1) 위험의 개시

적하보험계약에서는 화물이 보험증권에 기재된 지역의 창고 또는 보관장소에서 운송개시를 위해 떠날 때 해상보험의 효력이 발생하기 시작한다. 여기서 보관장소라 함은 창고뿐만 아니라 공장, 점포사무소, 야적화물의 노천의 야적장 등을 포함하는 것으로 해석된다.

2) 위험의 종기

적하보험계약의 효력이 종료되는 시점을 다음과 같이 세 가지로 구분하고 그 중 어느 하나가 먼저 발생하면 그 시점에 보험은 종료된다.

첫째, 화물이 보험증권에 기재된 목적지에 위치한 화주의 창고 또는 기타의 최종창고, 혹은 보관장소에 인도될 때 해상보험의 보험기간은 종료한다.

둘째, 보험증권에 명시된 목적지 여부를 불문하고 통상의 운송과정이 아닌 보관을 하거나 할당 또는 분배를 위한 장소에 인도하게 될 경우는 그 장소에 인도와 동시에 위험이 종료되는 것으로 간주한다.

셋째, 본선으로부터 하역을 종료한 후 60일을 초과하면 담보하지 않는다. 화물이 수송약관상 규정해 놓은 각종 창고 혹은 장소에 입고나 인도되기 이전, 즉 운송과정 중에 있는 경우라도 하역종료 후로부터 60일이 경과하면 보험기간은 종료한다.

3) 목적지 변경 시 위험의 종기

보험증권상 명시한 목적항에 화물이 하역되어 수하주의 최종창고에 입고되기 이전 그리고 운송약관 (c)항의 60일이 경과되기 이전에 동 화물의 도착지를 변경시킬 경우 변경된 목적지로 출발하게 되는 시점에서 보험기간이 종료된다.

4) 이로 등 종기 확장담보

운송약관의 최종문언에서 피보험자가 지배할 수 없는 사정으로 인하여 이로(Deviation), 강제하역(Forced Discharge), 재선적(Reshipment) 혹은 환적되거나 해상화물 운송계약상 운송인의 자유재량권의 행사로 인해 위험의 변경사유가 발생했을 때는 보험자의 위험부담에 관한 책임이 계속된다고 규정하고 있다. 이러한 위험의 변동은 보험계약을 체결할 당시 보험료 산정의 기초 자료가 된 위험의 정도가 변동한 것이므로 원칙적으로는 위험변동사항이 발생된 이후부터 보험자의 책임은 면제되어야 하지만 이렇게 되면 피보험자는 대단히 불리한 입장에 처하게 되므로 이를 구제하기 위하여 확장담보하려는 취지로 볼 수 있다.

제2절 보험조건 및 위험약관

1. 담보위험

1) 해상고유의 위험(Perils of the seas)

바다의 우발적인 사고 또는 재난을 뜻한다. 이는 해난을 말하며 단순한 해상의 위험(Perils on the seas)과는 다른 개념이다. 해난은 바다라고 하는 자연적인 위험사정을 원인 또는 조건으로 하는 우발적인 사고를 말하는 것이다. 그것은 풍랑의 통상적인 작용을 포함하지 않으며 주로 침몰, 좌초, 충돌, 악천후 및 적하를 적재한 선박의 행방불명 등이 이에 해당된다.

(1) 침몰(Sinking)

선박이 부력 및 항행능력을 상실하고 선체의 대부분이 수면 이하에 잠기는 것을 말한다.

(2) 좌초(Stranding)

좌초라 함은 선박이 암초 또는 그 밖의 물체 위에 걸려서 용이하게 벗어나지 못함으로써 발생하는 사고를 말한다.

(3) 충돌(Collision)

충돌이란 선박 상호 간의 접촉을 말한다.

(4) 악천후(Heavy Weather)

폭풍우 등의 이례적인 기상으로 선박의 이상 경사(List), 침수(Seawater damage), 갑판적 화물의 유실(Washing Overboard), 선창의 통풍차단으로 인한 한습손(Ship's Sweat) 등이 이에 해당된다.

(5) 행방불명(Missing)

해상보험에서의 행방불명은 선박과 적하 등이 함께 원인 모르게 없어지는 것을 의미한다.

2) 해상위험(Perils on the sea)

(1) 화재(Fire/Burning)

화재는 해상고유의 위험은 아니지만 해상위험 중 일반적인 위험의 하나로서 보험자가 부담하는 위험이다. 화재를 나타내는 말에는 fire와 burnt가 있는데, 후자는 대규모의 화재 또는 그에 의한 소실을 뜻한다. 화재는 단지 연소나 소실만을 뜻하지 않고 scorching, smoking, cracking을 포함하며 소화작용으로 인한 파손, 주수유손도 화재손해에 포함된다.

(2) 투하(Jettision)

투하라 함은 화물 또는 선박저장품, 의장품의 일부를 고의로 바다에 투기하는 것을 뜻한다. 선박이 악천후를 만나 침몰위기에 놓였다든가 좌초 시 선박을 가볍게 할 목적 등으로 투하를 하게 된다.

(3) 선장 및 선원의 악행(Barratry of master and mariners)

동기 여하를 막론하고 선주에게 손해를 끼칠 고의적 범죄 부정행위를 뜻한다. 선원의 악행의 예로 밀수를 목적으로 하는 선박의 사용, 선박의 유기, 방화, 고의에 의한 침몰 및 좌초 등이 있다.

(4) 강도(Thieves)

폭력 또는 위협으로 강탈함을 뜻하며, 단순한 도난(theft or pilferage)은 포함되지 않는다.

(5) 해적(Pirates)

해상재산을 자기의 사리사욕을 위해서 무차별하게 습격, 약탈, 파괴, 방화하는 자를 해적이라고 한다. 해상으로부터의 습격인지를 불문하며 역시 승객의 행위 여부인지를 불문하다.

(6) 표도(Rovers)

이는 해적의 일종으로서 연혁적으로는 무어인이나 아라비아인의 해적을 지칭한다.

3) 전쟁위험(War risks)

담보위험 약관에는 각종의 전쟁위험이 열거되어 있으나 이것은 이탤릭 서체약관 및 협회화물약관의 F.C. & S. Clause에 의해서 보험자의 기본 담보에서 제외되고 있다. 이에 해당되는 위험은 군함(Man-of-war), 외적(Enemies), 습격(Surprisals) 및 포획(Capture), 해상탈취 및 나포(Taking at sea & seizure), 군주의 억지 등(Restraints of princes), 포획면허장 및 보복포획면허장(Letters of mart and countermart) 등이 있다.

2. 신약관의 담보위험약관

신약관은 구약관과는 달리 손해의 형태에 따른 차별성은 없다. 즉, 증권상에 기재된 담보위험으로 손해가 발생하였을 경우에는 그것이 분손이든 전손이든 불문하고 보험자의 보상책임이 발생한다.

표 15-1 ▮ 담보조건

보상하는 손해	ICC(C)	ICC(B)	ICC(A)
① 화재 또는 폭발	○	○	○
② 본선 또는 부선의 좌초, 교사, 침몰, 전복	○	○	○
③ 육상운송 용구의 전복 또는 탈선	○	○	○
④ 본선, 부선, 운송용구의 타물과의 충돌 · 접촉	○	○	○
⑤ 피난항에서의 화물의 하역	○	○	○
⑥ 지진, 화산의 분화, 낙뢰	×	○	○
⑦ 공동해손 희생	○	○	○
⑧ 투하로 인한 손해	○	○	○
⑨ 갑판유실	×	○	○
⑩ 본선, 부선, 선창, 운송용구, 컨테이너, 지게차 또는 보관장소에 해수, 호수, 강물의 유입	×	○	○
⑪ 본선, 부선에 선적 또는 하역작업 중 바다에 떨어지거나 갑판에 추락하여 발생한 포장단위당 전손	×	○	○
⑫ 상기 이외의 멸실 · 손상의 일체의 위험	×	×	○
⑬ 공동해손 구조비	○	○	○
⑭ 쌍방과실 충돌(Both to Blame Collision)	○	○	○

제3절 해상손해

해상보험에 있어 손해(Loss)라 함은 피보험자가 해상위험으로 말미암아 보험의 목적인 선박, 적하, 또는 운임에 입는 재산상의 불이익을 의미하며 그 손해의 유형을 일반적으로 물적손해, 비용손해 및 책임손해로 분류한다.

그림 15-1 ▮ 해상손해의 종류

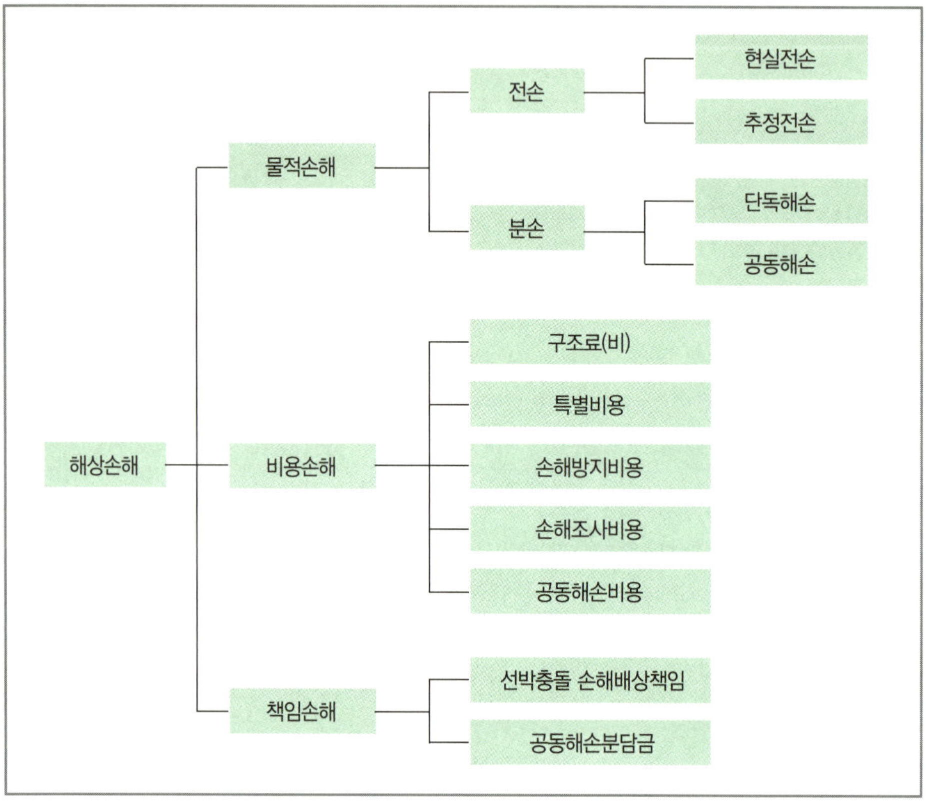

1. 물적손해

1) 전손

보험목적물이 멸실한 경우, 즉 피보험이익이 전부 멸실된 경우를 전손(Total Loss)이라고 한다. 보험의 목적이 담보위험에 의해 전손된 경우 초과보험 (CIF가액보다 더 많은 금액을 기초로 하여 보험에 가입한 경우)이 아닌 한 보험금액을 보험금으로 보상받는다.

(1) 현실전손(Actual Total Loss)

현실전손의 예로는 보험 목적물이 실체적으로 멸실되었거나 본래의 성질이 상실되었을 경우(잔존가치가 있어도 상관없음), 또 포획의 경우와 같이 보험의 목적에는 하등의 물적손해가 발생하지 않았으나 그에 대한 피보험자의 지배력이 상실되었을 경우, 그리고 화물을 적재한 선박의 행방이 상당기간 동안 불명인 경우 등이 있다.

(2) 추정전손(Constructive Total Loss)

추정전손의 예로는 보험의 목적이 현실전손으로 될 것이 불가피하다고 인정될 경우, 즉 보험의 목적에 대한 피보험자의 지배력이 상실되어 회복하는 데 상당한 기간이 필요하거나 또는 그 회복비용이 회복되었을 때의 화물의 가액을 초과할 것으로 예상될 때 및 화물이 훼손되어 그 수리비(목적지까지 수송함에 소요될 비용이 있는 경우 이를 포함)가 도착 후의 화물가액을 초과하게 될 경우 등이다.

추정전손은 보험목적물을 보험자에게 정당하게 위부함으로써 성립되며, 만약 위부(subrogation)를 하지 않을 경우에는 분손으로 처리될 수 있다.

2) 분손(Average/Partial Loss)

보험목적물의 일부가 멸실이나 손상된 경우를 분손이라고 하며 이는 다시 단독해손과 공동해손으로 분류된다.

(1) 단독해손(Particular Average)

피보험이익의 일부가 멸실되거나 훼손되어 발생된 손해로, 손해를 입은 자가 단독으로 부담하는 손해, 즉 동일 운반선의 다른 화주와 선주 등에게 그 손해의 분담을 청구할 수 없는 손해를 말한다.

(2) 공동해손(General Average)

공동해손이라 함은 항해단체(선박, 화물 및 운임 중 둘 이상)에 대해 공동의 위험이 발생한 경우 그러한 위험을 피하거나 경감하기 위하여 선체나 그 장비 및 화물의 일부를 희생(공동해손희생손해)시키거나 혹은 필요한 경비(공동해손비용손해)를 지출하였을 때 이러한 손해와 경비를 항해단체를 구성하는 이해관계자들이 공동으로 분담(공동해손분담금)하여야 하는데, 이와 같은 손해를 공동해손이라고 한다.

2. 비용손해

사고로 발생하는 경비손해는 여러 가지가 있지만 이 중에서 보험자의 보험보상의 대상이 되는 비용손해는 구조료, 구조비, 특별비용, 손해방지비용 및 손해조사비용 등이다.

1) 구조료(Salvage Charge)

해난에 처한 재산에 발생할 가능성 있는 손해를 방지하기 위하여 계약에 의하지 아니하고 구조한 자에게 해상법에 의하여 지불하는 보수를 구조료라고 하며 구조료는 지출된 사정에 따라 구조료 또는 공동해손비용이라는 항목으로 보험보상을 받는다.

2) 구조비(Salvage/Salvage Awards/Salvage Remuneration)

해난에 처한 재산에 발생할 가능성 있는 손해를 방지하기 위하여 구조계약에 의하여 구조한 자에게 지급하는 보수를 구조비라 한다. 이 구조비는 발생된 상황에 따라 특별비용(손해방지비용)이나 공동해손비용으로 보상 받을 수 있다.

3) 특별비용(Particular Charges)

보험목적물의 안전 또는 보존을 위하여 피보험자에 의하여 또는 피보험자를 위하여 지출된 비용으로서 공동해손비용 및 구조료 이외의 비용을 말한다. 이는 손해방지비용과 거의 비슷한 성격을 띠고 있는데 굳이 손해방지비용과 구분하는 것은 특별비용 중에는 양륙항에서 손해를 사정하기 위해 발생하는 검사비용(Survey Fee)이나 화물판매비용 등과 같이 손해방지비용에 포함될 수 없는 순수한 특별비용도 포함하고 있기 때문이다.

4) 손해방지비용(Sue and Labour Charge)

손해방지비용은 피보험위험이 발생하였을 경우에 이로 인한 보험 목적의 손해를 방지 또는 경감하기 위하여 피보험자 또는 그의 사용인 및 대리인이 지출한 비용이다. 전손사고가 발생하여 보험자가 보험금액을 보험금으로 피보험자에게 보상하여야 하는 경우도 이 손해방지비용은 별개의 보험인 양 보험금액에 추가하여 보상한다.

5) 손해조사비용(Suvey fee)

손해가 발생하였을 경우 손해액사정인(Surveyor)에 의해서 손해의 원인 및 정도를 조사하는 데 소요되는 비용을 손해조사비용이라고 한다. 손해조사비용은 당해 손해가 보험자에 의해 부담되어질 성질의 손해인 경우에 한하여 보험자가 보상한다.

3. 책임손해

항해단체의 공동위험을 면하기 위하여 다른 하주의 화물이나 선체 및 선용품을 희생케 하거나 비용을 지출함으로써 피보험자의 화물이 안전하게 목적지에 도달할 수 있었던 경우 그 공동해손희생이나 비용손해에 대한 분담책임을 피보험자가 지는데 이러한 책임손해를 공동해손분담금이라 하며 이 분담금은 적하보험자가 보상하는 책임손해이다.

4. 보험자의 담보손해

적하보험자는 물적손해를 보상할 책임이 있고 비용손해에 대해서는 구조료, 특별비용, 손해방지비용, 손해조사비용 및 공동해손비용에 대해서만 그리고 책임손해 중 공동해손분담금만 보상책임을 진다.

또한 보험자의 보상책임은 보험금액 한도로 제한되기 때문에 물적손해와 비용손해 및 책임손해의 합계액은 보험금액을 초과할 수 없다. 따라서 구조료나 공동해손비용이 발생된 후 화물이 전손되면 그 비용은 피보험자가 부담하여야 한다. 그러나 손해방지비용이 발생된 경우는 보험금액을 초과하여 예외적으로 지급한다.

제4절 수출보험제도

1. 의의

수출보험제도는 수출자 또는 선적전후 수출금융을 제공한 금융기관이 수입자의 대금지급지체 · 파산, 외환시장 악화에 따른 수입국정부의 대외송금 제한조치, 수입국에서의 전쟁 · 내란 등으로 인하여 만기일에 수출대금을 회수하지 못하게 됨으로써 입게 되는 손실을 정부출연금으로 조성된 '수출보험기금'으로 보상하여 궁극적으로 수출진흥을 도모하기 위한 비영리 정책보험제도이다.

2. 운영종목

1) 단기수출보험

결제기간이 2년 이내인 단기수출계약을 체결한 후 그 수출이 불가능하게 되거나 수출대금을 받을 수 없게 된 때에 입게 되는 손실(당해 물품에 발생한 손실은 제외)을 보상하는 보험이다.

2) 수출어음보험

외국환은행이 결제기간 2년 이내의 수출화환어음을 그 발행인으로부터 매입한 경우에 그 화환어음의 만기에 지급을 받을 수 없게 된 금액 또는 화환어음에 대한 소구를 받아 지급한 금액을 보상하는 보험이다.

3) 중 · 장기 수출보험

수출대금 결제기간이 2년을 초과하는 중 · 장기 수출계약을 체결한 후 수출이 불가능하게 되거나 수출대금을 받을 수 없게 된 경우 또는 수출대금 금융계약을 체결한 후 대출원리금을 받을 수 없게 됨으로써 입게 되는 손실을 보상하는 보험이다.

4) 해외공사보험

해외공사계약 체결 후 그 공사에 필요한 물품의 수출이 불가능하게 되거나 그 공사의 대가를 받을 수 없게 된 경우 또는 해외공사에 사용할 목적으로 공여된 장비에 대한 권리가 박탈됨으로써 입게 되는 손실을 보상하는 보험이다.

5) 수출보증보험

금융기관이 해외공사계약 또는 수출계약 등과 관련하여 수출보증을 한 경우에 보증상대방으로부터 이행청구를 받아 이를 이행함으로써 입게 되는 금융기관의 손실을 보상한 보험이다.

6) 해외투자보험

해외투자를 한 후 투자대상국에서의 수용, 전쟁, 송금위험으로 인하여 그 해외투자의 원리금, 배당금 등을 회수할 수 없게 되거나 보증채무 이행으로 입게 되는 손실을 보상하는 보험이다.

7) 농수산물 수출보험

농수산물 수출계약 체결 후 수출이 불가능하게 되거나 수출대금을 받지 못하게 된 경우 또는 농수산물의 국내가격 변동으로 당해 수출계약의 이행에 따라 입게 되는 손실을 보상하는 보험이다.

8) 시장개척보험

해외시장 개척을 위하여 필요한 경비를 지출한 경우에 시장개척 계획대로 수출이 이행되지 못함으로써 입게 되는 손실을 보상하는 보험이다.

9) 중소기업 수출신용보증

수출계약과 관련하여 중소기업이 금융기관으로부터 어음할인을 포함한 대출을 받은 후 수출이 불가능하게 되거나 수출대금을 받지 못하게 됨으로써 중소기업이 금융기관에 대해 부담하는 금전채무에 대한 연대보증이다.

3. 수출어음보험

1) 대상거래

국내에서 생산 · 가공 · 집하된 물품을 수출하는 경우로서 선하증권, 항공화물운송장 등 어음상의 권리를 담보할 수 있는 증서를 첨부하여 수출자가 발행한 환어음을 외국환은행이 매입한 경우에만 부보가능하다. 따라서 어음을 발행하지 않은 거래는 수출어음보험의 부보대상에서 제외된다.

2) 손실액

화환어음을 매입한 은행이 비상위험 및 신용위험으로 인하여 어음만기일에 지급받을 수 없게 된 금액이다. 재매입한 어음인 경우 그 화환어음에 대하여 소구를 받아 지급한 금액이다.

만기일 후에 지급받은 금액, 부속화물이 처분이나 기타 부속화물에 관한 권리행사로 회수한 금액, 보험사고 후 어음발행(수출자)으로부터 소구하여 회수한 금액은 손실액에서 제외된다.

3) 보험금

실제로 입은 손실의 90%(중소기업은 95%)에 해당하는 금액으로 보험계약자(매입은행)에 지급할 보험금은 순손실액에 부보율(대기업 90%, 중소기업 95%)을 곱하여 산정한다.

4) 보험료

보험요율은 기본요율, 특별할인율, 할증률, 중소기업할인율을 적용하며, 보험료는 보험금액에 보험요율을 곱한 금액이다.

(1) 기본요율

대금결제방식, 결제기간(1개월별로 구분), 수입국의 신용도(5단계로 구분)에 따라 차등적용 포괄보험요율은 개별보험요율의 25%(선적 전), 50%(선적 후) 수준이며, B급신용도 국가에 D/A 180%로 수출하는 경우 1.08%이다.

(2) 특별할인율

지급보증할인율 25%, 공공수입자할인율 10%, 본 · 지사 간 할인율 50%가 적용된다.

(3) 할증률

비상위험이 현존하는 경우 비상위험할증률로 기본요율의 200%를 할증하며, 이 경우 중소기업할인율을 제외한 모든 할인율의 적용이 배제된다.

제5절 무역클레임과 중재

1. 무역클레임의 개념

무역거래를 하다 보면 예기치 못한 클레임이 발생하는 경우가 있다. 클레임이란 당사자 간의 거래계약의 일부 또는 전부의 불이행으로 말미암아 발생되는 손해를 상대방에게 청구할 수 있는 권리를 말한다.

2. 무역클레임의 원인

1) 간접적 원인

무역통신의 특유한 용어들은 오랜 실무상의 경험과 숙달이 필요하므로 당사자 간에 의견의 차이가 발생할 수 있으며, 계약당사자가 각기 사용하는 언어의 상이, 각국의 법과 상관습의 상이, 신용조사의 불비, 운송 중의 위험, 가격덤핑, 나라에 따라 서로 다르게 사용되고 있는 도량형, 상대국의 식품위생법이나 독과점법, 공업소유권 등 많은 요인들이 무역클레임의 간접적 요인으로 작용하고 있다.

2) 직접적 원인

계약은 거래당사자를 직접 구속하므로 반드시 계약서에는 당사자명과 품명, 품목, 품종, 규격, 수량, 단가, 금액, 포장조건, 선적시기, 결제조건, 신용장조건(개설일자) 등, 보험조건, 면책조항, 클레임통지기한 등을 명확히 약정하여야 하며, 장래에 발생될지 모르는 분쟁의 해결을 위하여 중재조항 등을 삽입하고, 당사자가 기명날인하여 거래를 하여야 한다.

그러나 그 이행과정에서 품질불량, 수량의 부족, 고장불량, 선적불이행, 불완전 보험계약체결, 대금의 지불지연이나 지불거절, 신용장의 불개설 혹은 지연, 거래알선에 따른 수수료 미지급 등 많은 요인이 클레임의 직접적 요인으로 작용하고 있다.

3. 무역클레임의 내용

1) 금전의 청구를 내용으로 하는 클레임

(1) 손해배상청구

저질품 인도 시, 선적불이행 시, 부당한 계약해제 시, 신용장개설 지연이나 불개설 시, 선박지정지연 또는 지정치 않을 시, B/L 발급 시, 대금결제지연, 화물의 부당한 인수거절, 계약물품의 상이 등과 같은 사유로 발생한 손해를 금전으로 계산하여 청구하는 것을 손해배상청구라 한다.

(2) 대금지급거절

D/A거래 등에서 추심기간이 긴 경우 물품이 서류보다 먼저 도착하므로 도착물품이 계약물품과 상이할 때 혹은 신용장조건과 서류가 불일치할 때 대금지급을 거절할 수 있다.

(3) 대금감액요청

도착된 물품의 품질이나 포장불량, 화인이나 상표불량 등 계약내용과 일치되지 않는 상품이 도착했을 때, 상품가액을 감액하여 인수코자 할 때, 대금감액 요청을 할 수 있다.

2) 금전 이외의 청구를 내용으로 하는 무역클레임

(1) 화물의 인수거절

화물이 도착한 후 매수인이 그 상품의 품질상의 흠, 손상 등을 발견하였을 때 그 화물의 일부 또는 전부를 인수거절할 수 있다.

(2) 계약이행청구

매도인이 매수인에게 하는 계약이행 청구는 신용장 개설요청, 매매약정 물량의 이행요청 등이 있고 매수인이 매도인에게는 화물의 선적이행 등을 요청하나 만약 상호간에 원만히 해결되지 않으면 그 계약의 불이행에 따라 손해배상을 청구할 수밖에 없다.

(3) 잔여계약분의 해제요청

1차 도착한 상품의 품질이 불량하다든가 규격이 상위하여 판매가 곤란할 때 나머지 계약분의 계약을 해제요청하는 클레임 등이다.

4. 무역클레임의 제기

1) 물품의 검사와 통지의무

수입물품을 인도받은 매수인은 이를 수령함에 있어 최우선적으로 그 물품이 계약목적에 합치되는지를 외견상으로 검사하여 만약 하자를 발견하였거나 수량이 부족하면 지체 없이 매도인에게 통지하여야 한다. 이러한 검사와 통지는 매수인의 필수적인 권리이며 의무이다.

2) 무역클레임의 제기기간

클레임 제기기간의 설정은 그 물품의 성질상 합리적으로 요구되는 하자발견 및 통지기간보다 너무 짧게 규정되어 있으면 그 효력을 부인당하는 경우도 있으므로 그 기간을 설정하는 데도 주의하여야 한다. 따라서 클레임 제기기간은 다음과 같다.

① 당사자 간에 제기기간에 대하여 약정이 있으면 그 기간 안에 제기

② 약정이 없는 경우는 나라마다 그 기간을 달리 보고 있음

- 한국 : 즉시 통지, 즉시 발견할 수 없는 하자에 대해서는 6개월의 기간 인정
- 일본 : 즉시 검사하고 곧 통지
- 미국 : Within Reasonable Time
- Warsaw Oxford Rules for CIF Contract(1932) : 합리적인 검사, 검사완료 후 3일 이내에 통보
- 국제물품계약에 관한 UN협약 : 단기간 내 검사, 합리적인 기간 내 통지, 어떠한 경우도 제척(除斥)기간은 2년

3) 클레임의 제기

무역클레임을 제기하고자 하는 자는 반드시 다음의 구비서류를 작성하여 상대방에게 제출하여야 한다.

(1) 클레임 사실진술서

법적 문서로서 간단하고 명료하게 구체적으로 기술하여야 하며 '언제, 어디서, 누

가, 무엇을, 왜, 어떻게'의 6하 원칙으로 기재해야 한다.

(2) 청구액에 대한 손해명세서

손해액과 제비용(운송료, 관세, 창고료, 은행이자, 검사료 등)에 대한 손해명세서를 제출한다.

(3) 검사보고서(Survey Report)

품질불량, 색상 상이, 성능미달, 수량부족 등일 때 반드시 첨부(국제공인검정기관의 보고서)한다.

(4) 기타

거래사실을 입증할 수 있는 계약서, B/L, L/C 등을 제출해야 한다.

5. 무역클레임의 해결방법

1) 당사자 간의 해결

(1) 청구권의 포기(Waiver of Claim)

피해자가 상대방에게 청구권을 행사하지 않는 경우로서, 이는 대체적으로 상대방이 사전 또는 즉각적으로 손해배상 제의를 통해 해결될 경우에 이루어진다. 청구권의 포기는 분쟁해결을 위한 가장 바람직한 방법으로 향후 양 당사자 간에 지속적이고 안정적인 거래를 보장받을 수 있다.

(2) 화해(amicable settlement)

당사자 간의 자주적인 교섭과 양보로 분쟁을 해결하는 방법으로서, 당사자가 직접적인 협의를 통하여 상호평등의 원칙하에 납득할 수 있는 타협점을 찾는 것이다. 이 경우 대체적으로 화해계약을 체결한다.

화해는 ① 당사자가 서로 양보할 것 ② 분쟁을 종결할 것 ③ 그 뜻을 약정할 것 등 3가지 요건을 필요로 한다(민법 제731조).

2) 제3자의 개입에 의한 해결

당사자 간에 원만하게 해결할 수 없을 때, 즉 쌍방의 주장이 대립될 때, 쌍방 혹은 일방의 감정이 악화되어 제3자의 냉정한 판단이 필요할 때, 제3자를 개입하여 분쟁을 해결하는 방법인데 이러한 방법의 해결로서는 알선, 조정, 중재, 소송 등이 있다.

(1) 알선(intercession, recommendation)

알선이란 공정한 제3자(예: 상사중재원)가 당사자의 일방 또는 쌍방의 요청에 의하여 사건에 개입, 원만한 타협이 이루어지도록 협조하는 방법으로 당사자 간에 비밀이 보장되고 거래관계가 지속을 유지할 수 있는 장점이 있다.

(2) 조정(conciliation, mediation)

조정은 양 당사자가 공정한 제3자를 조정인으로 선임하고 조정인이 제시하는 해결안(조정안)에 양 당사자가 합의함으로써 분쟁을 해결하는 방법이다.

조정은 우리나라 중재규칙상 중재신청 후 당사자 쌍방의 요청이 있을 때 중재원 사무국이 조정인을 선정, 조정을 시도할 수 있고, 조정이 성립되면 화해에 의한 판정방식으로 처리, 중재판정과 동일한 효력이 있다.

(3) 중재(arbitration)

중재란 당사자 간의 합의(중재합의)로 사법상의 법률관계를 법원의 소송절차에 의하지 아니하고 제3자인 중재인(arbitrator)을 선임하여 그 분쟁을 중재인에게 맡겨 중재인의 판단에 양 당사자가 절대복종함으로써 최종적으로 해결하는 방법이다(중재법 제3조).

(4) 소송(litigation)

소송은 국가공권력(사법재판)에 의한 분쟁해결방법이며, 외국과의 사법협정이 체결되어 있지 않기 때문에 그 판결은 외국에서 승인 및 집행이 보장되지 않는다. 따라서 소송에 의하여 클레임을 해결하려는 경우에는 피제기자가 거주하는 국가에서 현지 변호사를 법정대리인으로 선임하여 소송절차를 진행하여야 한다.

6. 무역클레임액의 대외송금

무역클레임이 제기되어 그 해결결과 위약금, 손해배상금, 보상금, 해약금 및 대리점 수수료, 대행지급금, 기타 중개수수료 등을 거래선에 지급하고자 할 경우에는 외국환 관리법령에 따라 외국환은행장에게 신고 또는 한국은행 총재의 허가를 받아 지급하면 된다.

■ Chapter 16 ■

전자무역의 이해

제1절 전자무역의 개관

1. 전자무역의 개념

전자무역(Electronic Trade)이란 가상공간인 인터넷을 통해 국제 간에 상품이나 서비스를 사고파는 것으로서 컴퓨터 통신망이 구성하는 가상공간 자체가 시장이고 인터넷 접속 이용자가 고객이 된다. 이러한 거래는 물리적 공간으로서의 시장이 필요 없다는 점에서 전통적인 상거래와는 차이가 있다.

전자무역거래에서는 수출업자가 자기회사의 상품을 웹사이트를 통해 인터넷시장에 내놓거나 반대로 수입업자가 웹사이트에 구매 청약(Offer)을 게시할 경우 수출입업자 상호간에 이메일을 통해 가격상담과 계약체결이 이루어지게 된다.

2. 전자무역의 특징

1) 거대한 단일시장으로의 변화

전 세계가 지리적 · 시간적 장벽을 넘어선 가상시장에서 만남으로써 기업들의 세계화전략이 손쉽게 이루어질 수 있으며, 정보의 공유를 통해서 지역 간에 격리된 시장이 전 세계적으로 통합된 하나의 단일시장으로 형성될 가능성이 있다. 이러한 통합된 시장은 가격의 단일화와 가격하락을 유도함으로써 완전경쟁에 가까운 형태의 시장구조를 형성함으로써 그야말로 이상에 가까운 형태로 시장 메커니즘을 변화시킬 것으로 예상된다.

2) 교역상품과 서비스가격의 단일화 및 하락

인터넷이라는 거대한 시장은 유통비용의 하락으로 전반적인 제품이나 서비스가격의 하락을 유도할 것이다. 지금까지 수입상들은 해외의 유명 브랜드를 낮은 가격에 구입하여 높은 가격으로 국내에서 판매해 왔지만, 인터넷의 등장은 많은 사람들이 전자무역을 자유롭게 할 수 있게 함으로써 보다 활발한 경쟁체제가 도입되어 자연스럽게 가격이 하락하고 있다.

3) 전 세계를 대상으로 한 글로벌마케팅활동

인터넷이라는 새로운 매체의 등장으로 인해 문자와 그림은 물론, 음성과 동화상 등 보다 다양하고 효과적인 방법으로 회사나 제품을 소개할 수 있게 되었다. 제품이나 서비스의 개발단계에서부터 전 세계를 대상으로 한 광고 및 마케팅을 염두에 두어야 하며 인터넷 상거래에 적합한 신제품의 개발과 함께 효과적인 주문처리, 고객관리 및 대금회수 등을 위한 내부체제를 갖추는 것이 필요하다.

4) 거래처 발굴의 효율화 및 손쉬운 거래정보의 획득

인터넷에서는 각국의 정부와 무역유관기관, 무역거래알선사이트 그리고 개별 기업들이 올려놓은 무역에 관련된 수많은 정보들을 정보 검색 엔진을 이용하여 손쉽게 찾아볼 수가 있다.

5) 거래비용의 획기적인 절감

판매자와 구매자 간의 상담이나 상품에 대한 정보의 취득, 거래 성사를 위한 각종 서류의 교환 형태도 지금까지의 전기신호를 이용한 통신수단에서 전자신호에 의한 컴퓨터 통신, 특히 인터넷으로 통합되어 가고 있다. 형태가 일정하지 않은 비정형화된 정보나 의사 표시는 전자메일에 의해, 포맷화된 정형 정보나 서류는 전자문서교환(EDI)에 의해 인터넷과 같은 컴퓨터 통신망으로 통합 · 유통되어 가고 있다. 이러한 인터넷 부가서비스는 국제 통신비용을 획기적으로 절감할 수 있다는 것이 가장 큰 장점이다.

6) 중소기업의 성장가능성 증대

인터넷의 등장으로 중소기업들도 문자 · 그림 · 음성 · 동화상 등 각종 다양한 광고기법을 이용하여 자사의 제품을 소개할 수 있을 뿐만 아니라, 시간적 · 공간적 제약이 없이 자사제품에 대한 다양한 정보를 고객에게 제공할 수가 있게 되었다.

따라서 중소기업이 세계적인 대기업들과 적어도 인터넷상에서는 어깨를 견줄 수 있으며, 진취적이고 독창적인 사업구상을 통해 오히려 대기업을 석권할 수 있는 가능성도 존재하고 있다.

7) 전자화폐에 의한 대금결제

무역거래에 있어서 상품구매에 대한 대금결제방식으로 개발된 신용장도 인터넷을 통한 전자지불시스템의 개발과 실용화로 그 입지가 점차 좁아지고 있다. 인터넷을 통해 상품을 구매하는 고객의 신용카드번호 등을 고객의 전용 소프트웨어로 암호화하고 고객이 이 정보를 입력하면 판매자가 전용 소프트웨어를 이용하여 카드 발행회사에 조회를 하도록 하며, 신용카드 범위 내에서 전 세계적으로 안전하고도 확실한 대금결제가 보장됨으로써 소액거래를 중심으로 국경 없는 인터넷 상거래가 시작되었다.

8) 새로운 국제운송 · 물류시스템의 도입

팩스와 인터넷과 같은 컴퓨터 통신망의 등장으로 기존 국제 특송시장에서 큰 비중을 차지해 왔던 서류 송달물량이 줄어들면서 국제 특송시장이 위축될 것이라고 예상되었지만, 인터넷을 통한 소액물품 거래의 활성화에 따른 상품 배송의 확대로 인하여 오히려 국제 특송시장은 상대적으로 부상하고 있다. 특히 인터넷상에서의 생산자와 소비자 간의 직접 거래가 증가하면서 탁송부문과 창고부문의 결합의 가속화되고 있다.

3. 기존무역과 전자무역 비교

전자무역을 무역계약체결 이전까지의 과정에 주로 관심을 두고 있다고 본다면 이는 전통적인 무역계약체결과정과 많은 차이점을 보이고 있다.

먼저 무역을 행하기 위한 아이템의 선정과정에서 종전에는 문서형식의 각종 통계자료나 정보지를 이용하여 국내의 공급업체를 확보하였으나, 전자무역에서는 관세청의 통관정보시스템, 무역협회, 각종 언론사이트로부터 정보를 취득할 수 있다.

해외시장조사를 시행함에 있어서도 전통적으로는 직접 현장방문 또는 각종 2차 통계자료를 이용하였으나, 전자무역에서는 국가별로 제공되는 통계사이트, 무역유관기관 또는 전문 시장조사기관의 사이트를 통해 정확한 정보를 취득할 수 있다.

해외홍보 및 마케팅홍보를 함에 있어서도 전통적인 방법에 의할 경우, 각종 브로슈어의 제작 및 전시회나 무역박람회 등에 참가함으로써 많은 경비와 시간을 소모하였으나 전자무역에서는 홈페이지를 통해 비용을 절감할 수 있고 각종 거래알선사이트나 무역박람회의 홈페이지에 광고를 함으로써 자사를 널리 홍보할 수 있게 되었다. 특히 유즈넷이나 메일링 리스트를 이용함으로써 거의 비용을 들이지 않고 높은 홍보효과를 얻을 수 있다.

거래선을 발굴하는 데에는 전통적으로 무역유관기관이나 해외방문을 행하던 것을 거래알선사이트, 유즈넷, 각종 전자우편을 통해 이를 해결함으로써 비용과 시간을 절감할 수 있다. 특히 거래 제의를 함에 있어서도 전자우편이나 인터넷 폰, 인터넷 팩스를 이용함으로써 비용을 크게 절감할 수도 있다.

잠재적인 거래상대방에 대한 신용조사는 종래에 한국수출보험공사 등을 통하여 상당한 기일이 소요되었으나, 현지의 전문 신용조사기관이나 기업/신용전문 D/B를 이용함으로써 보다 정확하고 빠른 조사결과를 기대할 수 있다.

거래조건의 협상이나 수출계약의 체결과정에서도 전자우편이나 인터넷 폰, 인터넷 팩스, 인터넷 화상회의를 이용함으로써 신속하게 업무를 처리할 수 있는 등 여러 가지 장점을 지니고 있다. 그러나 아직까지 수출계약의 체결과 관련되어 분쟁발생 시 전자문서의 법적 효력의 인정문제 등이 해결과제로 남아 있다고 볼 수 있다.

표 16-1 ▮ 무역계약체결과정의 비교

기존무역거래	전자무역거래
• 거래알선기관 직접방문 등 • 카탈로그, 매체광고전시회 등 • 전화, 팩스, 우편출장 등 • L/C, D/A, D/P 등을 이용 • 포워더, 해운항공운송 등	• 국내외 무역사이트 등을 통한 정보검색 • 홈페이지 유즈넷, 메일링 리스트 등 • 이메일, 인터넷 폰/팩스, EDI 활용 등 • 무역카드, 전자화폐, 전자자금이체 등 • 온라인 전송, 특급운송 등

자료 : http://www.ktnet.co.kr

4. 인터넷을 이용한 무역거래 수단

1) WWW(World Wide Web)

사이버 무역에서의 WWW(World Wide Web)는 기업이 경쟁력 우위 확보를 위해 가장 신경 써야 할 부분 중 하나이다. 기업에선 주로 상품 카탈로그나 기업정보 등을 수록하여 인터넷상에서 자사의 소개와 제품홍보 등에 활용하고 있다. 이렇게 인터넷에 올린 홈페이지는 24시간 열린 회사의 홍보매체이므로 특성에 맞게 만들어 적절한 프로모션을 한다면 기업이나 상품의 광고효과를 저렴한 비용으로 극대화시킬 수 있다.

2) 홈페이지 이용

인터넷에 자사 홈페이지를 만들어 올리는 것은 매우 중요하다. 이 홈페이지를 통하여 자사 홍보와 자사 제품 소개를 할 수 있다.

인터넷에 있는 여러 무역망 사이트에서 자사 제품을 소개하는 소위 'Selling Offer'라는 것을 등록(Posting)할 수 있는데 이러한 포스팅(Posting)은 자사 또는 자사 제품을 상세히 소개할 수가 없다. 특히 상품 이미지를 포스팅할 수 없는 무역망 사이트가 대부분이다. 따라서 Selling Offer 등록 시 자사 제품에 대한 간략한 소개와 함께 자사 인터넷 홈페이지 주소를 게재하여 관심 있는 거래선으로 하여금 자사 홈페이지에 접속하게끔 하여야 한다.

그림 16-1 ■ 전자무역의 흐름도

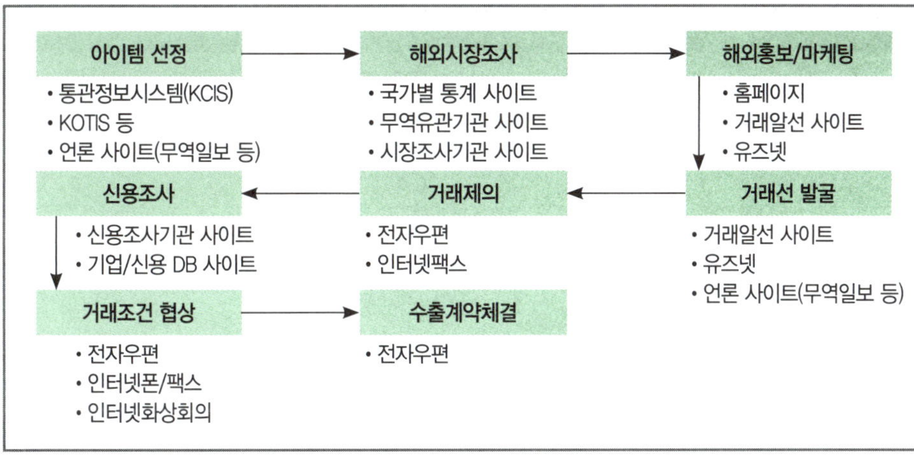

3) 웹 프로모션

인터넷에 자사(자신)의 홈페이지를 만든 후의 첫 번째 중요한 일은 자사 홈페이지 소개를 통해 자사 제품과 회사를 전 세계로 알리는 작업이다. 이러한 작업을 웹 프로모션(Web Promotion)이라고 한다. 사실 홈페이지를 만들고 나서 찾아주는 사람이 없을 때는 그 홈페이지는 존재할 의미가 없다. 그래서 고객이 자사의 홈페이지를 방문할 수 있도록 웹 프로모션을 해야 한다.

4) 전자 카탈로그 이용

자사를 소개하는 카탈로그의 제작, 국내외 바이어 및 협회, 기관 등에 배포하거나 업체의 카탈로그를 바이어의 요청에 따라 또는 능동적으로 바이어에게 전달하여 각 제품 및 자사를 소개한다.

표 16-2 ▮ 해외시장조사 및 거래선 발굴 사이트

알선업체	전자주소
• 코트라	• www.kotra.or.kr/KOBO
• KOTRA 해외시장조사대행	• www.kotranet.com
• 산업자원부 국가정보조회	• www.mocie.go.kr
• 한국무역협회	• www.kotra.or.kr
• 무역협회	• www.ec21.net
• KTNET	• www.eckorea.net
• 무역일보	• www.tradenew2.net
• 전세계 거래알선사이트 모음	• www.ecplaza.co.kr

5) 무역거래 알선 사이트에 포스팅

인터넷무역에 있어서 가장 활발한 움직임을 보이고 있는 것은 사이버 무역거래 알선사이트를 통한 거래알선 부분이다. 이것은 인터넷을 통하여 거래 상대방을 찾아내는 것이 사이버무역에서 가장 중요하기 때문이다. 무역거래 알선사이트는 대부분 게시판 형태로 제공되고 있으므로 구매 및 수입(Offer to Buy), 수출(Offer to Sell)에 대한 실시간 갱신의 정보를 열람할 수 있다. 또한 자신의 제품이나 거래정보를 스스로 등록할 수 있다.

6) 뉴스그룹

뉴스그룹(News Group)이란 인터넷상에서 공통의 관심을 가진 사람들이 원하는 내용을 게시하고 토론하는 일종의 게시판이다. 뉴스그룹에는 관심의 대상에 따라 취미, 정치, 과학, 비즈니스 등 수만 개의 세분화된 주제를 가진 그룹을 가지고 있다. 비즈니스 관점에서 보면 뉴스그룹은 표적시장에 접근할 수 있는 쉽고도 값싼 광고매체이며 소비자의 반응을 즉각 확인해 볼 수 있는 곳이기도 하다.

7) 이메일

사이버무역에서의 전자메일(이메일)은 종전 무역업체들이 외국의 무역관련기관이나 거래기업에 FAX 또는 우편으로 해오던 거래업무를 이메일로 대체하게 된 것이다. 인터넷을 이용한 무역에서 성공할 수 있는 길은 이메일을 얼마나 잘 사용하느냐에 따라 좌우된다고 할 수 있을 정도로 이메일이 차지하는 비중은 커지고 있다.

제2절 전자무역 매매계약의 체결과정

1. 해외시장조사

1) 해외시장조사 의의

외국과 무역거래를 함에 있어 비용과 위험을 최소화하고 극대화하기 위해서는 사전에 신속정확한 해외시장조사가 필수적인 전제조건이다. 그 방법에 있어 우선 대상시장의 전반적 개황(정치, 경제, 사회, 풍토, 기후, 언어 등)을 조사한 다음 취급상품에 대한 세부적인 내용(무역관리제도, 시장특성, 수요와 공급, 유통구조, 경쟁상대, 거래처 등)을 조사하는 일련의 단계를 거치게 된다.

2) 시장조사의 방법

① 국별자료 이용 : UN 무역통계연보(Yearbook of International Statistics), IMF 발간연보(International Financial Statistics) 등의 국별 수출입통계 자료
② 국내외 경제단체 및 유관기관 이용 : KOTRA나 한국무역협회 등
③ 주한 외국공관의 이용
④ 국내외 광고회사의 이용
⑤ 자체시장조사 방법 : 현지를 직접 방문하여 조사

2. 거래처의 발굴

사전 시장조사에 의하여 자사 상품의 시장성이 있는 대상 시장을 선정한 후 잠재력 있는 유능한 거래처를 발굴하는데, 거래처 발굴에는 보다 신중하고 효과적인 방법이

동원되어야 한다.

1) 자체 홍보물의 이용

(1) 거래처 발굴을 위한 홍보물 제작

해외 배포용 카탈로그 등은 세심하게 계획하여 제작하되 전문가에게 의뢰하여 제작하는 것이 바람직하며, 홍보물의 내용은 상품의 설명에 주안점을 둔다.

(2) 홍보물의 배포

홍보물을 배포할 적절한 바이어(buyer)의 명단은 KOTRA, 한국무역협회, 상공회의소 등 경제단체 및 유관기관이나 이들이 발간하는 잡지, 주한 외국 대사관 상무관실 등을 통해서 입수할 수 있다. 또한 인터넷을 통하여 디렉터리를 제공하거나 무역거래를 알선하는 사이트에서도 입수할 수 있다. 이 외에도 국내외에서 개최되는 전시회나 박람회 참가 시 배포하는 것도 효과적이다.

2) 해외광고의 이용

(1) 국내발간 해외배포용 매체 광고

국내에서 발간되는 해외배포용 매체는 Korea Export, Korea Trading Post, Korea Trade, Buyers Guide 등이 있는데, 매체의 성격, 배포부수, 배포지역, 구독층 등을 신중히 분석하여 적절한 매체를 선정하는 것이 효과적이다.

(2) 해외발간 매체 광고

전 세계의 Yellow page 및 기업전문 데이터 베이스를 연계하여 홍보한다.

① 미국 : Big Yellow(www.bigyellow.com), Bigbook(www.bigbook.com)

② 일본 : Access to Japan(www.keidanven.or.jp)

③ 아시아 전지역 : Asia Business connection(www.asiabiz.com)

④ 중국 : WTDB(www.witb.com)

3) 해외 공공기관의 이용

각국의 상공회의소 또는 WTC(World Trade Center), WTCA(World Trade Centers Association) 등 무역관련 기관에 거래의 알선이나 관련업자의 소개를 의뢰한다.

4) 각종 사절단 및 전시회 참가

무역관련기관에서 구성, 파견하는 각종 투자 및 무역사절단, 박람회, 전시회에 참가한다.

5) 직접방문을 통한 발굴

거래처를 발굴하는 여러 가지 방법 중 경비면에서 문제가 되지만 직접 해당국을 직접 방문하는 것이 가장 좋은 방법이다.

6) 거래처 선정방법

인터넷을 이용하여 거래처를 선정하는 것은 소극적인 방법과 적극적인 방법으로 구분할 수 있다. 소극적인 방법은 거래알선 사이트에 자사의 제품이나 자사를 홍보하는 것과 관련 유즈넷에 자사의 제품을 선전하는 방법 등이 있으며, 적극적인 방법에는 자사의 제품을 원하는 사람들을 사이트 검색을 통하여 찾아보는 방법과 유명 사이트에 배너 광고를 통해서 자사를 선전하는 방법 그리고 웹사이트 상의 박람회 등에 스폰서로 적극 참여하는 방법 등이 있다.

3. 온라인 신용조사

1) 신용조사 내용

무역거래에 있어서 거래대상업체에 대한 신용상태를 확인하는 것은 향후 거래가능성을 진단하고 위험요소를 사전에 예방한다는 면에서 그 중요성이 특별히 강조되고 있다.

이러한 신용조사에 있어서 필수적으로 조사내용에 포함해야 하는 것은 보통 당해 업체의 성격(character), 자본(capital), 및 능력(capacity)을 들 수 있는데, 이를 일컬어 신뢰도 측정요소(reliability or credit factors)로서의 "Three C's"라 한다.

2) 신용조사기관

신용조회는 현지업자를 통한 '동업자조회(trade reference)'에 의할 수도 있고, 국제적인 금융기관을 통한 '은행조회(bank reference)'에 의할 수도 있으며, 미국의 "Dun & Bradstreet, Inc."나 영국의 "Bradstreet British, Ltd." 독일의 "Auskunft W. Schimmelofung," 일본의 "Tokyo Mercantile Agency"와 같은 상업흥신소(mercantile or credit agencies, credit bureaux) 등 전문적인 신용조사기관을 통해서 할 수 있으나 한국에서는 보통 대한무역투자진흥공사, 한국수출보험공사, 신용보증기금 등을 많이 이용하고 있다.

4. 구매 권유를 위한 권유장

사이버무역의 경우 권유장 발송은 전자메일이나 인터넷 팩스 등을 이용하여 발송하게 된다. 선진국 시장을 목표로 권유장을 보내는 경우 대부분의 선진국기업들이 전자메일 주소를 가지고 있으므로 매우 편리하고, 권유장에 대한 답장 또한 매우 빨리 받을 수 있다는 장점이 있다.

5. 문의

문의(Inquiry)를 받게 되는 경우를 대비하여 권유장을 보낼 때 자사의 웹주소와 전자메일주소를 기재하는 것은 필수적인 사항이다. 전자메일주소를 가지지 못한 경우라면 무료로 제공하는 메일주소를 가지는 것이 좋으나, 되도록 자사명이 있는 메일주소를 가지는 것이 바람직하다.

6. 청약과 승낙

인터넷을 통한 신용 조회를 마친 경우 문의(Inquiry)에 대한 청약(Offer)을 전자메일로 하게 된다. 청약에 대하여 상대편에서 전자메일로 승낙(Acceptance)이 이루어지면 매매계약이 성립하게 된다. 여기까지의 과정 중에서 문제의 소지는 전자메일에 의한 거래청약과 승낙의 법적 효력이다.

표 16-3 ▮ 무역지원 정보제공 사이트

구분	사이트	서비스 내용
무역 지원 기관	www.kotis.net	• 한국무역협회에서 운영하는 종합무역정보 서비스 사이트 • 무역에 관한 정보나 중소기업의 수출품에 대한 웹 호스팅, 홈페이지 제작 등과 같은 인터넷 서비스도 제공받을 수 있음 • 무역업창업과 관련한 절차, 신고요령, 수출입절차, 통관, 관세환급, 운송, 보험, 신용장, 무역금융 등 서비스 제공
	www.ktra.or.kr	• 대한무역투자진흥공사(KOTRA)에서 운영하는 사이트 • 수출거래알선과 해외시장정보수집, 해외시장 개척을 위한 전시회 사업 등의 일을 하고 있음 • 해외바이어의 거래희망정보를 국내 수출업자에게 제공하고 해외바이어와 국내업체의 상담을 주선
	www.kcab.or.kr	• 국내외 상거래에서 발생되는 분쟁의 사전예방과 신속한 해결 및 건전한 상거래 질서를 확립하기 위해 설립된 대한상사중재원에서 운영하는 사이트
	www.kcci.or.kr	• 전 세계 상공회의소와 긴밀한 협조체제를 갖추고 있는 대한상공회의소에서 운영하는 사이트 • 국제협력분야의 해외시장을 개척하기 위한 중소기업을 위하여 수출입거래 알선 및 각국의 통상사절단과의 거래 상담회 개최
	www.smba.go.kr	• 중소기업청에서 운영하는 사이트 • 중소기업의 수출지원을 위한 정보제공
	www.kreaexim.go.kr	• 기업의 자본재 수출과 해외투자, 해외자원개발, 중요 물자 및 주요 자원의 수입 등에 필요한 중 · 장기 금융을 지원하기 위해 설립된 한국수출입은행 사이트

국내 거래 알선 사이트	EC21 (www.ec21.net)	• 국내의 대표적인 무역거래 알선사이트 중의 하나로 무역협회에서 운영 • 중소기업이나 소규모의 무역업체가 바이어를 찾는 데 많은 도움을 줌
	www.eckorea.net	• 한국무역정보통신(KTNET)에서 운영하는 무료무역거래알선사이트 • 홈페이지를 작성하여 등록할 수 있고, 거래를 원하는 내용을 등록하여 해외거래선을 찾을 수 있는 아주 유용한 사이트
	www.smdb.smipc.or.kr	• 중소기업 관련 기관, 단체가 보유하고 있는 데이터 베이스를 연계하여 공유하고, 체계적으로 중소기업들이 이용할 수 있도록 데이터를 중소기업정보은행에서 제공하는 사이트
	http://www.kati.ent	• 농수산물유통공사에서 운영하는 사이트로 농수산물의 무역정보를 제공
	KOBO(http://www. ktra.or.kr/KOBO)	• 해외시장을 직접개척할 수 없는 중소기업체에게 전 세계 기업을 대상으로 제품을 홍보할 수 있도록 대한무역투자진흥공사에서 운영하는 사이트

■ 참고문헌

| 국내문헌 |

강원진, 무역결제론, 박영사, 2004.
강원진, 신용장분쟁사례, 두남, 2013.
강진석 · 오원탁, 무역학개론, 청목출판사, 2001.
권 오, 신무역학원론, 청목출판사, 2001.
김영락, 무역계약론, 두남, 2011.
김정수 · 심재희 · 조임제, 국제무역론, 피앤씨미디어, 2013.
김희철 · 이신규 · 이응권, 무역학개론, 두남, 2013.
박대위, 무역개론, 박영사, 2004.
박대위, 무역실무, 법문사, 2003.
박종수, 국제통상관계론, 두남, 2004.
박형래 · 오대혁, 무역개론, 도서출판 청람, 2010.
반병길, 국제경영론, 박영사, 1998.
반병길 · 이호상, 국제경영, 박영사, 2002.
방희석, 무역실무, 박영사, 2004.
신동수 · 김행권, 무역학개론, 1997.
왕세협 · 도중권, 무역실무, 도서출판 청람, 2013.
원종근 · 구종순 · 박광서, 무역개론, 박영사, 2004.
윤광운, 무역실무입문, 삼영사. 2009.
이승영, 무역결제론, 법문사, 1995.
이장로, 해회경영 성공노하우, 무역경영사, 2000.
이장로 · 문희철, 무역개론, 무역경영사, 2002.
이장로 · 신만수, 국제경영, 홍문사, 2003.
이제홍, 관세법, 도서출판 청람, 2011.

이제홍, 대외무역법, 보명출판사, 2013.
이주원 · 김경배 · 신군재, 사례로 배우는 무역실무, 무역경영사, 2003.
전순환, 국제운송물류론, 한올, 2013.
전순환, 대외무역법, 한올, 2013.
전순환, 무역결제론, 한올, 2013
전창원, 기본 온 · 오프라인 무역실무, 무역연구원, 2003.
전창원, 도해수입실무, 무역연구원, 2002.
전창원, 표준 온 · 오프라인 무역실무, 무역연구원, 2004.
정구현, 국제경영학, 법문사, 2001.
조동성, 국제경영, 경문사, 2002.
조영정, 국제통상법의 이해, 무역경영사, 2000.
최용길 · 안성조, 국제통상규범론, 2004.
홍승기 · 이제홍 · 김중관 · 이주원, 현대무역학개론, 형성출판사, 2008.
홍승기, 행정고시 경제학, 법문사, 2003.
홍승기, 현대경제학연습(거시 · 국제경제), 박영사, 2002.
산업통상자원부(http://www.motie.go.kr)
아젠다넷(www.agendanet.co.kr)
http://www.fta.go.kr
http://www.korea.kr

| 외국문헌 |

Adam Smith, *The Wealth of Nations*, First Published in 1776.

Adam Smith, *The Wealth of Nations*, London: I.M. Dent & Sons, Ltd., 1950.

Bela Balassa, *The Theory of Economic Integration*, Homewood, Ⅲ.: Richard D. Irwin, 1961.

Bhagwati, Jagdish, The Demands to Reduce Domestic Diversity among Trading Nations, *Fair Trade and Harmonizations: Prerequisites for Free Trad?*, Jagdish Bhagwati and Robert E. Hudec, Cambridge: The MIT Press, 1997.

Blecker, Robert A,, ed., *US Trade Policy and Global Growth : New Directions in the International Economy*, Armonk: M.E. Sharpe, 1996.

Buckley, Peter J. and John H. Dunning, The Industrial Structure of US Direct Investment, *UK Journal of International Business Studies*, Vol. 7, Summer 1976.

David Ricardo, *Principles of Political Economy and Taxation*, First Published in 1817.

Fisher, Glen, *International Negotation: A Cross-cultural Perspective*, Intercultural Press Inc., Chicago, 1980.

Grubel H. G., and Lloyd, P. J., *Intra-Industry Trade*, London: Macmillan, 1975.

ICC, Publication No. 535, Case Studies on Documentary Credits under UCP 500.

ICC, Supplement to UCP 500 for Electronic Presentation: eUCP, ICC Publication 500/2-500/3, 2002.

ICC, Uniform Customs and Practice for Documentary Credits, 1993.

ICC, Uniform Rules for Collections, 1995.

Jacob Viner, *The Customs Union Issue*, New York: Carnegie Endowment for International Peace, 1953.

Jagdish Bhagwati, Immiserizing Growth, *Review of Economic Studies*, June 1958.

Jock A. Finalayson and Mark W. Zacher, The GATT and the Regulation of Trade Barriers: Regime Dynamics and Functions, in ed. Stephen D. Krasner, International Regimes(Cornell University Press), 1983.

Johansson, J. K., *Globla Marketing*, 3rd ed., MaGraw-Hill, 2003.

John Stuart Mill, *Principles of Political Economy*, London, 1848.

Keegan, W. J., *Multinational Marketing Management*, 2nd ed., Englewood Cliffs, N.J.: Prentice-Hall, Inc., 1984.

Keesing, D. B., The Impact of Research and Development on United States Trade, *Journal of Political Economy*, Vol. 75, No. 1, Feb. 1967.

Kindleberger, C. P., The Theory of Direct Investment, in C.P. Kindleberger,

American Business Abroad, Yale Univ. Press, New Havel. 1969.

Kojima, K., A Macroeconomic Approach to Direct Foreign Investment, *Hitotubashi Journal of Economic*, 1973.

Krueger, A., The WTO and the World Trading System; Where Do Go From Here? The Multilateral Trading and Financial System : Challenge Ahead, Seoul: KITA, 1996.

Lawrence, R. Z., Challenge for the Global Trading System, Major Issues for the Global Trade and Financial System, 1996.

Linder, S. B., *An Essay on Trade and Transformation*, New York: Wiley, 1961.

OECD, Regional Integration and the Multilateral Trading System, OECD, 1996.

Ozawa, Terutomo, International Investment and Industrial Structure: New Theoretical Implications from the Japanese Experience, *Oxford Economic Paper*, Vol. 31, No. 1, March 1979.

Porter, M. E. The Competitive Advantage of Nations, *Harvard Business Review*, March/April 1990.

Samuelson, Paul, International Trade and Equalization of Factor Prices, *Economic Paper*, Vol. 58, June 1948.

Stephen D. Krasner, Structural Causes and Regime Consequences: Regimes as Intervening Variables, in ed., International Regime(Cornell University Press), 1983.

Vernon, Raymond, International Investment and International trade in the Product Cycle, *Quarterly Journal of Economic*, May, 1966.

Wassily Leontief, Domestic Production and Foreign Trade, in J. Bhagwati(ed), International Trade, Baltimore: Penguin, 1969.

WTO, General Agreement Establishing the World Trade Organization, WTO, 1995.

http://www.ktnet.co.kr

http://www.mocie.go.kr

찾아보기

저자약력

이제홍

[약력]

- 조선대학교 무역학과 부교수
- 조선대학교 무역학과 학과장 및 대학원 주임교수
- 동국대학교 대학원 무역학과(상학석사, 경영학박사)
- 조선대학교 무역학과(경영학사)
- 사)한국무역학회 사무처장, 부회장, 편집위원
- 사)한국통상정보학회 편집위원장, 부회장
- 사)국제e-비즈니스학회 부회장, 편집위원
- 동국대, 단국대, 동덕여대, 가천대(경원전문대), 대진대, 인천대(인천전문) 강의
- 관세직 7급, 9급 출제위원 및 선정위원

[주요 저서]

- 무역실무(공저), 비엠엔북스, 2012.
- 관세법, 청람출판사, 2011.
- 글로벌시대의 전자무역실무, 보명북스, 2010
- 대외무역법(개정판), 2013.
- 수출입사례연구, 보명북스, 2010

글로벌 무역학원론

2014년 3월 1일 1판 1쇄 인쇄
2014년 3월 5일 1판 1쇄 발행

저 자 이제홍
발행인 이수영
발행처 도서출판 청람

㉾ 121-811
서울시 마포구 독막로 288(대흥동, 세양상가 109호)
TEL : 02)3272-2601(대)~2 FAX : 02)3272~2603
E-mail : crbooks@hanmail.net
http://www.crbooks.co.kr

등록 : 2000. 8. 26 제6-0509호

ISBN 978-89-5972-388-1 93320 [정가 25,000원]